一流本科专业一流本科课程建设系列教材

工程项目管理（含 BIM 应用）

徐勇戈　高志坚　编著

机械工业出版社
CHINA MACHINE PRESS

本书着眼于系统管理原则，以工程项目为对象，以工程项目整个生命期为主线，全面论述了工程项目的规划、组织、协调和控制方法。力求帮助读者通过本书深刻认识工程项目管理的特殊性，对工程项目形成系统全面、整体优化的管理理念，并掌握常用的工程项目管理方法和技术。值得指出的是，为了反映 BIM 技术在智能建造和工程项目信息集成等方面的应用，本书专辟章节予以介绍。

本书内容新颖、覆盖面广、可读性好，是学习工程项目管理的实用教材。

本书主要作为高等院校工程管理专业和土木工程相关专业的本科教材，也可供工程项目管理专业人员学习参考。

图书在版编目（CIP）数据

工程项目管理：含 BIM 应用/徐勇戈，高志坚编著. —北京：机械工业出版社，2023.6（2025.6 重印）

一流本科专业一流本科课程建设系列教材

ISBN 978-7-111-73245-7

Ⅰ.①工… Ⅱ.①徐… ②高… Ⅲ.①工程项目管理-高等学校-教材 Ⅳ.①F284

中国国家版本馆 CIP 数据核字（2023）第 094859 号

机械工业出版社（北京市百万庄大街 22 号 邮政编码 100037）

策划编辑：冷 彬　　责任编辑：冷 彬 于伟蓉

责任校对：李小宝 李 杉　　封面设计：张 静

责任印制：单爱军

中煤（北京）印务有限公司印刷

2025 年 6 月第 1 版第 3 次印刷

184mm×260mm · 20.25 印张 · 462 千字

标准书号：ISBN 978-7-111-73245-7

定价：59.80 元

电话服务	网络服务
客服电话：010-88361066	机 工 官 网：www.cmpbook.com
010-88379833	机 工 官 博：weibo.com/cmp1952
010-68326294	金 书 网：www.golden-book.com
封底无防伪标均为盗版	机工教育服务网：www.cmpedu.com

前　言

工程项目具有独特性和一次性的特征，具有预定的目标，有明确的开始和结束日期，由一系列相互协调和受控活动组成。随着我国改革开放的不断深入和经济渐渐融入全球市场，涌现了一大批像长江三峡工程、北京奥运工程项目、上海世博项目、京沪高铁项目、港珠澳大桥项目等举世瞩目的特大型建设工程项目，对工程项目的规划、组织、协调、控制等方面的管理要求也越来越高。同时，由于BIM技术在工程项目中应用的广度和深度日益加强，如何应对BIM技术对工程项目管理所提出的新的要求和带来的挑战，也是现代项目管理理论所必须予以重视和解决的问题。

本书立足于工程项目建设全过程及整体系统，以揭示工程项目建设活动的客观规律为宗旨，以国家现行的建设法规为依据，全面阐述了工程项目管理的基本理论和管理方法。主要内容包括工程项目的过程管理，工程项目质量、进度、费用管理，工程项目安全与环境管理，建设工程施工组织设计，建设工程文明施工与绿色施工管理，以及BIM技术在智能建造和建设工程项目管理中的应用等。全书力求概念准确、层次清楚、语言简明、详略得当、重点突出，注重实用性和可操作性。为了便于读者掌握和巩固所学知识，全书列举了大量例题和案例，各章根据其教学特点安排了一定数量的思考题或练习题。

全书分为11章，由西安建筑科技大学徐勇戈和高志坚编著，其中，第1章、第2章、第3章、第4章、第6章、第7章和第9章由徐勇戈编著，第5章、第8章、第10章和第11章由高志坚编著。全书由徐勇戈统稿。

限于作者水平，书中难免存在不妥之处，敬请读者批评指正。

作者

目　录

第1章 绪论

1.1 项目与项目管理

1.1.1 项目的定义

项目源于人类有组织的活动。随着人类社会的发展，人类有组织的活动逐步分化为两大类型：一类是连续不断、周而复始的活动，人们称之为“作业或运作”（Operations），如企业流水线生产大批产品的活动；另一类是临时性、一次性的活动，人们称之为“项目”（Projects），如中国古代的都江堰水利工程、现代的三峡工程、神舟飞船工程、2008年北京奥运工程等。

美国《项目管理知识体系指南》（PMBOK第3版）指出：项目是为提供某项独特产品、服务或成果而做的临时性努力。

《中国项目管理知识体系》（C-PMBOK 2006）指出：项目是一个特殊的将被完成的有限任务，它是在一定时间内，满足一系列特定目标的多项相关工作的总称。

此定义实际包含三层含义：

1）项目是一项有待完成的任务，有特定的环境与要求，即项目是指一个过程，而不是指过程终结后所形成的成果。

2）在一定的组织机构内，利用有限资源（人力、物力、财力等）在规定的时间内完成任务。任何项目的实施都会受到一定的条件约束，这些条件是来自多方面的，如环境、资源、理念等。这些约束条件成为项目管理者必须努力促其实现的项目管理的具体目标。

3）任务要满足一定性能、质量、数量、技术指标等要求。项目是否实现，能否交付用户，必须达到事先规定的目标要求。

1.1.2 项目的特性

项目作为一类特殊的活动（任务）所表现出来的主要特性如下：

1）项目的一次性。项目是一次性的任务，一次性是该项目区别于其他任务（运作）的基本特性。

2）项目目标的明确性。人类有组织的活动都有其目的性，项目作为一类特别设立的活动，也有其明确的目标。这些目标是具体的、可检查的，实现目标的措施也是明确的、可操作的。

3）项目目标的多要素性。尽管项目的任务是明确的，但项目的具体目标，如性能、时间、成本等则是多方面的。这些具体目标既可能是协调的，或者说是相辅相成的；也可能是不协调的，或者说是互相制约、相互矛盾的。这就要求对项目实施全系统全生命周期管理，应力图把多种目标协调起来，实现项目系统优化而不是局部优化。

4）项目的整体性。项目是为实现目标而开展的任务的集合，它不是一项项孤立的活动，而是一系列活动的有机组合，从而形成一个特定的、完整的过程；项目通常由若干相对独立的子项目或工作组成，这些子项目或工作又可以包含若干具有相互关系的工作单元——子系统，各子项目、各子系统相互制约、相互依存，构成了一个特定的系统。

5）项目的不确定性。项目总是或多或少地具有某种新的、前所未有的内容，因此，项目“从孕育到结束”包含若干不确定因素。项目目标虽然明确，但达到项目目标的途径并不完全清楚，项目完成后的确切状态也不一定能完全确定。

6）项目资源的有限性。任何一个组织，其资源都是有限的。因此，对于某一具体项目而言，其投资总额、项目各阶段的资金、资源需求、各工作环节的完成时间以及重要事件的里程碑等既要通过计划严格确定下来，又要在执行中不断地协调、统筹。

7）项目的临时性。项目一般要由一支临时组建起来的团队实施和管理，由于项目只在一定时间内存在，参与项目实施和管理的人员是一种临时性的组合，人员和材料设备等之间的组合也是临时性的。项目的临时性对项目的科学管理提出了更高的要求。

8）项目的开放性。由于项目是由一系列活动或任务所组成的，因此，应将项目理解为一种系统，将项目活动视为一种系统工程活动。绝大多数项目都是一个开放系统，项目的实施要跨越若干部门的界限。这就要求项目经理协调好项目组内外的各种关系，团结与项目有关的项目组内、外人员，使大家同心协力，为实现项目目标努力工作。

1.1.3 项目管理

1. 项目管理的概念

“项目管理”一词通常是指一种管理活动，即一种有意识地按照项目的特点和规律，对项目进行组织管理的活动；“项目管理”有时也是指一种管理学科，即以项目管理活动为研究对象的一门学科，它是探求项目活动科学组织管理的理论与方法。前者是一种客观实践活动，后者是前者的理论总结；前者以后者为指导，后者以前者为基础。就其本质而言，二者是统一的。

美国《项目管理知识体系指南》（PMBOK 第 3 版）指出：项目管理就是把各种知识、技能、手段和技术应用于项目活动之中，以达到项目的要求。项目管理是通过应用和综合诸如启动、规划、实施、监控和收尾等项目管理过程来进行的。项目经理是负责实现项目目标的个人。

《中国项目管理知识体系》（C-PMBOK 2006）指出：项目管理就是以项目为对象的系统管理方法，通过一个临时性的专门的柔性组织，对项目进行高效率的计划、组织、指导和控制，以实现项目全过程的动态管理和项目目标的综合协调与优化。实现项目全过程的动态管理是指在项目的生命期内，不断进行资源的配置和协调，不断做出科学决策，从而使项目执行的全过程处于最佳的运行状态，产生最佳的效果。项目目标的综合协调与优化是指项目管理应综合协调好时间、费用及功能等约束性目标，在相对较短的时期内成功地达到一个特定的成果性目标。

2. 项目管理的特点

项目管理与传统的部门管理相比，其最大的特点是项目管理注重于综合性管理，并且有严格的时间期限。项目管理必须通过不完全确定的过程，在确定的期限内生产出不完全确定的产品，日程安排和进度控制常对项目管理产生很大的压力。

项目管理的特点具体来讲表现在以下几个方面：

1）项目管理的对象是项目或被当作项目来处理的作业。

2）项目管理的全过程都贯穿着统筹、系统、和谐和以人为本的思想。

3）项目管理的组织具有特殊性。

4）项目管理的机制是一种基于团队管理的目标负责制。

5）项目管理的方式是目标管理。

6）项目管理的要点是创造和保持一种使项目顺利进行的环境。

7）项目管理的方法、工具和手段具有先进性、开放性。

近期的研究还表明项目管理还具有以下几个新特点：

1）项目管理的本质特点——创新性。

2）项目管理的哲学理念——和谐与共赢。

3）项目管理的综合性——好、快、省、多。

4）项目管理的复杂性——对变化的管理。

1.1.4 项目管理知识领域

美国《项目管理知识体系指南》提出了如下九个项目管理知识领域：

1）项目整体管理，也称项目整合管理，是指为确保项目各项工作能够有机地协调和配合所展开的综合性和全局性的项目管理工作和过程。项目整体管理由下列项目管理过程组成：制定项目章程、制定项目初步范围说明书、制订项目管理计划、指导与管理项目执行、监控项目工作、整体变更控制和项目收尾工作。现代项目管理中的整体管理还应该包括对利益相关方的管理。

2）项目范围管理，是指为了实现项目目标，对项目的工作内容进行确定和控制的管理过程。项目范围管理由下列项目管理过程组成：范围规划、范围定义、绘制工作分解结构、范围核实和范围控制。

3）项目时间管理，是指为了确保项目最终按时完成的一系列管理过程。涉及了确保项目按时完成所需的各项过程，包括活动定义、活动排序、活动资源估算、活动持续时间估算、制订进度表以及进度控制。

4）项目费用管理，是指为了保证完成项目的实际费用不超过预算费用的管理过程。项目费用管理由下列项目管理过程组成：费用估算、费用预算和费用控制。

5）项目质量管理，是指为了确保项目达到客户所规定的质量要求而实施的一系列管理过程。项目质量管理由下列项目管理过程组成：质量规划、实施质量保证和实施质量控制。

6）项目人力资源管理，是指为了保证所有项目相关人员的能力和积极性都得到最有效的发挥和利用而采取的一系列管理措施和管理过程。项目人力资源管理由下列项目管理过程组成：人力资源规划、项目团队组建、项目团队建设和项目团队管理。

7）项目沟通管理，是指为了确保项目信息的合理收集和传输所需要实施的一系列措施和涉及组织间、技术间、人员间、管理间等界面的管理过程。项目沟通管理由下列项目管理过程组成；沟通规划、信息发布、绩效报告和利害关系者管理。

8）项目风险管理，是指对项目可能遇到的各种不确定因素进行风险识别、风险估计与量化、制定对策和风险监控等一系列工作。项目风险管理由下列项目管理过程组成：风险管理规划、风险识别、定性风险分析、定量风险分析、风险应对规划以及风险监控。

9）项目采购管理，是指为了从项目实施组织之外获得所需资源或服务所采取的一系列管理措施。项目采购管理由下列项目管理过程组成：采购规划、发包规划、询价、卖方选择、合同管理以及合同收尾。

1.2 工程项目与工程项目管理

1.2.1 工程项目

项目的种类应当以其最终成果或专业特征为标志进行划分，包括科学研究项目、开发项目、工程项目、航天项目、维修项目、咨询项目等。工程项目是项目中最大的一类，既可按专业分为建筑工程、公路工程、水电工程等类项目，又可按管理者的区别分为建设项目和施工项目。凡最终成果是“工程”的项目，均可称为工程项目。

1. 建设项目

一个建设项目就是一个固定资产投资项目。固定资产投资项目可分为基本建设项目（新建、扩建等以扩大产能为目的的项目）和技术改造项目（以改造技术、增加产品品种、提高质量、治理“三废”、劳动安全、节约资源为主要目的的项目）。建设项目是指需要一定的投资，按照一定的程序，在一定的约束条件下以形成固定资产为明确目标的一次性任务。建设项目有以下基本特征：

1）建设项目是在一个总体设计或初步设计范围内，由一个或若干个互相有内在联系的单项工程所组成，在建设中实行统一核算、统一管理的工程项目。

2）在一定约束条件下，以形成固定资产为特定目标。约束条件：一是时间约束，即一个建设项目有合理的建设工期目标；二是资源约束，即一个建设项目有一定的预算目标；三是功能约束，即一个建设项目有预期的生产能力、技术水平或使用效益目标。

3）建设项目需要遵循必要的建设程序和经过特定的建设过程，即一个建设项目从提出项目的设想、建议、方案拟定、评估、决策、勘察、设计、施工直至竣工、投产（或投入使用），有一个有序的过程和周期。

4）具有投资限额标准。只有达到一定投资限额的工程才可以称为建设项目，不满足限额标准的称为零星固定资产购置。

2. 施工项目

施工项目是建筑施工企业对一个建筑产品的施工过程，也就是建筑施工企业的生产对象。它可能是一个建设项目的施工，也可能是其中的一个单项工程或单位工程的施工。因此施工项目具有以下三个特征：

1）它是建设项目或其中的单项工程或单位工程的施工任务。

2）它作为一个管理整体，是以施工承包企业为管理主体的。

3）该任务的范围是由工程承包合同界定的。

1.2.2 工程项目管理

工程项目按管理者的区别分为建设项目和施工项目。同样地，对于工程项目管理而言，也可按管理者的区别分为建设项目管理和施工项目管理。

1. 建设项目管理

建设项目管理是在建设项目的生命周期内，运用系统工程的理论、观点和方法，进行有效的规划、决策、组织、协调、控制等系统性的、科学的管理活动，从而按项目界定的质量要求、动用时间、投资总额、资源限制和环境条件，圆满地实现建设项目目标。

建设项目管理的职能如下：

1）决策职能。建设项目的建设过程是一个系统的决策过程，每一个建设阶段的启动都需要决策，每一个建设阶段所做出的决策不仅对该阶段，而且对后面的各阶段均产生重要的影响。

2）计划职能。这一职能可以把建设项目的全过程、全部目标和全部活动均纳入计划的体系和范畴内，用动态的计划系统协调与控制整个建设项目，使各项建设活动能够有序地实现预期的建设目标。

3）组织职能。通过组织职能建立健全建设项目的组织管理体系、制度和目标，为各层级组织系统确定明晰的责任和权利，以确保组织系统的有效运行和项目目标的顺利实现。

4）协调职能。建设项目的各阶段之间、建设项目的各参与方之间均存在着大量需要协调解决的关系和矛盾，只有通过项目管理的协调职能处理好这些客观存在的各种复杂关系和矛盾，才能使建设项目的各项目标得以顺利实现。

5）控制职能。建设项目目标的实现是以控制职能为保证手段的。这是因为，偏离预定项目目标的可能性在建设项目实施的各个阶段都是广泛存在的，应当通过决策、计划、协调、信息反馈等手段，运用科学的管理方法，纠正偏差，确保项目目标的实现。

建设项目的管理者应当是建设活动的各参与方，包括建设单位、设计单位、施工单位和监理单位等。一般由建设单位负责建设项目总体性和全过程的管理，包括从编制项目建议书直至项目竣工验收和交付使用的全过程。由设计单位进行的设计阶段管理一般限于设计阶段，称为设计项目管理。由施工单位进行的项目管理一般在建设项目的施工阶段，称为施工项目管理。建设单位将建设项目委托给监理单位进行建设项目的监督管理，则称为建设工程监理。

2. 施工项目管理

施工项目管理是由建筑施工企业对施工项目进行的管理。它主要有以下特点：

1）施工项目的管理者是施工企业。建设单位和设计单位都不进行施工项目管理。一般地，建筑施工企业也不委托咨询公司进行施工项目管理。由建设单位委托的建设监理单位对施工企业的监督管理，虽涉及施工阶段的项目管理，但仍属于建设项目管理，而不是施工项目管理。

2）施工项目管理的对象是施工项目。施工项目管理的周期是施工项目的生命周期，包括工程投标、签订工程项目承包合同、施工准备、施工以及竣工验收等阶段。施工项目的特点是多样性、固定性、复杂性和庞大性，这些特点决定了施工项目管理的困难程度相比较于一般的生产管理是很大的。

3）施工项目管理要求强化组织协调工作。由于施工项目自身的特点，以及施工活动涉及复杂的经济、技术、法律、行政和人际等诸多关系，施工项目管理中的组织协调工作是十分复杂的，必须建立健全相关的部门、制度以及职能，以顺利和及时解决施工项目管理中的各种问题。

施工项目管理与建设项目管理有所不同。二者在管理主体、管理范围、管理任务以及管理内容等方面都有较大的区别：在管理主体方面，前者是施工企业，后者是建设单位或其咨询单位；在管理范围方面，前者的管理范围是工程承包合同界定的范围，可以是建设项目、单项工程或单位工程，后者的管理范围是项目可行性研究报告确定的所有工程，是一个建设项目；在管理任务方面，前者是生产出建筑产品并取得利润，后者是取得符合要求的、能发挥应有效益的固定资产；在管理内容方面，前者涉及从投标到竣工为止的全部生产组织与管理，后者则涉及投资周转和建设的全过程。

1.3 BIM 在工程项目管理中的应用

1.3.1 BIM 的概念

进入 21 世纪后，一个被称之为“BIM”的新事物出现在全世界建筑业中。“BIM”是源自于“Building Information Modeling”的缩写，中文译为“建筑信息模型”。许多接纳BIM、应用BIM的建设工程项目，都不同程度地出现了建设质量和劳动生产率提高、返工和浪费现象减少、建设成本得到节省而建设企业的经济效益得到改善等令人振奋的景象。

在2007年，美国斯坦福大学（Stanford University）设施集成工程中心（Center for Integrated Facility Engineering，CIFE）就建设工程项目使用BIM以后有何优势的问题对32个使用BIM的工程项目进行了调查研究，得出如下调研结果：

1）消除多达40%的预算外更改。

2）造价估算精确度在3%范围内。

3）最多可减少80%耗费在造价估算上的时间。

4）通过冲突检测可节省多达10%的合同价格。

5）工程项目工期缩短7%。

增加经济效益的重要原因就是应用了BIM后在工程中减少了各种错误，缩短了工程项目工期。

据美国Autodesk公司的统计，利用BIM技术可改善79%的工程项目产出和团队合作，提高66%的企业竞争力，减少50%~70%的信息请求，缩短5%~10%的施工周期，减少20%~25%的各专业协调时间。

2002年，时任美国Autodesk公司副总裁菲利普·伯恩斯坦（Philip G. Bernstein）首次在世界上提出Building Information Modeling这个新的建筑信息技术名词术语，于是它的缩写BIM也作为一个新术语应运而生。

美国国家建筑科学研究院（National Institute of Building Sciences，NIBS）的设施信息委员会（Facilities Information Council，FIC）在制定美国BIM标准时给出的工作定义是：“一个建筑信息模型，或BIM，应用前沿的数字技术创建一个对设施所有的物理和功能特性及其相关工程项目/生命周期信息的可运算的表达，并在设施的拥有人和管理运行人员对设施在整个生命周期的使用和维护中，作为一个信息的储存库。”这个工作定义显然是从Building Information Model的角度阐述BIM。

我国行业标准《建筑对象数字化定义》（*Building Information Model Platform*）（JG/T 198—2007）把建筑信息模型（Building Information Model）定义为：“建筑信息完整协调的数据组织，便于计算机应用程序进行访问、修改或添加。这些信息包括按照开放工业标准表达的建筑设施的物理和功能特点以及其相关的工程项目或生命周期信息。”

这两个定义虽然表达的文字不尽相同，其内容也有不一致的地方，但是两者都明确Building Information Modeling包括建筑设施的物理特性和功能特性的信息，并覆盖建筑全生命周期。

综上，BIM的含义应当包括三个方面：

1）BIM是设施所有信息的数字化表达，是一个可以作为设施虚拟替代物的信息化电子模型，是共享信息的资源，即Building Information Model。在本书下文中，将把Building Information Model称为BIM模型。

2）BIM 是在开放标准和互用性基础之上建立、完善和利用设施的信息化电子模型的行为过程，设施有关的各方可以根据各自职责对模型插入、提取、更新和修改信息，以支持设施的各种需要，即 Building Information Modelling，称为 BIM 建模。

3）BIM 是一个透明的、可重复的、可核查的、可持续的协同工作环境，在这个环境中，各参与方在设施全生命周期中都可以及时联络，共享工程项目信息，并通过分析信息，做出决策和改善设施的交付过程，使工程项目得到有效的管理。也就是 Building Information Management，称为建筑信息管理。

在以上的三点中，第一点是其后两点的基础，因为第一点提供了共享信息的资源，有了资源才有发展到第二点和第三点的基础。

1.3.2 BIM 技术

1. BIM 技术的概念

BIM 技术是一项应用于设施全生命周期的 3D 数字化技术，它以一个贯穿其生命周期都通用的数据格式，创建、收集该设施所有相关的信息并建立起信息协调的信息化模型作为工程项目决策的基础和共享信息的资源。

2. BIM 技术的特点

从 BIM 的概念、BIM 技术的概念出发，得出了 BIM 技术的四个特点：

（1）操作的可视化

可视化是 BIM 技术最显而易见的特点。BIM 技术的一切操作都是在可视化的环境下完成的，在可视化环境下进行建筑设计、碰撞检测、施工模拟、避灾路线分析等一系列的操作。

传统的 CAD 技术，只能提交 2D 图。为了使不懂得看建筑专业图的业主和用户看得明白，就需要委托效果图公司出一些 3D 的效果图，达到较为容易理解的可视化方式。如果一两张效果图难以表达得清楚，就需要委托模型公司做一些实体的建筑模型。虽然效果图和实体的建筑模型提供了可视化的视觉效果，但这种可视化手段仅仅是限于展示设计的效果，而不能进行节能模拟、不能进行碰撞检测、不能进行施工仿真，总之一句话，不能帮助工程项目团队进行工程分析以提高整个工程的质量。那么这种只能用于展示的可视化手段对整个工程究竟有多大的意义呢？究其原因，是这些传统方法缺乏信息的支持。

现在建筑物的规模越来越大，空间划分越来越复杂，人们对建筑物功能的要求也越来越高。面对这些问题，如果没有可视化手段，光是靠设计师的脑袋来记忆、分析是不可能的，许多问题在工程项目团队中也不一定能够被清晰地交流，就更不要说被深入地分析以寻求合理的解决方案了。BIM 技术的出现为实现可视化操作开辟了广阔的前景，其附带的构件信息（几何信息、关联信息、技术信息等）为可视化操作提供了有力的支持，不但使一些比较抽象的信息（如应力、温度、热舒适性）可以用可视化方式表达出来，还可以将设施建设过程及各种相互关系动态地表现出来。可视化操作为工程项目团队进行的一系列分析提供了方便，有利于提高生产效率、降低生产成本和提高工程质量。

(2) 信息的完备性

BIM 是设施的物理和功能特性的数字化表达，包含设施的所有信息，BIM 的这个定义就体现了信息的完备性。BIM 模型包含了设施的全面信息，除了对设施进行 3D 几何信息和拓扑关系的描述，还包括完整的工程信息的描述。例如：对象名称、结构类型、建筑材料、工程性能等设计信息；施工工序、进度、成本、质量以及人力、机械、材料资源等施工信息；工程安全性能、材料耐久性能等维护信息；对象之间的工程逻辑关系等。

信息的完备性还体现在 Building Information Modeling 这一创建建筑信息模型行为的过程中。在这个过程中，设施的前期策划、设计、施工、运营维护各个阶段都被连接了起来，把各阶段产生的信息都存储进 BIM 模型中，使得 BIM 模型的信息来自单一的工程数据源，包含设施的所有信息。BIM 模型内的所有信息均以数字化形式保存在数据库中，以便更新和共享。

信息的完备性使得 BIM 模型具有良好的基础条件，支持可视化操作、优化分析、模拟仿真等功能，为在可视化条件下进行各种优化分析（体量分析、空间分析、采光分析、能耗分析、成本分析等）和模拟仿真（碰撞检测、虚拟施工、紧急疏散模拟等）提供了方便的条件。

(3) 信息的协调性

协调性体现在两个方面：一是在数据之间创建实时的、一致性的关联，对数据库中数据的任何更改，都马上可以在其他关联的地方反映出来；二是在各构件实体之间实现关联显示、智能互动。

这个技术特点很重要。对设计师来说，设计建立起的信息化建筑模型就是设计的成果，至于各种平、立、剖 2D 图以及门窗表等都可以根据模型随时生成。这些源于同一数字化模型的所有图、表均相互关联，避免了用 2D 绘图软件画图时会出现的不一致现象。此外，在任何视图（平面图、立面图、剖视图）上对模型的任何修改，都视同为对数据库的修改，会马上在其他视图或图表上关联的地方反映出来，而且这种关联变化是实时的。这样就保持了 BIM 模型的完整性和健壮性，在实际生产中大大提高了工程项目的工作效率，消除了不同视图之间的不一致现象，保证工程项目的工程质量。

这种关联变化还表现在各构件实体之间可以实现关联显示、智能互动。例如，模型中的屋顶是和墙相连的，如果要把屋顶升高，墙的高度就会随即跟着变高。又如，门窗都是开在墙上的，如果把模型中的墙平移，墙上的门窗也会同时平移；如果把模型中的墙删除，墙上的门窗马上也被删除，而不会出现墙被删除了而窗还悬在半空的不协调现象。这种关联显示、智能互动表明了 BIM 技术能够支持对模型的信息进行计算和分析，并生成相应的图形及文档。信息的协调性使得 BIM 模型中各个构件之间具有良好的协调性。

这种协调性为建设工程带来了极大的方便，例如，在设计阶段，不同专业的设计人员可以通过 BIM 技术发现彼此不协调甚至引起冲突的地方，及早修正设计，避免造成返工与浪费。在施工阶段，可以通过应用 BIM 技术合理地安排施工计划，保证整个施工阶段衔接紧密、合理，使施工能够高效地进行。

（4）信息的互用性

应用 BIM 技术可以实现信息的互用性（Interoperability），充分保证了信息经过传输与交换以后，信息前后的一致性。

具体来说，实现互用性就是指 BIM 模型中所有数据只需要一次性采集或输入，就可以在整个设施的全生命周期中实现信息的共享、交换与流动，使 BIM 模型能够自动演化，避免了信息不一致的错误。在建设工程项目不同阶段免除对数据的重复输入，可以大大降低成本、节省时间、减少错误、提高效率。

这一点也表明 BIM 技术提供了良好的信息共享环境。BIM 技术的应用不应当因为工程项目参与方所使用的软件专业不同或者品牌不同而产生信息交流的障碍，更不应当在信息的交流过程中发生损耗，导致部分信息的丢失，而应保证信息自始至终的一致性。

实现互用性最主要的一点就是 BIM 支持 IFC 标准。另外，为方便模型通过网络进行传输，BIM 技术也支持 XML（Extensible Markup Language，可扩展标记语言）。

正是 BIM 技术这四个特点大大改变了传统建筑业的生产模式。利用 BIM 模型，建筑工程项目的信息在其全生命周期中实现了无障碍共享，无损耗传递，为建筑工程项目全生命周期中的所有决策及生产活动提供了可靠的信息基础。BIM 技术较好地解决了建筑全生命周期中多工种、多阶段的信息共享问题，使整个工程的成本大大降低，质量和效率显著提高，为传统建筑在信息时代的发展展现了光明的前景。

1.3.3 BIM 在工程项目全生命周期中的应用

1. BIM 在工程项目前期策划阶段的应用

工程项目前期策划阶段对整个建筑工程项目的影响是很大的。前期策划做得好，随后进行的设计、施工就会进展顺利；而前期策划做得不好，将会对后续各个工程阶段造成不良的影响。美国著名的 HOK 建筑师事务所总裁帕特里克·麦克利米（Patrick MacLeamy）提出过一张具有广泛影响的麦克利米曲线（MacLeamy Curve）（图 1-1），清楚地说明了工程项目前期策划阶段的重要性以及实施 BIM 对整个工程项目的积极影响。

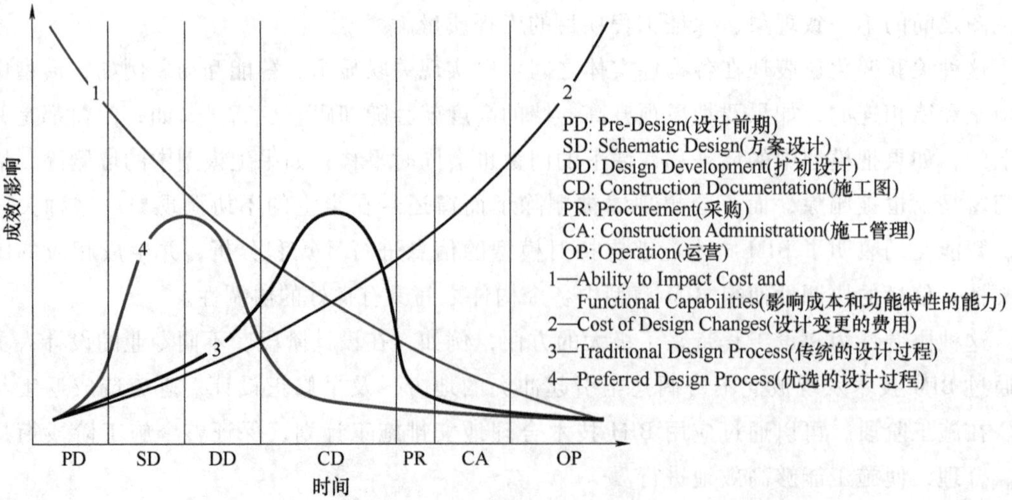

图 1-1 麦克利米曲线（MacLeamy Curve）

图 1-1 分析了工程项目的生命周期进程中相关事物跟随时间的一些变化趋势。图中的曲线 1 代表了影响成本和功能特性的能力（Ability to Impact Cost and Functional Capabilities），它表明在工程项目前期阶段的工作对于成本、建筑物的功能影响力是最大的，越往后这种影响力就越小。而曲线 2 则代表了设计变更的费用（Cost of Design Changes），它的变化显示了在工程项目前期改变设计所花费的费用较低，越往后期费用就越高。这也与潜在的工程项目延误、浪费和增加交付成本有着直接的关联。

出于上述的原因，在工程项目的前期就应当及早应用 BIM 技术，使工程项目所有利益相关者能够早一点在一起参与工程项目的前期策划，让每个参与方都可以及早发现各种问题并做好协调，以保证工程项目的设计、施工和交付能顺利进行，减少各种不必要的浪费和延误。

BIM 技术应用在工程项目前期的工作有很多，包括现状建模与模型维护、场地分析、成本估算、阶段规划、规划编制、建筑策划等。

现状建模包括根据现有的资料把现状图导入基于 BIM 技术的软件中，创建出场地现状模型，包括道路、建筑物、河流、绿化以及高程的变化起伏，并根据规划条件创建出本地块的用地红线及道路红线，并生成面积指标。

在现状模型的基础上根据容积率、绿化率、建筑密度等建筑控制条件创建工程的建筑体块各种方案，创建体量模型，做好总图规划、道路交通规划、绿地景观规划、竖向规划以及管线综合规划，然后就可以在现状模型上进行概念设计，建立起建筑物初步的 BIM 模型。

接着要根据工程项目的经纬度，借助相关的软件采集此地的光照及气候数据，并基于 BIM 模型数据利用相关的分析软件进行气候分析，对方案进行环境影响评估，包括日照环境影响、风环境影响、热环境影响、声环境影响等的评估。对某些工程项目，还需要进行交通影响模拟。

在工程项目前期的策划阶段，不可忽略的一项工作就是投资估算。对于应用 BIM 技术的工程项目，由于 BIM 技术强大的信息统计功能，在方案阶段，可以获取较为准确的土建工程量，这样可以直接计算本工程项目的土建造价，大大提高估算的准确性，同时还可提供对方案进行补充和修改后所产生的成本变化。这可用于不同方案的对比，可以快速得出成本的变动情况，权衡出不同方案的造价优劣，为工程项目决策提供重要而准确的依据。这个过程也使设计人员能够及时看到他们设计上的变化对于成本的影响，可以帮助抑制由于工程项目修改引起的预算超支。

由于 BIM 技术在投资估算中是通过计算机来自动处理烦琐的数量计算工作的，这就大大减轻了造价工程师的计算工作量，造价工程师可以利用省下来的时间从事更具价值的工作，如确定施工方案、评估风险等，这些工作对于编制高质量的预算非常重要。专业的造价工程师能够细致地考虑施工中许多节省成本的专业问题，从而编制出精确的成本预算。这些专业知识可以为造价工程师在成本预算中创造真正的价值。

最后就是阶段性实施规划和设计任务书编制。设计任务书应当体现出应用 BIM 技术的设计成果，如 B1M 模型、漫游动画、管线碰撞报告、工程量及经济技术指标统计表等。

2. BIM 在工程项目设计阶段的应用

从 BIM 的发展历史可以知道，BIM 最早的应用就是在建筑设计，然后再扩展到建筑工程的其他阶段。

BIM 在建筑设计的应用范围很广，它在设计方案论证、设计创作、协同设计、建筑性能分析、结构分析，以及绿色建筑评估、规范验证、工程量统计等许多方面都有广泛的应用。

BIM 为设计方案的论证带来了很多的便利。由于 BIM 的应用，传统的 2D 设计模式已被 3D 模型所取代。3D 模型所展示的设计效果十分方便评审人员、业主和用户对方案进行评估，甚至可以就当前的设计方案讨论可施工性的问题、如何削减成本和缩短工期等问题，经过审查最终为修改设计提供可行的方案。由于是用可视化方式进行，可获得来自最终用户和业主的积极反馈，使决策的时间大大减少，促成了各方的共识。

设计方案确定后就可深化设计，BIM 技术继续在后续的建筑设计发挥作用。由于基于 BIM 的设计软件以 3D 的墙体、门、窗、楼梯等建筑构件作为构成 BIM 模型的基本图形元素，整个设计过程就是不断确定和修改各种建筑构件的参数，全面采用可视化的参数化设计方式进行设计的过程。而且这个 BIM 模型中的构件实现了数据关联、智能互动。所有的数据都集成在 BIM 模型中，其交付的设计成果就是 BIM 模型。至于各种平、立、剖 2D 图都可以根据模型随意生成，各种 3D 效果图、3D 动画的生成也是这样，这就为生成施工图和实现设计可视化提供了方便。由于生成的各种图都是来源于同一个建筑模型，因此所有的图和表都是相互关联的，同时这种关联互动是实时的。在任何视图上对设计做出的任何更改，都等同对模型的修改，马上在其他视图上关联的地方反映出来。这就从根本上避免了不同视图之间出现的不一致现象。

BIM 技术为实现协同设计开辟了广阔的前景，使不同专业的甚至是身处异地的设计人员都能够通过网络在同一个 BIM 模型上展开协同设计，使设计能够协调地进行。

以往应用 2D 绘图软件进行建筑设计，平、立、剖各种视图之间不协调的事情时有发生，即使花了大量人力物力进行审查仍然不能把不协调的问题全部改正。有些问题到了施工过程才能发现，给材料、成本、工期造成了很大的损失。应用 BIM 技术后，通过协同设计和可视化分析就可以及时解决上述设计中的不协调问题，保证了施工的顺利进行。例如，应用 BIM 技术可以检查建筑、结构、设备平面图布置有没有冲突，楼层高度是否适宜；楼梯布置与其他设计布置是否协调；建筑物空调、给水排水等各种管道布置与梁柱位置有没有冲突和碰撞，所留的空间高度、宽度是否恰当等。这就避免了使用 2D 的 CAD 软件进行建筑设计时容易出现的不同视图、不同专业设计图不一致的现象。

除了做好设计协调之外，BIM 模型中包含的建筑构件的各种详细信息，可以为建筑性能分析（节能分析、采光分析、日照分析、通风分析等）提供条件，而且这些分析都是可视化的，从而为绿色建筑、低碳建筑的设计，乃至建成后进行的绿色建筑评估提供了便利。BIM 模型中包含了用于建筑性能分析的各种数据，同时各种基于 BIM 的软件提供了良好的交换数据功能，只要将模型中的数据通过诸如 IFC、gbXML 等交换格式输入到相关的分析软件中，就能很快得到分析的结果，为设计方案的最后确定提供了保证。

BIM 模型中信息的完备性也大大简化了设计阶段对工程量的统计工作。模型中每个构件都与 BIM 模型数据库中的成本工程项目相关联，当设计师在 BIM 模型中对构件进行变更时，成本估算会实时更新，设计师随时可看到更新的估算信息。

以前应用 2D 的 CAD 软件进行设计时，由于绘制施工图的工作量很大，建筑师无法花很多的时间对设计方案进行精心的推敲，否则就没有足够时间用于绘制施工图以及进行后期的调整。而应用时间 BIM 技术进行设计后，建筑师能够把主要的精力放在建筑设计的核心工作——设计构思和相关的分析上。只要完成了设计构思，确定了 BIM 模型的最后构成，马上就可以根据模型生成各种施工图，只需用很少的时间就能完成施工图。由于 BIM 模型良好的协调性，后期需要调整设计的工作量是很少的（图 1-2）。这样建筑设计的质量就得到了保证。

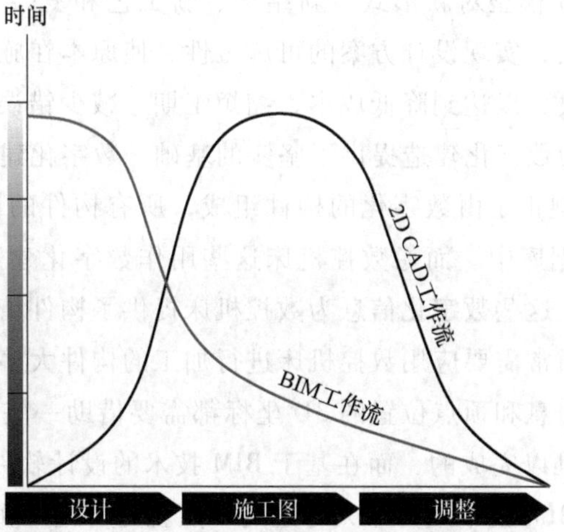

图 1-2　2D CAD 工作流与 BIM 工作流对比示意图

工程量统计以前是一个通过人工读图、逐项计算的体力活，需要大量的人员和时间。而应用 BIM 技术，通过计算软件从 BIM 模型中快速、准确地提取数据，很快就能得到准确的工程量计算结果，能够将工作效率提高好多倍。

3. BIM 在工程项目施工阶段的应用

BIM 技术在施工阶段可以有如下多个方面的应用：3D 协调/管线综合、深化设计、场地使用规划、施工系统设计、施工进度模拟、施工组织模拟、数字化建造、施工质量与进度监控、物料跟踪等。

BIM 在施工阶段的这些应用，主要有赖于应用 BIM 技术建立起的 3D 模型。3D 模型提供了可视化的手段，为工程项目的各参与方展现了 2D 图所不能给予的视觉效果和认知角度，这就为碰撞检测和 3D 协调提供了良好的条件。同时，可以建立基于 BIM 的包含进度控制的 4D 的施工模型，实现虚拟施工；更进一步，还可以建立基于 BIM 的包含成本控制的 5D 模型。这样就能有效控制施工安排，减少返工，控制成本，为创造绿色环保低碳施工等方面提供有力的支持。

应用 BIM 技术可以为建筑施工带来新的面貌。

首先，可以应用 BIM 技术解决一直困扰施工企业的大问题——各种碰撞问题。在施工开始前利用 BIM 模型的 3D 可视化特性对各个专业（建筑、结构、给水排水、机电、消防、电梯等）的设计进行空间协调，检查各个专业管道之间的碰撞以及管道与房屋结构中的梁、柱的碰撞。如发现碰撞则及时调整，这就较好地避免施工中管道发生碰撞和拆除重新安装的问题。某市的某枢纽工程，由于没有应用 BIM 技术，仅管线碰撞一项损失高达 5000 多万元。

其次，施工企业可以在 BIM 模型上对施工计划和施工方案进行分析模拟，充分利用空间和资源，消除冲突，得到最优施工计划和方案。特别是在复杂区域应用 3D 的 BIM 模型直接向施工人员进行施工交底和作业指导，效果更加直观、方便。

再次，通过应用 BIM 模型对新形式、新结构、新工艺和复杂节点等施工难点进行分析模拟，可以改进设计方案，实现设计方案的可施工性，使原本在施工现场才能发现的问题尽早在设计阶段就得到解决，以达到降低成本、缩短工期、减少错误和浪费的目的。

最后，BIM 技术还为数字化建造提供了坚实的基础。数字化建造的大前提是要有详尽的数字化信息，而 BIM 模型正是由数字化的构件组成，所有构件的详细信息都以数字化的形式存放在 BIM 模型的数据库中。而像数控机床这些用作数字化建造的设备需要的就是这些描述构件的数字化信息，这些数字化信息为数控机床提供了构件精确的定位信息，为数字化建造提供了必要条件。通常需要应用数控机床进行加工的构件大多数是一些具有自由曲面的构件，它们的几何尺寸信息和顶点位置的 3D 坐标都需要借助一些算法才能计算出来，这些在 2D 的 CAD 软件中是难以完成的，而在基于 BIM 技术的设计软件中则没有这些问题。

其实，施工中应用 BIM 技术最为令人称道的一点就是对施工实行科学管理。

通过 BIM 技术与 3D 激光扫描、视频、照相、GPS（Global Positioning System，全球定位系统）、移动通信、RFID（Radio Frequency Identification，射频识别）、互联网等技术的集成，可以实现对现场的构件、设备以及施工进度和质量的实时跟踪。

通过 BIM 技术和管理信息系统集成，可以有效支持造价、采购、库存、财务等的动态和精确管理，减少库存开支，在竣工时可以生成工程项目竣工模型和相关文档，有利于后续的运营管理。

BIM 技术的应用大大改善了施工方与其他项目参与方的沟通，业主、设计方、预制厂商、材料及设备供应商、用户等可利用 BIM 模型的可视化特性与施工方进行沟通，提高效率，减少错误。

4. BIM 在工程项目运营维护阶段的应用

建筑物的运营维护阶段是建筑物全生命周期中最长的一个阶段，这个阶段的管理工作是很重要的。由于需要长期运营维护，对运营维护的科学安排能够使运营的质量提高，同时也会有效地降低运营成本，从而对管理工作带来全面的提升。

美国国家标准与技术研究院（National Institute of Standards and Technology，NIST）在 2004 年进行了一次调查研究，目的是预估美国重要设施行业（如商业建筑、公共设施建筑和工业设施）中的效率损失。研究报告指出："根据访谈和调查回复，在 2002 年不动产行业中，每年的互用性成本量化为 158 亿美元。在这些费用中，三分之二是由业主和运营商承担，这些费用的大部分是在设施持续运营和维护中花费的。除了量化的成本，受访者还指出，还有其他显著的效率低下和失去机会的与成本相关的互用性问题，超出了我们的分析范围。因此，价值 158 亿美元的成本估算在这项研究中很可能是一个保守的数字。"

的确，不少设施管理机构每天仍然在进行重复低效率的工作。使用人工计算建筑管理的各种费用；在一大堆纸质文档中寻找有关设备的维护手册；花了很多时间搜索竣工平面图但是毫无结果，最后才发现他们从一开始就没收到该平面图。这正是前面说到的因为没有解决互用性问题而造成的效率低下。

由此可以看出，如何提高设施在运营维护阶段的管理水平，降低运营和维护的成本问题亟须解决。

随着 BIM 的出现，设施管理者看到了希望的曙光，特别是一些应用 BIM 进行设施管理的成功案例使管理者们增强了信心。由于 BIM 中携带了建筑物全生命周期高质量的建筑信息，业主和运营商便可降低由于缺乏操作性而导致的成本损失。

在运营维护阶段 BIM 的应用有竣工模型交付、维护计划、建筑系统分析、资产管理、空间管理与分析、防灾计划与灾害应急模拟。

将 BIM 应用到运营维护阶段后，运营维护管理工作将出现新的面貌。施工方竣工后，应对建筑物进行必要的测试和调整，按照实际情况提交竣工模型。由于从施工方那里接收了用 BIM 技术建立的竣工模型，运营维护管理方就可以在这个基础上，根据运营维护管理工作的特点，对竣工模型进行充实、完善，然后以 BIM 模型为基础，建立起运营维护管理系统。

这样，运营维护管理方得到的不只是常规的设计图和竣工图，还能得到反映建筑物真实状况的 BIM 模型，里面包含施工过程记录、材料使用情况、设备的调试记录及状态等与运营维护相关的文档和资料。BIM 能将建筑物空间信息、设备信息和其他信息有机地整合起来，结合运营维护管理系统可以充分发挥空间定位和数据记录的优势，合理制订运营、管理、维护计划，尽可能降低运营过程中的突发事件。

BIM 可以帮助管理人员进行空间管理，科学地分析建筑物空间现状，合理规划空间的安排，确保其充分利用。应用 BIM 可以处理各种空间变更的请求，合理安排各种应用的需求，并记录空间的使用、出租、退租的情况，还可以在租赁合同到期日前设置到期自动提醒功能，实现空间的全过程管理。

应用 BIM 可以大大提高各种设施和设备的管理水平。可以通过 BIM 建立维护工作的历史记录，以便对设施和设备的状态进行跟踪；对一些重要设备的适用状态提前预判，并自动根据维护记录和保养计划提示到期需保养的设施和设备；对故障的设备从派工维修到完工验收、回访等均进行记录，实现过程化管理。此外，BIM 模型的信息还可以与停车场管理系统、智能监控系统、安全防护系统等连接，实行集中后台控制和管理，这样很容易实现各个系统之间的互联、互通和信息共享，有效地帮助管理人员进行更好的运营维护管理。

以上工作都属于资产管理工作。如果将基于 BIM 的资产管理工作与物联网结合起来，则能很好地解决资产的实时监控、实时查询和实时定位问题。

基于 BIM 模型丰富的信息，可以应用灾害分析模拟软件模拟建筑物可能遭遇的各种灾害的发生与发展过程，分析灾害发生的原因，根据分析制定防止灾害发生的措施，以及制定各种人员疏散、救援支持的应急预案。灾害发生后，可以以可视化方式将受灾现场的信息提供给救援人员，让救援人员迅速找到通往灾害现场最合适的路线，采取合理的应对措施，提高救灾的成效。

思 考 题

1. 什么是项目？
2. 项目具有哪些特性？
3. 什么是项目管理？
4. 工程项目管理有哪些特点？
5. 建设项目管理与施工项目管理之间有哪些异同点？
6. 什么是 BIM？它的概念内涵是什么？
7. 什么是 BIM 技术？BIM 技术的特性有哪些？
8. BIM 在工程项目实施阶段的应用体现在哪些方面？

第2章 流水作业原理

生产实践已经证明，在所有的生产领域中，流水作业法是组织产品生产的理想方法；流水施工也是建筑安装工程施工的最有效的科学组织方法之一。组织流水作业可以充分利用时间和空间（工作面），连续、均衡、有节奏地进行施工，从而提高劳动生产率，缩短工期，节省施工费用。但是，由于建筑产品固定性和施工流动性的特点，应用流水原理组织施工，和其他产品的流水作业相比，具有不同的特点和要求。流水作业建立在分工协作基础之上，是由依次作业和平行作业发展而来的。

2.1 基本概念

2.1.1 流水施工的定义

1. 组织施工的方式

考虑工程项目的施工特点、工艺特点、资源利用、平面或空间布置等要求，其施工可以采用依次、平行、流水等组织方式。以下举例说明三种施工方式及其特点。

某住宅区拟建三幢结构相同的建筑物，其编号分别为Ⅰ、Ⅱ、Ⅲ，各建筑物的基础工程均可分解为挖土方、浇混凝土基础和回填土三个施工过程，分别由相应的专业队按施工工艺要求依次完成。每个专业队在每幢建筑物的施工时间均为5周，各专业队的人数分别为10人、16人和8人。三幢建筑物基础工程施工的不同组织方式如图2-1所示。

（1）依次施工

依次施工方式是将拟建工程项目中的每一个施工对象分解为若干个施工过程，按施工工艺要求依次完成每一个施工过程；当一个施工对象完成后，再按同样的顺序完成下一个施工对象，以此类推，直至完成所有施工对象。这种方式的施工进度安排、总工期及劳动力需求曲线如图2-1中“依次施工”栏所示。

依次施工方式具有以下特点：

1）没有充分地利用工作面进行施工，工期长。

2）如果按专业成立工作队，则各专业队不能连续作业，有时间间歇，劳动力及施工机具等资源无法均衡使用。

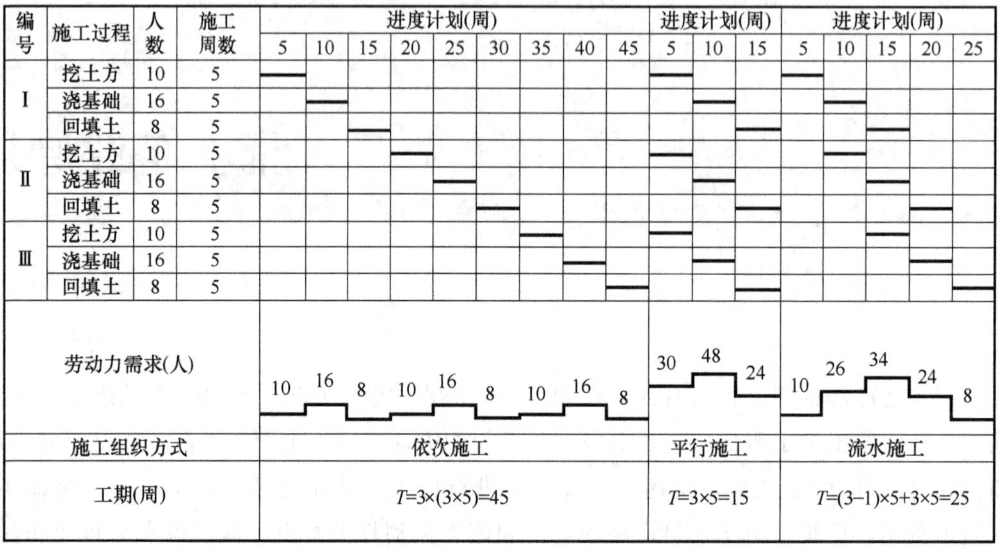

图 2-1　三种施工方式比较

3）如果由一个工作队完成全部施工任务，则不能实现专业化施工，不利于提高劳动生产率和工程质量。

4）单位时间内投入的劳动力、施工机具、材料等资源量较少，有利于资源供应的组织。

5）施工现场的组织、管理比较简单。

（2）平行施工

平行施工方式是组织几个劳动组织相同的工作队，在同一时间、不同的空间，按施工工艺要求完成各施工对象。这种方式的施工进度安排、总工期及劳动力需求曲线如图 2-1 中“平行施工”栏所示。

平行施工方式具有以下特点：

1）充分地利用工作面进行施工，工期短。

2）如果每一个施工对象均按专业成立工作队，则各专业队不能连续作业，劳动力及施工机具等资源无法均衡使用。

3）如果由一个工作队完成一个施工对象的全部施工任务，则不能实现专业化施工，不利于提高劳动生产率和工程质量。

4）单位时间内投入的劳动力、施工机具、材料等资源量成倍地增加，不利于资源供应的组织。

5）施工现场的组织、管理比较复杂。

（3）流水施工

流水施工方式是将拟建工程项目中的每一个施工对象分解为若干个施工过程，并按照施工过程成立相应的专业工作队，各专业队按照施工顺序依次完成各个施工对象的施工过程，同时保证施工在时间和空间上连续、均衡和有节奏地进行，使相邻两专业队能最大限度地搭接作业。这种方式的施工进度安排、总工期及劳动力需求曲线如图 2-1 中“流水施工”栏所示。

流水施工方式具有以下特点：

1）尽可能地利用工作面进行施工，工期比较短。

2）各工作队实现了专业化施工，有利于提高技术水平和劳动生产率，也有利于提高工程质量。

3）专业工作队能够连续施工，同时使相邻专业队的开工时间能够最大限度地搭接。

4）单位时间内投入的劳动力、施工机具、材料等资源量较为均衡，有利于资源供应的组织。

5）为施工现场的文明施工和科学管理创造了有利条件。

2. 流水施工的技术经济效果

通过比较三种施工方式可以看出，流水施工方式是一种先进、科学的施工方式。由于在工艺过程划分、时间安排和空间布置上进行统筹安排，流水施工方式体现出了明显的技术经济优势。

1）施工工期较短，可以尽早产生投资效益。流水施工的节奏性、连续性可以加快各专业队的施工进度，缩短时间间隔。特别是相邻专业队在开工时间上可以最大限度地进行搭接，充分地利用工作面，做到尽可能早地开始工作，从而达到缩短工期的目的，使工程尽快交付使用或投产，尽早获得经济效益和社会效益。

2）实现专业化生产，可以提高施工技术水平和劳动生产率。由于流水施工方式建立了合理的劳动组织，各工作队实现了专业化生产，工人连续作业，操作熟练，便于不断改进操作方法和施工机具，可以不断地提高施工技术水平和劳动生产率。

3）连续施工，可以充分发挥施工机械和劳动力的生产效率。由于流水施工组织合理，工人连续作业，没有窝工现象，机械闲置时间少，增加了有效劳动时间，从而使施工机械和劳动力的生产效率得以充分发挥。

4）提高工程质量，可以延长建设工程的使用寿命和节约使用过程中的维修费用。流水施工实现了专业化生产，工人技术水平高，而且各专业队之间紧密地搭接作业，互相监督，可以使工程质量得到提高，因此可以延长建设工程的使用寿命，同时可以减少建设工程使用过程中的维修费用。

5）降低工程成本，可以提高承包单位的经济效益。流水施工资源消耗均衡，便于组织资源供应，使得资源储存合理，利用充分，可以减少各种不必要的损失，节约材料费；流水施工生产效率高，可以节约人工费和机械使用费；流水施工降低了施工高峰人数，使材料、设备得到合理供应，可以减少临时设施工程费；流水施工工期较短，可以减少企业管理费。工程成本的降低，可以提高承包单位的经济效益。

3. 流水施工的表达方式

流水施工的表达方式除网络图外，主要还有横道图和垂直图两种。

（1）流水施工的横道图表示法

某基础工程流水施工的横道图表示法如图 2-2 所示。横道图中的横坐标表示流水施工的持续时间；纵坐标表示施工过程的名称或编号。n 条带有编号的水平线段表示 n 个施工过程或专业工作队的施工进度安排，其编号①、②……表示不同的施工段。

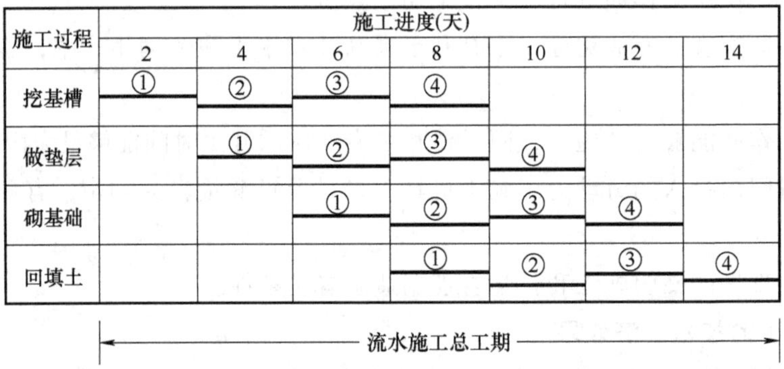

图 2-2　流水施工横道图表示法

横道图表示法的优点是绘图简单，施工过程及其先后顺序表达清楚，时间和空间状况形象直观，使用方便，因而被广泛用来表达施工进度计划。

（2）流水施工的垂直图表示法

某基础工程流水施工的垂直图表示法如图 2-3 所示。垂直图中的横坐标表示流水施工的持续时间；纵坐标表示流水施工所处的空间位置，即施工段的编号。n 条斜向线段表示 n 个施工过程或专业工作队的施工进度。

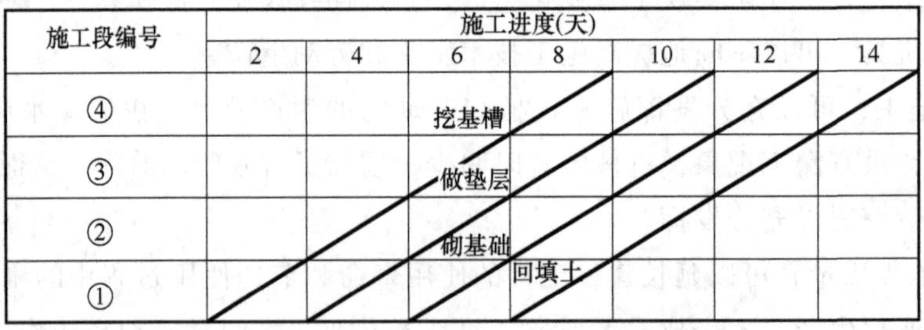

图 2-3　流水施工垂直图表示法

垂直图表示法的优点是施工过程及其先后顺序表达清楚，时间和空间状况形象直观，斜向进度线的斜率可以直观地表示出各施工过程的进展速度，但编制实际工程进度计划不如横道图方便。

2.1.2　主要流水作业参数的确定

为了设计流水作业，表明流水施工在时间上和空间上的开展情况，必须引入一些描述施工进度计划图表特征和各种数量关系的参数，这些参数称为流水参数。流水施工是在研究工程特点和施工条件的基础上，通过一系列流水参数的计算来实现的。现将主要的流水参数阐述如下。

1. 流水节拍（t）

流水节拍是指某一施工过程的专业工作队（组）在某一施工段上的施工持续时间。流水节拍的大小，可以反映出施工速度的快慢、节奏感的强弱和资源消耗（劳动力、机械和材料量）的多少。因此，正确、合理地确定各施工过程的流水节拍具有很重要的意义。通常有以下三种确定方法。

（1）定额计算法

该方法是最广泛使用的方法，它是根据各施工段的工程量、能够投入的资源量（劳动力、机械台数和材料量等）来确定，可按下述公式计算：

$$t=\frac{Q}{SR}=\frac{P}{R} \tag{2-1}$$

式中 t——流水节拍；

Q——某施工过程在某施工段上的工程量；

S——产量定额，即每一工日（或每一台班）完成合格产品的数；

R——某专业队投入的施工人数（或机械台数）；

P——某施工过程在某施工段上所需的劳动量（工日数或机械台班量）。

按式（2-1）计算出的流水节拍应取整数或半天的整数倍，这样在专业队转移工作地点时，正是下班或午间休息的时间，可以不占用生产操作时间。

式（2-1）中的 S，最好是本施工单位的实际水平，也可以参照施工定额水平。如果项目是综合性的，它也应是综合的，计算公式如下：

$$\overline{S}=\frac{\sum_{i=1}^{n} Q_i}{\frac{Q_1}{S_1}+\frac{Q_2}{S_2}+\cdots+\frac{Q_n}{S_n}}=\frac{\sum_{i=1}^{n} Q_i}{\sum_{i=1}^{n}\frac{Q_i}{S_i}} \tag{2-2}$$

式中 $Q_1,Q_2,\cdots,Q_n$——同一性质的各分项工程的工程量；

$S_1,S_2,\cdots,S_n$——同一性质的各分项工程的产量定额；

$\overline{S}$——综合产量定额。

（2）经验估算法

它是根据过去的施工经验进行估计。这种方法多适用于采用新工艺、新方法、新材料等而无定额可循的工程。一般为了提高其准确程度，往往先估算出该流水节拍的最长、最短和正常（即最可能）的三种时间，然后据以求出期望时间作为某施工过程在某施工段上的流水节拍，因此，本方法也称为三种时间估算法，可按下式计算：

$$t=\mu=\frac{a+4c+b}{6} \tag{2-3}$$

式中 μ——某施工过程在某施工段上的期望时间；

a——某施工过程在某施工段上的最短估算时间；

b——某施工过程在某施工段上的最长估算时间；

c——某施工过程在某施工段上的正常估算时间。

（3）工期估算法

根据工程项目施工工期的限制确定流水节拍。流水节拍的大小对流水施工工期和整个工程施工的工期有直接的关系。通常情况下，流水节拍越大，工程的工期越长；流水节拍越小，工程的工期将缩短。因此，当工程的施工工期受到限制时，则必须从工期的要求方面反过来确定流水节拍的大小。对某些施工任务在规定期内必须完成的工程项目，往往采用倒排进度的方法，这时，流水节拍的确定按下述步骤进行：

1）根据工期倒排进度，确定某分部分项工程的工作延续时间。

2）确定某施工过程在某施工段上的流水节拍。若同一施工过程的流水节拍不等，则用估算法；若同一施工过程的流水节拍均相等，则按下述公式进行计算：

$$t=\frac{T}{m} \tag{2-4}$$

式中 t——流水节拍；

T——某分部分项工程的工期；

m——某分部分项工程划分的施工段数。

3）根据已定流水节拍计算劳动力或机械需用量，可按下式计算：

$$R=\frac{P}{t}=\frac{Q}{St} \tag{2-5}$$

式中，符号与式（2-1）相同。

在这种情况下，必须检查劳动力和机械供应的现实可能性，材料供应能否适应，工作面是否足够等。若不能满足这些条件，则需重新调整流水节拍，再计算劳动量或机械量，直到满足要求。

一般情况下，当施工段数确定以后，流水节拍长，则工期相应的也长，因此，总希望流水节拍越短越好，然而，由于工作面的限制，流水节拍也受到限制。所谓工作面，即工人操作或机械设备运行的工作场地大小，反映工人或机械在空间布置的可能性，如砌砖墙的瓦工工作面为长度（m），支现浇混凝土楼板的模板的木工工作面为面积（m^2）。流水节拍必须满足最小工作面的要求，以保证施工操作的安全和能发挥专业队（组）的劳动效率。所谓最小工作面，是指每个工人（每台机械）为完成定额所需的最小工作场地（表 2-1）。

每一施工过程在各施工段上都有最短的流水节拍，其数值可用下式求得：

$$t_{\min}=\frac{A_{\min}u}{S} \tag{2-6}$$

式中 $t_{\min}$——最短流水节拍；

$A_{\min}$——每个工人所需的最小工作面；

u——单位工作面所含工程量；

S——产量定额。

式（2-6）算出的流水节拍，应取整数或半天的整数倍。根据工期计算的流水节拍，应大于最短流水节拍。

表 2-1 主要工种工人工作面参考数据

工作项目	每个技工工作面	说明
砖基础	7.6m	以 $1\frac{1}{2}$砖计，2 砖乘以 0.8，3 砖乘以 0.55
砌砖墙	8.5m	以 1 砖计，$1\frac{1}{2}$砖乘以 0.71，2 砖乘以 0.57
浇筑钢筋混凝土板	5.3m^3	机拌 机捣
浇筑钢筋混凝土梁	3.6m^3	机拌 机捣
浇筑钢筋混凝土柱	2.45m^3	机拌 机捣
浇筑钢筋混凝土墙	5m^3	机拌 机捣
浇筑钢筋混凝土地坪及面层	40m^2	机拌 机捣
外墙抹灰	16m^2	
内墙抹灰	18.5m^2	
卷材屋面	18.5m^2	
防水水泥砂浆屋面	16m^2	
门窗安装	11m^2	

2. 流水步距（K）

流水步距是指两个相邻的施工过程相继开始投入流水施工的时间差（时间间隔），为了计算方便，规定它不包括技术与组织间歇时间。确定流水步距的前提条件是保持两施工过程的先后工艺顺序，满足连续施工要求和时间上最大搭接及工程质量、安全生产的要求，一般通过计算才能确定。流水步距的大小，反映着流水作业的紧凑程度，对工期也有很大的影响。在施工段不变的条件下，流水步距大，工期就长；流水步距小，工期就短。流水步距过小，虽然工期缩短很多，但它将接近平行作业，等于全面开花，同一时间就需要投入大量的劳动力或机械，不能体现分段的优点，也无法反映出流水作业的优越性。因此，扩大或缩小流水步距都会违背流水施工的基本要求，正确的流水步距应与流水节拍保持一定的比例协调关系，应该是最恰当、最紧凑的时间间隔。一般情况下，流水步距至少为一个工作班或半个工作班，其数目取决于参加流水的施工过程数，如施工过程数为 n 个，则流水步距的总数为 $n-1$ 个。

此外，在组织流水作业中，由于施工过程之间的工艺或组织上的需要，在同一施工段的两个相邻施工过程之间必须留有一定的间歇时间，即技术间歇时间和组织间歇时间。例如混凝土的养护时间、抹灰工程的养护时间、屋面找平层的养护时间等，都属于工艺、技术间歇时间；又如基础混凝土浇捣并经养护以后，施工人员必须进行墙身位置的弹线，然后才能砌砖基础，在回填土之前必须对埋设的地下管道检查验收等，都属于因组织上的需要，相邻两施工过程在规定的流水步距以外，需要增加的间歇时间，即组织间歇时间。当它们发生在层与层之间时，称为层间技术与组织间歇时间；当它们发生在同一层的施工过程中，则称为施工过程间的技术与组织间歇时间。它们都是流水作业中的中断间歇时间，在具体组织流水施工时，一般都是一起考虑的，也可以分别考虑。

3. 施工过程数（n）

组织工程项目的流水施工时，首先要根据工程计划的性质、工程本身的构造特点、施工工艺的客观要求、采用的施工方法以及劳动组织的具体条件等多方面因素，进行全面考虑，将工程项目分解成若干专业工程，再将某一专业工程划分成若干个分部工程，然后将各个分部工程再分解成若干施工过程（又称分项工程或工序）。分解的目的，主要是便于对工程的施工进行具体的安排和进行相应的资源调配。

分解工程项目时要根据实际情况决定分解的粗细程度，粗细要适中。划分太粗，则所编制的流水施工进度不能起指导和控制作用；划分太细，则在组织流水作业时过于烦琐。因此，要合理确定工程项目分解的粗细程度。如一般混合结构住宅建筑的施工过程数 n 大致可取 20~30 个，工业建筑的施工过程要多一些。

4. 施工段数（m）

在组织流水施工时，通常把拟建工程项目在平面上划分为若干个劳动量相等或大致相等的施工地段，这些施工地段称为施工段。每一个施工段在某一时间内只供一个施工过程的工作队（组）使用。施工段的划分是组织流水施工的基础，其目的是保证各专业队（组）能在不同的工作面上同时进行工作，消除由于各专业队（组）不能依次连续进入同一工作面上工作而产生的互等、停歇等窝工现象，为流水施工创造条件。

施工段可以是固定的，也可以是不固定的。在固定施工段的情况下，所有施工过程都采用同样的施工分段，施工段的分界对所有施工过程来说都是固定不变的。在不固定施工段的情况下，为对不同的施工过程分别规定出施工段的划分方法，施工段的分界对于不同的施工过程来说是不同的。固定施工段便于组织流水施工，采用较广，而不固定的施工段则较少使用。

（1）划分施工段的基本原则

1）施工段的大小，决定着施工过程的各施工段上工程量的大小。为了使每个施工过程的流水作业保持较好的连续性、均衡性和节奏性，要求所划分的各个施工段的工程量（或劳动量）要大致相等，其相差幅度不宜超过 15%。

2）划分施工段时必须保证各专业队（组）有足够的工作面，即应大于最小工作面，使施工作业能在安全、高效的条件下进行。

3）为了保证建筑结构的整体性，划分施工段时，要利用工程的结构特征，以结构的某些自然分界作为施工段的分界。如房屋的伸缩缝、沉降缝，道路工程中路面的伸缩缝，管线工程的接合部位等，都是比较理想的划分施工段的界限。有些建筑物没有结构界限，或者必须划在建筑物的结构上时，应尽量选在对结构整体性影响较小的部位（剪力最小的地方），例如门窗洞口处，以减少留槎。当是由多幢同类型房屋组成的建筑群时，常以幢为单位作施工段。

4）施工段的划分，通常是以主导施工过程的组织为依据。例如混合结构房屋的砌砖和安装楼板，钢筋混凝土框架结构的支模、绑扎钢筋、浇筑混凝土等都是主导施工过程。

5）施工段数不宜过多，过多了势必要减少人数反而拉长工期。同时要考虑某些机具的服务半径，要有利于发挥机械的效率。

6）当拟建工程项目有层高关系时，即分段又分层时，应使各专业队能够连续施工。即各施工过程的工作队做完第一段，能立即转入第二段；做完第一层的最后一段，能立即转入第二层的第一段。

前述施工段是在建筑物平面上划分的，除此之外，为了满足专业工种对操作和工艺的要求，还需将拟建工程项目在竖向上划分为若干个施工区段。如砌筑工程和钢筋混凝土工程，一般每层的施工段数与平面上相一致，而室内抹灰、木装修、油漆、玻璃和水电安装等可按楼层为施工层段。

总之，划分施工段时必须从保证质量、操作安全和有利于充分发挥专业队与机械的施工效率出发，并为流水施工的连续性、均衡性和节奏性创造条件。

（2）施工段数 m 的确定

1）当拟建工程项目无层高关系时，施工段数的确定可以根据前述划分施工段的原则，尽可能采用施工段数等于施工过程数，即 $m=n$，以使工作队连续施工，施工段无空闲间歇。

2）当拟建工程项目有层高关系时，则流水施工分段又分层。每层施工段的确定，除考虑前述划分施工段的原则外，还分为下列几种情况：

① 无技术、组织间歇时，若 $m=n$ 时，则工作队连续施工，施工段上始终有工作队在工作，即施工段无空闲，比较理想；若 $m>n$ 时，工作队仍然是连续的，施工段上有空闲，但不一定有害；若 $m<n$ 时，工作队不连续施工而窝工，但各施工段上始终有工作队在工作，对一个有层间关系的工程项目，用该法组织流水施工是不适宜的，但是，在建筑群中可与另一些建筑物组织大流水。

从上述情况可以看出，要想保证专业工作队能连续施工，必须满足：

$$m \geqslant n \tag{2-7}$$

② 当有技术、组织间歇时，为了保证各施工过程连续施工，应取 $m>n$，此时，施工段有空闲，应使施工段空闲时间等于技术、组织间歇时间。

若组织全等节拍流水时，可得：每层空闲施工段数为 $m-n$，一个空闲施工段的时间为 $(m-n)t=(m-n)K$。若每层的技术与组织间歇时间为 $\sum Z_1+Z_2$，其中 $\sum Z_1$ 为一个楼层中施工过程之间技术与组织间歇时间之和，Z_2 为层间技术与组织间歇时间；若每层的 $\sum Z_1$ 均相同，且每层间的 Z_2 也相同，则为了保证连续施工，施工段除了技术与组织间歇时间外无空闲，则

$$(m-n)K=\sum Z_1+Z_2$$

由此可得到每层的施工段数为

$$m=n+\frac{\sum Z_1}{K}+\frac{Z_2}{K} \tag{2-8}$$

如果每层的$\sum Z_1$不完全相等，Z_2也不完全相等，应取各层中最大的$\sum Z_1$和Z_2，可得

$$m=n+\frac{\max\sum Z_1}{K}+\frac{\max Z_2}{K} \tag{2-9}$$

若施工层内存在着平行搭接施工时，还要考虑平行搭接时间的影响，用$\sum C$表示一层内平行搭接时间之和，则施工段数为

$$m=n+\frac{\sum Z_1}{K}+\frac{Z_2}{K}-\frac{\sum C}{K} \tag{2-10}$$

同理，若每一层的$\sum C$不相等，则应取各层中最小的$\sum C$来确定施工段。

对于成倍节拍流水作业，计算公式是相同的，只是n不再是施工过程数，而是各专业队数之和。

2.1.3 流水施工的基本组织方式

在流水施工中，流水节拍的规律不同，决定了流水步距、流水施工工期的计算方法等也不同，甚至影响到各个施工过程的专业工作队数目。因此，有必要按照流水节拍的特征将流水施工进行分类，其分类情况如图 2-4 所示。

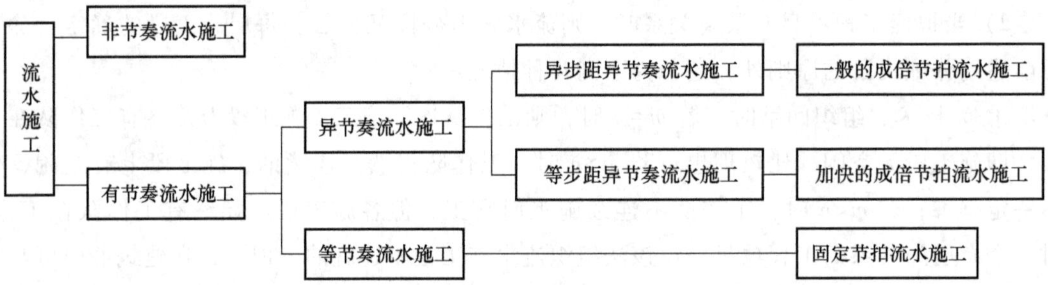

图 2-4　流水施工分类图

1. 有节奏流水施工

有节奏流水施工是指在组织流水施工时，每一个施工过程在各个施工段上的流水节拍都各自相等的流水施工，它分为等节奏流水施工和异节奏流水施工。

（1）等节奏流水施工

等节奏流水施工是指在有节奏流水施工中，各施工过程的流水节拍都相等的流水施工，也称为固定节拍流水施工或全等节拍流水施工。

（2）异节奏流水施工

异节奏流水施工是指在有节奏流水施工中，各施工过程的流水节拍各自相等而不同施工过程之间的流水节拍不尽相等的流水施工。在组织异节奏流水施工时，又可以采用等步距和异步距两种方式。

1）等步距异节奏流水施工。等步距异节奏流水施工是指在组织异节奏流水施工时，按每个施工过程流水节拍之间的比例关系，成立相应数量的专业工作队而进行的流水施工，也称为加快的成倍节拍流水施工。

2）异步距异节奏流水施工。异步距异节奏流水施工是指在组织异节奏流水施工时，每个施工过程成立一个专业工作队，由其完成各施工段任务的流水施工，也称为一般的成倍节拍流水施工。

2. 非节奏流水施工

非节奏流水施工是指在组织流水施工时，全部或部分施工过程在各个施工段上的流水节拍不相等的流水施工。这种施工是流水施工中最常见的一种。

2.2 有节奏流水施工

2.2.1 固定节拍流水施工

1. 固定节拍流水施工的特点

固定节拍流水施工是一种最理想的流水施工方式，其特点如下：

1）所有施工过程在各个施工段上的流水节拍均相等。

2）相邻施工过程的流水步距相等，且等于流水节拍。

3）专业工作队数等于施工过程数，即每一个施工过程成立一个专业工作队，由该队完成相应施工过程所有施工段上的任务。

4）各个专业工作队在各施工段上能够连续作业，施工段之间没有空闲时间。

2. 固定节拍流水施工工期

（1）有间歇时间的固定节拍流水施工

所谓间歇时间，是指相邻两个施工过程之间由于工艺或组织安排需要而增加的额外等待时间，包括工艺间歇时间（$G_{j,j+1}$）和组织间歇时间（$Z_{j,j+1}$）。对于有间歇时间的固定节拍流水施工，其流水施工工期 T 可按式（2-11）计算：

$$\begin{aligned} T &= (n-1)t+\sum G+\sum Z+mt \\ &= (m+n-1)t+\sum G+\sum Z \end{aligned} \tag{2-11}$$

式中符号如前所述。

例如，某分部工程流水施工进度计划如图 2-5 所示。

在该计划中，施工过程数目 $n=4$；施工段数目 $m=4$；流水节拍 $t=2$ 天；流水步距 $K_{\text{Ⅰ},\text{Ⅱ}}=K_{\text{Ⅱ},\text{Ⅲ}}=K_{\text{Ⅲ},\text{Ⅳ}}=t=2$ 天；组织间歇 $Z_{\text{Ⅰ},\text{Ⅱ}}=Z_{\text{Ⅱ},\text{Ⅲ}}=Z_{\text{Ⅲ},\text{Ⅳ}}=0$；工艺间歇 $G_{\text{Ⅰ},\text{Ⅱ}}=G_{\text{Ⅲ},\text{Ⅳ}}=0$；$G_{\text{Ⅱ},\text{Ⅲ}}=1$ 天。因此，其流水施工工期为

$$\begin{aligned} T &= (m+n-1)t+\sum G+\sum Z \\ &= [(4+4-1)\times 2+1+0]\text{天} \\ &= 15\text{ 天} \end{aligned}$$

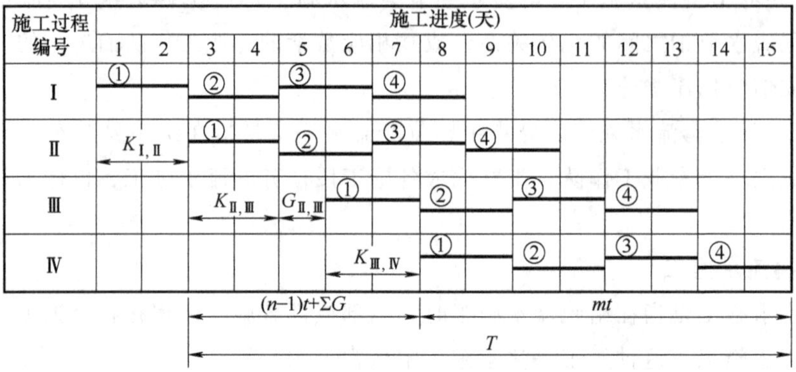

图 2-5　有间歇时间的固定节拍流水施工进度计划

（2）有提前插入时间的固定节拍流水施工

所谓提前插入时间，是指相邻两个专业工作队在同一施工段上共同作业的时间。在工作面允许和资源有保证的前提下，专业工作队提前插入施工，可以缩短流水施工工期。对于有提前插入时间的固定节拍流水施工，其流水施工工期 T 可按式（2-12）计算：

$$
\begin{aligned}
T &= (n-1)t+\sum G+\sum Z-\sum C+mt \\
&= (m+n-1)t+\sum G+\sum Z-\sum C
\end{aligned} \tag{2-12}
$$

式中符号如前所述。

例如，某分部工程流水施工进度计划如图 2-6 所示。

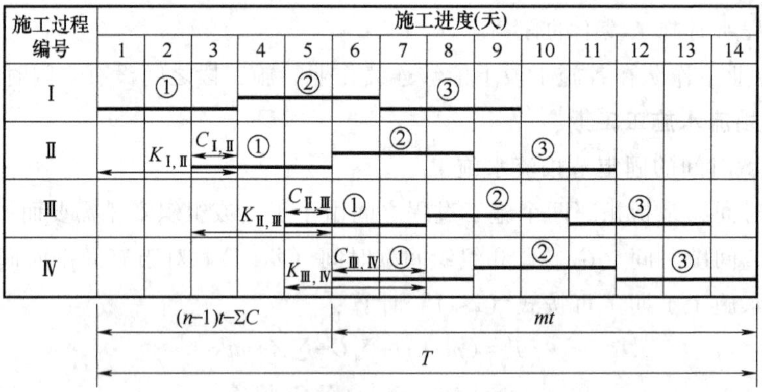

图 2-6　有提前插入时间的固定节拍流水施工进度计划

在该计划中，施工过程数目 $n=4$；施工段数目 $m=3$；流水节拍 $t=3$ 天；流水步距 $K_{Ⅰ,Ⅱ}=K_{Ⅱ,Ⅲ}=K_{Ⅲ,Ⅳ}=t=3$ 天；组织间歇 $Z_{Ⅰ,Ⅱ}=Z_{Ⅱ,Ⅲ}=Z_{Ⅲ,Ⅳ}=0$；工艺间歇 $G_{Ⅰ,Ⅱ}=G_{Ⅱ,Ⅲ}=G_{Ⅲ,Ⅳ}=0$；提前插入时间 $C_{Ⅰ,Ⅱ}=C_{Ⅱ,Ⅲ}=1$ 天，$C_{Ⅲ,Ⅳ}=2$ 天。因此，其流水施工工期为

$$
\begin{aligned}
T &= (n-1)t+\sum G+\sum Z-\sum C+mt \\
&= [(4-1)\times 3+0+0-(1+1+2)+3\times 3]\text{天} \\
&= 14\text{天}
\end{aligned}
$$

2.2.2 成倍节拍流水施工

在通常情况下，组织固定节拍的流水施工是比较困难的。因为在任一施工段上，不同的施工过程，其复杂程度不同，影响流水节拍的因素也各不相同，很难使各个施工过程的流水节拍都彼此相等。但是，如果施工段划分得合适，保持同一施工过程各施工段的流水节拍相等是不难实现的。使某些施工过程的流水节拍成为其他施工过程流水节拍的倍数，就形成了成倍节拍流水施工。成倍节拍流水施工包括一般的成倍节拍流水施工和加快的成倍节拍流水施工。为了缩短流水施工工期，一般均采用加快的成倍节拍流水施工方式。

1. 加快的成倍节拍流水施工的特点

加快的成倍节拍流水施工的特点如下：

1）同一施工过程在其各个施工段上的流水节拍均相等；不同施工过程的流水节拍不等，但其值为倍数关系。

2）相邻专业工作队的流水步距相等，且等于流水节拍的最大公约数（K）。

3）专业工作队数大于施工过程数，即有的施工过程只成立一个专业工作队，而对于流水节拍大的施工过程，可按其倍数增加相应专业工作队数目。

4）各个专业工作队在施工段上能够连续作业，施工段之间没有空闲时间。

2. 加快的成倍节拍流水施工工期

加快的成倍节拍流水施工工期 T 可按式（2-13）计算：

$$
\begin{aligned}
T &= (n'-1)K+\sum G+\sum Z-\sum C+mK \\
&= (m+n'-1)K+\sum G+\sum Z-\sum C
\end{aligned}
\qquad (2\text{-}13)
$$

式中 n'——专业工作队数目；

其余符号如前所述。

例如，某分部工程流水施工进度计划如图 2-7 所示。

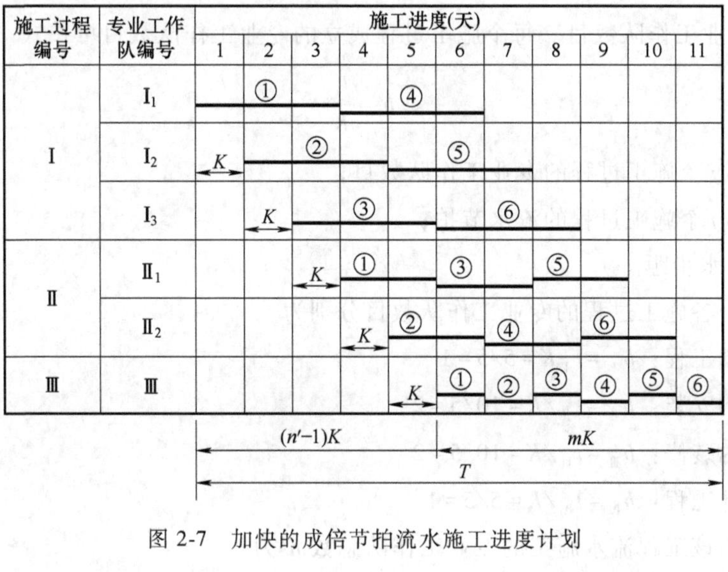

图 2-7 加快的成倍节拍流水施工进度计划

在该计划中，施工过程数目 $n=3$；专业工作队数目 $n'=6$；施工段数目 $m=6$；流水步距 $K=1$ 天；组织间歇 $Z=0$；工艺间歇 $G=0$；提前插入时间 $C=0$。因此，其流水施工工期为

$$T=(m+n'-1)K+\sum G+\sum Z-\sum C$$
$$=[(6+6-1)\times1+0+0-0]\text{天}$$
$$=11\text{天}$$

3. 成倍节拍流水施工示例

某建设工程由四幢大板结构楼房组成，每幢楼房为一个施工段，施工过程划分为基础工程、结构安装、室内装修和室外工程四项，其一般的成倍节拍流水施工进度计划如图 2-8 所示。

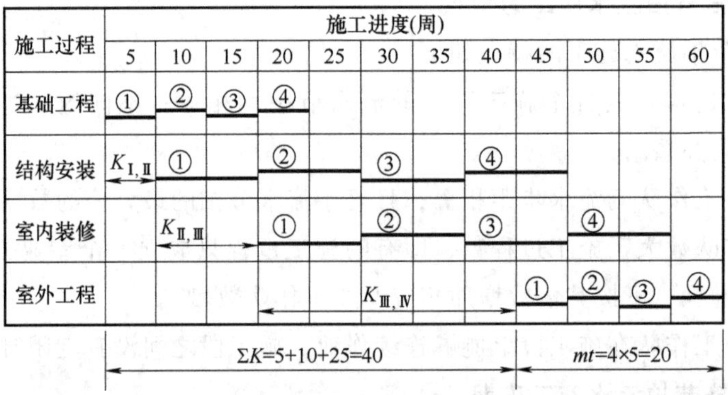

图 2-8　大板结构楼房一般的成倍节拍流水施工进度计划

由图 2-8 可知，如果按 4 个施工过程成立 4 个专业工作队组织流水施工，其总工期为

$$T_0=[(5+10+25)+4\times5]\text{周}=60\text{周}$$

为加快施工进度，增加专业工作队，组织加快的成倍节拍流水施工：

1）计算流水步距。流水步距等于流水节拍的最大公约数，即

$$K=\min[5,10,10,5]=5$$

2）确定专业工作队数目。每个施工过程成立的专业工作队数目可按式（2-14）计算：

$$b_j=\frac{t_j}{K} \tag{2-14}$$

式中　b_j——第 j 个施工过程的专业工作队数目；

t_j——第 j 个施工过程的流水节拍；

K——流水步距。

在本例中，各施工过程的专业工作队数目分别为

Ⅰ——基础工程：$b_{\text{Ⅰ}}=t_{\text{Ⅰ}}K=5/5=1$

Ⅱ——结构安装：$b_{\text{Ⅱ}}=t_{\text{Ⅱ}}/K=10/5=2$

Ⅲ——室内装修：$b_{\text{Ⅲ}}=t_{\text{Ⅲ}}/K=10/5=2$

Ⅳ——室外工程：$b_{\text{Ⅳ}}=t_{\text{Ⅳ}}/K=5/5=1$

于是，参与该工程流水施工的专业工作队总数 n' 为

$$n' = \sum b_i = (1+2+2+1) = 6$$

3）绘制加快的成倍节拍流水施工进度计划图。在加快的成倍节拍流水施工进度计划图中，除表明施工过程的编号或名称外，还应表明专业工作队的编号。在表明各施工段的编号时，一定要注意有多个专业工作队的施工过程，各专业工作队连续作业的施工段编号不应该是连续的，否则，无法组织合理的流水施工。

根据图 2-8 所示进度计划编制的加快的成倍节拍流水施工进度计划如图 2-9 所示。

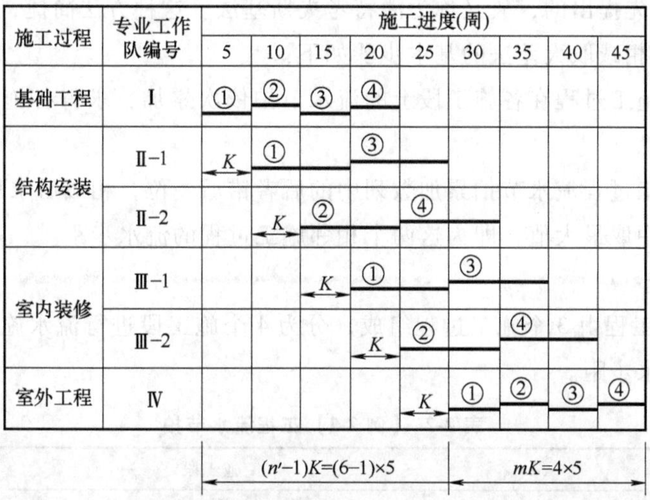

图 2-9 大板结构楼房加快的成倍节拍流水施工进度计划

4）确定流水施工工期。由图 2-9 可知，本计划中没有组织间歇、工艺间歇及提前插入，故根据式（2-12）算得流水施工工期：

$$T = (m+n'-1)K = [(4+6-1)\times 5]\text{周} = 45\text{ 周}$$

与一般的成倍节拍流水施工进度计划比较，该工程组织加快的成倍节拍流水施工使得总工期缩短了 15 周。

2.3 非节奏流水施工

在组织流水施工时，由于工程结构形式、施工条件不同等原因，各施工过程在各施工段上的工程量有较大差异，或因专业工作队的生产效率相差较大，导致各施工过程的流水节拍随施工段的不同而不同，且不同施工过程之间的流水节拍又有很大差异。这时，流水节拍虽无任何规律，但仍可利用流水施工原理组织流水施工，使各专业工作队在满足连续施工的条件下，实现最大搭接。这种非节奏流水施工方式是建设工程流水施工的普遍方式。

2.3.1 非节奏流水施工的特点

非节奏流水施工具有以下特点：

1）各施工过程在各施工段的流水节拍不全相等。

2）相邻施工过程的流水步距不尽相等。

3）专业工作队数等于施工过程数。

4）各专业工作队能够在施工段上连续作业，但有的施工段之间可能有空闲时间。

2.3.2 流水步距的确定

在非节奏流水施工中，通常采用累加数列错位相减取大差法计算流水步距。这种方法是由潘特考夫斯基首先提出的，故又称为潘特考夫斯基法。这种方法简捷，准确，便于掌握。

累加数列错位相减取大差法的基本步骤如下：

1）对每一个施工过程在各施工段上的流水节拍依次累加，求得各施工过程流水节拍的累加数列。

2）将相邻施工过程流水节拍累加数列中的后者错后一位，相减后求得一个差数列。

3）在差数列中取最大值，即为这两个相邻施工过程的流水步距。

【例 2-1】 某工程由 3 个施工过程组成，分为 4 个施工段进行流水施工，其流水节拍见表 2-2，试确定流水步距。

表 2-2 【例 2-1】工程流水节拍 （单位：天）

施工过程	施工段			
	①	②	③	④
Ⅰ	2	3	2	1
Ⅱ	3	2	4	2
Ⅲ	3	4	2	2

【解】（1）求各施工过程流水节拍的累加数列

施工过程Ⅰ：2，5，7，8

施工过程Ⅱ：3，5，9，11

施工过程Ⅲ：3，7，9，11

（2）错位相减求得差数列

$$
\begin{array}{rrrrrr}
\text{Ⅰ与Ⅱ：} & 2, & 5, & 7, & 8 & \\
-) & & 3, & 5, & 9, & 11 \\
\hline
 & 2, & 2, & 2, & -1, & -11
\end{array}
$$

$$
\begin{array}{rrrrrr}
\text{Ⅱ与Ⅲ：} & 3, & 5, & 9, & 11 & \\
-) & & 3, & 7, & 9, & 11 \\
\hline
 & 3, & 2, & 2, & 2, & -11
\end{array}
$$

（3）在差数列中取最大值求得流水步距

施工过程Ⅰ与Ⅱ之间的流水步距：$K_{1,2}=\max\{2,2,2,-1,-11\}$ 天 $=2$ 天

施工过程Ⅱ与Ⅲ之间的流水步距：$K_{2,3}=\max\{3,2,2,2,-11\}$天$=3$天

2.3.3 流水施工工期的确定

流水施工工期可按式（2-15）计算：

$$T=\sum K+\sum t_n+\sum Z+\sum G-\sum C \tag{2-15}$$

式中 T——流水施工工期；

$\sum K$——各施工过程（或专业工作队）之间流水步距之和；

$\sum t_n$——最后一个施工过程（或专业工作队）在各施工段流水节拍之和；

$\sum Z$——组织间歇时间之和；

$\sum G$——工艺间歇时间之和；

$\sum C$——提前插入时间之和。

【例 2-2】 某工厂需要修建 4 台设备的基础工程，施工过程包括基础开挖、基础处理和浇筑混凝土。因设备型号与基础条件等不同，使得 4 台设备（施工段）的各施工过程有着不同的流水节拍，见表 2-3。试确定流水步距。

表 2-3 【例 2-2】基础工程流水节拍 （单位：周）

施工过程	施工段			
	设备 A	设备 B	设备 C	设备 D
基础开挖	2	3	2	2
基础处理	4	4	2	3
浇筑混凝土	2	3	2	3

【解】 从流水节拍的特点可以看出，本工程应按非节奏流水施工方式组织施工。

1）确定施工流向由设备 A→B→C→D，施工段数 $m=4$。

2）确定施工过程数 $n=3$，包括基础开挖、基础处理和浇筑混凝土。

3）采用“累加数列错位相减取大差法”求流水步距：

$$\begin{array}{rrrrrr} & 2, & 5, & 7, & 9 & \\ -) & & 4, & 8, & 10, & 13 \\ \hline K_{1,2}=\max & [2, & 1, & -1, & -1, & -13]=2 \end{array}$$

$$\begin{array}{rrrrrr} & 4, & 8, & 10, & 13 & \\ -) & & 2, & 5, & 7, & 10 \\ \hline K_{2,3}=\max & [4, & 6, & 5, & 6, & -10]=6 \end{array}$$

4）计算流水施工工期：

$$T=\sum K+\sum t_n=[(2+6)+(2+3+2+3)]周=18 周$$

5）绘制非节奏流水施工进度计划，如图 2-10 所示。

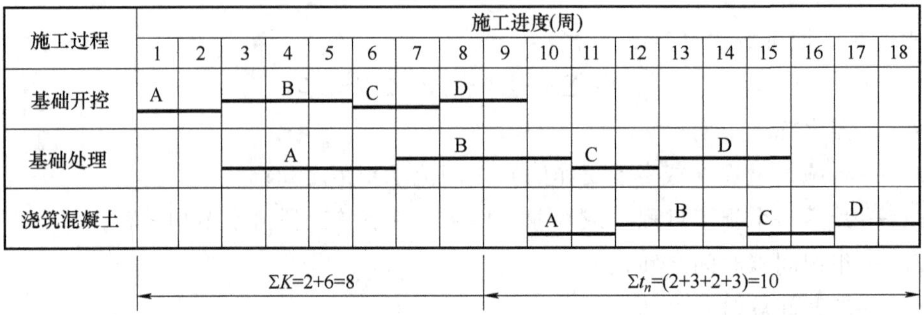

图 2-10　设备基础工程流水施工进度计划

思　考　题

1. 工程项目组织施工的方式有哪些？它们各有何特点？
2. 流水施工的技术经济效果有哪些？
3. 流水施工参数包括哪些内容？
4. 流水施工的基本方式有哪些？
5. 固定节拍流水施工、加快的成倍节拍流水施工、非节奏流水施工各具有哪些特点？
6. 当组织非节奏流水施工时，如何确定其流水步距？
7. 横道图进度计划法有哪些优点和局限性？

练　习　题

1. 某屋面工程有三道工序：保温层→找平层→卷材层，分三段进行流水施工，流水节拍均为 2 天，且找平层需两天干燥后才能在其上铺卷材层。试绘制该工程流水施工横道图计划。

2. 某两层建筑物有 A→B→C 三道工序，组织流水施工，施工过程 A 与 B 之间技术间歇 2 天，施工过程 C 与 A 之间技术间歇 1 天，流水节拍均为 1 天。试绘制其流水施工横道图计划。

3. 某工程包括 3 幢结构相同的单层砖混住宅楼，以每幢住宅楼为一个施工段组织流水作业。已知：±0.00 以下部分有挖土、垫层、基础混凝土、回填土四个施工过程，组织全等节拍流水施工，流水节拍为 2 周；±0.00 以上部分按主体结构、装修、室外工程组织成倍节拍流水施工，流水节拍分别为 4 周、4 周、2 周。不考虑间歇时间，试绘制其施工横道图计划。

4. 某住宅小区工程共有 12 幢高层剪力墙结构住宅楼，每幢有 2 个单元，各单元结构基本相同。每幢高层住宅楼的基础工程有挖土→铺垫层→钢筋混凝土基础→回填土四道工序，工作持续时间分别是 8 天、4 天、12 天、4 天，若每 4 幢划分为一个施工段组织成倍节拍流水施工，试绘制其流水施工横道图计划。

5. 某工程采用现浇整体式框架结构，主体结构施工顺序划分为柱→梁→板。拟分成三段组织流水施工，某标准层的流水节拍见表 2-4，计算该主体结构标准层施工所需要的时间，并绘制该框架结构工程标准层施工的横道图计划。

表 2-4　某标准层的流水节拍

施工过程编号	施工过程名称	流水节拍（周）		
		①	②	③
1	柱	4	3	3
2	梁	2	4	2
3	板	2	2	3

第3章 网络计划技术

网络计划技术是20世纪50年代后期发展起来的一种计划管理的科学方法。它可用来解决生产经营管理中的许多问题，已广泛地应用网络技术编制各种计划。在建筑施工管理中，主要用来编制建筑安装工程施工进度计划，其方法主要有关键线路法（Critical Path Method，CPM）和计划评审法（Program Evaluation and Review Technique，PERT）两种，还有其他各种类型，但基本原理和此两种方法类同。

我国对网络计划技术的应用始于20世纪60年代。华罗庚教授根据统筹兼顾的思想将CPM和PERT概括为统筹法，前者称为肯定型网络计划，后者称为非肯定型网络计划。目前，网络计划技术已在工农业生产管理、国防、科研等方面得到广泛应用。

3.1 基本概念

3.1.1 网络图和工作

网络图是由箭线和节点组成，用来表示工作流程的有向、有序网状图形。一个网络图表示一项计划任务。网络图中的工作是计划任务按需要粗细程度划分而成的、消耗时间或同时也消耗资源的一个子项目或子任务。工作可以是单位工程，也可以是分部工程、分项工程；一个施工过程也可以作为一项工作。在一般情况下，完成一项工作既需要消耗时间，又需要消耗劳动力、原材料、施工机具等资源。但也有一些工作只消耗时间而不消耗资源，如混凝土浇筑后的养护过程和墙面抹灰后的干燥过程等。

网络图有双代号网络图和单代号网络图两种。双代号网络图又称箭线式网络图，它是以箭线及其两端节点的编号表示工作；同时，节点表示工作的开始或结束以及工作之间的连接状态。单代号网络图又称节点式网络图，它是以节点及其编号表示工作，箭线表示工作之间的逻辑关系。网络图中工作的表示方法如图3-1和图3-2所示。

网络图中的节点都必须有编号，其编号严禁重复，并应使每一条箭线上箭尾节点编号小于箭头节点编号。

在双代号网络图中，一项工作必须有唯一的一条箭线和相应的一对不重复出现的箭尾、箭头节点编号，因此，一项工作的名称可以用其箭尾和箭头节点编号来表示。而在单代号网络图中，一项工作必须有唯一的一个节点及相应的一个代号，该工作的名称可以用其节点编号来表示。

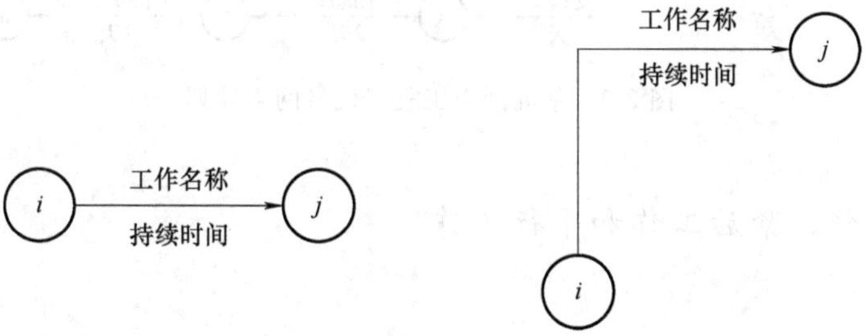

图 3-1 双代号网络图中工作的表示方法

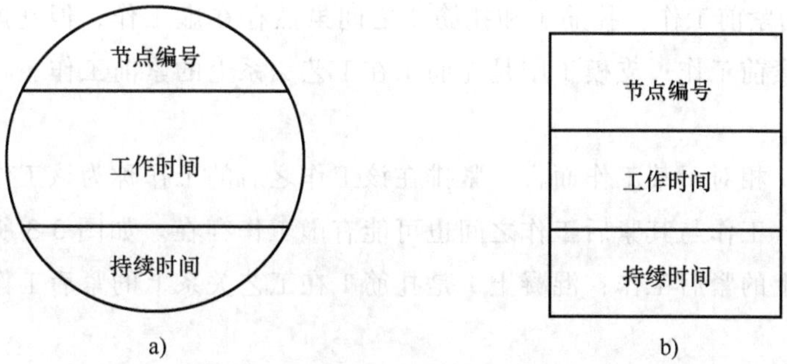

图 3-2 单代号网络图中工作的表示方法

在双代号网络图中，有时存在虚箭线，虚箭线不代表实际工作，称之为虚工作。虚工作既不消耗时间，也不消耗资源。虚工作主要用来表示相邻两项工作之间的逻辑关系。但有时为了避免两项同时开始、同时进行的工作具有相同的开始节点和完成节点，也需要用虚工作加以区分。

在单代号网络图中，虚拟工作只能出现在网络图的起点节点或终点节点处。

3.1.2 工艺关系和组织关系

工艺关系和组织关系是工作之间先后顺序关系——逻辑关系的组成部分。

1. 工艺关系

生产性工作之间由工艺过程决定的、非生产性工作之间由工作程序决定的先后顺序关系称为工艺关系。如图 3-3 所示，支模 1→扎筋 1→混凝土 1 为工艺关系。

2. 组织关系

工作之间由于组织安排需要或资源（劳动力、原材料、施工机具等）调配需要而规定的先后顺序关系称为组织关系。如图 3-3 所示，支模 1→支模 2，扎筋 1→扎筋 2 等为组织关系。

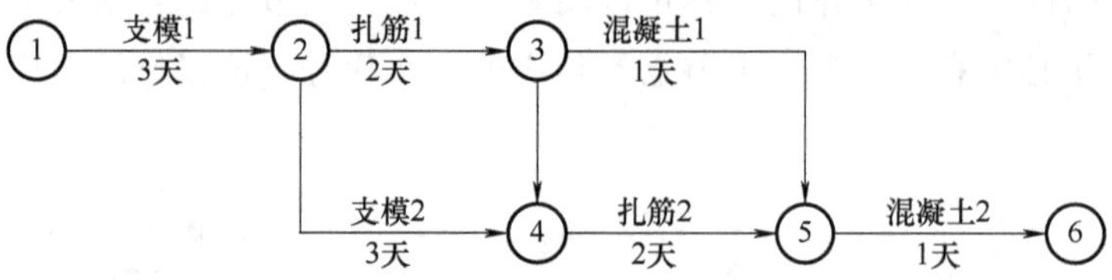

图 3-3　某混凝土工程双代号网络计划

3.1.3　紧前工作、紧后工作和平行工作

1. 紧前工作

在网络图中，相对于某工作而言，紧排在该工作之前的工作称为该工作的紧前工作。在双代号网络图中，工作与其紧前工作之间可能有虚工作存在。如图 3-3 所示，支模 1 是支模 2 在组织关系上的紧前工作；扎筋 1 和扎筋 2 之间虽然存在虚工作，但扎筋 1 仍然是扎筋 2 在组织关系上的紧前工作；支模 1 则是扎筋 1 在工艺关系上的紧前工作。

2. 紧后工作

在网络图中，相对于某工作而言，紧排在该工作之后的工作称为该工作的紧后工作。在双代号网络图中，工作与其紧后工作之间也可能有虚工作存在。如图 3-3 所示，扎筋 2 是扎筋 1 在组织关系上的紧后工作；混凝土 1 是扎筋 1 在工艺关系上的紧后工作。

3. 平行工作

在网络图中，相对于某工作而言，可以与该工作同时进行的工作即为该工作的平行工作。如图 3-3 所示，扎筋 1 和支模 2 互为平行工作。

紧前工作、紧后工作及平行工作是工作之间逻辑关系的具体表现，只要能根据工作之间的工艺关系和组织关系明确其紧前或紧后关系，即可据此绘出网络图。它是正确绘制网络图的前提条件。

3.1.4　先行工作和后续工作

1. 先行工作

相对于某工作而言，从网络图的第一个节点（起点节点）开始，顺箭头方向经过一系列箭线与节点到达该工作为止的各条通路上的所有工作，都称为该工作的先行工作。如图 3-3 所示，支模 1、扎筋 1、混凝土 1、支模 2、扎筋 2 均为混凝土 2 的先行工作。

2. 后续工作

相对于某工作而言，从该工作之后开始，顺箭头方向经过一系列箭线与节点到网络图最后一个节点（终点节点）的各条通路上的所有工作，都称为该工作的后续工作。如图 3-3 所示，扎筋 1 的后续工作有混凝土 1、扎筋 2 和混凝土 2。

在建设工程进度控制中，后续工作是一个非常重要的概念。因为在工程网络计划的实施过程中，如果发现某项工作进度出现拖延，则受到影响的工作必然是该工作的后续工作。

3.1.5 线路、关键线路和关键工作

1. 线路

网络图中从起点节点开始，沿箭头方向顺序通过一系列箭线与节点，最后到达终点节点的通路称为线路。线路既可依次用该线路上的节点编号来表示，也可依次用该线路上的工作名称来表示。如图 3-3 所示，该网络图中有三条线路，这三条线路既可表示为：①—②—③—⑤—⑥、①—②—③—④—⑤—⑥和①—②—④—⑤—⑥，也可表示为：支模 1→扎筋1→混凝土 1→混凝土 2、支模 1→扎筋 1→扎筋 2→混凝土 2 和支模 1→支模 2→扎筋 2→混凝土 2。

2. 关键线路和关键工作

在关键线路法（CPM）中，线路上所有工作的持续时间总和称为该线路的总持续时间。总持续时间最长的线路称为关键线路，关键线路的长度就是网络计划的总工期。如图 3-3 所示，线路①—②—④—⑤—⑥或支模 1→支模 2→扎筋 2→混凝土 2 为关键线路。

在网络计划中，关键线路可能不止一条。而且在网络计划执行过程中，关键线路还会发生转移。

关键线路上的工作称为关键工作。在网络计划的实施过程中，关键工作的实际进度提前或拖后，均会对总工期产生影响，因此，关键工作的实际进度是建设工程进度控制工作中的重点。

3.2 网络图的绘制

3.2.1 双代号网络图的绘制

1. 绘图规则

1）双代号网络图必须正确表达已确定的逻辑关系。双代号网络图中常见的工作逻辑关系的表示方法见表 3-1。

表 3-1 双代号网络图中常见的工作逻辑关系的表示方法

序号	工作之间的逻辑关系	双代号网络图中的表示方法
1	A 完成后进行 B 和 C	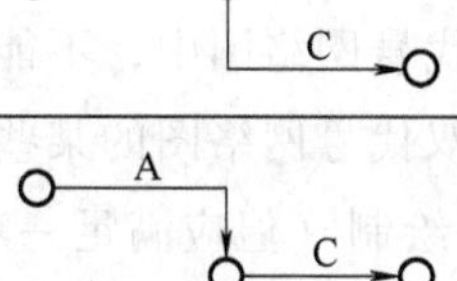
2	A、B 均完成后进行 C	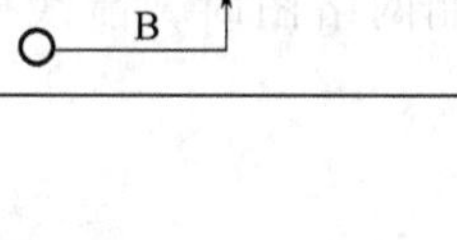

（续）

序号	工作之间的逻辑关系	双代号网络图中的表示方法
3	A、B 均完成后同时进行 C 和 D	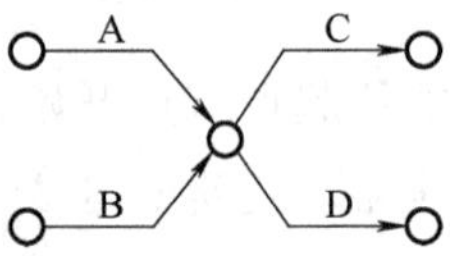
4	A 完成后进行 C A、B 均完成后进行 D	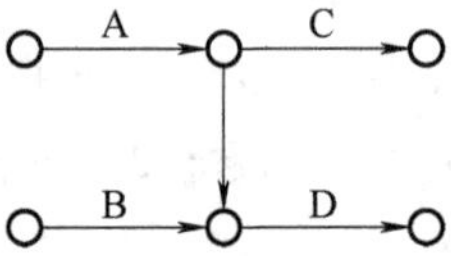
5	A、B 均完成后进行 D A、B、C 均完成后进行 E D、E 均完成后进行 F	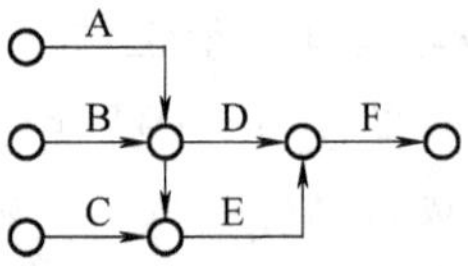
6	A、B 均完成后进行 C B、D 均完成后进行 E	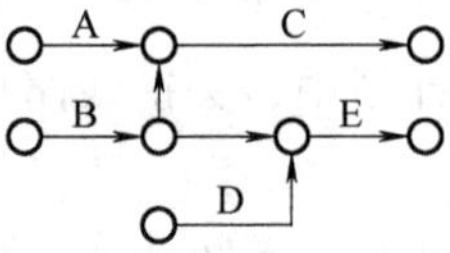
7	A、B、C 均完成后进行 D B、C 均完成后进行 E	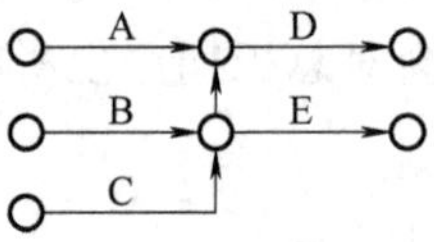
8	A 完成后进行 C A、B 均完成后进行 D B 完成后进行 E	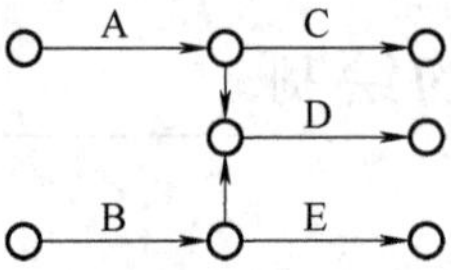
9	A、B 两项工作分成三个施工段，分流水施工： A_1 完成后进行 A_2、B_1，A_2 完成后进行 A_3、B_2， A_2、B_1 完成后进行 B_2、A_3，B_2 完成后进行 B_3	有两种表示方法 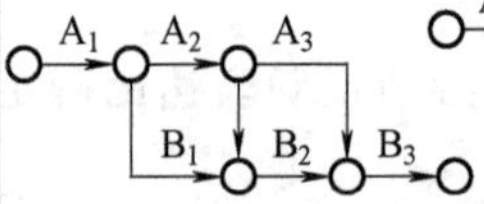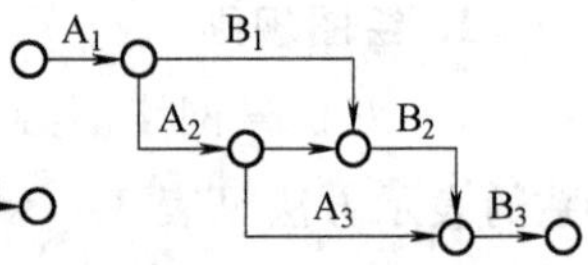

2）双代号网络图中，不允许出现循环回路。循环回路是指从网络图中的某一个节点出发，顺着箭线方向又回到了原来出发点的线路。

3）双代号网络图中，在节点之间不能出现带双向箭头或无箭头的连线。

4）双代号网络图中，不能出现没有箭头节点或没有箭尾节点的箭线。

5）当双代号网络图的某些节点有多条外向箭线或多条内向箭线时，为使图形简洁，可使用母线法绘制（但应满足一项工作用一条箭线和相应的一对节点表示），如图 3-4 所示。

6）绘制网络图时，箭线不宜交叉。当交叉不可避免时，可用过桥法或指向法，如图 3-5所示。

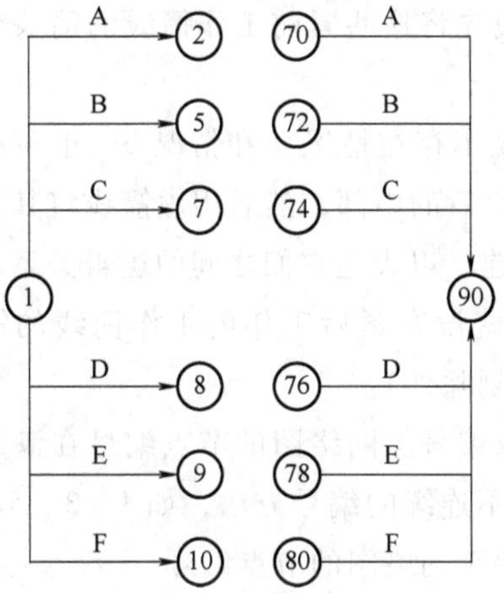

图 3-4　母线法绘图

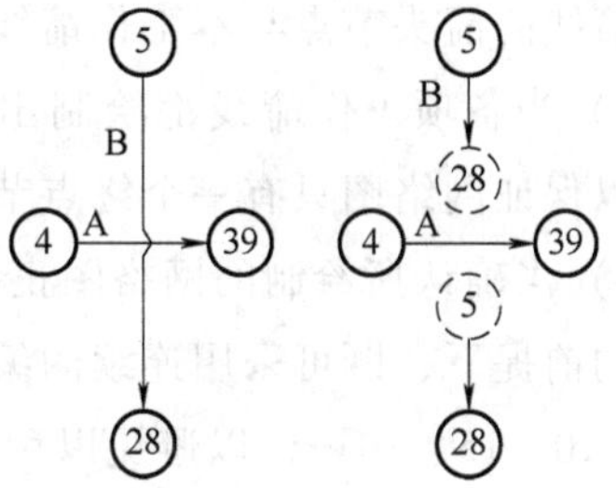

图 3-5　箭线交叉的表示方法

7）双代号网络图中应只有一个起点节点和一个终点节点（多目标网络计划除外），而其他所有节点均应是中间节点。

8）双代号网络图应条理清楚，布局合理。例如，网络图中的工作箭线不宜画成任意方向或曲线形状，尽可能用水平线或斜线；关键线路、关键工作尽可能安排在图面中心位置，其他工作分散在两边；避免倒回箭头等。

2. 绘图方法

当已知每一项工作的紧前工作时，可按下述步骤绘制双代号网络图：

1）绘制没有紧前工作的工作箭线，使它们具有相同的开始节点，以保证网络图只有一个起点节点。

2）依次绘制其他工作箭线。这些工作箭线的绘制条件是其所有紧前工作箭线都已经绘制出来。在绘制这些工作箭线时，应按下列原则进行：

① 当所要绘制的工作只有一项紧前工作时，则将该工作箭线直接画在其紧前工作箭线之后即可。

② 当所要绘制的工作有多项紧前工作时，应按以下四种情况分别予以考虑：

a. 对于所要绘制的工作（本工作）而言，如果在其紧前工作之中存在一项只作为本工作紧前工作的工作（即在紧前工作栏目中，该紧前工作只出现一次），则应将本工作箭线直接画在该紧前工作箭线之后，然后用虚箭线将其他紧前工作箭线的箭头节点与本工作箭线的箭尾节点分别相连，以表达它们之间的逻辑关系。

b. 对于所要绘制的工作（本工作）而言，如果在其紧前工作之中存在多项只作为本工作紧前工作的工作，应先将这些紧前工作箭线的箭头节点合并，再从合并后的节点开始，画出本工作箭线，最后用虚箭线将其他紧前工作箭线的箭头节点与本工作箭线的箭尾节点分别相连，以表达它们之间的逻辑关系。

c. 对于所要绘制的工作（本工作）而言，当不存在情况 a 和情况 b 时，应判断本工作的所有紧前工作是否都同时作为其他工作的紧前工作（即在紧前工作栏目中，这几项紧前工作是否均同时出现若干次）。如果上述条件成立，应先将这些紧前工作箭线的箭头节点合并后，再从合并后的节点开始画出本工作箭线。

d. 对于所要绘制的工作（本工作）而言，如果既不存在情况 a 和情况 b，也不存在情况 c 时，则应将本工作箭线单独画在其紧前工作箭线之后的中部，然后用虚箭线将其各紧前工作箭线的箭头节点与本工作箭线的箭尾节点分别相连，以表达它们之间的逻辑关系。

3）当各项工作箭线都绘制出来之后，应合并那些没有紧后工作的工作箭线的箭头节点，以保证网络图只有一个终点节点（多目标网络计划除外）。

4）当确认所绘制的网络图正确后，即可进行节点编号。网络图的节点编号在满足前述要求的前提下，既可采用连续的编号方法，也可采用不连续的编号方法，如 1、3、5、……或 5、10、15、……，以避免以后增加工作时而改动整个网络图的节点编号。

以上所述是已知每一项工作的紧前工作时的绘图方法。当已知每一项工作的紧后工作时，也可按类似的方法进行网络图的绘制，只是其绘图顺序由前述的从左向右改为从右向左。

3. 绘图示例

现举例说明前述双代号网络图的绘制方法。

【例 3-1】 已知各工作之间的逻辑关系（表 3-2），试绘制其双代号网络图。

表 3-2 【例 3-1】工作逻辑过程

工作	A	B	C	D	E
紧前工作	—	—	A	A、B	B

【解】 1）绘制工作箭线 A 和工作箭线 B，如图 3-6a 所示。

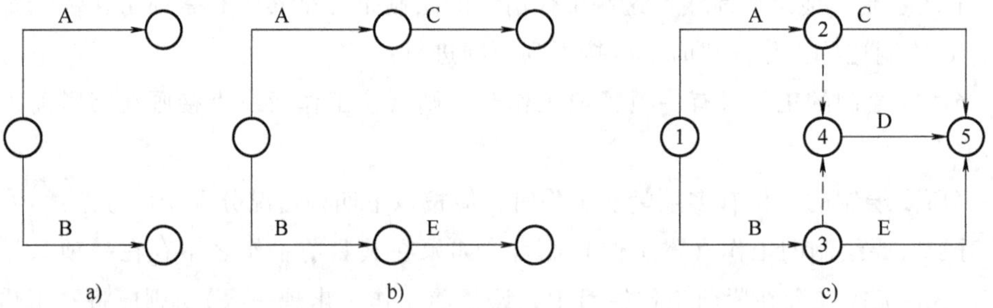

图 3-6 【例 3-1】绘图过程

2）按前述原则①分别绘制工作箭线 C 和工作箭线 E，如图 3-6b 所示。

3）按前述原则②中的情况 d 绘制工作箭线 D，并将工作箭线 C、工作箭线 D 和工作箭线 E 的箭头节点合并，以保证网络图的终点节点只有一个。当确认给定的逻辑关系表达正确后，再进行节点编号。

表 3-2 给定逻辑关系所对应的双代号网络图如图 3-6c 所示。

【例 3-2】 已知各工作之间的逻辑关系（表 3-3），试绘制其双代号网络图。

表 3-3 【例 3-2】工作逻辑关系

工作	A	B	C	D	E	G	H
紧前工作	—	—	—	—	A、B	B、C、D	C、D

【解】 1）绘制工作箭线 A、工作箭线 B、工作箭线 C 和工作箭线 D，如图 3-7a 所示。

2）按前述原则②中的情况 a 绘制工作箭线 E，如图 3-7b 所示。

3）按前述原则②中的情况 b 绘制工作箭线 H，如图 3-7c 所示。

4）按前述原则②中的情况 d 绘制工作箭线 G，并将工作箭线 E、工作箭线 G 和工作箭线 H 的箭头节点合并，以保证网络图的终点节点只有一个。当确认给定的逻辑关系表达正确后，再进行节点编号。

表 3-3 给定逻辑关系所对应的双代号网络图如图 3-7d 所示。

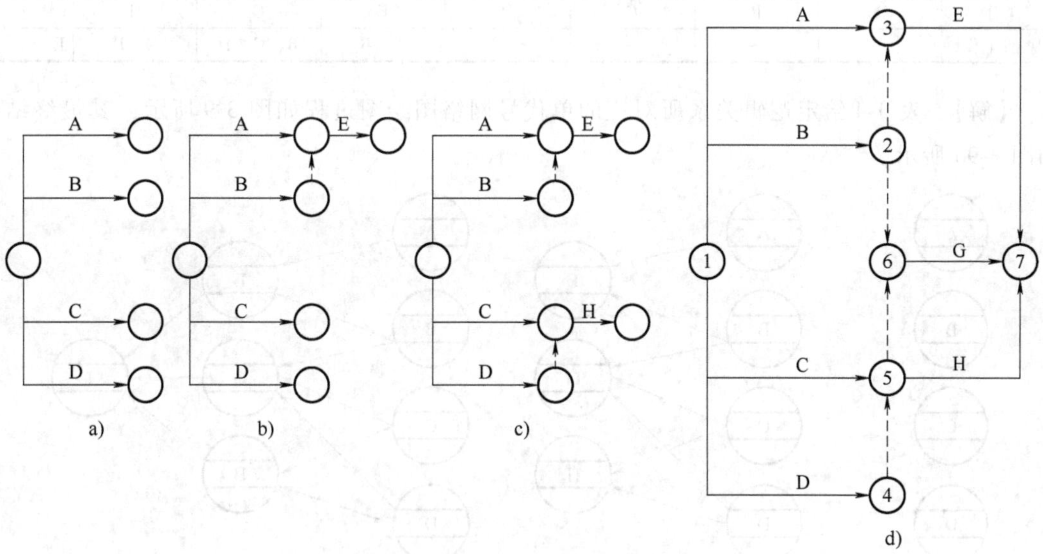

图 3-7 【例 3-2】绘图过程

3.2.2 单代号网络图的绘制

1. 绘图规则

单代号网络图的绘图规则与双代号网络图的绘图规则基本相同，主要区别在于：当网络图中有多项开始工作时，应增设一项虚拟的工作（S），作为该网络图的起点节点；当网络图中有多项结束工作时，应增设一项虚拟的工作（F），作为该网络图的终点节点。图 3-8 所示的 S 和 F 即为虚拟工作。

2. 绘图示例

绘制单代号网络图比绘制双代号网络图容易得多，这里仅举一例说明单代号网络图的绘制方法。

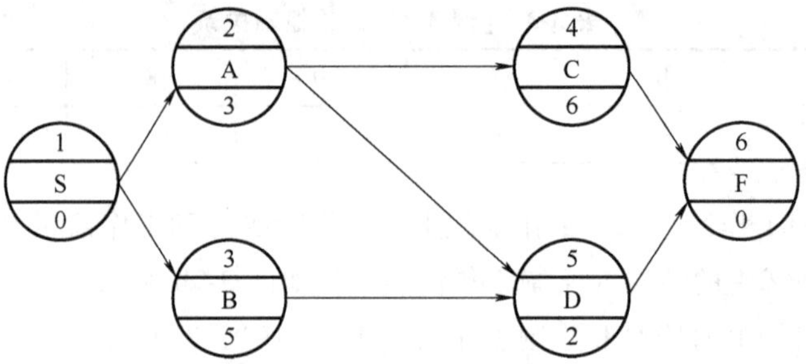

图 3-8　具有虚拟起点节点和终点节点的单代号网络图

【例 3-3】 已知各工作之间的逻辑关系（表 3-4），试绘制单代号网络图。

表 3-4　【例 3-3】工作逻辑关系

工作	A	B	C	D	E	G	H	I
紧前工作	—	—	—	—	A、B	B、C、D	C、D	E、G、H

【解】 表 3-4 给定逻辑关系所对应的单代号网络图绘图过程如图 3-9 所示，其最终结果如图 3-9d 所示。

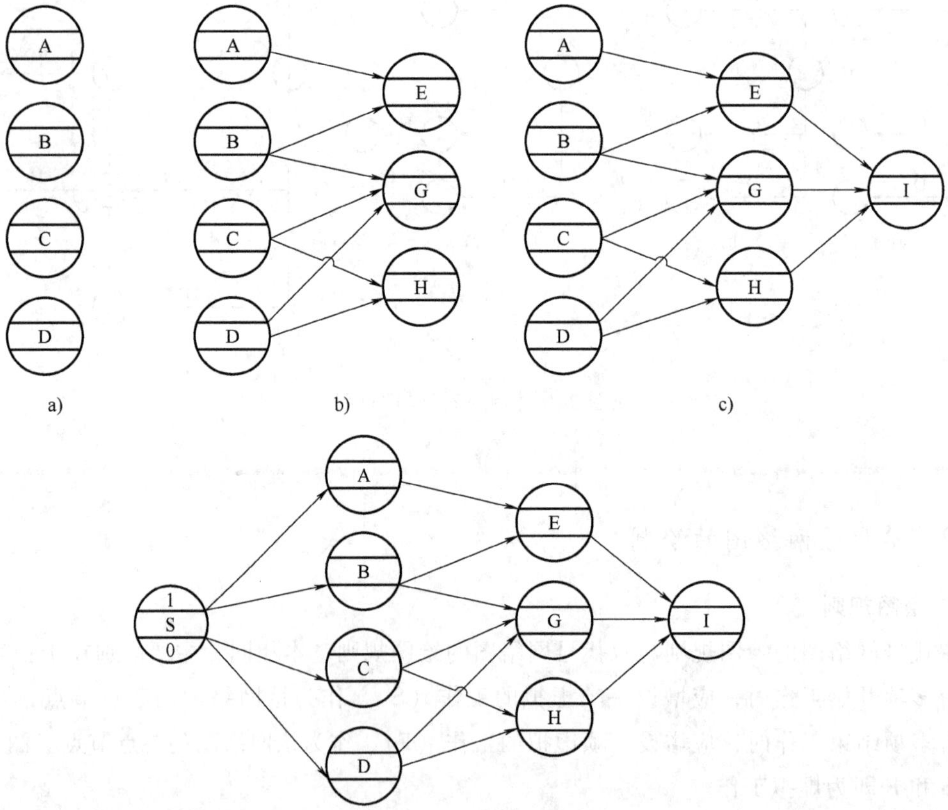

a)　b)　c)　d)

图 3-9　【例 3-3】绘图过程

3.3 网络计划时间参数计算

所谓网络计划，是指在网络图上加注时间参数而编制的进度计划。网络计划时间参数的计算应在各项工作的持续时间确定之后进行。

3.3.1 网络计划时间参数的概念

所谓时间参数，是指网络计划、工作及节点所具有的各种时间值。

1. 工作持续时间和工期

（1）工作持续时间

工作持续时间是指一项工作从开始到完成的时间。在双代号网络计划中，工作 i-j 的持续时间用 $D_{i\text{-}j}$ 表示；在单代号网络计划中，工作 i 的持续时间用 D_i 表示。

（2）工期

工期泛指完成一项任务所需要的时间。在网络计划中，工期一般有以下三种：

1）计算工期。计算工期是根据网络计划时间参数计算而得到的工期，用 T_c 表示。

2）要求工期。要求工期是任务委托人所提出的指令性工期，用 T_r 表示。

3）计划工期。计划工期是指根据要求工期和计算工期所确定的作为实施目标的工期，用 T_p 表示。

① 当已规定了要求工期时，计划工期不应超过要求工期：

$$T_p \leqslant T_r \tag{3-1}$$

② 当未规定要求工期时，可令计划工期等于计算工期：

$$T_p = T_c \tag{3-2}$$

2. 工作的六个时间参数

除工作持续时间外，网络计划中工作的六个时间参数是：最早开始时间、最早完成时间、最迟完成时间、最迟开始时间、总时差和自由时差。

（1）最早开始时间和最早完成时间

工作的最早开始时间是指在其所有紧前工作全部完成后，本工作有可能开始的最早时刻。工作的最早完成时间是指在其所有紧前工作全部完成后，本工作有可能完成的最早时刻。工作的最早完成时间等于本工作的最早开始时间与其持续时间之和。

在双代号网络计划中，工作 i-j 的最早开始时间和最早完成时间分别用 $ES_{i\text{-}j}$ 和 $EF_{i\text{-}j}$ 表示；在单代号网络计划中，工作 i 的最早开始时间和最早完成时间分别用 ES_i 和 EF_i 表示。

（2）最迟完成时间和最迟开始时间

工作的最迟完成时间是指在不影响整个任务按期完成的前提下，本工作必须完成的最迟时刻。工作的最迟开始时间是指在不影响整个任务按期完成的前提下，本工作必须开始的最迟时刻。工作的最迟开始时间等于本工作的最迟完成时间与其持续时间之差。

在双代号网络计划中，工作 i-j 的最迟完成时间和最迟开始时间分别用 $LF_{i\text{-}j}$ 和 $LS_{i\text{-}j}$ 表示；

在单代号网络计划中，工作 i 的最迟完成时间和最迟开始时间分别用 LF_i 和 LS_i 表示。

（3）总时差和自由时差

工作的总时差是指在不影响总工期的前提下，本工作可以利用的机动时间。但是在网络计划的执行过程中，如果利用某项工作的总时差，则有可能使该工作后续工作的总时差减小。在双代号网络计划中，工作 i-j 的总时差用 $\mathrm{TF}_{i\text{-}j}$ 表示；在单代号网络计划中，工作 i 的总时差用 TF_i 表示。

工作的自由时差是指在不影响其紧后工作最早开始时间的前提下，本工作可以利用机动时间。在网络计划的执行过程中，工作的自由时差是该工作可以自由使用的时间。在双代号网络计划中，工作 i-j 的自由时差用 $\mathrm{FF}_{i\text{-}j}$ 表示；在单代号网络计划中，工作 i 的自由时差用 FF_i 表示。

从总时差和自由工作的定义可知，对于同一项工作而言，自由时差不会超过总时差。当工作总时差为零时，其自由时差必然为零。

3. 节点最早时间和节点最迟时间

（1）节点最早时间

节点最早时间是指在双代号网络计划中，以该节点为开始节点的各项工作的最早时间。节点 i 的最早时间用 ET_i 表示。

（2）节点最迟时间

节点最迟时间是指在双代号网络计划中，以该节点为完成节点的各项工作的最迟完成时间。节点 j 的最迟时间用 LT_j 表示。

4. 相邻两项工作之间的时间间隔

相邻两项工作之间的时间间隔是指本工作的最早完成时间与其紧后工作最早开始时间之间可能存在的差值。在单代号网络计划中，工作 i 与工作 j 之间的时间间隔用 $\mathrm{LAG}_{i,j}$ 表示。

3.3.2 双代号网络计划时间参数的计算

双代号网络计划时间参数既可以按工作计算，也可以按节点计算，下面分别以简例说明。

1. 按工作计算法

所谓按工作计算法，就是以网络计划中的工作为对象，直接计算各项工作的时间参数。这些时间参数包括工作的最早开始时间和最早完成时间、工作的最迟开始时间和最迟完成时间、工作的总时差和自由时差。此外，还应计算网络计划的计算工期。

为了简化计算，网络计划时间参数中的开始时间和完成时间都应以时间单位的终了时刻为标准。如第 3 天开始即是指第 3 天终了（下班）时刻开始，实际上是第 4 天上班时刻才开始；第 5 天完成即是指第 5 天终了（下班）时刻完成。

下面以图 3-10 所示双代号网络计划为例，说明按工作计算法计算时间参数的过程。其计算结果如图 3-11 所示。

（1）计算工作的最早开始时间和最早完成时间

工作最早开始时间和最早完成时间的计算应从网络计划的起点节点开始，顺着箭线方向

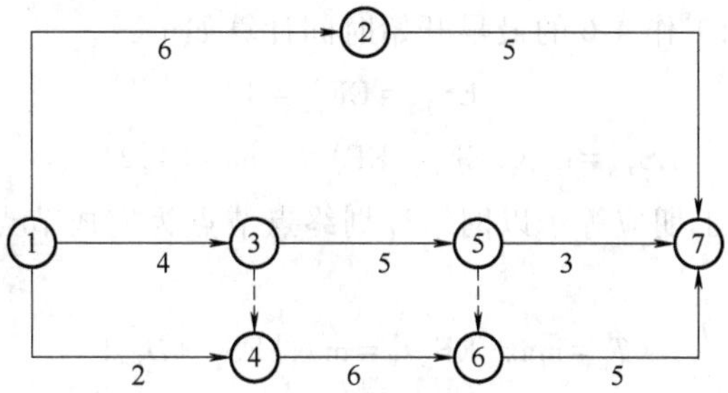

图 3-10 双代号网络计划

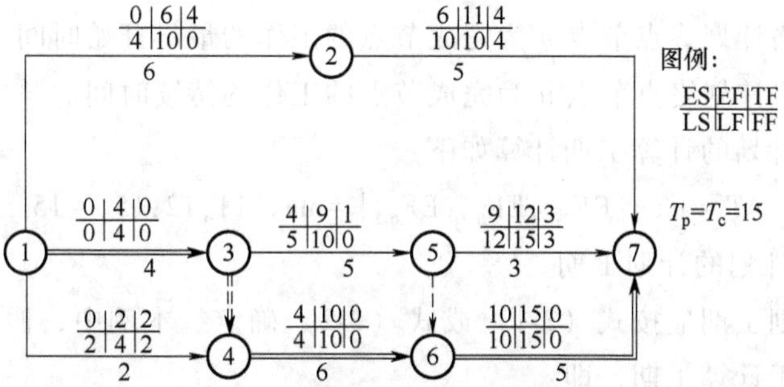

图 3-11 双代号网络计划（六时标注法）

依次进行。计算步骤如下：

1）以网络计划起点节点为开始节点的工作，当未规定其最早开始时间时，其最早开始时间为零。例如在本例中，工作 1-2、工作 1-3 和工作 1-4 的最早开始时间都为零，即

$$ES_{1\text{-}2}=ES_{1\text{-}3}=ES_{1\text{-}4}=0$$

2）工作的最早完成时间可利用式（3-3）进行计算：

$$EF_{i\text{-}j}=ES_{i\text{-}j}+D_{i\text{-}j} \tag{3-3}$$

式中 $EF_{i\text{-}j}$——工作 i-j 的最早完成时间；

$ES_{i\text{-}j}$——工作 i-j 的最早开始时间；

$D_{i\text{-}j}$——工作 i-j 的持续时间。

本例中，工作 1-2、工作 1-3 和工作 1-4 的最早完成时间计算如下：

工作 1-2：$EF_{1\text{-}2}=ES_{1\text{-}2}+D_{1\text{-}2}=0+6=6$

工作 1-3：$EF_{1\text{-}3}=ES_{1\text{-}3}+D_{1\text{-}3}=0+4=4$

工作 1-4：$EF_{1\text{-}4}=ES_{1\text{-}4}+D_{1\text{-}4}=0+2=2$

3）其他工作的最早开始时间应等于其紧前工作最早完成时间的最大值，即：

$$ES_{i\text{-}j}=\max\{EF_{h\text{-}i}\}=\max\{ES_{h\text{-}i}+D_{h\text{-}i}\} \tag{3-4}$$

式中 $ES_{i\text{-}j}$——工作 i-j 的最早开始时间；

$EF_{h\text{-}i}$——工作 i-j 的紧前工作 h-i（非虚工作）的最早完成时间；

$ES_{h\text{-}i}$——工作 i-j 的紧前工作 h-i（非虚工作）的最早开始时间；

$D_{h\text{-}i}$——工作 i-j 的紧前工作 h-i（非虚工作）的持续时间。

本例中，工作 3-5 和工作 4-6 的最早开始时间计算如下：

$$ES_{3\text{-}5}=EF_{1\text{-}3}=4$$

$$ES_{4\text{-}6}=\max\{EF_{1\text{-}3},EF_{1\text{-}4}\}=\max\{4,2\}=4$$

4）网络计划的计算工期应等于以网络计划终点节点为完成节点的工作的最早完成时间的最大值：

$$T_c=\max\{EF_{i\text{-}n}\}=\max\{ES_{i\text{-}n}+D_{i\text{-}n}\} \tag{3-5}$$

式中　T_c——网络计划的计算工期；

$EF_{i\text{-}n}$——以网络计划终点节点 n 为完成节点的工作的最早完成时间；

$ES_{i\text{-}n}$——以网络计划终点节点 n 为完成节点的工作的最早开始时间；

$D_{i\text{-}n}$——以网络计划终点节点 n 为完成节点的工作的持续时间。

本例中，网络计划的计算工期计算如下：

$$T_c=\max\{EF_{2\text{-}7},EF_{5\text{-}7},EF_{6\text{-}7}\}=\max\{11,12,15\}=15$$

（2）确定网络计划的计划工期

网络计划的计划工期应按式（3-1）或式（3-2）确定。本例中，假设未规定要求工期，则其计划工期就等于计算工期，即：

$$T_p=T_c=15$$

计划工期应标注在网络计划终点节点的右上方，如图 3-11 所示。

（3）计算工作的最迟完成时间和最迟开始时间

工作最迟完成时间和最迟开始时间的计算应从网络计划的终点节点开始，逆着箭线方向依次进行。其计算步骤如下：

1）以网络计划终点节点为完成节点的工作，其最迟完成时间等于网络计划的计划工期，即：

$$LF_{i\text{-}n}=T_p \tag{3-6}$$

式中　$LF_{i\text{-}n}$——以网络计划节点 n 为完成节点的工作的最迟完成时间；

T_p——网络计划的计划工期。

本例中，工作 2-7、工作 5-7 和工作 6-7 的最迟完成时间计算如下：

$$LF_{2\text{-}7}=LF_{5\text{-}7}=LF_{6\text{-}7}=T_p=15$$

2）工作的最迟开始时间可利用式（3-7）进行计算：

$$LS_{i\text{-}j}=LF_{i\text{-}j}-D_{i\text{-}j} \tag{3-7}$$

式中　$LS_{i\text{-}j}$——工作 $i\text{-}j$ 的最迟开始时间；

$LF_{i\text{-}j}$——工作 $i\text{-}j$ 的最迟完成时间；

$D_{i\text{-}j}$——工作 $i\text{-}j$ 的持续时间。

本例中，工作 2-7、工作 5-7 和工作 6-7 的最迟开始时间计算如下：

$$LS_{2\text{-}7}=LF_{2\text{-}7}-D_{2\text{-}7}=15-5=10$$

$$LS_{5\text{-}7}=LF_{5\text{-}7}-D_{5\text{-}7}=15-3=12$$

$$LS_{6\text{-}7}=LF_{6\text{-}7}-D_{6\text{-}7}=15-5=10$$

3）其他工作的最迟完成时间应等于其紧后工作最迟开始时间的最小值：

$$LF_{i\text{-}j}=\min\{LS_{j\text{-}k}\}=\min\{LF_{j\text{-}k}-D_{j\text{-}k}\} \tag{3-8}$$

式中 $LF_{i\text{-}j}$——工作 i-j 的最迟完成时间；

$LS_{j\text{-}k}$——工作 i-j 的紧后工作 j-k（非虚工作）的最迟开始时间；

$LF_{j\text{-}k}$——工作 i-j 的紧后工作 j-k（非虚工作）的最迟完成时间；

$D_{j\text{-}k}$——工作 i-j 的紧后工作 j-k（非虚工作）的持续时间。

本例中，工作 3-5 和工作 4-6 的最迟完成时间计算如下：

$$LF_{3\text{-}5}=\min\{LS_{5\text{-}7},LS_{6\text{-}7}\}=\min\{12,10\}=10$$

$$LF_{4\text{-}6}=LS_{6\text{-}7}=10$$

（4）计算工作的总时差

工作的总时差等于该工作最迟完成时间与最早完成时间之差，或该工作最迟开始时间与最早开始时间之差：

$$TF_{i\text{-}j}=LF_{i\text{-}j}-EF_{i\text{-}j}=LS_{i\text{-}j}-ES_{i\text{-}j} \tag{3-9}$$

式中 $TF_{i\text{-}j}$——工作 i-j 的总时差；

其余符号同前。

本例中，工作 3-5 的总时差计算如下：

$$TF_{3\text{-}5}=LF_{3\text{-}5}-EF_{3\text{-}5}=10-9=1$$

或

$$TF_{3\text{-}5}=LS_{3\text{-}5}-ES_{3\text{-}5}=5-4=1$$

（5）计算工作的自由时差

工作自由时差的计算应按以下两种情况分别考虑：

1）对于有紧后工作的工作，其自由时差等于本工作的紧后工作最早开始时间减本工作最早完成时间所得之差的最小值：

$$FF_{i\text{-}j}=\min\{ES_{j\text{-}k}-EF_{i\text{-}j}\}=\min\{ES_{j\text{-}k}-ES_{i\text{-}j}-D_{i\text{-}j}\} \tag{3-10}$$

式中 $FF_{i\text{-}j}$——工作 i-j 的自由时差；

$ES_{j\text{-}k}$——工作 i-j 的紧后工作 j-k（非虚工作）的最早开始时间；

$EF_{i\text{-}j}$——工作 i-j 的最早完成时间；

$ES_{i\text{-}j}$——工作 i-j 的最早开始时间；

$D_{i\text{-}j}$——工作 i-j 的持续时间。

本例中，工作 1-4 和工作 3-5 的自由时差计算如下：

$$FF_{1\text{-}4}=ES_{4\text{-}6}-EF_{1\text{-}4}=4-2=2$$

$$FF_{3\text{-}5}=\min\{ES_{5\text{-}7}-EF_{3\text{-}5},ES_{6\text{-}7}-EF_{3\text{-}5}\}$$

$$=\min\{9-9,10-9\}=0$$

2）对于无紧后工作的工作，也就是以网络计划终点节点为完成节点的工作，其自由时差等于计划工期与本工作最早完成时间之差

$$FF_{i\text{-}n}=T_p-EF_{i\text{-}n}=T_p-ES_{i\text{-}n}-D_{i\text{-}n} \tag{3-11}$$

式中　$FF_{i\text{-}n}$——以网络计划终点节点 n 为完成节点的工作 i-n 的自由时差；

T_p——网络计划的计划工期；

$EF_{i\text{-}n}$——以网络计划终点节点 n 为完成节点的工作 i-n 的最早完成时间；

$ES_{i\text{-}n}$——以网络计划终点节点 n 为完成节点的工作 i-n 的最早开始时间；

$D_{i\text{-}n}$——以网络计划终点节点 n 为完成节点的工作 i-n 的持续时间。

本例中，工作 2-7、工作 5-7 和工作 6-7 的自由时差计算如下：

$$FF_{2\text{-}7}=T_p-EF_{2\text{-}7}=15-11=4$$

$$FF_{5\text{-}7}=T_p-EF_{5\text{-}7}=15-12=3$$

$$FF_{6\text{-}7}=T_p-EF_{6\text{-}7}=15-15=0$$

需要指出的是，网络计划中以终点节点为完成节点的工作，其自由时差与总时差相等。此外，由于工作的自由时差是其总时差的构成部分，所以，当工作的总时差为零时，其自由时差必然为零，可不必进行专门计算。例如在本例中，工作 1-3、工作 4-6 和工作 6-7 的总时差全部为零，故其自由时差也全部为零。

（6）确定关键工作和关键线路

在网络计划中，总时差最小的工作是关键工作。特别地，当网络计划的计划工期等于计算工期时，总时差为零的工作就是关键工作。例如在本例中，工作 1-3、工作 4-6 和工作 6-7 的总时差均为零，故它们都是关键工作。

找出关键工作之后，将这些关键工作首尾相连，便构成至少一条从起点节点到终点节点的通路，通路上各项工作的持续时间总和最大的就是关键线路。在关键线路上可能有虚工作存在。

关键线路一般用粗箭线或双线箭线标出，也可以用彩色箭线标出。例如在本例中①—③—④—⑥—⑦即为关键线路。关键线路上各项工作的持续时间总和应等于网络计划的计算工期，这一特点也是判别关键线路是否正确的准则。

在上述计算过程中，是将每项工作的六个时间参数均标注在图中，故称为六时标注法，如图 3-11 所示。为使网络计划的图面更加简洁，在双代号网络计划中，除各项工作的持续时间以外，通常只需标注两个最基本的时间参数——各项工作的最早开始时间和最迟开始时间即可，而工作的其他四个时间参数（最早完成时间、最迟完成时间、总时差和自由时差）均可根据工作的最早开始时间、最迟开始时间及持续时间导出。这种方法称为二时标注法，如图 3-12 所示。

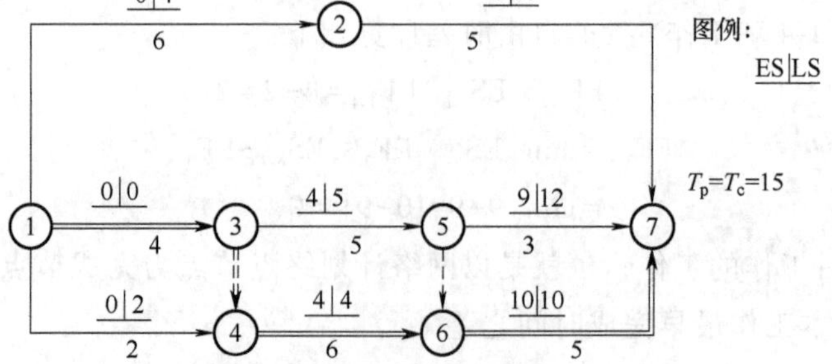

图 3-12　双代号网络计划（二时标注法）

2. 按节点计算法

所谓按节点计算法，就是先计算网络计划中各个节点的最早时间和最迟时间，然后再据此计算各项工作的时间参数和网络计划的计算工期。

下面仍以图 3-10 所示双代号网络计划为例，说明按节点计算法计算时间参数的过程。其计算结果如图 3-13 所示。

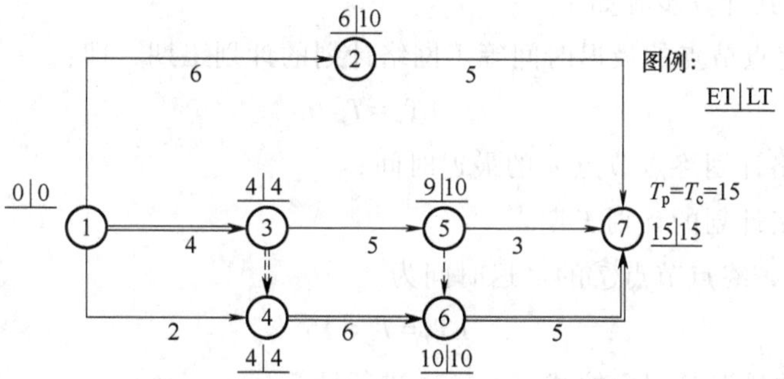

图 3-13　双代号网络计划（按节点计算法）

（1）计算节点的最早时间和最迟时间

1）计算节点的最早时间。节点最早时间的计算应从网络计划的起点节点开始，顺着箭线方向依次进行。其计算步骤如下：

① 网络计划起点节点，如未规定最早时间，其值等于零。例如在本例中，起点节点①的最早时间为零，即：

$$\mathrm{ET}_1=0$$

② 其他节点的最早时间应按式（3-12）进行计算：

$$\mathrm{ET}_j=\max\{\mathrm{ET}_i+D_{i\text{-}j}\} \tag{3-12}$$

式中　ET_j——工作 i-j 的完成节点 j 的最早时间；

ET_i——工作 i-j 的开始节点 i 的最早时间；

$D_{i\text{-}j}$——工作 i-j 的持续时间。

例如在本例中，节点③和节点④的最早时间计算如下：

$$\mathrm{ET}_3=\mathrm{ET}_1+D_{1\text{-}3}=0+4=4$$

$$\begin{aligned}\mathrm{ET}_4&=\max\{\mathrm{ET}_1+D_{1\text{-}4},\mathrm{ET}_3+D_{3\text{-}4}\}\\&=\max\{0+2,4+0\}\\&=4\end{aligned}$$

③ 网络计划的计算工期等于网络计划终点节点的最早时间，即：

$$T_c=\mathrm{ET}_n \tag{3-13}$$

式中　T_c——网络计划的计算工期；

ET_n——网络计划终点节点 n 的最早时间。

例如在本例中，其计算工期为

$$T_c=\mathrm{ET}_7=15$$

2）确定网络计划的计划工期。网络计划的计划工期应按式（3-1）或式（3-2）确定。在本例中，假设未规定要求工期，则其计划工期就等于计算工期，即：

$$T_p = T_c = 15 \tag{3-14}$$

计划工期应标注在终点节点的右上方，如图 3-13 所示。

3）计算节点的最迟时间。节点最迟时间的计算应从网络计划的终点节点开始，逆着箭线方向依次进行。其计算步骤如下：

① 网络计划终点节点的最迟时间等于网络计划的计划工期，即：

$$LT_n = T_p \tag{3-15}$$

式中 LT_n——网络计划终点节点 n 的最迟时间；

T_p——网络计划的计划工期。

例如在本例中，终点节点⑦的最迟时间为

$$LT_7 = T_p = 15$$

② 其他节点的最迟时间应按式（3-16）进行计算：

$$LT_i = \min\{LT_j - D_{i\text{-}j}\} \tag{3-16}$$

式中 LT_i——工作 i-j 的开始节点 i 的最迟时间；

LT_j——工作 i-j 的完成节点 j 的最迟时间；

$D_{i\text{-}j}$——工作 i-j 的持续时间。

例如在本例中，节点⑥和节点⑤的最迟时间计算如下：

$$LT_6 = LT_7 - D_{6\text{-}7} = 15 - 5 = 10$$

$$\begin{aligned} LT_5 &= \min\{LT_6 - D_{5\text{-}6}, LT_7 - D_{5\text{-}7}\} \\ &= \min\{10-0, 15-3\} \\ &= 10 \end{aligned}$$

（2）根据节点的最早时间和最迟时间判定工作的六个时间参数

1）工作的最早开始时间等于该工作开始节点的最早时间：

$$ES_{i\text{-}j} = ET_i \tag{3-17}$$

本例中，工作 1-2 和工作 2-7 的最早开始时间计算如下：

$$ES_{1\text{-}2} = ET_1 = 0$$

$$ES_{2\text{-}7} = ET_2 = 6$$

2）工作的最早完成时间等于该工作开始节点的最早时间与其持续时间之和，即：

$$EF_{i\text{-}j} = ET_i + D_{i\text{-}j} \tag{3-18}$$

本例中，工作 1-2 和工作 2-7 的最早完成时间计算如下：

$$EF_{1\text{-}2} = ET_1 + D_{1\text{-}2} = 0 + 6 = 6$$

$$EF_{2\text{-}7} = ET_2 + D_{2\text{-}7} = 6 + 5 = 11$$

3）工作的最迟完成时间等于该工作完成节点的最迟时间：

$$LF_{i\text{-}j} = LT_i \tag{3-19}$$

本例中，工作 1-2 和工作 2-7 的最迟完成时间计算如下：

$$LF_{1\text{-}2}=LT_2=10$$

$$LF_{2\text{-}7}=LT_7=15$$

4）工作的最迟开始时间等于该工作完成节点的最迟时间与其持续时间之差：

$$LS_{i\text{-}j}=LT_j-D_{i\text{-}j} \tag{3-20}$$

本例中，工作 1-2 和工作 2-7 的最迟开始时间计算如下：

$$LS_{1\text{-}2}=LT_2-D_{1\text{-}2}=10-6=4$$

$$LS_{2\text{-}7}=LT_7-D_{2\text{-}7}=15-5=10$$

5）工作的总时差可根据式（3-9）、式（3-19）和式（3-18）得到：

$$\begin{aligned}TF_{i\text{-}j}&=LF_{i\text{-}j}-EF_{i\text{-}j}\\&=LT_j-(ET_i+D_{i\text{-}j})\\&=LT_j-ET_i-D_{i\text{-}j}\end{aligned} \tag{3-21}$$

由式（3-21）可知，工作的总时差等于该工作完成节点的最迟时间减去该工作开始节点的最早时间所得差值再减其持续时间。例如在本例中，工作 1-2 和工作 3-5 的总时差计算如下：

$$TF_{1\text{-}2}=LT_2-ET_1-D_{1\text{-}2}=10-0-6=4$$

$$TF_{3\text{-}5}=LT_5-ET_3-D_{3\text{-}5}=10-4-5=1$$

6）工作的自由时差可根据式（3-10）和式（3-17）得到：

$$\begin{aligned}FF_{i\text{-}j}&=\min\{ES_{j\text{-}k}-ES_{i\text{-}j}-D_{i\text{-}j}\}\\&=\min\{ES_{j\text{-}k}\}-ES_{i\text{-}j}-D_{i\text{-}j}\\&=\min\{ET_j\}-ET_i-D_{i\text{-}j}\end{aligned} \tag{3-22}$$

由式（3-22）可知，工作的自由时差等于该工作完成节点的最早时间减去该工作开始节点的最早时间所得差值再减其持续时间。例如在本例中，工作 1-2 和 3-5 的自由时差分别为

$$FF_{1\text{-}2}=ET_2-ET_1-D_{1\text{-}2}=6-0-6=0$$

$$FF_{3\text{-}5}=ET_5-ET_3-D_{3\text{-}5}=9-4-5=0$$

特别需要注意的是，如果本工作与其各紧后工作之间存在虚工作时，其中的 ET_j 应为本工作紧后工作开始节点的最早时间，而不是本工作完成节点的最早时间。

（3）确定关键线路和关键工作

在双代号网络计划中，关键线路上的节点称为关键节点。关键工作两端的节点必为关键节点，但两端为关键节点的工作不一定是关键工作。关键节点的最迟时间与最早时间的差值最小。特别地，当网络计划的计划工期等于计算工期时，关键节点的最早时间与最迟时间必然相等。例如在本例中，节点①、③、④、⑥、⑦就是关键节点。关键节点必然处在关键线路上，但由关键节点组成的线路不一定是关键线路。例如在本例中，由关键节点①、④、⑥、⑦组成的线路就不是关键线路。

当利用关键节点判别关键线路和关键工作时，还要满足下列判别式：

$$ET_i+D_{i\text{-}j}=ET_j \tag{3-23}$$

或

$$LT_i+D_{i\text{-}j}=LT_j \tag{3-24}$$

式中　ET_i——工作 i-j 的开始节点（关键节点）i 的最早时间；

$D_{i\text{-}j}$——工作 i-j 的持续时间；

ET_j——工作 i-j 的完成节点（关键节点）j 的最早时间；

LT_i——工作 i-j 的开始节点（关键节点）i 的最迟时间；

LT_j——工作 i-j 的完成节点（关键节点）j 的最迟时间。

如果两个关键节点之间的工作符合上述判别式，则该工作必然为关键工作，它应该在关键线路上。否则，该工作就不是关键工作，关键线路也就不会从此处通过。例如在本例中，工作 1-3、虚工作 3-4、工作 4-6 和工作 6-7 均符合上述判别式，故线路①—③—④—⑥—⑦为关键线路。

（4）关键节点的特性

在双代号网络计划中，当计划工期等于计算工期时，关键节点具有以下一些特性，掌握好这些特性，有助于确定工作的时间参数。

1）开始节点和完成节点均为关键节点的工作，不一定是关键工作。例如在图 3-13 所示网络计划中，节点①和节点④为关键节点，但工作 1-4 为非关键工作。由于其两端为关键节点，机动时间不可能为其他工作所利用，故其总时差和自由时差均为 2。

2）以关键节点为完成节点的工作，其总时差和自由时差必然相等。例如在图 3-13 所示网络计划中，工作 1-4 的总时差和自由时差均为 2；工作 2-7 的总时差和自由时差均为 4；工作 5-7 的总时差和自由时差均为 3。

3）当两个关键节点间有多项工作，且工作间的非关键节点无其他内向箭线和外向箭线时，则两个关键节点间各项工作的总时差均相等。在这些工作中，除以关键节点为完成节点的工作的自由时差等于总时差外，其余工作的自由时差均为零。例如在图 3-13 所示网络计划中，工作 1-2 和工作 2-7 的总时差均为 4。工作 2-7 的自由时差等于总时差，而工作 1-2 的自由时差为零。

4）当两个关键节点间有多项工作，且工作间的非关键节点有外向箭线而无其他内向箭线时，则两个关键节点间各项工作的总时差不一定相等。在这些工作中，除以关键节点为完成节点的工作的自由时差等于总时差外，其余工作的自由时差均为零。例如在图 3-13 所示网络计划中，工作 3-5 和工作 5-7 的总时差分别为 1 和 3。工作 5-7 的自由时差等于总时差，而工作 3-5 的自由时差为零。

3. 标号法

标号法是一种快速寻求网络计划计算工期和关键线路的方法。它利用按节点计算法的基本原理，对网络计划中的每一个节点进行标号，然后利用标号值确定网络计划的计算工期和关键线路。

下面仍以图 3-10 所示网络计划为例，说明标号法的计算过程。其计算结果如图 3-14 所示。

1）网络计划起点节点的标号值为零。例如在本例中，节点①的标号值为零：

$$b_1 = 0$$

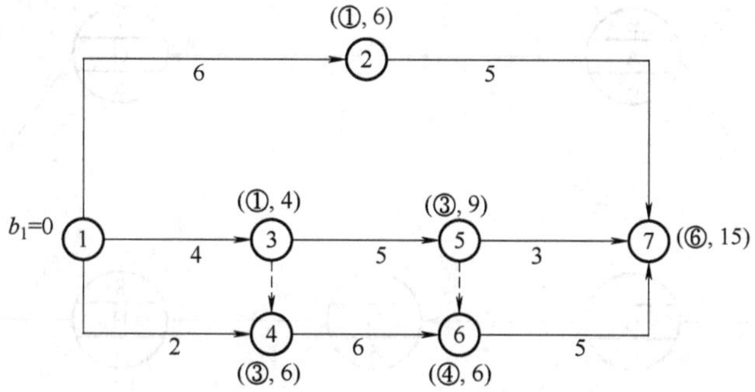

图 3-14 双代号网络计划（标号法）

2）其他节点的标号值应根据式（3-25）按节点编号从小到大的顺序逐个进行计算：

$$b_j = \max\{b_i + D_{i\text{-}j}\} \tag{3-25}$$

式中 b_j——工作 i-j 的完成节点 j 的标号值；

b_i——工作 i-j 的开始节点 i 的标号值；

$D_{i\text{-}j}$——工作 i-j 的持续时间。

本例中，节点③和节点④的标号值计算如下：

$$b_3 = b_1 + D_{1\text{-}3} = 0+4 = 4$$

$$\begin{aligned} b_4 &= \max\{b_1 + D_{1\text{-}4}, b_3 + D_{3\text{-}4}\} \\ &= \max\{0+2, 4+0\} \\ &= 4 \end{aligned}$$

当计算出节点的标号值后，应该用其标号值及其源节点对该节点进行双标号。所谓源节点，就是用来确定本节点标号值的节点。例如在本例中，节点④的标号值 4 是由节点③所确定，故节点④的源节点就是节点③。如果源节点有多个，应将所有源节点标出。

3）网络计划的计算工期就是网络计划终点节点的标号值。例如在本例中，其计算工期就等于终点节点⑦的标号值 15。

4）关键线路应从网络计划的终点节点开始，逆着箭线方向按源节点确定。例如在本例中，从终点节点⑦开始，逆着箭线方向按源节点可以找出关键线路为①—③—④—⑥—⑦。

3.3.3 单代号网络计划时间参数的计算

单代号网络计划与双代号网络计划只是表现形式不同，它们所表达的内容则完全一样。下面以图 3-15 所示单代号网络计划为例，说明其时间参数的计算过程。计算结果如图 3-16 所示。

1. 计算工作的最早开始时间和最早完成时间

工作最早开始时间和最早完成时间的计算应从网络计划的起点节点开始，顺着箭线方向按节点编号从小到大的顺序依次进行。其计算步骤如下：

1）网络计划起点节点所代表的工作，其最早开始时间未规定时取值为零。例如在本例中，起点节点 ST 所代表的工作（虚拟工作）的最早开始时间为零：

$$ES_1 = 0 \tag{3-26}$$

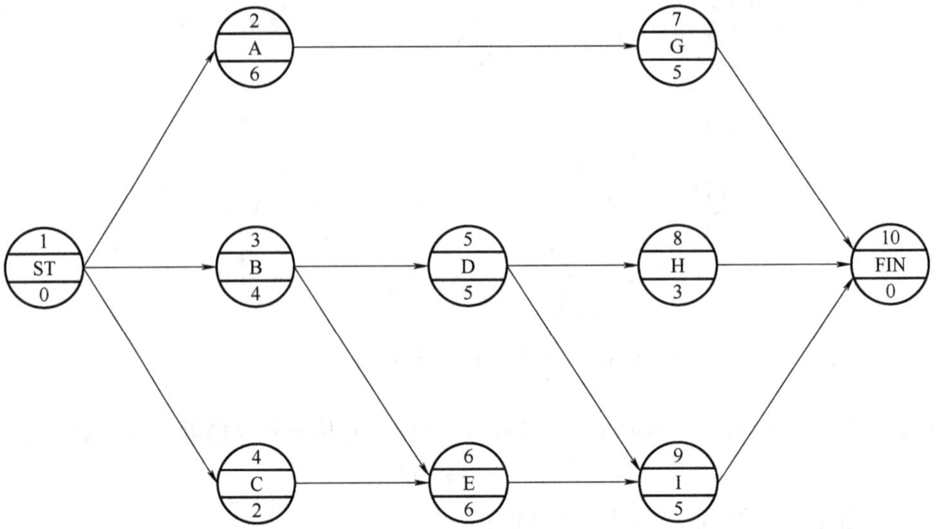

图 3-15　单代号网络计划

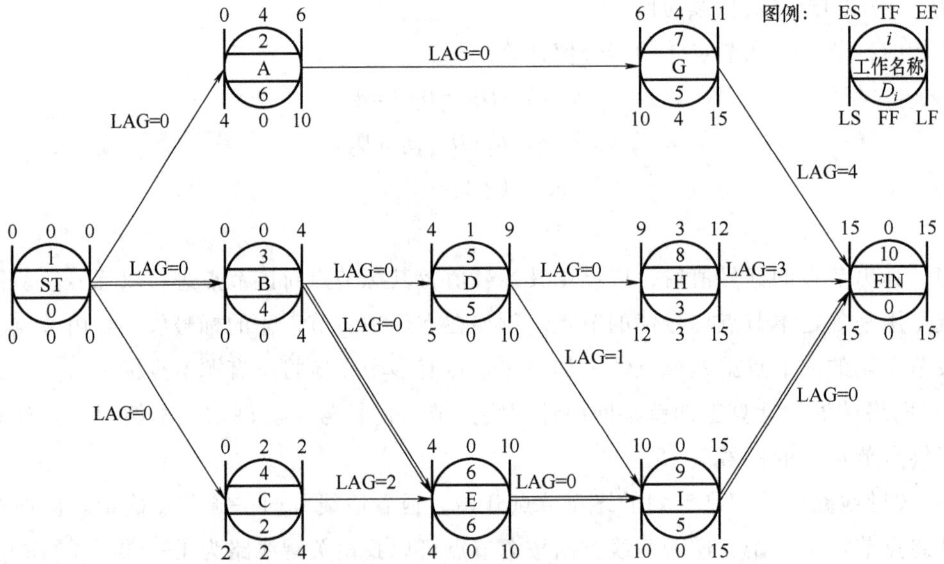

图 3-16　单代号网络计划计算结果

2）工作的最早完成时间应等于本工作的最早开始时间与其持续时间之和：

$$EF_i = ES_i + D_i \tag{3-27}$$

式中　EF_i——工作 i 的最早完成时间；

ES_i——工作 i 的最早开始时间；

D_i——工作 i 的持续时间。

本例中，虚拟工作 ST 和工作 A 的最早完成时间计算如下：

$$EF_1 = ES_1 + D_1 = 0+0 = 0$$

$$EF_2 = ES_2 + D_2 = 0+6 = 6$$

3）其他工作的最早开始时间应等于其紧前工作的最早完成时间的最大值：

$$ES_j = \max\{EF_i\} \tag{3-28}$$

式中　ES_j——工作 j 的最早开始时间；

EF_i——工作 j 的紧前工作 i 的最早完成时间。

本例中，工作 E 和工作 G 的最早开始时间计算如下：

$$ES_6 = \max\{EF_3, EF_4\} = \max\{4, 2\} = 4$$

$$ES_7 = EF_2 = 6$$

4）网络计划的计算工期等于其终点节点所代表的工作的最早完成时间。例如在本例中，其计算工期为

$$T_c = EF_{10} = 15$$

2. 计算相邻两项工作之间的时间间隔

相邻两项工作之间的时间间隔是指其紧后工作的最早开始时间与本工作最早完成时间的差值：

$$LAG_{i,j} = ES_j - EF_i \tag{3-29}$$

式中　$LAG_{i,j}$——工作 i 与其紧后工作 j 之间的时间间隔；

ES_j——工作 i 的紧后工作 j 的最早开始时间；

EF_i——工作 i 的最早完成时间。

本例中，工作 A 与工作 G、工作 C 与工作 E 的时间间隔计算如下：

$$LAG_{2,7} = ES_7 - EF_2 = 6 - 6 = 0$$

$$LAG_{4,6} = ES_6 - EF_4 = 4 - 2 = 2$$

3. 确定网络计划的计划工期

网络计划的计划工期仍按式（3-1）或式（3-2）确定。在本例中，假设未规定要求工期，则其计划工期就等于计算工期：

$$T_p = T_c = 15$$

4. 计算工作的总时差

工作总时差的计算应从网络计划的终点节点开始，逆着箭线方向按节点编号从大到小的顺序依次进行。

1）网络计划终点节点 n 所代表的工作的总时差应等于计划工期与计算工期之差，即

$$TF_n = T_p - T_c \tag{3-30}$$

当计划工期等于计算工期时，该工作的总时差为零。例如在本例中，终点节点⑩所代表的工作 FIN（虚拟工作）的总时差：

$$TF_{10} = T_p - T_c = 15 - 15 = 0$$

2）其他工作的总时差应等于本工作与其各紧后工作之间的时间间隔加该紧后工作的总时差所得之和的最小值：

$$TF_i = \min\{LAG_{i,j} + TF_j\} \tag{3-31}$$

式中　TF_i——工作 i 的总时差；

$LAG_{i,j}$——工作 i 与其紧后工作 j 之间的时间间隔；

TF_j——工作 i 的紧后工作 j 的总时差。

本例中，工作 H 和工作 D 的总时差计算如下：

$$TF_8 = LAG_{8,10} + TF_{10} = 3+0 = 3$$

$$\begin{aligned} TF_5 &= \min\{LAG_{5,8}+TF_8, LAG_{5,9}+TF_9\} \\ &= \min\{0+3, 1+0\} \\ &= 1 \end{aligned}$$

5. 计算工作的自由时差

1）网络计划终点节点 n 所代表的工作的自由时差等于计划工期与本工作的最早完成时间之差：

$$FF_n = T_p - EF_n \tag{3-32}$$

式中 FF_n——终点节点 n 所代表的工作的自由时差；

T_p——网络计划的计划工期；

EF_n——终点节点 n 所代表的工作的最早完成时间（即计算工期）。

本例中，终点节点⑩所代表的工作 FIN（虚拟工作）的自由时差计算如下：

$$FF_{10} = T_p - EF_{10} = 15-15 = 0$$

2）其他工作的自由时差等于本工作与其紧后工作之间时间间隔的最小值：

$$FF_i = \min\{LAG_{i,j}\} \tag{3-33}$$

本例中，工作 D 和工作 G 的自由时差计算如下：

$$FF_5 = \min\{LAG_{5,8}, LAG_{5,9}\} = \min\{0,1\} = 0$$

$$FF_7 = LAG_{7,10} = 4$$

6. 计算工作的最迟完成时间和最迟开始时间

工作的最迟完成时间和最迟开始时间的计算可按以下两种方法进行：

（1）根据总时差计算

1）工作的最迟完成时间等于本工作的最早完成时间与其总时差之和：

$$LF_i = EF_i + TF_i \tag{3-34}$$

本例中，工作 D 和工作 G 的最迟完成时间计算如下：

$$LF_5 = EF_5 + TF_5 = 9+1 = 10$$

$$LF_7 = EF_7 + TF_7 = 11+4 = 15$$

2）工作的最迟开始时间等于本工作的最早开始时间与其总时差之和：

$$LS_i = ES_i + TF_i \tag{3-35}$$

本例中，工作 D 和工作 G 的最迟开始时间计算如下：

$$LS_5 = ES_5 + TF_5 = 4+1 = 5$$

$$LS_7 = ES_7 + TF_7 = 6+4 = 10$$

（2）根据计划工期计算

工作最迟完成时间和最迟开始时间的计算应从网络计划的终点节点开始，逆着箭线方向按节点编号从大到小的顺序依次进行。

1）网络计划终点节点 n 所代表的工作的最迟完成时间等于该网络计划的计划工期：

$$LF_n = T_p \tag{3-36}$$

例如在本例中，终点节点⑩所代表的工作 FIN（虚拟工作）的最迟完成时间计算如下：

$$LF_{10} = T_p = 15$$

2）工作的最迟开始时间等于本工作的最迟完成时间与其持续时间之差：

$$LS_i = LF_i - D_i \tag{3-37}$$

例如在本例中，虚拟工作 FIN 和工作 G 的最迟开始时间分别为

$$LS_{10} = LF_{10} - D_{10} = 15 - 0 = 15$$

$$LS_7 = LF_7 - D_7 = 15 - 5 = 10$$

3）其他工作的最迟完成时间等于该工作各紧后工作的最迟开始时间的最小值：

$$LF_i = \min\{LS_j\} \tag{3-38}$$

式中 LF_i——工作 i 的最迟完成时间；

LS_j——工作 i 的紧后工作 j 的最迟开始时间。

例如在本例中，工作 H 和工作 D 的最迟完成时间计算如下：

$$LF_8 = LS_{10} = 15$$

$$\begin{aligned} LF_5 &= \min\{LS_8, LS_9\} \\ &= \min\{12, 10\} \\ &= 10 \end{aligned}$$

7. 确定网络计划的关键线路

（1）利用关键工作确定关键线路

如前所述，总时差最小的工作为关键工作。将这些关键工作相连，并保证相邻两项关键工作之间的时间间隔为零而构成的线路就是关键线路。

例如在本例中，由于工作 B、工作 E 和工作 I 的总时差均为零，故它们为关键工作。由网络计划的起点节点①和终点节点⑩与上述三项关键工作组成的线路上，相邻两项工作之间的时间间隔全部为零，故线路①—③—⑥—⑨—⑩为关键线路。

（2）利用相邻两项工作之间的时间间隔确定关键线路

从网络计划的终点节点开始，逆着箭线方向依次找出相邻两项工作之间时间间隔为零的线路就是关键线路。例如在本例中，逆着箭线方向可以直接找出关键线路①—③—⑥—⑨—⑩，因为在这条线路上，相邻两项工作之间的时间间隔均为零。

在网络计划中，关键线路可以用粗箭线或双箭线标出，也可以用彩色箭线标出。

3.4 时标网络计划

双代号时标网络计划（简称时标网络计划）必须以水平时间坐标为尺度表示工作时间。时标的时间单位应根据需要在编制网络计划之前确定，可以是小时、天、周、月或季度等。

在时标网络计划中，以实箭线表示工作，实箭线的水平投影长度表示该工作的持续时间；以虚箭线表示虚工作，由于虚工作的持续时间为零，故虚箭线只能垂直画；以波形线表示工作与其紧后工作之间的时间间隔（以终点节点为完成节点的工作除外，当计划工期等于计算工期时，这些工作箭线中波形线的水平投影长度表示其自由时差）。

时标网络计划既具有网络计划的优点，又具有横道计划直观易懂的优点，它将网络计划的时间参数直观地表达出来。

3.4.1 时标网络计划的编制方法

时标网络计划宜按各项工作的最早开始时间编制。为此，在编制时标网络计划时应使每一个节点和每一项工作（包括虚工作）尽量向左靠，直至不出现从右向左的逆向箭线为止。

在编制时标网络计划之前，应先按已经确定的时间单位绘制时标网络计划表。时间坐标可以标注在时标网络计划表的顶部或底部。当网络计划的规模比较大，且比较复杂时，可以在时标网络计划表的顶部和底部同时标注时间坐标。必要时，还可以在顶部时间坐标之上或底部时间坐标之下同时加注日历时间。时标网络计划表见表 3-5。表中部的刻度线宜为细线。为使图面清晰简洁，此线也可不画或少画。

表 3-5 时标网络计划表

日历																
（时间单位）	1	2	3	4	5	6	7	8	9	10	11	12	13	14	15	16
网络计划																
（时间单位）	1	2	3	4	5	6	7	8	9	10	11	12	13	14	15	16

编制时标网络计划应先绘制无时标的网络计划草图，然后按间接绘制法或直接绘制法进行。

1. 间接绘制法

所谓间接绘制法，是指先根据无时标的网络计划草图计算其时间参数并确定关键线路，然后在时标网络计划表中进行绘制。在绘制时应先将所有节点按其最早时间定位在时标网络计划表中的相应位置，然后再用规定线型（实箭线和虚箭线）按比例绘出工作和虚工作。当某些工作箭线的长度不足以到达该工作的完成节点时，须用波形线补足，箭头应画在与该工作完成节点的连接处。

2. 直接绘制法

所谓直接绘制法，是指不计算时间参数而直接按无时标的网络计划草图绘制时标网络计划。现以图 3-17 所示网络计划为例，说明时标网络计划的绘制过程。

1）将网络计划的起点节点定位在时标网络计划表的起始刻度线上。如图 3-18 所示，节点①就是定位在时标网络计划表的起始刻度线“0”位置上。

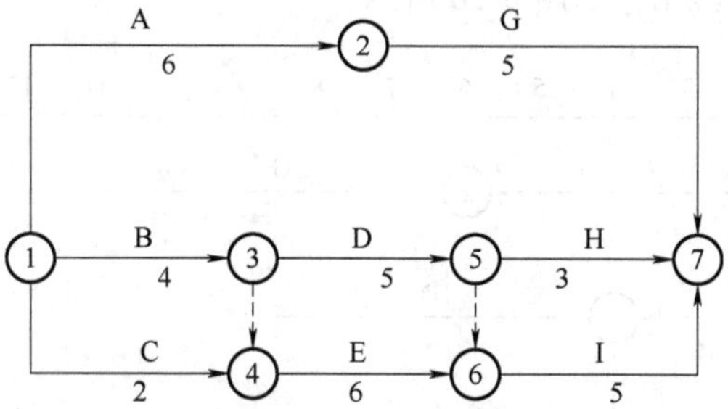

图 3-17 双代号网络计划

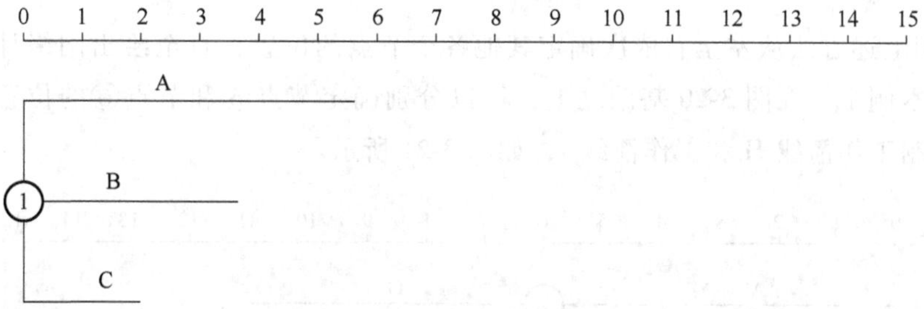

图 3-18 直接绘制法第一步和第二步

2）按工作的持续时间绘制以网络计划起点节点为开始节点的工作箭线。如图 3-18 所示，分别绘出工作箭线 A、B 和 C。

3）除网络计划的起点节点外，其他节点必须在所有以该节点为完成节点的工作箭线均绘出后，定位在这些工作箭线中最迟的箭线末端。当某些工作箭线的长度不足以到达该节点时，须用波形线补足，箭头画在与该节点的连接处。例如在本例中，节点②直接定位在工作箭线 A 的末端；节点③直接定位在工作箭线 B 的末端；节点④的位置需要在绘出虚箭线 3-4 之后，定位在工作箭线 C 和虚箭线 3-4 中最迟的箭线末端，即坐标“4”的位置上。此时，工作箭线 C 的长度不足以到达节点④，因而用波形线补足，如图 3-19 所示。

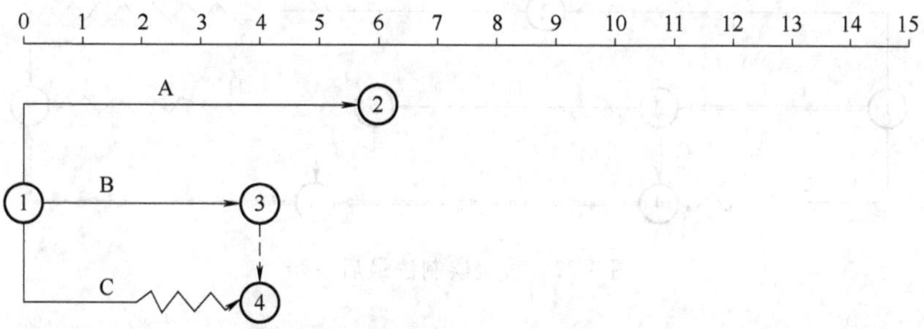

图 3-19 直接绘制法第三步

4）当某个节点的位置确定之后，即可绘制以该节点为开始节点的工作箭线。例如在本例中，在图 3-19 基础之上，可以分别以节点②、节点③和节点④为开始节点绘制工作箭线

G、工作箭线 D 和工作箭线 E，如图 3-20 所示。

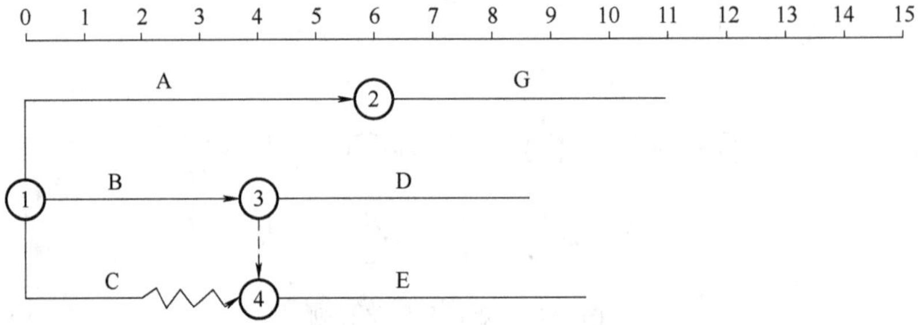

图 3-20　直接绘制法第四步

5）利用上述方法从左至右依次确定其他各个节点的位置，直至绘出网络计划的终点节点。例如在本例中，在图 3-20 基础之上，可以分别确定节点⑤和节点⑥的位置，并在它们之后分别绘制工作箭线 H 和工作箭线 I，如图 3-21 所示。

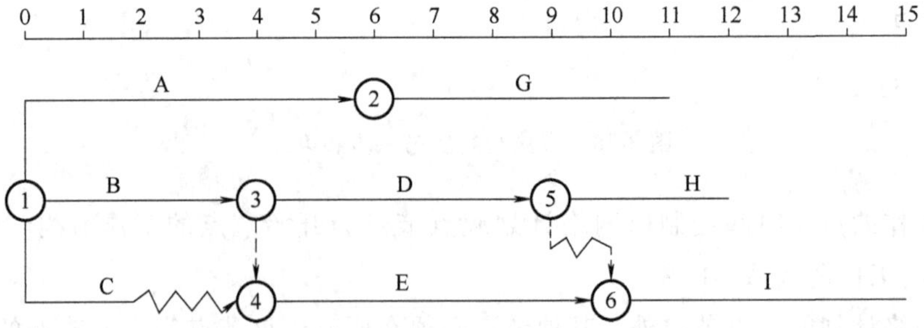

图 3-21　直接绘制法第五步

6）根据工作箭线 G、工作箭线 H 和工作箭线 I，确定出终点节点的位置。本例所对应的时标网络计划如图 3-22 所示，图中双箭线表示的线路为关键线路。

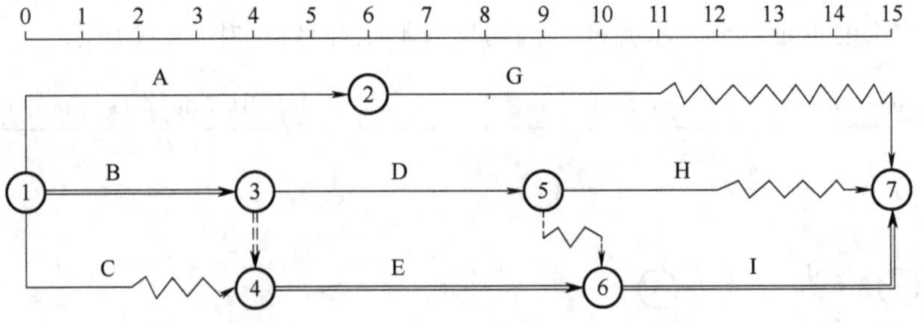

图 3-22　直接绘制法最后一步

在绘制时标网络计划时，特别需要注意的问题是处理好虚箭线。首先，应将虚箭线与实箭线等同看待，只是其对应工作的持续时间为零；其次，尽管它本身没有持续时间，但可能存在波形线，因此，要按规定画出波形线。在画波形线时，其垂直部分仍应画为虚线，如图 3-22 所示时标网络计划中的虚箭线 5-6。

3.4.2 时标网络计划中时间参数的判定

1. 关键线路和计算工期的判定

（1）关键线路的判定

时标网络计划中的关键线路可从网络计划的终点节点开始，逆着箭线方向进行判定。凡自始至终不出现波形线的线路即为关键线路。因为不出现波形线，就说明在这条线路上相邻两项工作之间的时间间隔全部为零，也就是在计算工期等于计划工期的前提下，这些工作的总时差和自由时差全部为零。例如在图 3-22 所示时标网络计划中，线路①—③—④—⑥—⑦即为关键线路。

（2）计算工期的判定

网络计划的计算工期应等于终点节点所对应的时标值与起点节点所对应的时标值之差。例如，图 3-22 所示时标网络计划的计算工期计算如下：

$$T_c = 15-0 = 15$$

2. 相邻两项工作之间时间间隔的判定

除以终点节点为完成节点的工作外，工作箭线中波形线的水平投影长度表示工作与其紧后之间的时间间隔。例如在图 3-22 所示的时标网络计划中，工作 C 和工作 E 之间的时间间隔为 2；工作 D 和工作 I 之间的时间间隔为 1；其他工作之间的时间间隔均为零。

3. 工作六个时间参数的判定

（1）工作最早开始时间和最早完成时间的判定

工作箭线左端节点中心所对应的时标值为该工作的最早开始时间。当工作箭线中不存在波形线时，其右端节点中心所对应的时标值为该工作的最早完成时间；当工作箭线中存在波形线时，工作箭线实线部分右端点所对应的时标值为该工作的最早完成时间。例如在图 3-22 所示的时标网络计划中，工作 A 和工作 H 的最早开始时间分别为 0 和 9，而它们的最早完成时间分别为 6 和 12。

（2）工作总时差的判定

工作总时差的判定应从网络计划的终点节点开始，逆着箭线方向依次进行。

1）以终点节点为完成节点的工作，其总时差应等于计划工期与本工作最早完成时间之差：

$$TF_{i-n} = T_p - EF_{i-n} \tag{3-39}$$

式中 TF_{i-n}——以网络计划终点节点 n 为完成节点的工作的总时差；

T_p——网络计划的计划工期；

EF_{i-n}——以网络计划终点节点 n 为完成节点的工作的最早完成时间。

例如在图 3-22 所示的时标网络计划中，假设计划工期为 15，则工作 G、工作 H 和工作 I 的总时差计算如下：

$$TF_{2-7} = T_p - EF_{2-7} = 15-11 = 4$$

$$TF_{5-7} = T_p - EF_{5-7} = 15-12 = 3$$

$$TF_{6\text{-}7}=T_p-EF_{6\text{-}7}=15-15=0$$

2）其他工作的总时差等于其紧后工作的总时差加本工作与该紧后工作之间的时间间隔所得之和的最小值：

$$TF_{i\text{-}j}=\min\{TF_{j\text{-}k}+LAG_{i\text{-}j,j\text{-}k}\} \tag{3-40}$$

式中　$TF_{i\text{-}j}$——工作 $i\text{-}j$ 的总时差；

$TF_{j\text{-}k}$——工作 $i\text{-}j$ 的紧后工作 $j\text{-}k$（非虚工作）的总时差；

$LAG_{i\text{-}j,j\text{-}k}$——工作 $i\text{-}j$ 与其紧后工作 $j\text{-}k$（非虚工作）之间的时间间隔。

图 3-22 所示的时标网络计划中，工作 A、工作 C 和工作 D 的总时差计算如下：

$$TF_{1\text{-}2}=TF_{2\text{-}7}+LAG_{1\text{-}2,2\text{-}7}=4+0=4$$

$$TF_{1\text{-}4}=TF_{4\text{-}6}+LAG_{1\text{-}4,4\text{-}6}=0+2=2$$

$$\begin{aligned}TF_{3\text{-}5}&=\min\{TF_{5\text{-}7}+LAG_{3\text{-}5,5\text{-}7},TF_{6\text{-}7}+LAG_{3\text{-}5,6\text{-}7}\}\\&=\min\{3+0,0+1\}\\&=1\end{aligned}$$

（3）工作自由时差的判定

1）以终点节点为完成节点的工作，其自由时差应等于计划工期与本工作最早完成时间之差：

$$FF_{i\text{-}n}=T_p-EF_{i\text{-}n} \tag{3-41}$$

式中　$FF_{i\text{-}n}$——以网络计划终点节点 n 为完成节点的工作的总时差；

T_p——网络计划的计划工期；

$EF_{i\text{-}n}$——以网络计划终点节点 n 为完成节点的工作的最早完成时间。

图 3-22 所示的时标网络计划中，工作 G、工作 H 和工作 I 的自由时差计算如下：

$$FF_{2\text{-}7}=T_p-EF_{2\text{-}7}=15-11=4$$

$$FF_{5\text{-}7}=T_p-EF_{5\text{-}7}=15-12=3$$

$$FF_{6\text{-}7}=T_p-EF_{6\text{-}7}=15-15=0$$

事实上，以终点节点为完成节点的工作，其自由时差与总时差必然相等。

2）其他工作的自由时差就是该工作箭线中波形线的水平投影长度。但当工作之后只紧接虚工作时，则该工作箭线上一定不存在波形线，而其紧接的虚箭线中波形线水平投影长度的最短者为该工作的自由时差。

图 3-22 所示的时标网络计划中，工作 A、工作 B、工作 D 和工作 E 的自由时差均为零，而工作 C 的自由时差为 2。

（4）工作最迟开始时间和最迟完成时间的判定

1）工作的最迟开始时间等于本工作的最早开始时间与其总时差之和：

$$LS_{i\text{-}j}=ES_{i\text{-}j}+TF_{i\text{-}j} \tag{3-42}$$

式中　$LS_{i\text{-}j}$——工作 $i\text{-}j$ 的最迟开始时间；

$ES_{i\text{-}j}$——工作 $i\text{-}j$ 的最早开始时间；

$TF_{i\text{-}j}$——工作 $i\text{-}j$ 的总时差。

图 3-22 所示的时标网络计划中，工作 A、工作 C、工作 D、工作 G 和工作 H 的最迟开始时间计算如下：

$$LS_{1\text{-}2}=ES_{1\text{-}2}+TF_{1\text{-}2}=0+4=4$$

$$LS_{1\text{-}4}=ES_{1\text{-}4}+TF_{1\text{-}4}=0+2=2$$

$$LS_{3\text{-}5}=ES_{3\text{-}5}+TF_{3\text{-}5}=4+1=5$$

$$LS_{2\text{-}7}=ES_{2\text{-}7}+TF_{2\text{-}7}=6+4=10$$

$$LS_{5\text{-}7}=ES_{5\text{-}7}+TF_{5\text{-}7}=9+3=12$$

2）工作的最迟完成时间等于本工作的最早完成时间与其总时差之和：

$$LF_{i\text{-}j}=EF_{i\text{-}j}+TF_{i\text{-}j} \tag{3-43}$$

式中 $LF_{i\text{-}j}$——工作 $i\text{-}j$ 的最迟完成时间；

$EF_{i\text{-}j}$——工作 $i\text{-}j$ 的最早完成时间；

$TF_{i\text{-}j}$——工作 $i\text{-}j$ 的总时差。

图 3-22 所示的时标网络计划中，工作 A、工作 C、工作 D、工作 G 和工作 H 的最迟完成时间计算如下：

$$LF_{1\text{-}2}=EF_{1\text{-}2}+TF_{1\text{-}2}=6+4=10$$

$$LF_{1\text{-}4}=EF_{1\text{-}4}+TF_{1\text{-}4}=2+2=4$$

$$LF_{3\text{-}5}=EF_{3\text{-}5}+TF_{3\text{-}5}=9+1=10$$

$$LF_{2\text{-}7}=EF_{2\text{-}7}+TF_{2\text{-}7}=11+4=15$$

$$LF_{5\text{-}7}=EF_{5\text{-}7}+TF_{5\text{-}7}=12+3=15$$

图 3-22 所示时标网络计划中时间参数的判定结果应与图 3-11 所示网络计划时间参数的计算结果完全一致。

3.4.3 时标网络计划的坐标体系

时标网络计划的坐标体系有计算坐标体系、工作日坐标体系和日历坐标体系三种。

1. 计算坐标体系

计算坐标体系主要用作网络计划时间参数的计算。采用该坐标体系便于时间参数的计算，但不够明确。如按照计算坐标体系，网络计划所表示的计划任务从第零天开始，就不容易理解。实际上应为第一天开始或明确示出开始日期。

2. 工作日坐标体系

工作日坐标体系可明确示出各项工作在整个工程开工后第几天（上班时刻）开始和第几天（下班时刻）完成，但不能示出整个工程的开工日期和完工日期以及各项工作的开始日期和完成日期。

在工作日坐标体系中，整个工程的开工日期和各项工作的开始日期分别等于计算坐标体系中整个工程的开工日期和各项工作的开始日期加 1；而整个工程的完工日期和各项工作的完成日期就等于计算坐标体系中整个工程的完工日期和各项工作的完成日期。

3. 日历坐标体系

日历坐标体系可以明确示出整个工程的开工日期和完工日期以及各项工作的开始日期和完成日期，同时还可以考虑扣除节假日休息时间。

图 3-23 所示的时标网络计划中同时标出了三种坐标体系。其中，上面为计算坐标体系，下面为工作日坐标体系，中间为日历坐标体系。这里假定 4 月 24 日（星期三）开工，星期六、星期日和“五一”国际劳动节休息。

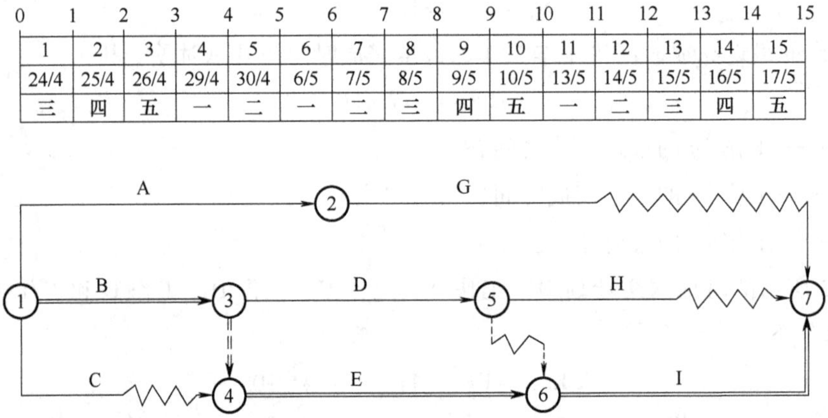

图 3-23　双代号时标网络计划

3.4.4　形象进度计划表

形象进度计划表也是建设工程进度计划的一种表达方式。它包括工作日形象进度计划表和日历形象进度计划表。

1. 工作日形象进度计划表

工作日形象进度计划表是一种根据带有工作日坐标体系的时标网络计划编制的工程进度计划表。根据图 3-23 所示时标网络计划编制的工作日形象进度计划见表 3-6。

表 3-6　工作日形象进度计划表

序号	工作代号	工作名称	持续时间	最早开始时期	最早完成时期	最迟开始时期	最迟完成时期	自由时差	总时差	关键工作
1	1-2	A	6	1	6	5	10	0	4	否
2	1-3	B	4	1	4	1	4	0	0	是
3	1-4	C	2	1	2	3	4	2	2	否
4	3-5	D	5	5	9	6	10	0	1	否
5	4-6	E	6	5	10	5	10	0	0	是
6	2-7	G	5	7	11	11	15	4	4	否
7	5-7	H	3	10	12	13	15	3	3	否
8	6-7	I	5	11	15	11	15	0	0	是

2. 日历形象进度计划表

日历形象进度计划表是一种根据带有日历坐标体系的时标网络计划编制的工程进度计划表。根据图 3-23 所示时标网络计划编制的日历形象进度计划见表 3-7。

表 3-7 日历形象进度计划表

序号	工作代号	工作名称	持续时间	最早开始时期	最早完成时期	最迟开始时期	最迟完成时期	自由时差	总时差	关键工作
1	1-2	A	6	24/4	6/5	30/4	10/5	0	4	否
2	1-3	B	4	24/4	29/4	24/4	29/4	0	0	是
3	1-4	C	2	24/4	25/4	26/4	29/4	2	2	否
4	3-5	D	5	30/4	9/5	6/5	10/5	0	1	否
5	4-6	E	6	30/4	10/5	30/4	10/5	0	0	是
6	2-7	G	5	7/5	13/5	13/5	17/5	4	4	否
7	5-7	H	3	10/5	14/5	15/5	17/5	3	3	否
8	6-7	I	5	13/5	17/5	13/5	17/5	0	0	是

3.5 网络计划优化

网络计划的优化是指在一定约束条件下，按既定目标对网络计划进行不断改进，以寻求满意方案的过程。

网络计划的优化目标应按计划任务的需要和条件选定，包括工期目标、费用目标和资源目标。根据优化目标的不同，网络计划的优化可分为工期优化、费用优化和资源优化三种。

3.5.1 工期优化

所谓工期优化，是指网络计划的计算工期不满足要求工期时，通过压缩关键工作的持续时间以满足要求工期目标的过程。

1. 工期优化方法

网络计划工期优化的基本方法是在不改变网络计划中各项工作之间逻辑关系的前提下，通过压缩关键工作的持续时间来达到优化目标。在工期优化过程中，按照经济合理的原则，不能将关键工作压缩成非关键工作。此外，当工期优化过程中出现多条关键线路时，必须将各条关键线路的总持续时间压缩相同数值；否则，不能有效地缩短工期。

网络计划的工期优化可按下列步骤进行：

1）确定初始网络计划的计算工期和关键线路。

2）按要求工期计算应缩短的时间 ΔT：

$$\Delta T = T_c - T_r \tag{3-44}$$

式中 T_c——网络计划的计算工期；

T_r——要求工期。

3）选择应缩短持续时间的关键工作。宜在关键工作中选择下列工作作为压缩对象：

① 缩短持续时间对质量和安全影响不大的工作。

② 有充足备用资源的工作。

③ 缩短持续时间所需增加的费用最少的工作。

4）将所选定的关键工作的持续时间压缩至最短，并重新确定计算工期和关键线路。若被压缩的工作变成非关键工作，则应延长其持续时间，使之仍为关键工作。

5）如果计算工期仍超过要求工期，则重复上述步骤 2）~4），直至计算工期满足要求工期或计算工期已不能再缩短为止。

6）当所有关键工作的持续时间都已达到其能缩短的极限而寻求不到继续缩短工期的方案。但网络计划的计算工期仍不能满足要求工期时，应对网络计划的原技术方案、组织方案进行调整，或对要求工期重新审定。

2. 工期优化示例

【例 3-4】 已知某工程双代号网络计划如图 3-24 所示，图中箭线下方括号外数字为工作的正常持续时间，括号内数字为最短持续时间；箭线上方括号内数字为优选系数，该系数综合考虑质量、安全和费用增加情况而确定。选择关键工作压缩其持续时间时，应选择优选系数最小的关键工作。若需要同时压缩多个关键工作的持续时间，则它们的优选系数之和（组合优选系数）最小者应优先作为压缩对象。现假设要求工期为 15，试对其进行工期优化。

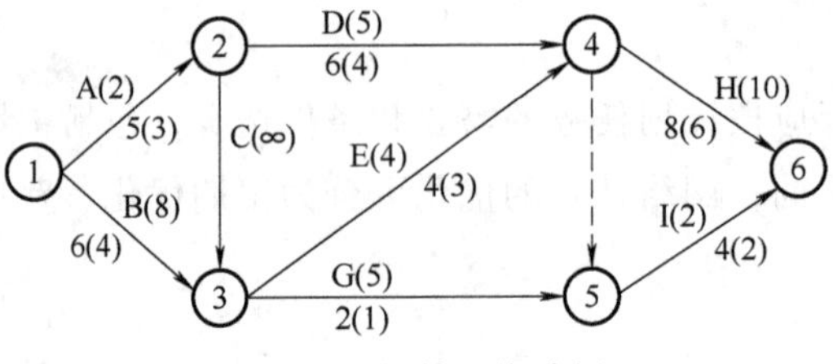

图 3-24 初始网络计划

【解】 该网络计划的工期优化可按以下步骤进行：

1）根据各项工作的正常持续时间，用标号法确定网络计划的计算工期和关键线路，如图 3-25 所示。此时关键线路为①—②—④—⑥。

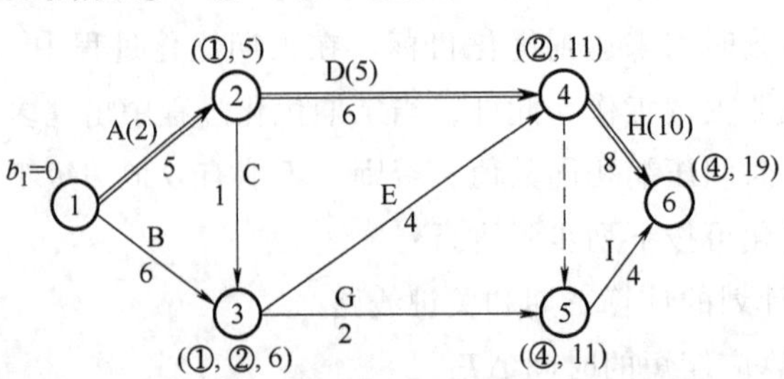

图 3-25 初始网络计划中的关键线路

2）计算应缩短的时间：

$$\Delta T = T_c - T_r = 19 - 15 = 4$$

3）由于此时关键工作为工作 A、工作 D 和工作 H，而其中工作 A 的优选系数最小，故应将工作 A 作为优先压缩对象。

4）将关键工作 A 的持续时间压缩至最短持续时间 3，利用标号法确定新的计算工期和关键线路，如图 3-26 所示。此时，关键工作 A 被压缩成非关键工作，故将其持续时间 3 延长为 4，使之成为关键工作。工作 A 恢复为关键工作之后，网络计划中出现两条关键线路，即：①—②—④—⑥和①—③—④—⑥，如图 3-27 所示。

5）由于此时计算工期为 18，仍大于要求工期，故需继续压缩。需要缩短的时间：

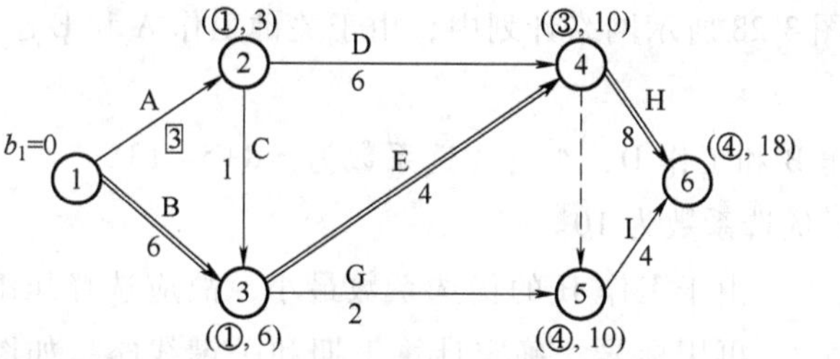

图 3-26 工作压缩最短时的关键线路

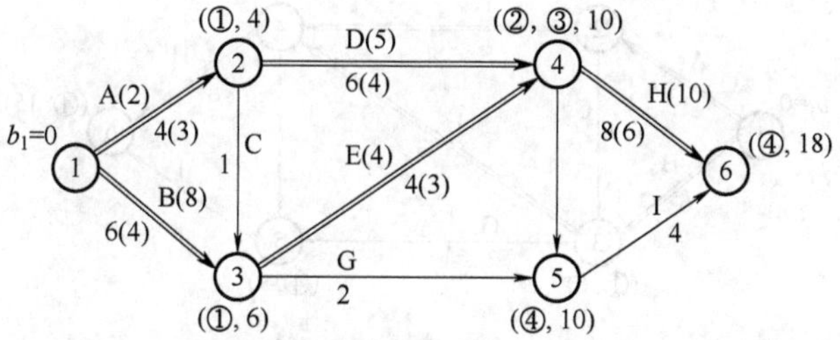

图 3-27 第一次压缩后的网络计划

$\Delta T_2 = 18 - 15 = 3$。在图 3-27 所示网络计划中，有以下五个压缩方案：

① 同时压缩工作 A 和工作 B，组合优选系数为：2+8 = 10。

② 同时压缩工作 A 和工作 E，组合优选系数为：2+4 = 6。

③ 同时压缩工作 B 和工作 D，组合优选系数为：8+5 = 13。

④ 同时压缩工作 D 和工作 E，组合优选系数为：5+4 = 9。

⑤ 压缩工作 H，优选系数为 10。

在上述压缩方案中，由于工作 A 和工作 E 的组合优选系数最小，故应选择同时压缩工作 A 和工作 E 的方案。将这两项工作的持续时间各压缩 1（压缩至最短），再用标号法确定计算工期和关键线路，如图 3-28 所示。此时，关键线路仍为两条，即：①—②—④—⑥和①—③—④—⑥。

在图 3-28 中，关键工作 A 和 E 的持续时间已达最短，不能再压缩，它们的优选系数变为无穷大。

6）由于此时计算工期为 17，仍大于要求工期，故需继续压缩。需要缩短的时间：

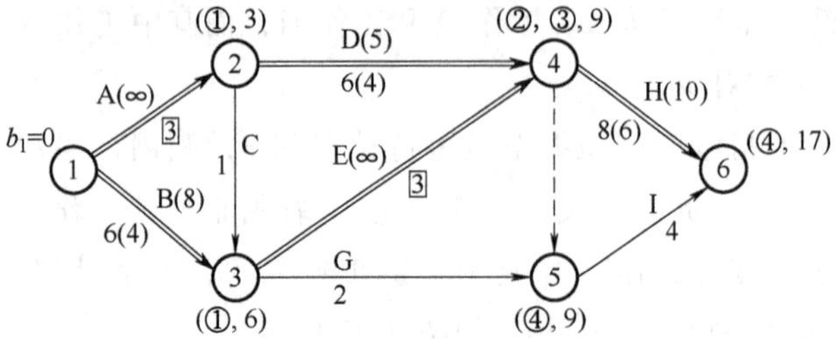

图 3-28　第二次压缩后的网络计划

$\Delta T_2 = 17-15=2$。在图 3-28 所示网络计划中，由于关键工作 A 和 E 已不能再压缩，故此时只有两个压缩方案：

① 同时压缩工作 B 和工作 D，组合优选系数为：8+5=13。

② 压缩工作 H，优选系数为 10。

在上述压缩方案中，由于工作 H 的优选系数最小，故应选择压缩工作 H 的方案。将工作 H 的持续时间缩短 2，再用标号法确定计算工期和关键线路，如图 3-29 所示。此时，计算工期为 15，已等于要求工期，故图 3-29 所示网络计划即为优化方案。

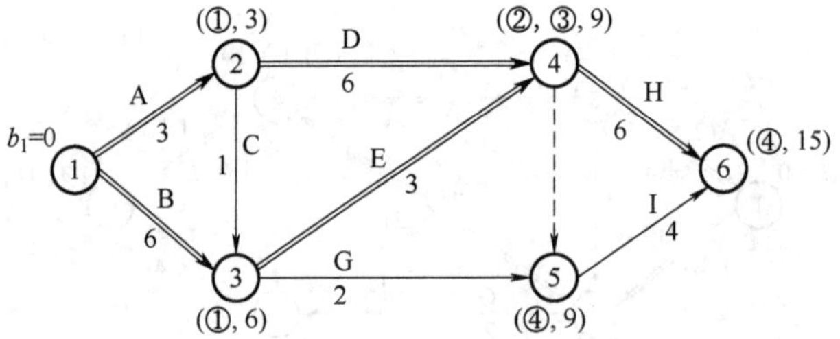

图 3-29　工期优化后的网络计划

3.5.2　费用优化

费用优化又称工期成本优化，是指寻求工程总成本最低时的工期安排，或按要求工期寻求最低成本的计划安排的过程。

1. 费用与时间的关系

在建设工程施工过程中，完成一项工作通常可以采用多种施工方法和组织方法，而不同的施工方法和组织方法，又会有不同的持续时间和费用。一项建设工程往往包含许多工作，因此在安排建设工程进度计划时，就会出现许多方案。进度方案不同，所对应的总工期和总费用也就不同。为了能从多种方案中找出总成本最低的方案，必须首先分析费用和时间之间的关系。

(1) 工程费用与工期的关系

工程总费用由直接费和间接费组成。直接费由人工费、材料量、机械使用费、现场经费及其他直接费等组成。施工方案不同，直接费也就不同；如果施工方案一定，工期不同，直接费也不同。直接费会随着工期的缩短而增加。间接费包括企业经营管理的全部费用，它一般会随着工期的缩短而减少。在考虑工程总费用时，还应考虑工期变化带来的其他损益，包括效益增量和资金的时间价值等。工程费用与工期的关系如图 3-30 所示。

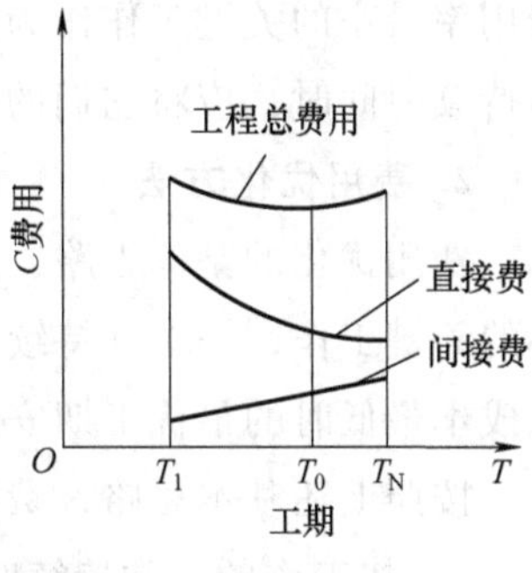

图 3-30 费用-工期曲线

（2）工作直接费与持续时间的关系

由于网络计划的工期取决于关键工作的持续时间，为了进行工期成本优化，必须分析网络计划中各项工作的直接费与持续时间之间的关系，它是网络计划工期成本优化的基础。

工作的直接费与持续时间之间的关系类似于工程直接费与工期之间的关系，工作的直接费随着持续时间的缩短而增加，如图 3-31 所示。为简化计算，工作的直接费与持续时间之间的关系被近似地认为是一条直线关系。当工作划分不是很粗时，其计算结果还是比较精确的。

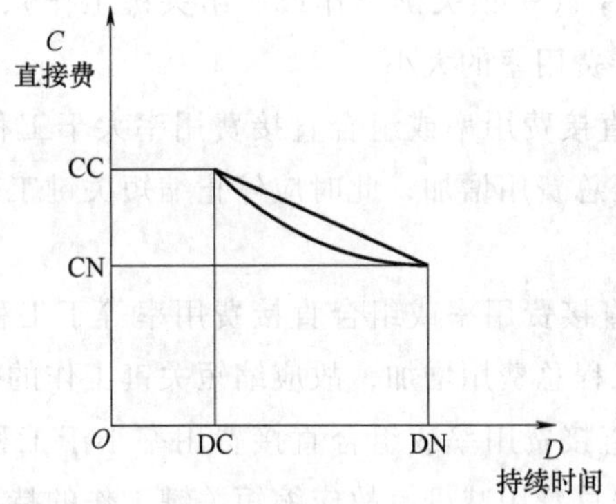

图 3-31 直接费-持续时间曲线

DN—工作的正常持续时间　CN—按正常持续时间完成工作时所需的直接费

DC—工作的最短持续时间　CC—按最短持续时间完成工作时所需的直接费

工作的持续时间每缩短单位时间而增加的直接费称为直接费用率。直接费用率可按式（3-45）计算：

$$\Delta C_{i\text{-}j}=\frac{\mathrm{CC}_{i\text{-}j}-\mathrm{CN}_{i\text{-}j}}{\mathrm{DN}_{i\text{-}j}-\mathrm{DC}_{i\text{-}j}} \tag{3-45}$$

式中 $\Delta C_{i\text{-}j}$——工作 i-j 的直接费用率；

$\mathrm{CC}_{i\text{-}j}$——按最短持续时间完成工作 i-j 时所需的直接费；

$\mathrm{CN}_{i\text{-}j}$——按正常持续时间完成工作 i-j 时所需的直接费；

$\mathrm{DN}_{i\text{-}j}$——工作 i-j 的正常持续时间；

$\mathrm{DC}_{i\text{-}j}$——工作 i-j 的最短持续时间。

从式（3-45）可以看出，工作的直接费用率越大，说明将该工作的持续时间缩短一个时间单位，所需增加的直接费就越多；反之，将该工作的持续时间缩短一个时间单位，所需增加的直接费就越少。因此，在压缩关键工作的持续时间以达到缩短工期的目的时，应将直接费用率最小的关键工作作为压缩对象。当有多条关键线路出现而需要同时压缩多个关键工作的持续时间时，应将它们的直接费用率之和（组合直接费用率）最小者作为压缩对象。

2. 费用优化方法

费用优化的基本思路：不断地在网络计划中找出直接费用率（或组合直接费用率）最小的关键工作，缩短其持续时间，同时考虑间接费随工期缩短而减少的数值，最后求得工程总成本最低时的最优工期安排或按要求工期求得最低成本的计划安排。

按照上述基本思路，费用优化可按以下步骤进行：

1）按工作的正常持续时间确定计算工期和关键线路。

2）计算各项工作的直接费用率。直接费用率的计算按式（3-45）进行。

3）当只有一条关键线路时，应找出直接费用率最小的一项关键工作，作为缩短持续时间的对象；当有多条关键线路时，应找出组合直接费用率最小的一组关键工作，作为缩短持续时间的对象。

4）对于选定的压缩对象（一项关键工作或一组关键工作），首先比较其直接费用率或组合直接费用率与工程间接费用率的大小。

① 如果被压缩对象的直接费用率或组合直接费用率大于工程间接费用率，说明压缩关键工作的持续时间会使工程总费用增加，此时应停止缩短关键工作的持续时间，在此之前的方案即为优化方案。

② 如果被压缩对象的直接费用率或组合直接费用率等于工程间接费用率，说明压缩关键工作的持续时间不会使工程总费用增加，故应缩短关键工作的持续时间。

③ 如果被压缩对象的直接费用率或组合直接费用率小于工程间接费用率，说明压缩关键工作的持续时间会使工程总费用减少，故应缩短关键工作的持续时间。

5）当需要缩短关键工作的持续时间时，其缩短值的确定必须符合下列两条原则：

① 缩短后工作的持续时间不能小于其最短持续时间。

② 缩短持续时间的工作不能变成非关键工作。

6）计算关键工作持续时间缩短后相应增加的总费用。

7）重复上述步骤 3）~6），直至计算工期满足要求工期或被压缩对象的直接费用率或组合直接费用率大于工程间接费用率。

8）计算优化后的工程总费用。

3. 费用优化示例

【例 3-5】 已知某工程双代号网络计划如图 3-32 所示，图中箭线下方括号外数字为工作的正常时间，括号内数字为最短持续时间；箭线上方括号外数字为工作按正常持续时间完成时所需的直接费，括号内数字为工作按最短持续时间完成时所需的直接费。该工程的间接费用率为 0.8 万元/天，试对其进行费用优化。

【解】 该网络计划的费用优化可按以下步骤进行：

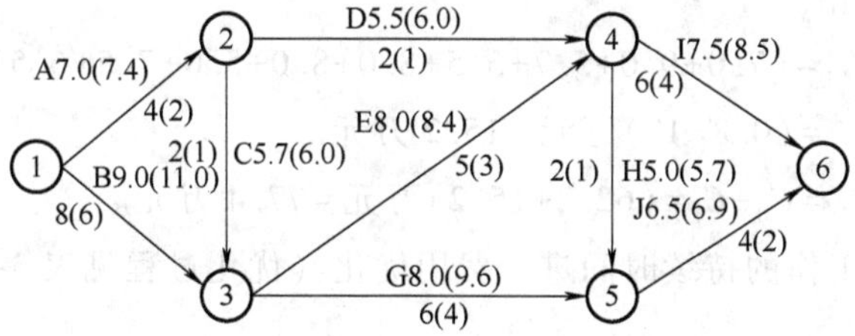

图 3-32 初始网络计划

1）根据各项工作的正常持续时间，用标号法确定网络计划的计算工期和关键线路，如图 3-33 所示。计算工期为 19 天，关键线路有两条，即：①—③—④—⑥和①—③—④—⑤—⑥。

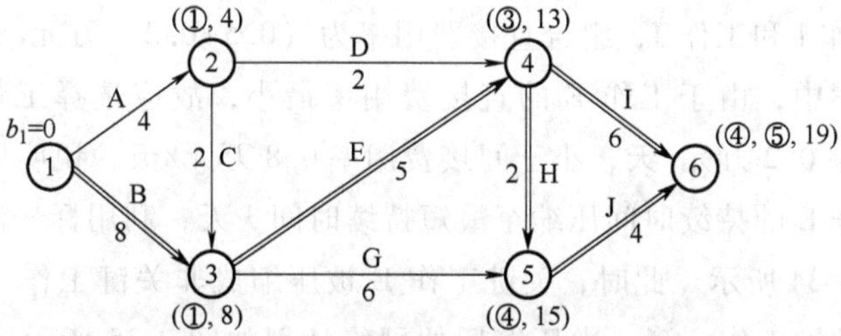

图 3-33 初始网络计划中的关键线路

2）计算各项工作的直接费用率：

$$\Delta C_{1\text{-}2}=\frac{CC_{1\text{-}2}-CN_{1\text{-}2}}{DN_{1\text{-}2}-DC_{1\text{-}2}}=\frac{7.4-7.0}{4-2}\text{万元/天}=0.2\text{ 万元/天}$$

$$\Delta C_{1\text{-}3}=\frac{CC_{1\text{-}3}-CN_{1\text{-}3}}{DN_{1\text{-}3}-DC_{1\text{-}3}}=\frac{11.0-9.0}{8-6}\text{万元/天}=1.0\text{ 万元/天}$$

$$\Delta C_{2\text{-}3}=\frac{CC_{2\text{-}3}-CN_{2\text{-}3}}{DN_{2\text{-}3}-DC_{2\text{-}3}}=\frac{6.0-5.7}{2-1}\text{万元/天}=0.3\text{ 万元/天}$$

$$\Delta C_{2\text{-}4}=\frac{CC_{2\text{-}4}-CN_{2\text{-}4}}{DN_{2\text{-}4}-DC_{2\text{-}4}}=\frac{6.0-5.5}{2-1}\text{万元/天}=0.5\text{ 万元/天}$$

$$\Delta C_{3\text{-}4}=\frac{CC_{3\text{-}4}-CN_{3\text{-}4}}{DN_{3\text{-}4}-DC_{3\text{-}4}}=\frac{8.4-8.0}{5-3}\text{万元/天}=0.2\text{ 万元/天}$$

$$\Delta C_{3\text{-}5}=\frac{CC_{3\text{-}5}-CN_{3\text{-}5}}{DN_{3\text{-}5}-DC_{3\text{-}5}}=\frac{9.6-8.0}{6-4}\text{万元/天}=0.8\text{ 万元/天}$$

$$\Delta C_{4\text{-}5}=\frac{CC_{4\text{-}5}-CN_{4\text{-}5}}{DN_{4\text{-}5}-DC_{4\text{-}5}}=\frac{5.7-5.0}{2-1}\text{万元/天}=0.7\text{ 万元/天}$$

$$\Delta C_{4\text{-}6}=\frac{CC_{4\text{-}6}-CN_{4\text{-}6}}{DN_{4\text{-}6}-DC_{4\text{-}6}}=\frac{8.5-7.5}{6-4}\text{万元/天}=0.5\text{ 万元/天}$$

$$\Delta C_{5\text{-}6}=\frac{CC_{5\text{-}6}-CN_{5\text{-}6}}{DN_{5\text{-}6}-DC_{5\text{-}6}}=\frac{6.9-6.5}{4-2}\text{万元/天}=0.2\text{ 万元/天}$$

3）计算工程总费用。

① 直接费总和：C_d=(7.0+9.0+5.7+5.5+8.0+8.0+5.0+7.5+6.5)万元=62.2 万元。

② 间接费总和：C_i=(0.8×19)万元=15.2 万元。

③ 工程总费用：$C_t=C_d+C_i$=(62.2+15.2)万元=77.4 万元。

④ 通过压缩关键工作的持续时间进行费用优化（优化过程见表 3-8）：

第一次压缩：

从图 3-33 可知，该网络计划中有两条关键线路，为了同时缩短两条关键线路的总持续时间，有以下四个压缩方案：

a. 压缩工作 B，直接费用率为 1.0 万元/天。

b. 压缩工作 E，直接费用率为 0.2 万元/天。

c. 同时压缩工作 H 和工作 I，组合直接费用率为（0.7+0.5）万元/天=1.2 万元/天。

d. 同时压缩工作 I 和工作 J，组合直接费用率为（0.5+0.2）万元/天=0.7 万元/天。

在上述压缩方案中，由于工作 E 的直接费用率最小，故应选择工作 E 作为压缩对象。工作 E 的直接费用率 0.2 万元/天，小于间接费用率 0.8 万元/天，说明压缩工作 E 可使工程总费用降低。将工作 E 的持续时间压缩至最短持续时间 3 天，利用标号法重新确定计算工期和关键线路，如图 3-34 所示。此时，关键工作 E 被压缩成非关键工作，故将其持续时间延长为 4 天，使成为关键工作。第一次压缩后的网络计划如图 3-35 所示。图中箭线上方括号内数字为工作的直接费用率。

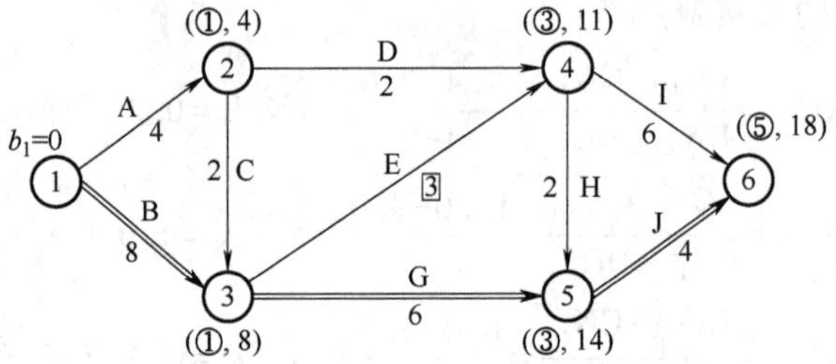

图 3-34 工作 E 压缩至最短时的关键线路

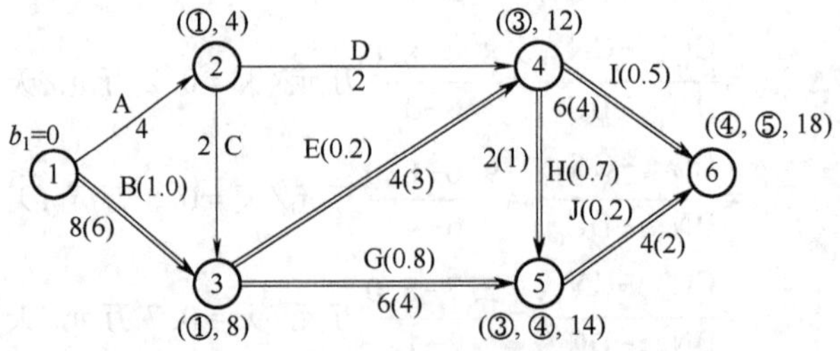

图 3-35 第一次压缩后的网络计划

第二次压缩：

从图 3-35 可知，该网络计划中有三条关键线路，即①—③—④—⑥、①—③—④—

⑤—⑥和①—③—⑤—⑥。为了同时缩短三条关键线路的总持续时间，有以下五个压缩方案：

a. 压缩工作 B，直接费用率为 1.0 万元/天。

b. 同时压缩工作 E 和工作 G，组合直接费用率为（0.2+0.8）万元/天=1.0 万元/天。

c. 同时压缩工作 E 和工作 J，组合直接费用率为（0.2+0.2）万元/天=0.4 万元/天。

d. 同时压缩工作 G、工作 H 和工作 I，组合直接费用率为（0.8+0.7+0.5）万元/天=2.0 万元/天。

e. 同时压缩工作 I 和工作 J，组合直接费用率为（0.5+0.2）万元/天=0.7 万元/天。

在上述压缩方案中，由于工作 E 和工作 J 的组合直接费用率最小，故应选择工作 E 和工作 J 作为压缩对象。工作 E 和工作 J 的组合直接费用率 0.4 万元/天，小于间接费用率 0.8 万元/天，说明同时压缩工作 E 和工作 J 可使工程总费用降低。由于工作 E 的持续时间只能压缩 1 天，工作 J 的持续时间也只能随之压缩 1 天。工作 E 和工作 J 的持续时间同时压缩 1 天后，利用标号法重新确定计算工期和关键线路。此时，关键线路由压缩前的三条变为两条，即：①—③—④—⑥和①—③—⑤—⑥。原来的关键工作 H 未经压缩而被动地变成了非关键工作。第二次压缩后的网络计划如图 3-36 所示。此时，关键工作 E 的持续时间已达最短，不能再压缩，故其直接费用率变为无穷大。

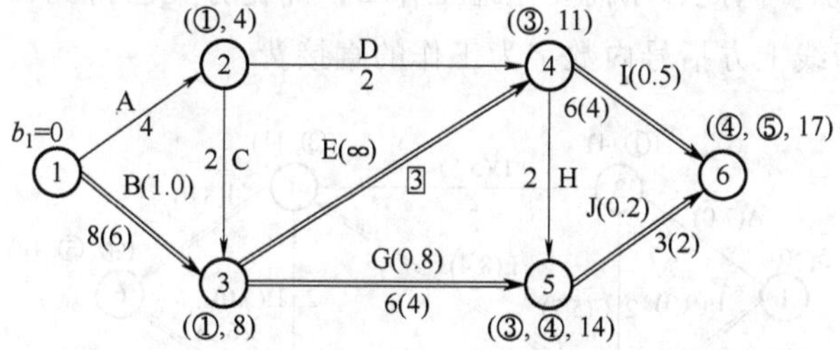

图 3-36 第二次压缩后的网络计划

第三次压缩：

从图 3-36 可知，由于工作 E 不能再压缩，而为了同时缩短两条关键线路①—③—④—⑥和①—③—⑤—⑥的总持续时间，只有以下三个压缩方案：

a. 压缩工作 B，直接费用率为 1.0 万元/天。

b. 同时压缩工作 G 和工作 I，组合直接费用率为（0.8+0.5）万元/天=1.3 万元/天。

c. 同时压缩工作 I 和工作 J，组合直接费用率为（0.5+0.2）万元/天=0.7 万元/天。

在上述压缩方案中，由于工作 I 和工作 J 的组合直接费用率最小，故应选择工作 I 和工作 J 作为压缩对象。工作 I 和工作 J 的组合直接费用率 0.7 万元/天，小于间接费用率 0.8 万元/天，说明同时压缩工作 I 和工作 J 可使工程总费用降低。由于工作 J 的持续时间只能压缩 1 天，工作 I 的持续时间也只能随之压缩 1 天。工作 I 和工作 J 的持续时间同时压缩 1 天后，利用标号法重新确定计算工期和关键线路。此时，关键线路仍然为两条，即：①—③—④—⑥和①—③—⑤—⑥。第三次压缩后的网络计划如图 3-37 所示。此时，关键工作 J 的持续时间也已达最短，不能再压缩，故其直接费用率变为无穷大。

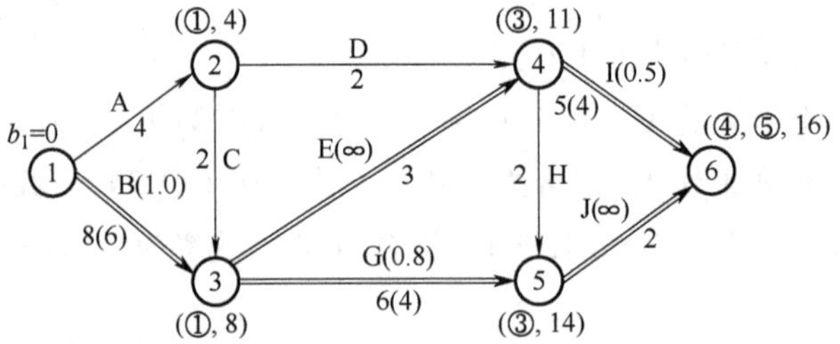

图 3-37　第三次压缩后的网络计划

第四次压缩：

从图 3-37 可知，由于工作 E 和工作 J 不能再压缩，而为了同时缩短两条关键线路①—③—④—⑥和①—③—⑤—⑥的总持续时间，只有以下两个压缩方案：

a. 压缩工作 B，直接费用率为 1.0 万元/天。

b. 同时压缩工作 G 和工作 I，组合直接费用率为（0.8+0.5）万元/天=1.3 万元/天。

在上述压缩方案中，由于工作 B 的直接费用率最小，故应选择工作 B 作为压缩对象。但是，由于工作 B 的直接费用率 1.0 万元/天，大于间接费用率 0.8 万元/天，说明压缩工作 B 会使工程总费用增加。因此，不需要压缩工作 B，优化方案已得到，优化后的网络计划如图 3-38 所示。图上箭线上方括号内数字为工作的直接费。

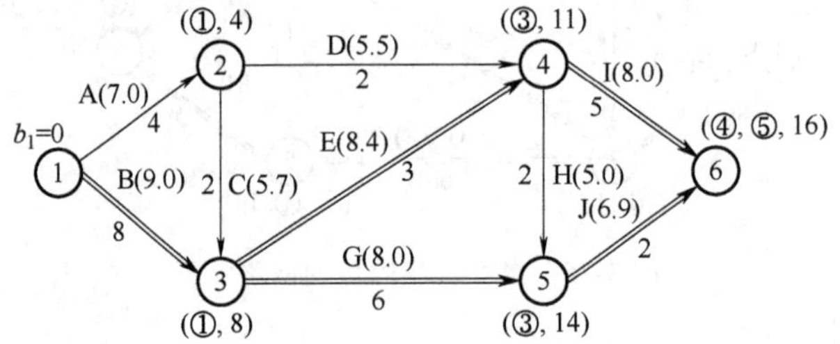

图 3-38　费用优化后的网络计划

⑤ 计算优化后的工程总费用（表 3-8）。

a. 直接费总和：$C_{d0}=(7.0+9.0+5.7+5.5+8.4+8.0+5.0+8.0+6.9)$万元=63.5 万元。

b. 间接费总和：$C_{i0}=(0.8\times16)$万元=12.8 万元。

c. 工程总费用：$C_{t0}=C_{d0}+C_{i0}=(63.5+12.8)$万元=76.3 万元。

表 3-8　例 3-2 费用优化表

压缩次数	被压缩的工作代号	被压缩的工作名称	直接费用率或组合直接费用率（万元/天）	费率差（万元/天）	缩短时间（天）	费用增加值（万元/天）	总工期（天）	总费用（万元）
0	—	—	—	—	—	—	19	77.4
1	3-4	E	0.2	-0.6	1	-0.6	18	76.8

（续）

压缩次数	被压缩的工作代号	被压缩的工作名称	直接费用率或组合直接费用率（万元/天）	费率差（万元/天）	缩短时间（天）	费用增加值（万元/天）	总工期（天）	总费用（万元）
2	3-4 5-6	E、J	0.4	-0.4	1	-0.4	17	76.4
3	4-6 5-6	I、J	0.7	-0.1	1	-0.1	16	76.3
4	1-3	B	1.0	+0.2	—	—	—	—

3.5.3 资源优化

资源是指完成一项计划任务所需投入的人力、材料、机械设备和资金等。完成一项工程任务所需要的资源量基本上是不变的，不可能通过资源优化将其减少。资源优化的目的是通过改变工作的开始时间和完成时间，使资源按照时间的分布符合优化目标。

在通常情况下，网络计划的资源优化分为两种，即“资源有限，工期最短”的优化和“工期固定，资源均衡”的优化。前者是通过调整计划安排，在满足资源限制条件下，使工期延长最少的过程，而后者是通过调整计划安排，在工期保持不变的条件下，使资源需用量尽可能均衡的过程。

这里所讲的资源优化，其前提条件是：

1）在优化过程中，不改变网络计划中各项工作之间的逻辑关系。

2）在优化过程中，不改变网络计划中各项工作的持续时间。

3）网络计划中各项工作的资源强度（单位时间所需资源数量）为常数，而且是合理的。

4）除规定可中断的工作外，一般不允许中断工作，应保持其连续性。

为简化问题，这里假定网络计划中的所有工作需要同一种资源。

1. “资源有限，工期最短”的优化

（1）优化步骤

“资源有限，工期最短”的优化一般可按以下步骤进行：

1）按照各项工作的最早开始时间安排进度计划，并计算网络计划每个时间单位的资源需用量。

2）从计划开始日期起，逐个检查每个时段（每个时间单位资源需用量相同的时间段）资源需用量是否超过所能供应的资源限量。如果在整个工期范围内每个时段的资源需用量均能满足资源限量的要求，则可行优化方案就编制完成；否则，必须转入下一步进行计划的调整。

3）分析超过资源限量的时段。如果在该时段内有几项工作平行作业，则采取将一项工作安排在与之平行的另一项工作之后进行的方法，以降低该时段的资源需用量。

对于两项平行作业的工作 m 和工作 n 来说，为了降低相应时段的资源需用量，现将工作 n 安排在工作 m 之后进行，如图 3-39 所示。

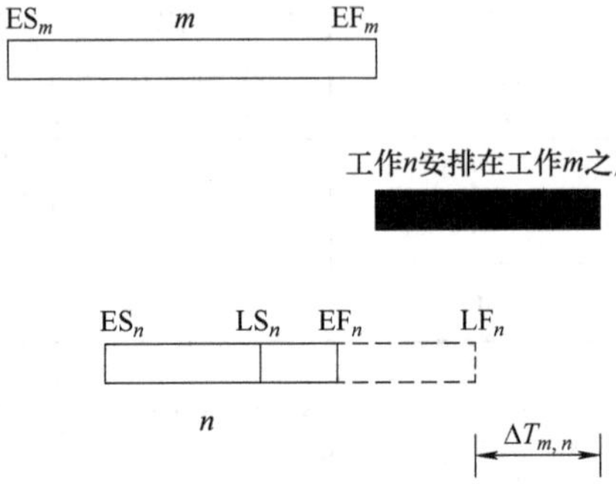

图 3-39　m、n 两项工作的排序

如果将工作 n 安排在工作 m 之后进行，网络计划的工期延长值：

$$\begin{aligned}\Delta T_{m,n} &= EF_m + D_n - LF_n \\ &= EF_m - (LF_n - D_n) \\ &= EF_m - LS_n \end{aligned} \tag{3-46}$$

式中　$\Delta T_{m,n}$——将工作 n 安排在工作 m 之后进行时网络计划的工期延长值；

EF_m——工作 m 的最早完成时间；

D_n——工作 n 的持续时间；

LF_n——工作 n 的最迟完成时间；

LS_n——工作 n 的最迟开始时间。

这样，在有资源冲突的时段中，对平行作业的工作进行两两排序，即可得出若干个 $\Delta T_{m,n}$，选择其中最小的 $\Delta T_{m,n}$，将相应的工作 n 安排在工作 m 之后进行，既可降低该时段的资源需用量，又使网络计划的工期延长最短。

4）对调整后的网络计划安排重新计算每个时间单位的资源需用量。

5）重复上述步骤 2)～4)，直至网络计划整个工期范围内每个时间单位的资源需用量均满足资源限量为止。

（2）优化示例

【例 3-6】 已知某工程双代号网络计划如图 3-40 所示，图中箭线上方数字为工作的资源强度，箭线下方数字为工作的持续时间。假定资源限量 $R_a=12$，试对其进行“资源有限，工期最短”的优化。

【解】 该网络计划“资源有限，工期最短”的优化可按以下步骤进行：

1）计算网络计划每个时间单位的资源需用量，绘出资源需用量动态曲线，如图 3-40 下方曲线所示。

2）从计划开始日期起，经检查发现第二个时段［3，4］存在资源冲突，即资源需用量超过资源限量，故应首先调整该时段。

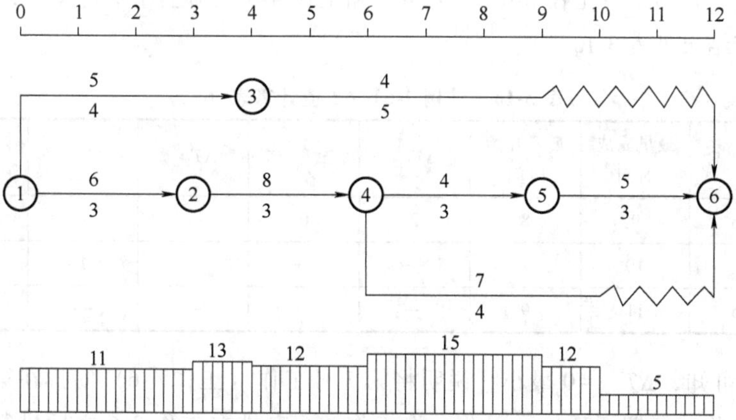

图 3-40 初始网络计划

3）在时段［3，4］有工作 1-3 和工作 2-4 两项工作平行作业，利用式（3-46）计算 ΔT 值，其结果见表 3-9。

表 3-9 【例 3-6】ΔT 值计算表（一）

工作序号	工作代号	最早完成时间	最迟开始时间	$\Delta T_{1,2}$	$\Delta T_{2,1}$
1	1-3	4	3	1	—
2	2-4	6	3	—	3

由表 3-9 可知，$\Delta T_{1,2}=1$ 最小，说明将第 2 号工作（工作 2-4）安排在第 1 号工作（工作 1-3）之后进行，工期延长最短，只延长 1。因此，将工作 2-4 安排在工作 1-3 之后进行，调整后的网络计划如图 3-41 所示。

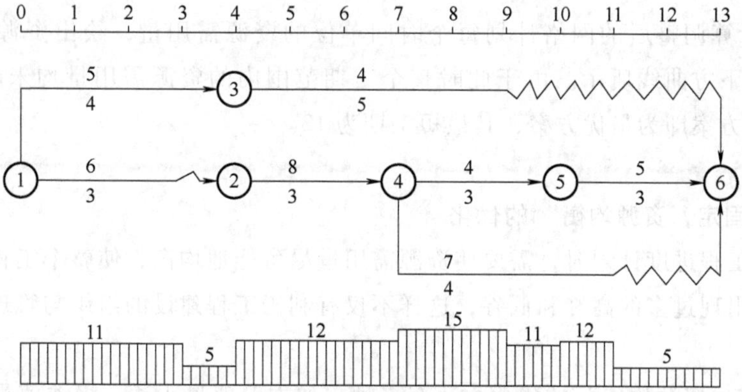

图 3-41 第一次调整后的网络计划

4）重新计算调整后的网络计划每个时间单位的资源需用量，绘出资源需用量动态曲线，如图 3-41 下方曲线所示。从图中可知，在第四时段［7，9］存在资源冲突，故应调整该时段。

5）在时段［7，9］有工作 3-6、工作 4-5 和工作 4-6 三项工作平行作业，利用式（3-46）计算 ΔT 值，其结果见表 3-10。

表 3-10　【例 3-6】ΔT 值计算表（二）

工作序号	工作代号	最早完成时间	最迟开始时间	$\Delta T_{1,2}$	$\Delta T_{1,3}$	$\Delta T_{2,1}$	$\Delta T_{2,3}$	$\Delta T_{3,1}$	$\Delta T_{3,2}$
1	3-6	9	8	2	0	—	—	—	—
2	4-5	10	7	—	—	2	1	—	—
3	4-6	11	9	—	—	—	—	3	4

由表 3-10 可知，$\Delta T_{1,3}=0$ 最小，说明将第 3 号工作（工作 4-6）安排在第 1 号工作（工作 3-6）之后进行，工期不延长。因此，将工作 4-6 安排在工作 3-6 之后进行，调整后的网络计划如图 3-42 所示。

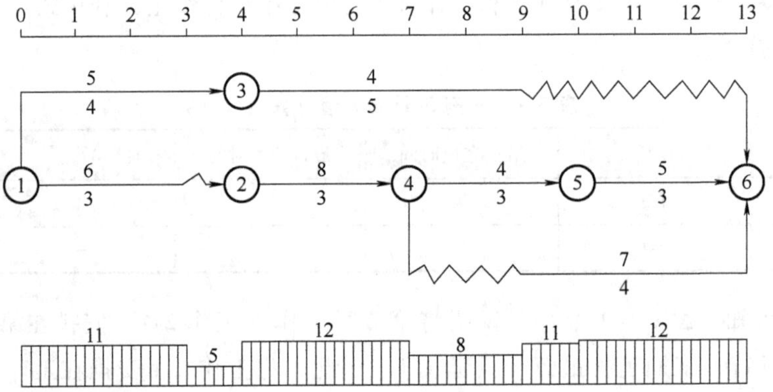

图 3-42　优化后的网络计划

6）重新计算调整后的网络计划每个时间单位的资源需用量，绘出资源需用量动态曲线，如图 3-42 下方曲线所示。由于此时整个工期范围内的资源需用量均未超过资源限量，故图 3-42 所示方案即为最优方案，其最短工期为 13。

2. “工期固定，资源均衡”的优化

安排建设工程进度计划时，需要使资源需用量尽可能地均衡，使整个工程每单位时间的资源需用量不出现过多的高峰和低谷，这样不仅有利于工程建设的组织与管理，而且可以降低工程费用。

“工期固定，资源均衡”的优化方法有多种，如方差值最小法、极差值最小法、削高峰法等。这里仅介绍方差值最小的优化方法。

(1) 方差值最小法的基本原理

现假设已知某工程网络计划的资源需用量，则其方差按下式计算：

$$\sigma^2 = \frac{1}{T}\sum_{t=1}^{T}(R_t - R_m)^2 \tag{3-47}$$

式中　σ^2——资源需用量方差；

T——网络计划的计算工期；

R_t——第 t 个时间单位的资源需用量；

R_m——资源需用量的平均值。

式（3-47）可以简化如下：

$$\begin{aligned}\sigma^2 &= \frac{1}{T}\sum_{t=1}^{T}R_t^2 - 2R_m\frac{\sum_{t=1}^{T}R_t}{T} + \frac{1}{T}\sum_{t=1}^{T}R_m^2 \\ &= \frac{1}{T}\sum_{t=1}^{T}R_t^2 - 2R_mR_m + \frac{1}{T}TR_m^2 \\ &= \frac{1}{T}\sum_{t=1}^{T}R_t^2 - R_m^2\end{aligned} \tag{3-48}$$

由式（3-48）可知，由于工期 T 和资源需用量的平均值 R_m 均为常数，为使方差 σ^2 最小，必须使资源需用量的平方和最小。

对于网络计划中某项工作 k 而言，其资源强度为 r_k。在调整计划前，工作 k 从第 i 个时间单位开始，到第 j 个时间单位完成，则此时网络计划资源需用量的平方和如下：

$$\sum_{t=1}^{T}R_{t0}^2 = R_1^2 + R_2^2 + \cdots + R_i^2 + R_{i+1}^2 + \cdots + R_j^2 + R_{j+1}^2 + \cdots + R_T^2 \tag{3-49}$$

若将工作 k 的开始时间右移一个时间单位，即工作 k 从第 i+1 个时间单位开始，到第 j+1 个时间单位完成，则此时网络计划资源需用量的平方和为：

$$\sum_{t=1}^{T}R_{t1}^2 = R_1^2 + R_2^2 + \cdots + (R_i - r_k)^2 + R_{i+1}^2 + \cdots + R_j^2 + (R_{j+1} + r_k)^2 + \cdots + R_T^2 \tag{3-50}$$

比较式（3-50）和式（3-49）可以得到，当工作 k 的开始时间右移一个时间单位时，网络计划资源需用量平方和的增量 Δ 用式（3-51）确定：

$$\Delta = (R_i - r_k)^2 - R_i^2 + (R_{j+1} + r_k)^2 - R_{j+1}^2$$

即

$$\Delta = 2r_k(R_{j+1} + r_k - R_i) \tag{3-51}$$

如果资源需用量平方和的增量 Δ 为负值，说明工作 k 的开始时间右移一个时间单位能使资源需用量的平方和减小，也就使资源需用量的方差减小，从而使资源需用量更均衡。因此，工作 k 的开始时间能够右移的判别式如下：

$$\Delta = 2r_k(R_{j+1} + r_k - R_i) \leqslant 0 \tag{3-52}$$

由于工作 k 的资源强度 r_k 不可能为负值，故判别式（3-52）可以简化如下：

$$R_{j+1} + r_k - R_i \leqslant 0$$

即

$$R_{j+1} + r_k \leqslant R_i \tag{3-53}$$

判别式（3-53）表明，当网络计划中工作 k 完成时间之后的一个时间单位所对应的资源需用量 R_{j+1} 与工作 k 的资源强度 r_k 之和不超过工作 k 开始时所对应的资源需用量 R_i 时，将工作 k 右移一个时间单位能使资源需用量更加均衡。这时，就应将工作 k 右移一个时间单位。

同理，如果判别式（3-54）成立，说明将工作 k 左移一个时间单位能使资源需用量更加均衡。这时，就应将工作 k 左移一个时间单位：

$$R_{i-1}+r_k \leqslant R_j \tag{3-54}$$

如果工作 k 不满足判别式（3-53）或判别式（3-54），说明工作 k 右移或左移一个时间单位不能使资源需用量更加均衡，这时可以考虑在其总时差允许的范围内，将工作 k 右移或左移数个时间单位。

向右移时判别式：

$$[(R_{j+1}+r_k)+(R_{j+2}+r_k)+(R_{j+3}+r_k)+\cdots] \leqslant [R_i+R_{i+1}+R_{i+2}+R_{i+3}+\cdots] \tag{3-55}$$

向左移时判别式：

$$[(R_{i-1}+r_k)+(R_{i-2}+r_k)+(R_{i-3}+r_k)+\cdots] \leqslant [R_j+R_{j-1}+R_{j-2}+R_{j-3}+\cdots] \tag{3-56}$$

（2）优化步骤

按方差值最小的优化原理，“工期固定，资源均衡”的优化一般可按以下步骤进行：

1）按照各项工作的最早开始时间安排进度计划，并计算网络计划每个时间单位的资源需用量。

2）从网络计划的终点节点开始，按工作完成节点编号值从大到小的顺序依次进行调整。当某一节点同时作为多项工作的完成节点时，应先调整开始时间较迟的工作。

在调整工作时，一项工作能够右移或左移的条件是：

① 工作具有机动时间，在不影响工期的前提下能够右移或左移。

② 工作满足判别式（3-53）或式（3-54），或者满足判别式（3-55）或式（3-56）。

只有同时满足以上两个条件，才能调整该工作，将其右移或左移至相应位置。

3）当所有工作均按上述步骤自右向左调控了一次之后，为使资源需用量更加均衡，再按上述步骤自右向左进行多次调整，直至所有工作既不能右移也不能左移。

（3）优化示例

【例 3-7】 已知某工程双代号网络计划如图 3-43 所示，图中箭线上方数字为工作的资源强度，箭线下方数字为工作的持续时间。试对其进行“工期固定，资源均衡”的优化。

【解】 该网络计划“工期固定，资源均衡”的优化可按以下步骤进行：

1）计算网络计划每个时间单位的资源需用量，绘出资源需用量动态曲线，如图 3-43 下方曲线所示。

总工期为 14，资源需用量的平均值：

$$R_m=(2\times14+2\times19+20+8+4\times12+9+3\times5)/14=166/14\approx11.86$$

2）第一次调整。

第一步：以终点节点⑥为完成节点的工作有三项，即工作 3-6、工作 5-6 和工作 4-6。其

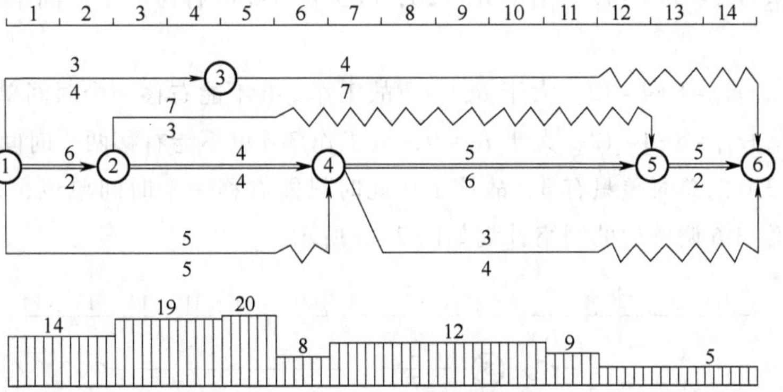

图 3-43　初始网络计划

中工作 5-6 为关键工作，由于工期固定而不能调整，只能考虑工作 3-6 和工作 4-6。

由于工作 4-6 的开始时间晚于工作 3-6 的开始时间，应先调整工作 4-6。在图 3-43 中，按照判别式（3-53），则：

a. 由于 $R_{11}+r_{4\text{-}6}=9+3=12$，$R_7=12$，二者相等，故工作 4-6 可右移一个时间单位，改为第 8 个时间单位开始。

b. 由于 $R_{12}+r_{4\text{-}6}=5+3=8$，小于 $R_8=12$，故工作 4-6 可再右移一个时间单位，改为第 9 个时间单位开始。

c. 由于 $R_{13}+r_{4\text{-}6}=5+3=8$，小于 $R_9=12$，故工作 4-6 可再右移一个时间单位，改为第 10 个时间单位开始。

d. 由于 $R_{14}+r_{4\text{-}6}=5+3=8$，小于 $R_{10}=12$，故工作 4-6 可再右移一个时间单位，改为第 11 个时间单位开始。

至此，工作 4-6 的总时差已全部用完，不能再右移。工作 4-6 调整后的网络计划如图 3-44 所示。

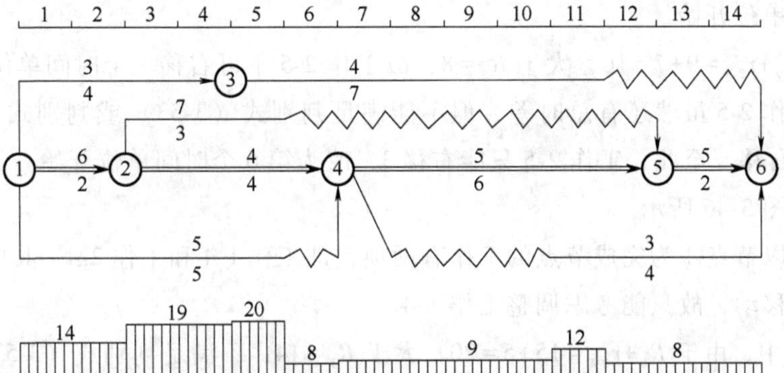

图 3-44　工作 4-6 调整后的网络计划

工作 4-6 调整后，就应对工作 3-6 进行调整。在图 3-44 中，按照判别式（3-53）：

a. 由于 $R_{12}+r_{3\text{-}6}=8+4=12$，小于 $R_5=20$，故工作 3-6 可右移一个时间单位，改为第 6 个时间单位开始。

b. 由于 $R_{13}+r_{3\text{-}6}=8+4=12$，大于 $R_6=8$，故工作 3-6 不能右移一个时间单位。

c. 由于 $R_{14}+r_{3\text{-}6}=8+4=12$，大于 $R_7=9$，故工作 3-6 也不能右移两个时间单位。

由于工作 3-6 的总时差只有 3，故该工作此时只能右移一个时间单位，改为第 6 个时间单位开始。工作 3-6 调整后的网络计划如图 3-45 所示。

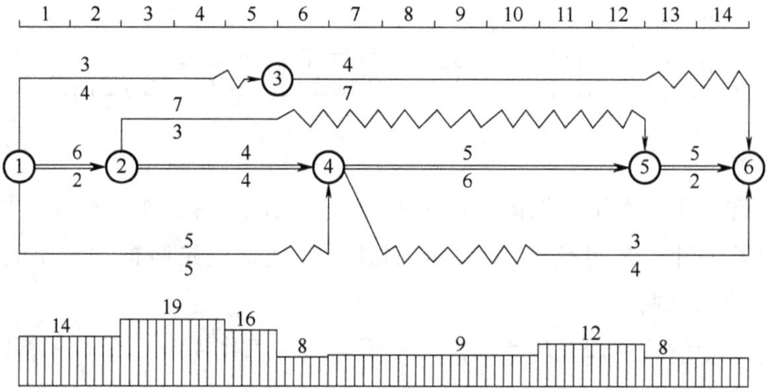

图 3-45　工作 3-6 调整后的网络计划

第二步：以节点⑤为完成节点的工作有两项，即工作 2-5 和工作 4-5。其中工作 4-5 为关键工作，不能移动，故只能调整工作 2-5。在图 3-45 中，按照判别式（3-53）：

a. 由于 $R_6+r_{2\text{-}5}=8+7=15$，小于 $R_3=19$，故工作 2-5 可右移一个时间单位，改为第 4 个时间单位开始。

b. 由于 $R_7+r_{2\text{-}5}=9+7=16$，小于 $R_4=19$，故工作 2-5 可再右移一个时间单位，改为第 5 个时间单位开始。

c. 由于 $R_8+r_{2\text{-}5}=9+7=16$，$R_5=16$，二者相等，故工作 2-5 可再右移一个时间单位，改为第 6 个时间单位开始。

d. 由于 $R_9+r_{2\text{-}5}=9+7=16$，大于 $R_6=8$，故工作 2-5 不可右移一个时间单位。

此时，工作 2-5 虽然还有总时差，但不能满足判别式（3-53）或判别式（3-55），故工作 2-5 不能再右移。至此，工作 2-5 只能右移 3，改为第 6 个时间单位开始。工作 2-5 调整后的网络计划如图 3-46 所示。

第三步：以节点④为完成节点的工作有两项，即工作 1-4 和工作 2-4。其中工作 2-4 为关键工作，不能移动，故只能考虑调整工作 1-4。

在图 3-46 中，由于 $R_6+r_{1\text{-}4}=15+5=20$，大于 $R_1=14$，不满足判别式（3-53），故工作 2-5 不可右移。

第四步：以节点③为完成节点的工作只有工作 1-3，在图 3-46 中，由于 $R_5+r_{1\text{-}3}=9+3=12$。小于 $R_1=14$，故工作 1-3 可右移一个时间单位。工作 1-3 调整后的网络计划如图 3-47 所示。

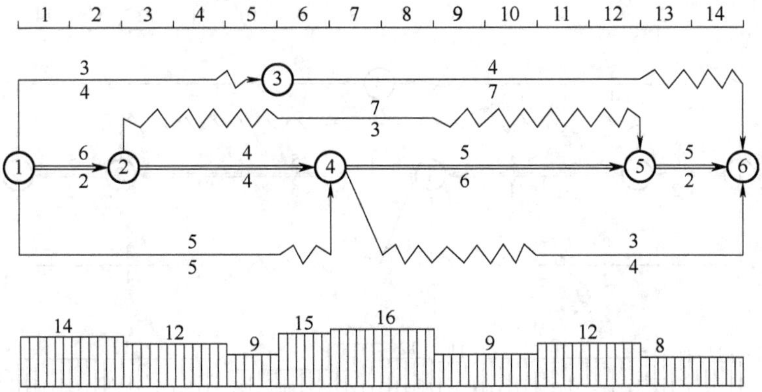

图 3-46　工作 2-5 调整后的网络计划

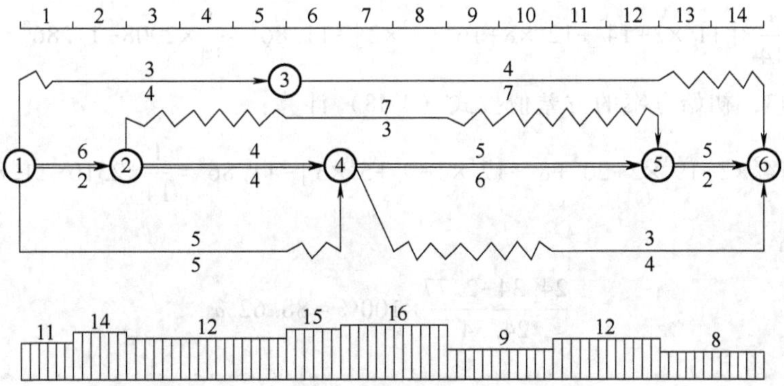

图 3-47　工作 1-3 调整后的网络计划

第五步：以节点②为完成节点的工作只有工作 1-2，由于该工作为关键工作，故不能移动。至此，第一次调整结束。

3）第二次调整。

从图 3-47 可知，在以终点节点⑥为完成节点的工作中，只有工作 3-6 有机动时间，有可能右移。按照判别式（3-53）：

第一步：由于 $R_{13}+r_{3\text{-}6}=8+4=12$，小于 $R_6=15$，故工作 3-6 可右移一个时间单位，改为第 7 个时间单位开始。

第二步：由于 $R_{14}+r_{3\text{-}6}=8+4=12$，小于 $R_7=16$，故工作 3-6 可再右移一个时间单位，改为第 8 个时间单位开始。

至此，工作 3-6 的总时差已全部用完，不能再右移。工作 3-6 调整后的网络计划如图 3-48 所示。

从图 3-48 可知，此时所有工作右移或左移均不能使资源需用量更加均衡。因此，图 3-48 所示网络计划即为最优方案。

4）比较优化前后的方差值。

根据图 3-48，优化方案的方差值按式（3-48）计算：

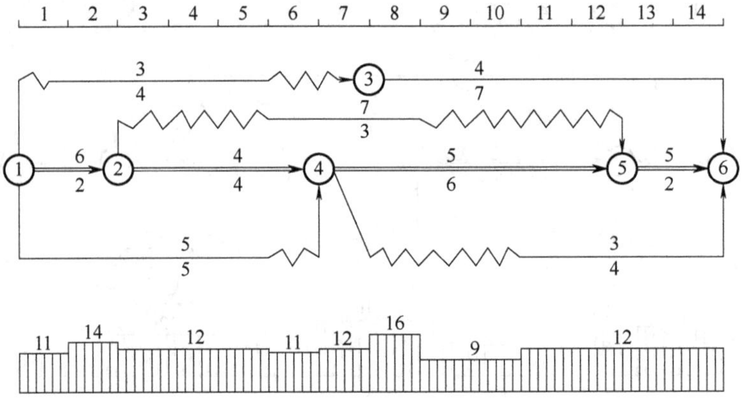

图 3-48　优化后的网络计划

$$\sigma_0^2=\frac{1}{14}\times[11^2\times2+14^2+12^2\times8+16^2+9^2\times2]-11.86^2=\frac{1}{14}\times2008-11.86^2=2.77$$

根据图 3-43，初始方案的方差值按式（3-48）计算：

$$\sigma_0^2=\frac{1}{14}\times[14^2\times2+19^2\times2+20^2+8^2+12^2\times4+9^2+5^2\times3]-11.86^2=\frac{1}{14}\times2310-11.86^2=24.34$$

方差降低率：

$$\frac{24.34-2.77}{24.34}\times100\%=88.62\%$$

3.6 搭接网络计划

在工程实施中，为了缩短工期，常常将许多工序安排成平行搭接方式进行。这种平行搭接关系，如果用一般网络计划描述，将会增加网络图绘制和计算的工作量，且图面复杂，不容易掌握。20 世纪 70 年代，出现了一种能够反映各种搭接关系的网络计划技术，补充和扩大了网络计划的应用范围，简化了网络图的表示方式，得到了广泛的应用。

搭接网络计划是用搭接关系与时距表明紧邻工序之间逻辑关系的一种网络计划，有双代号和单代号两种表达方式。由于双代号搭接网络图与普通双代号网络图无多大差别，而单代号搭接网络图比较简明，使用较普遍，本节仅介绍单代号搭接网络计划。

3.6.1　工序的基本搭接关系

单代号搭接网络计划有四种基本的工序搭接关系：

1）结束到开始的搭接关系（用 FS 或 FTS 表示）：是指相邻两工序，前项工序 i 结束后，经过时距 $Z_{i,j}$ 后面工序 j 才能开始的搭接关系。当 $Z_{i,j}=0$ 时，表示相邻两工序之间没有间歇时间，即前项工序结束后，后面工序立即开始，这就是一般单代号网络图。

2）开始到开始的搭接关系（用 SS 或 STS 表示）：是指相邻两工序，前项工序 i 开始以后，经过时距 $Z_{i,j}$，后面工序 j 才能开始的搭接关系。

3）结束到结束的搭接关系（用 FF 或 FTF 表示）：是指相邻两工序，前项工序 i 结束以后，经过时距 $Z_{i,j}$，后面工序 j 才能结束的搭接关系。

4）开始到结束的搭接关系（用 SF 或 STF 表示）：是指相邻两工序，前项工序 i 开始以后，经过时距 $Z_{i,j}$，后面工序 j 才能结束的搭接关系。

四种基本搭接关系及其表示方法见表 3-11。

除以上搭接关系外，还有组合型搭接关系，最常用的是 SS 和 FF 之间的组合。

表 3-11 搭接关系及其表示方法

搭接关系	横道图表示方法	单代号搭接网络		举例
		表示方法	简易表示法	
FS（FTS）	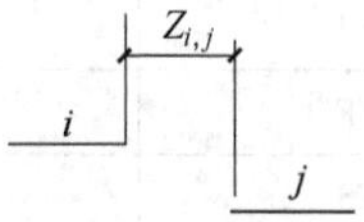	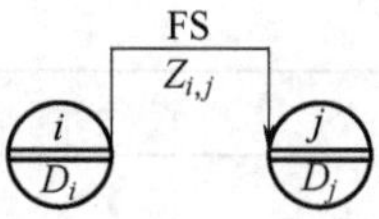	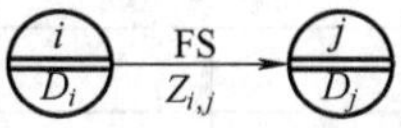	屋面保温层上的找平层结束 4 天，铺油毡防水层才能开始
SS（STS）	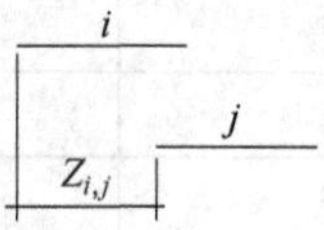	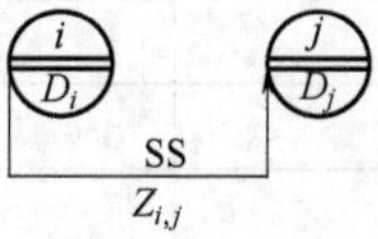	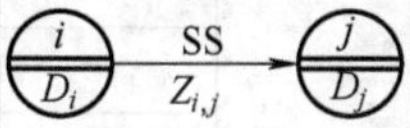	支模板开始 1 天以后，开始绑扎钢筋
FF（FTF）	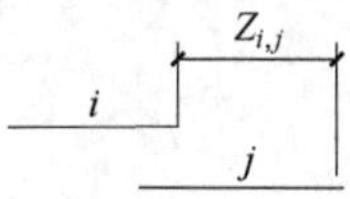	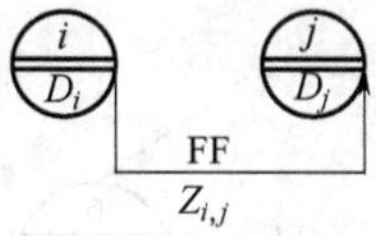	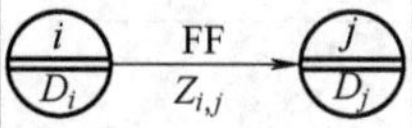	挖基槽结束 1 天以后，浇筑混凝土垫层才能结束
SF（STF）	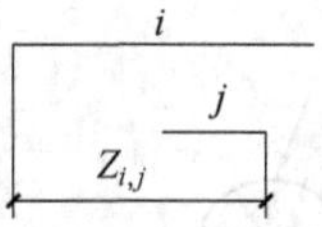	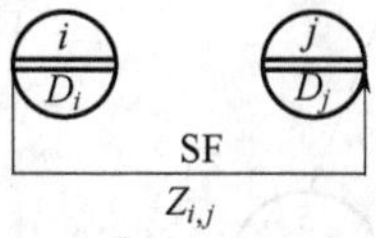	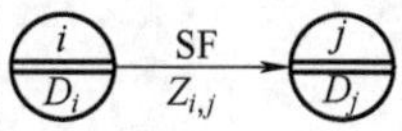	绑扎现浇梁、板钢筋开始 1 天以后，开始铺设电缆与管道，待后者结束后，绑扎钢筋才能结束

3.6.2 单代号搭接网络图的绘制

单代号搭接网络图的绘制与单代号网络图的绘制方法基本相同。首先根据工序的工艺关系与组织关系绘制工序逻辑关系表，确定相邻工序的搭接类型与搭接时距；再根据工序逻辑关系表，按单代号网络图的绘制方法，绘制单代号网络图；最后再将搭接类型与时距标注在工序箭线上。

需强调指出：与一般网络图相同，在单代号搭接网络图中，也不允许存在两个或两个以上的开始节点或结束节点。此时，可通过增加虚箭线以解决这一问题。如图 3-49 中的虚箭线 1-6 和虚箭线 7-9。

【例 3-8】 某工程各项工作搭接关系及时距见表 3-12，试绘制搭接网络图。

表 3-12　工作搭接关系及时距

工作名称	作业时间	紧前工作	搭接关系	搭接时距 $Z_{i,j}$
A	5	—	—	—
B	8	—	—	—
C	10	A	SS	2
D	20	A	FF	15
		B	FS	4
		C	SS	11
E	15	B	FF	3
F	13	C	FS	15
		D	FS	4
G	8	D	SS	10
			FF	5
		E	FS	3
		F	SS	3

【解】 1）根据绘图规则，结合工作搭接类型绘制的搭接网络图如图 3-49 所示。

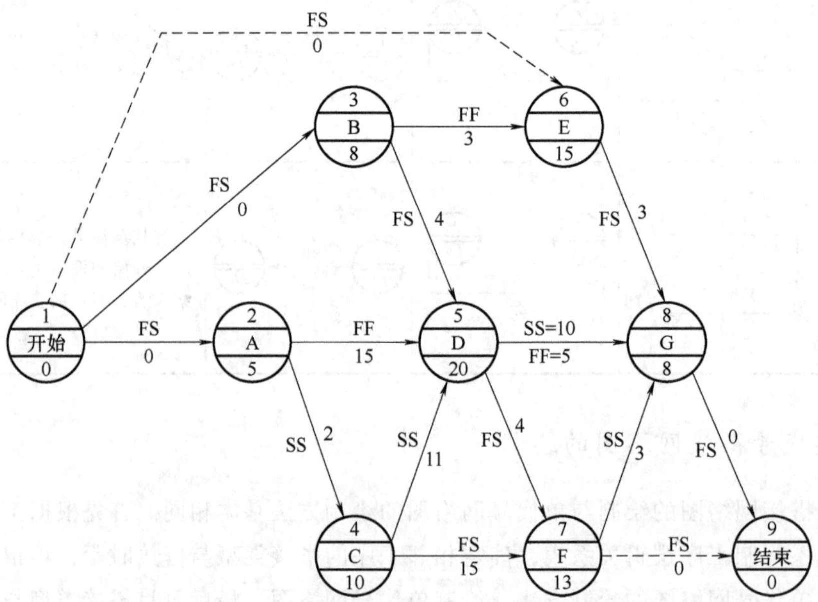

图 3-49　单代号搭接网络图的绘制

2）在图 3-49 中，6 号节点工作 E 的开始时间无约束条件，故应在其前增加一条虚箭线 1-6。7 号节点工作 F 的结束时间无约束条件，应在其后增加一条虚箭线 7-9。

3.6.3 单代号搭接网络图时间参数的计算

单代号搭接网络计划时间参数的计算与普通单代号网络计划时间参数的计算原理基本相同。但在计算公式和方法上有两点区别：其一，需要考虑搭接类型；其二，需要考虑搭接时距 $Z_{i,j}$。具体计算公式见表 3-13。

表 3-13 单代号搭接网络计划时间参数的计算

搭接类型	ES_j与 EF_j（紧前工作为 i）	LS_i与 LF_i（紧后工作为 j）	FF_i
FS	$ES_j=EF_i+Z_{i,j}$ $EF_j=ES_j+D_j$	$LF_i=LS_j-Z_{i,j}$ $LS_i=LF_i-D_i$	$FF_i=ES_j-EF_i-Z_{i,j}$
SS	$ES_j=ES_i+Z_{i,j}$ $EF_j=ES_j+D_j$	$LS_i=LS_j-Z_{i,j}$ $LF_i=LS_i+D_i$	$FF_i=ES_j-ES_i-Z_{i,j}$
FF	$EF_j=EF_i+Z_{i,j}$ $ES_j=EF_j-D_j$	$LF_i=LF_j-Z_{i,j}$ $LS_i=LF_i-D_i$	$FF_i=EF_j-EF_i-Z_{i,j}$
SF	$EF_j=ES_i+Z_{i,j}$ $ES_j=EF_j-D_j$	$LS_i=LF_j-Z_{i,j}$ $LF_i=LS_i+D_i$	$FF_i=EF_j-ES_i-Z_{i,j}$

当有多项紧前工作时，应按表 3-13 中相应公式计算出 ES、EF 后取最大值作为本工作的最早开始和最早完成时间。当有多项紧后工作时，应按表 3-13 中相应公式计算出 LF、LS 后取最小值作为本工作的最迟完成和最迟开始时间。自由时差的计算需要考虑各种搭接关系按表 3-13 中相应公式计算后取最小值作为本工作的自由时差。总时差的计算与前述普通单代号图计算方法相同，不再赘述。

现以图 3-49 中的 5 号节点工作 D 为例，说明其计算方法。本例全部时间参数计算结果如图 3-50 所示，箭线旁边数字为时间间隔 LAG，此时 LAG＝紧后工作 ES 或 EF－紧前工作 ES 或 EF－搭接时距。

1. 工作 D 的最早开始和最早完成时间的计算

1）3 号节点工作 B 与 5 号节点工作 D 为 FS 型搭接关系。

$$ES_5=EF_3+Z_{3,5}=8+4=12$$

$$ES_5=EF_5+D_5=12+20=32$$

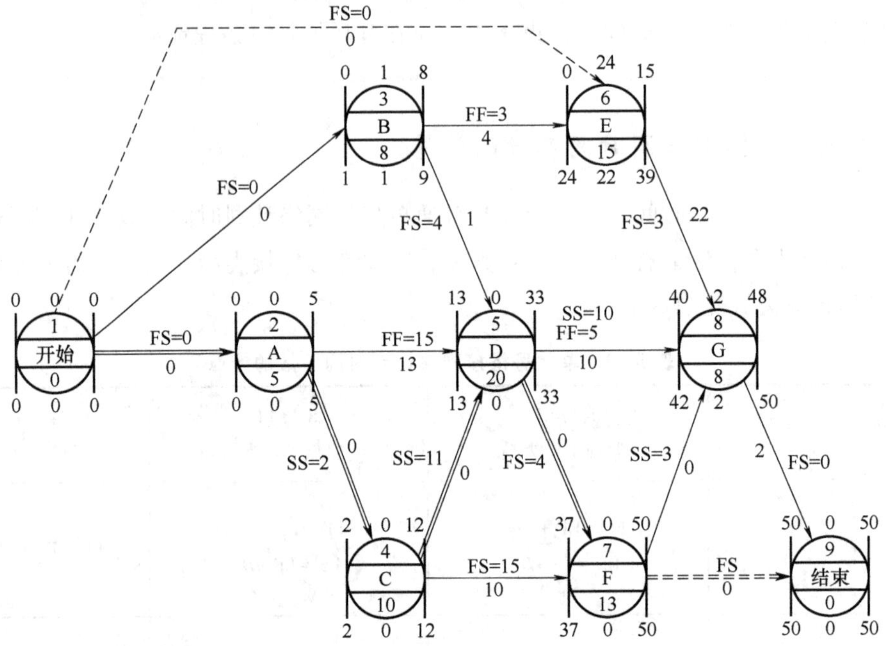

图 3-50 单代号搭接网络图时间参数计算结果

2）2 号节点工作 A 与 5 号节点工作 D 为 FF 型搭接关系。

$$EF_5 = EF_2 + Z_{2,5} = 5+15 = 20$$

$$ES_5 = EF_5 - D_5 = 20-20 = 0$$

3）4 号节点工作 C 与 5 号节点工作 D 为 SS 型搭接关系。

$$ES_5 = ES_4 + Z_{4,5} = 2+11 = 13$$

$$EF_5 = ES_5 + D_5 = 13+20 = 33$$

4）在上述约束条件中，取 ES、EF 的最大值作为 5 号节点工作 D 的最早开始和最早完成时间：

$$ES_5 = ES_4 + Z_{4,5} = 2+11 = 13$$

$$EF_5 = ES_5 + D_5 = 13+20 = 33$$

2. 工作 D 的最迟开始和最迟完成时间的计算

1）5 号节点工作 D 与 8 号节点工作 G 为 SS 和 FF 混合型搭接关系。

SS 型搭接关系：

$$LS_5 = LS_8 - Z_{5,8} = 42-10 = 32$$

$$LF_5 = LS_5 + D_5 = 32+20 = 52$$

FF 型搭接关系：

$$LF_5 = LF_8 - Z_{5,8} = 50-5 = 45$$

$$LS_5 = LF_5 - D_5 = 45-20 = 25$$

2）5 号节点工作 D 与 7 号节点工作 F 为 FS 型搭接关系。

$$LF_5 = LS_7 - Z_{5,7} = 37-4 = 33$$
$$LS_5 = LF_5 - D_5 = 33-20 = 13$$

3）在上述约束条件中。取 LS、LF 的最小值作为 5 号节点工作 D 的最迟开始和最迟完成时间：

$$LF_5 = LS_7 - Z_{5,7} = 37-4 = 33$$
$$LS_5 = LF_5 - D_5 = 33-20 = 13$$

3. 工作 D 的总时差和自由时差计算

$$TF_5 = LF_5 - EF_5 = 33-33 = 0$$

$$\begin{aligned} FF_5 &= \min\{ES_8 - ES_5 - Z_{5,8}, EF_8 - EF_5 - Z_{5,8}, ES_7 - EF_5 - Z_{5,7}\} \\ &= \min\{40-13-10, 48-33-5, 37-33-4\} = 0 \end{aligned}$$

4. 工作 D 与工作 A 之前的时间间隔

$$LAG_{2,5} = EF_5 - EF_2 - Z_{2,5} = 33-5-15 = 13$$

3.7 非肯定型网络计划

如果网络计划中各项工作之间的逻辑关系是肯定的，各项工作的完成时间也是确定的，就称为肯定型网络计划。但在许多项目中，由于某种工作的逻辑关系或持续时间具有不确定性，只能根据经验做出估计，这就属于非肯定型网络计划问题。其中，以计划评审技术（PERT）为代表，其应用较广泛，本节主要介绍这种方法。

3.7.1 工序作业时间的估计

非肯定型网络计划的工序作业时间不确定，通常用三点时间估计法来估计工序作业时间，并以此为依据计算总工期。三点时间估计法要求先估计出完成一个工序所需的最乐观时间 a（是指在最有利的条件下完成该工序所需要的时间），最悲观时间 b（是指在最不利的条件下完成该工序所需要的时间，即最长时间）。

估计出工序作业时间后，需要确定作业时间服从什么分布，通常有两种假设。一是认为服从两点等概率分布，且假定 c 的可能性分别两倍于 a 和 b，则在 a、c 之间的平均值是 $\frac{a+2c}{3}$，在 c、b 之间的平均值是 $\frac{2c+b}{3}$。取两者的平均数作为工序的作业时间，即

$$D = \frac{a+4c+b}{6}$$

对应的方差为

$$\sigma^2 = \left(\frac{b-a}{6}\right)^2$$

二是认为工序时间服从 β 分布，期望和方差近似地与两点等概率分布一致。

3.7.2 总工期的分布

采用工序作业时间的均值，即可将非肯定型网络计划转化成肯定型网络计划进行计算，确定关键线路和工期，但此时需要先解决网络计划总工期的分布问题。

根据数学期望和方差的性质，网络计划总工期的期望 TE_k 及方差 E 计算公式如下：

$$TE_k = \sum_{i=1}^{k}\left(\frac{a_i + 4c_i + b_i}{6}\right)$$

$$E = \sigma^2 = \sum_{i=1}^{k}\left(\frac{b_i - a_i}{6}\right)^2 \tag{3-57}$$

式中　k——关键线路上的工序数；

σ——标准差，$\sigma = \sqrt{E}$。

由于网络计划总工期等于关键线路上各工序作业时间之和，根据同分布中心极限定理，当关键线路上的工序数充分多时，网络计划总工期近似地服从正态分布，即：

$$T \sim N(TE_k, \sigma^2)$$

其概率密度函数：

$$f(T) = \frac{1}{\sqrt{2\pi\sigma}} e^{-\frac{(T-TE_k)^2}{2\sigma^2}}$$

3.7.3 非肯定型网络计划的计算方法

使用 PERT 网络不像 CPM 网络那样重视求工序时间参数，人们更感兴趣的是两类问题：其一，在指令工期前完工的概率；其二，按要求的完工概率计算所需的工期。

1. 在指令工期前完工的概率

由概率论可知，在区间 TE_k 内完工的概率为 50%；在区间 $TE_k \pm \sigma$ 内完工的概率为 68%，在区间 $TE_k \pm 2\sigma$ 内完工的概率为 95.5%，在区间 $TE_k \pm 3\sigma$ 完工的概率为 99.7%。

一般地，在指令工期前完工的时间概率可据其正态分布函数求解：

$$P(T \leqslant T_r) = \int_{-\infty}^{T_r} \frac{1}{\sqrt{2\pi\sigma}} e^{-\frac{(T-TE_k)^2}{2\sigma^2}} dT \tag{3-58}$$

式中　T_r——指定完工时间。

在计算任务按期完工的概率时，为了便于查正态分布表，需要将 $N(TE_k, \sigma^2)$ 化为标准正态分布 $N(0,1)$。

令 $Z = \frac{T-TE_k}{\sigma}$，则 $dT = \sigma dZ$，于是：

$$P\left(Z \leqslant \frac{T_r - TE_k}{\sigma}\right) = \int_{-\infty}^{\frac{T_r-TE_k}{\sigma}} \frac{1}{\sqrt{2\pi}} e^{-\frac{1}{2}Z^2} dZ$$

2. 按要求的完工概率计算所需的工期

如果已知要求的完工概率，可从正态分布表中查出相应的 Z 值，从而求得在上述保证

率下所必需的工期 T。

$$T = TE_k + Z\sigma$$

Z 及 $P(Z)$ 值对照表见表 3-14。

表 3-14 Z 及 $P(Z)$ 值对照表

Z	$P(Z)$	Z	$P(Z)$	Z	$P(Z)$	Z	$P(Z)$
0.0	0.5000	-1.9	0.0287	0.0	0.5000	1.9	0.9713
-0.1	0.4602	-2.0	0.0228	0.1	0.5398	2.0	0.9772
-0.2	0.4207	-2.1	0.0179	0.2	0.5793	2.1	0.9821
-0.3	0.3821	-2.2	0.0139	0.3	0.6179	2.2	0.9861
-0.4	0.3446	-2.3	0.0107	0.4	0.6554	2.3	0.9893
-0.5	0.3085	-2.4	0.0082	0.5	0.6915	2.4	0.9918
-0.6	0.2743	-2.5	0.0062	0.6	0.7257	2.5	0.9938
-0.7	0.2420	-2.6	0.0047	0.7	0.7580	2.6	0.9953
-0.8	0.2119	-2.7	0.0035	0.8	0.7881	2.7	0.9965
-0.9	0.1841	-2.8	0.0026	0.9	0.8159	2.8	0.9974
-1.0	0.1587	-2.9	0.0019	1.0	0.8413	2.9	0.9981
-1.1	0.1357	-3.0	0.0014	1.1	0.8643	3.0	0.9986
-1.2	0.1151	-3.2	0.0007	1.2	0.8849	3.2	0.9993
-1.3	0.0968	-3.4	0.0003	1.3	0.9032	3.4	0.9997
-1.4	0.0808	-3.6	0.0002	1.4	0.9192	3.6	0.9998
-1.5	0.0668	-3.8	0.0001	1.5	0.9332	3.8	0.9999
-1.6	0.0548	-4.0	—	1.6	0.9452	4.0	1.0000
-1.7	0.0446	-4.5	—	1.7	0.9554	4.5	1.0000
-1.8	0.0359	-5.0	—	1.8	0.9641	5.0	1.0000

3.7.4 非肯定型网络计划计算示例

【例 3-9】 已知某工程 PERT 网络计划如图 3-51 所示，每个工序的 a、c、b（单位：周）都已标在箭杆上，试计算：

(1) 该工程在计划工期 17 周内完工的概率。

(2) 如果要求完工的可能性达 95%，则应规定工程的工期为多少周。

【解】 1）计算工序作业时间的期望值和方差，见表 3-15。

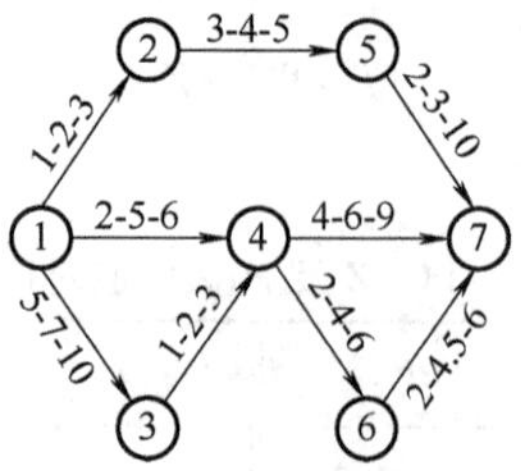

图 3-51　某工程 PERT 网络计划

表 3-15　PERT 网络图示例数据表

工作名称	工作持续时间（周）			计算数据	
i-j	a	c	b	D	σ^2
1-2	1	2	3	2	1/9
1-3	5	7	10	7. 2	25/36
1-4	2	5	6	4. 7	4/9
2-5	3	4	5	4	1/9
3-4	1	2	3	2	1/9
4-6	2	4	6	4	4/9
4-7	4	6	9	6. 2	25/36
5-7	2	3	10	4	16/9
6-7	2	4. 5	6	4. 3	4/9

2）利用各工序作业时间的期望值，按肯定型网络计划的计算方法，确定出关键线路为①—③—④—⑥—⑦。

3）网络计划总工期及方差的计算。

$$\mathrm{TE}_k = \sum_{i=1}^{k}\left(\frac{a_i + 4c_i + b_i}{6}\right) = 17.5\ 周$$

$$E = \sigma^2 = \sum_{i=1}^{k}\left(\frac{b_i - a_i}{6}\right)^2 = 1.69$$

标准差 $\sigma^2 = \sqrt{E} = 1.3$。

4）计算在计划工期 17 周内完工的概率。

当 $T = 17$ 周时，$Z = \dfrac{17 - 17.5}{1.3} = -0.385$，查表得出 17 周内完工的概率为 35%。

5）若希望该计划完工概率为 95%时，查表得 $Z = 1.64$，则其工期计算如下：

$$T = \mathrm{TE}_k + Z\sigma = (17.5 + 1.64 \times 1.3)周 = 19.6\ 周$$

思 考 题

1. 何谓工艺关系和组织关系？试举例说明。
2. 何谓工作的总时差和自由时差？关键线路和关键工作的确定方法有哪些？
3. 双代号时标网络计划的特点有哪些？
4. 工期优化和费用优化的区别是什么？
5. 何谓资源优化？在“资源有限，工期最短”的优化中，当工期增量 ΔT 为负值时，说明什么？

练 习 题

1. 已知某工程逻辑关系，见表 3-16，试分别绘制双代号网络图和单代号网络图。

表 3-16 逻辑关系表（练习题 1）

工作	A	B	C	D	E	G	H
紧前工作	C、D	E、H	—	—	—	D、H	—

2. 已知某工程逻辑关系，见表 3-17，试分别绘制双代号网络图和单代号网络图。

表 3-17 逻辑关系表（练习题 2）

工作	A	B	C	D	E	G
紧前工作	—	—	—	—	B、C、D	A、B、C

3. 某网络计划的有关资料见表 3-18，试绘制双代号网络计划，按节点计算法计算各项工作的六个时间参数。最后，用双箭线标明关键线路。

表 3-18 逻辑关系表（练习题 3）

工作	A	B	C	D	E	G	H	I	J	K
持续时间	2	3	4	5	6	3	4	7	2	3
紧前工作	—	A	A	A	B	C、D	D	B	E、H、G	G

4. 某工程逻辑关系见表 3-19，试绘制单代号网络图，并在图中标出各项工作的六个时间参数及相邻两项工作之间的时间间隔。最后，用双箭线标明关键线路。

表 3-19 逻辑关系表（练习题 4）

工作	A	B	C	D	E	G
持续时间	12	10	5	7	6	4
紧前工作	—	—	—	B	B	C、D

5. 某网络计划的有关资料见表 3-20，试绘制双代号时标网络计划。

表 3-20 逻辑关系表（练习题 5）

工作	A	B	C	D	E	G	H	I	J	K
持续时间	2	3	5	2	3	3	2	37	6	2
紧前工作	—	A	A	B	B	D	G	E、G	C、E、G	H、I

6. 已知网络计划如图 3-52 所示，箭线下方括号外数字为工作的正常持续时间，括号内数字为工作的最短持续时间；箭线上方括号外数字为正常持续时间的直接费，括号内数字为工作最短持续时间时的直接费。费用单位为千元，时间单位为天。如果工程间接费率为 0.8 千元/天，则最低工程费用时的工期为多少天？

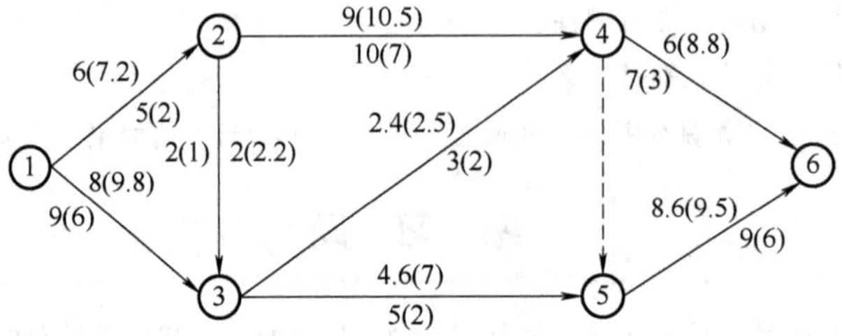

图 3-52　网络计划（练习题 6）

第 4 章 工程项目进度管理

4.1 概述

4.1.1 工程项目进度控制的概念

工程项目进度控制是指项目管理者围绕目标工期的要求编制计划、付诸实施，并在实施过程中不断检查计划的实际执行情况，分析产生进度偏差的原因，进行相应调整和修改；通过对进度影响因素实施控制及各种关系协调，综合运用各种可行方法、措施，将工程项目的计划工期控制在事先确定的目标工期范围之内。在兼顾费用、质量控制目标的同时，努力缩短建设工期。参与工程项目建设活动的建设单位、设计单位、施工单位、工程监理单位均可构成工程项目进度控制的主体。

4.1.2 工程项目进度控制的基本原理

工程项目进度控制的基本原理可以概括为三大系统的相互作用，即由进度计划系统、进度监测系统、进度调整系统共同构成了进度控制的基本过程，如图 4-1 所示。

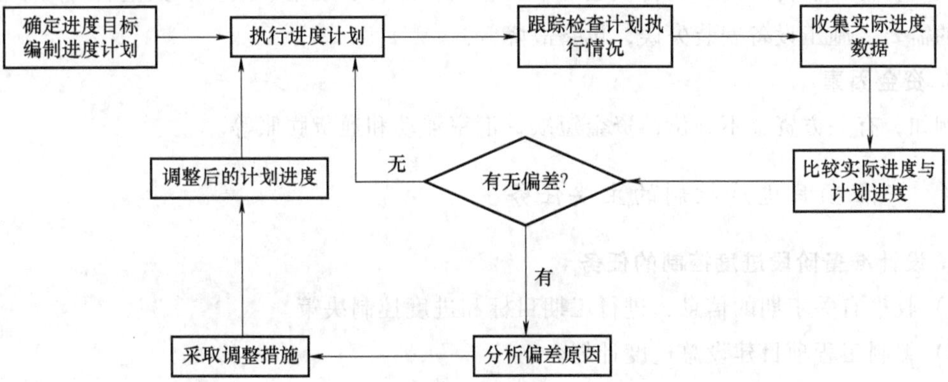

图 4-1 进度控制基本原理示意图

进度控制人员必须事先对影响工程项目进度的各种因素进行调查分析，预测它们对工程项目进度的影响程度，确定合理的进度控制目标，编制可行的进度计划，使工程建设工作始终按计划进行。在计划执行过程中不断检查工程项目实际进展情况，并将实际状况与计划安排进行对比，从中得出偏离计划的信息。然后在分析进度偏差及其产生原因的基础上，通过采取组织、技术、合同、经济等措施对原进度计划进行调整或修正，再按新的进度计划实施。这样在进度计划的执行过程中不断地检查和调整，以保证工程项目进度得到有效的控制与管理。

4.1.3 影响工程项目进度的因素

影响工程项目进度的不利因素有很多，常见的影响因素可归纳为如下几个方面：

1. 业主因素

例如，因业主使用要求改变而进行设计变更，不能及时提供施工场地条件或所提供的场地不能满足工程正常需要，不能及时向施工承包单位或材料供应商付款等。

2. 勘察设计因素

例如，勘察资料不准确，设计内容不完善，设计对施工的可能性未考虑或考虑不周，施工图供应不及时、不配套，或出现重大差错等。

3. 施工技术因素

例如，施工工艺错误，不合理的施工方案，施工安全措施不当等。

4. 自然环境因素

例如，复杂的工程地质条件，洪水、地震、台风等不可抗力等。

5. 社会环境因素

例如，外单位干扰，市容整顿的限制，临时停水、停电等。

6. 组织管理因素

例如，向有关部门提出各种申请审批手续的延误，合同签订时遗漏条款，计划安排不周密，组织协调不力，指挥失当，各个单位在配合上发生矛盾等。

7. 材料、设备因素

例如，材料、构配件、设备供应环节的差错，品种、规格、质量、数量、时间不能满足工程的需要，施工设备安装失误，设备故障等。

8. 资金因素

例如，有关方资金不到位，资金短缺，汇率浮动和通货膨胀等。

4.1.4 工程项目进度控制的主要任务

1. 设计准备阶段进度控制的任务

1）收集有关工期的信息，进行工期目标和进度控制决策。

2）编制工程项目建设总进度计划。

3）编制设计准备阶段详细工作计划，并控制其执行。

4）进行环境及施工现场条件的调查和分析。

2. 设计阶段进度控制的任务

1）编制设计阶段工作计划，并控制其执行。

2）编制详细的出图计划，并控制其执行。

3. 施工阶段进度控制的任务

1）编制施工总进度计划，并控制其执行。

2）编制单位工程施工进度计划，并控制其执行。

3）编制工程年、季、月实施计划，并控制其执行。

4.2 工程项目进度计划系统

4.2.1 进度计划编制的调查研究

调查研究的目的是为了掌握足够充分、准确的资料，从而为确定合理的进度目标、编制科学的进度计划提供可靠依据。调查研究的内容包括工程任务情况、实施条件、设计资料；有关标准、定额、规程、制度；资源需求与供应情况；资金需求与供应情况；有关统计资料、经验总结及历史资料等。

4.2.2 目标工期的设定

进度控制目标主要分为项目的建设周期、设计周期和施工工期。其中建设周期可根据国家基本建设统计资料确定；设计周期国家已制定并颁布了设计周期定额可供查阅；施工工期可通过参考国家颁布的施工工期定额，并综合考虑工程特点及合同要求等来确定。

4.2.3 进度控制计划系统的构成

工程项目进度控制计划体系主要包括业主单位的进度计划系统、监理单位的进度计划系统、设计单位的进度计划系统和施工单位的进度计划系统。这些计划既互相区别又有联系，从而构成了工程项目进度控制的计划总系统，见表 4-1~表 4-3。其作用是从不同的层次和方面共同保证工程项目进度控制总体目标的顺利实现。需要说明，监理单位进度计划系统取决于监理合同委托的工作范围，可参考业主进度计划系统。

表 4-1 业主单位的进度计划系统

序号	计划种类	计划内容	编制依据	编制目的
1	工程项目前期工作计划	安排项目可行性研究，设计任务书及初步设计等项工作的进度	预测	有效衔接建设前期各项工作
2	工程项目总进度计划	（1）总进度计划安排原则，依据 （2）工程项目一览表 （3）工程项目总进度计划 （4）投资计划年度分配表 （5）工程项目进度平衡表等	初步设计	保证初步设计所确定的自工程设计到竣工投产全过程各项建设任务的如期完成

（续）

序号	计划种类	计划内容	编制依据	编制目的
3	工程项目年度计划	（1）年度计划安排原则、依据 （2）年度计划项目表 （3）年度竣工投产交付使用计划表 （4）年度建设资金平衡表 （5）年度设备平衡表等	工程项目总进度计划	为分批配套投产或交付使用，依据当年可投入建设资源的情况，合理安排年度建设工作内容

表 4-2　设计单位的进度计划系统

序号	计划种类	计划内容	编制依据	编制目的
1	设计总进度计划	包括设计准备、方案设计、初步设计、技术设计、施工图设计在内的各项工作所做的总体时间安排	工程项目总进度计划、合同文件	按即定时间的要求提供施工图等各种设计文件
2	设计准备工作计划	就规划设计条件确定、设计基础资料收集、委托设计等项工作所做的时间安排	设计总进度计划及其对不同设计工作阶段的时间要求	
3	初步（技术）设计工作进度计划	包括方案设计、初步设计、技术设计、项目概算及修正概算编制、审批在内的各项工作所需的时间安排		
4	施工图设计工作进度计划	确定单项工程、单位工程设计进度及其搭接关系		
5	专业设计作业进度计划	对包括生产工艺、建筑结构、给水排水、通风、电气设计在内的各项专业设计工作所做的时间安排	施工图设计工作进度计划，设计工日定额	

表 4-3　施工单位的进度计划系统

序号	计划种类	计划内容	编制依据	编制目的
1	施工总进度计划	（1）确定各单位工程施工期限 （2）确定各单位工程开竣工时间与相互搭接关系 （3）编制形成施工总进度计划	工程项目总进度计划、初步设计文件、合同文件、施工总方案、自然及资源条件	确定各单项工程的施工顺序、起止时间及衔接关系
2	单位工程施工进度计划	（1）划分施工过程 （2）计算工程量 （3）确定劳动量及机械台班数量 （4）确定各施工过程天数 （5）形成单位工程施工进度计划	施工总进度计划、施工方案、施工图、施工定额、现场施工条件等	合理安排分部分项工程的施工顺序、起止时间及衔接关系
3	阶段性施工进度计划	年度、季度、月季施工进度计划及旬、周作业进度计划	施工总进度计划	将施工总进度计划按时间阶段进行分解落实

4.2.4　工程项目进度计划的编制

工程项目进度计划一般可用横道图或网络图表示。当应用网络图编制工程项目进度计划时，其编制程序一般包括四个阶段 10 个步骤，见表 4-4。应用横道图编制进度计划的程序基本类似。

表 4-4　工程项目进度计划编制程序

编制阶段	编制步骤	编制阶段	编制步骤
Ⅰ. 计划准备阶段	1. 调查研究	Ⅲ. 计算时间参数及确定关键线路阶段	6. 计算工作持续时间
	2. 确定网络计划目标		7. 计算网络计划时间参数
Ⅱ. 绘制网络图阶段	3. 进行项目分解		8. 确定关键线路和关键工作
	4. 分析逻辑关系	Ⅳ. 编制正式网络计划阶段	9. 优化网络计划
	5. 绘制网络图		10. 编制正式网络计划

具体编制方法可参见前述流水作业原理和网络计划技术。

4.3 工程项目进度监测系统

4.3.1　进度计划实施中的监测过程

1. 进度计划执行中的跟踪检查

进度计划执行中的跟踪检查途径主要有：

1）定期收集进度报表资料。进度报表是反映工程实际进度的主要方式之一。进度控制人员应按照进度计划规定的内容，定期填写进度报表，通过收集进度报表资料掌握工程实际进展情况。

2）现场实地检查工程进展情况。派管理人员常驻现场，随时检查进度计划的实际执行情况，这样可以加强进度监测工作，掌握工程实际进度的第一手资料，使获取的数据更加及时、准确。

3）定期召开现场会议。通过与进度计划执行单位的有关人员面对面地交谈，可以了解工程实际进度状况，同时也可以协调有关方面的进度关系。

2. 实际进度数据的加工处理

为了进行实际进度与计划进度的比较，必须对收集到的实际进度数据进行加工处理，形成与计划进度具有可比性的数据。

3. 实际进度与计划进度的对比分析

将实际进度数据与计划进度数据比较，可以确定工程项目进度实际执行状况与计划目标之间的差距。

4.3.2 实际进度与计划进度的比较方法

常用的进度比较方法有横道图、S 形曲线、香蕉形曲线、前锋线、列表比较法等。

1. 横道图比较法

横道图比较法是指将项目实施过程中收集到的数据，经加工整理后直接用横道线平行绘于原计划的横道线处，进行实际进度与计划进度比较的方法。采用横道图比较法，可以形象、直观地反映实际进度与计划进度的比较情况。

横道图比较法分为匀速进展横道图比较法和非匀速进展横道图比较法。

（1）匀速进展横道图比较法

匀速进展指的是项目进行中，单位时间完成的任务量是相等的。采用匀速进展横道图比较法的步骤如下：

1）编制横道图进度计划。

2）在进度计划上标出检查日期。

3）将实际进度用粗黑线标于计划进度的下方。

4）比较分析实际进度与计划进度。具体方法如下：

① 如果粗黑线右端落在检查日期的左侧，表明实际进度拖后。

② 如果粗黑线右端落在检查日期的右侧，表明实际进度超前。

③ 如果粗黑线右端与检查日期重合，表明实际进度与计划进度一致。

例如，某工程项目基础工程的计划进度和截止到第 9 周末的实际进度如图 4-2 所示，其中细线条表示该工程计划进度，粗实线表示实际进度。从图中实际进度与计划进度的比较可以看出，到第 9 周末进行实际进度检查时，挖土方和做垫层两项工作已经完成；支模板按计划也应该完成，但实际只完成了 75%，任务量拖欠 25%；绑扎钢筋按计划应该完成 60%，而实际只完成 20%，任务量拖欠 40%。

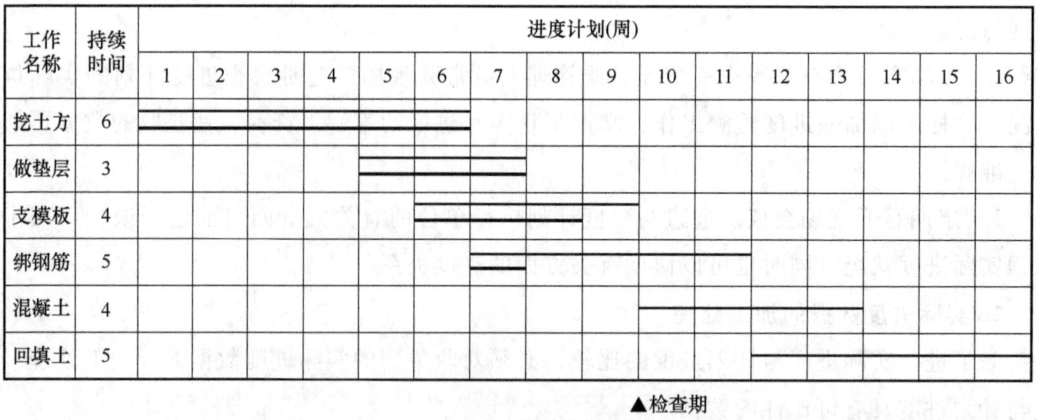

图 4-2　匀速进展横道图比较法

（2）非匀速进展横道图比较法

实际工作中，非匀速进展更为普遍，其比较的方法步骤如下：

1）编制横道图进度计划。

2）在横道线上方标出计划完成任务量累计百分比曲线。

3）用粗线标出实际进度，并在粗线下方标出实际完成任务量累计百分比。

4）比较分析实际进度与计划进度：

① 如果同一时刻横道线上方累计百分比大于横道线下方累计百分比，表明实际进度拖后，二者之差即为拖欠的任务量。

② 如果同一时刻横道线上方累计百分比小于横道线下方累计百分比，表明实际进度超前，二者之差即为超前的任务量。

③ 如果同一时刻横道线上方累计百分比等于横道线下方累计百分比，表明实际进度与计划进度一致。

非匀速进展横道图比较法如图 4-3 所示。

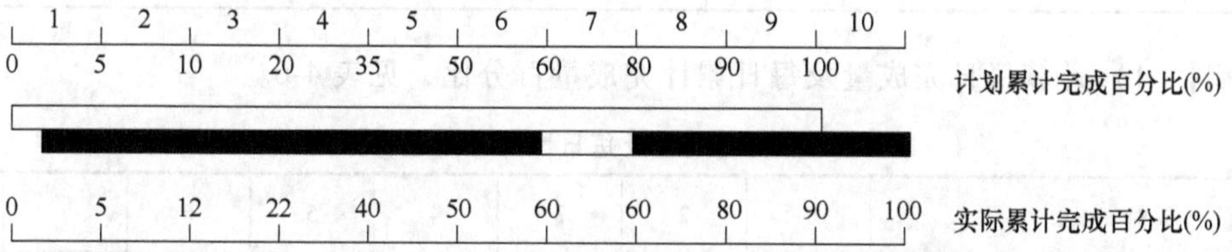

图 4-3 非匀速进展横道图比较法

2. S 形曲线比较法

（1）S 形曲线的概念

从整个工程项目建设进展的全过程看，单位时间内完成的工作任务量一般都随着时间的递进而呈现出如图 4-4a 所示的分布规律，即工程的开工和收尾阶段完成的工作任务量少而中间阶段完成的工作任务量多。这样以横坐标表示进度时间，以纵坐标表示累计完成工作任务量而绘制出来的曲线将是一条 S 形曲线，如图 4-4b 所示，由于其形似英文字母“S”，S 形曲线由此而得名。S 形曲线比较法就是将进度计划确定的计划累计完成工作任务量和实际累计完成工作任务量分别绘制成 S 形曲线，并通过两者的比较来判断实际进度与计划进度相比是超前还是滞后，即得出其他各种有关进度信息的进度计划执行情况的检查方法。

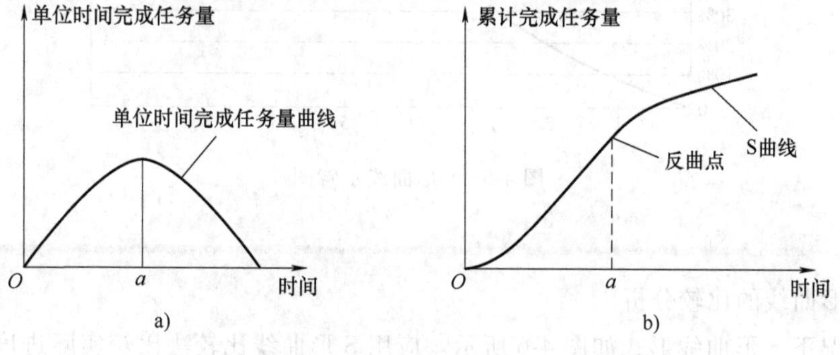

图 4-4 时间与完成任务量关系曲线

（2）S 形曲线的绘制方法

1）确定单位时间计划和实际完成的任务量。

2）确定单位时间计划和实际累计完成的任务量。

3）确定单位时间计划和实际累计完成任务量的百分比。

4）绘制计划和实际的 S 形曲线。

5）分析比较 S 形曲线。

【例 4-1】 某土方工程计划开挖量见表 4-5，试绘制其计划开挖量百分比曲线。

表 4-5 某土方工程计划开挖量

时间/天	1	2	3	4	5	6	7	8
计划每日完成量/$100m^3$	2	5	8	10	10	8	5	2

【解】 1）计算每日完成量及每日累计完成量百分比，见表 4-6。

表 4-6 每日完成量及每日累计完成量百分比

时间/天		1	2	3	4	5	6	7	8
计划	每日完成量/$100m^3$	2	5	8	10	10	8	5	2
	每日累计完成量/$100m^3$	2	7	15	25	35	43	48	50
	每日累计完成量百分比（%）	4	14	30	50	70	86	96	100

2）根据表 4-6，以时间为横坐标，以累计工作量百分比为纵坐标绘制计划的 S 形曲线，如图 4-5 所示。

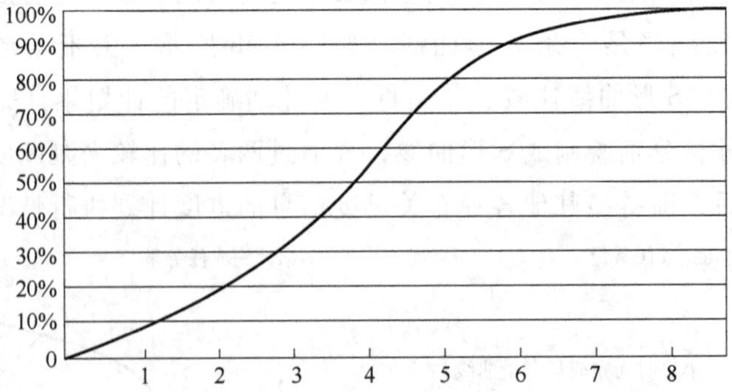

图 4-5 S 形曲线示意图

（3）S 形曲线的比较分析

一般情况下 S 形曲线形式如图 4-6 所示。应用 S 形曲线比较法比较实际进度和计划进度两条曲线，可以得出以下分析与判断结果：

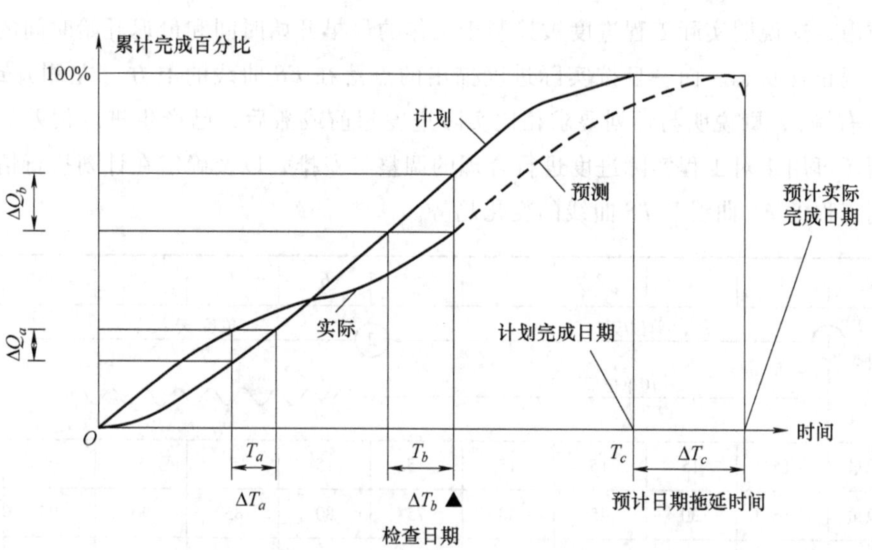

图 4-6 S 形曲线标示法

1）实际进度与计划进度比较情况。

对应于任意检查日期，如果相应的实际进度曲线上的一点，位于计划 S 形曲线左侧，表示此时实际进度比计划进度超前，位于右侧则表示实际进度比计划进度滞后。

2）实际进度比计划进度超前或滞后的时间。

ΔT_a 表示 T_a 时刻实际进度超前的时间，ΔT_b 表示 T_b 时刻实际进度滞后的时间。

3）实际比计划超出或拖欠的工作任务量。

ΔQ_a 表示 T_a 时刻超额完成的工作任务量，ΔQ_b 表示 T_b 时刻拖欠的工作任务量。

4）预测工作进度。

若工程按原计划速度进行，则此项工作的总计拖延时间的预测值为 ΔT_c。

3. 香蕉形曲线比较法

（1）香蕉形曲线的概念

网络计划中的任何一项工作均具有最早开始和最迟开始这两种不同的开始时间，于是工程网络计划中的任何一项工作，其逐日累计完成的工作任务量就可借助于两条 S 形曲线概括表示：一是按工作的最早开始时间安排计划进度而绘制的 S 形曲线，称为 *ES* 曲线；二是按工作的最迟开始时间安排计划进度而绘制的 S 形曲线，称为 *LS* 曲线。两条曲线除在开始点和结束点相重合外，*ES* 曲线的其余各点均落在 *LS* 曲线的左侧，使得两条曲线围合成一个形如香蕉的闭合曲线圈，故将其称为香蕉形曲线，如图 4-8 所示。

（2）香蕉形曲线的绘制

由于香蕉形曲线是由两条 S 形曲线构成的，因此，其绘制方法与 S 形曲线绘制方法相同。绘制过程及方法如图 4-7 和图 4-8 所示。

（3）香蕉形曲线的作用

在项目实施过程中进度控制的理想状况是在任一时刻按实际进度描出的点均落在香蕉形

曲线区域内，这说明实际工程进度被控制于工作的最早开始时间和最迟开始时间的要求范围之内，呈现正常状态。而一旦按实际进度描出的点落在 *ES* 曲线的上方（左侧）或 *LS* 曲线的下方（右侧），则说明与计划要求相比实际进度超前或滞后，已产生进度偏差。香蕉形曲线的作用还可用于对工程实际进度进行合理的调整与安排，以及确定在计划执行情况检查状态下后期工程的 *ES* 曲线和 *LS* 曲线的变化趋势。

时间(天)	1	2	3	4	5	6	7	8	9	10
最早时标网络图	① 5单位/天 → ②；10单位/天					② 5单位/天 → ③				
资源需求量	15	15	15	15	15	15	5	5	5	5
累计资源量	15	30	45	60	75	80	85	90	95	100
累计百分比	15%	30%	45%	60%	75%	80%	85%	90%	95%	100%
最迟时标网络图	① 5单位/天 → ②；10单位/天					② → ③；10单位/天				
资源需求量	5	5	5	5	5	15	15	15	15	15
累计资源量	5	10	15	20	25	40	55	75	85	100
累计百分比	5%	10%	15%	20%	25%	40%	55%	75%	85%	100%

图 4-7　香蕉形曲线绘制过程

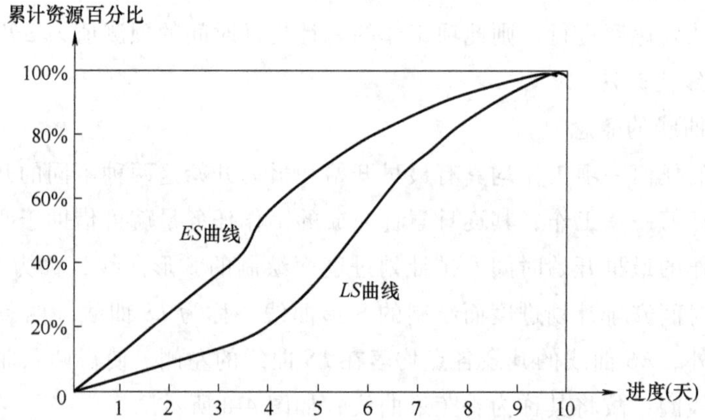

图 4-8　香蕉形曲线示意图

4. 前锋线比较法

（1）前锋线的概念

所谓前锋线，是指在原时标网络计划上，从检查时刻的时标点出发，用虚线或点画线依次将各项工作实际进展位置点连接而成的折线。前锋线比较法就是通过实际进度前锋线与原进度计划中各工作箭线交点的位置来判断工作实际进度与计划进度的偏差，进而判定该偏差对后续工作及总工期影响程度的一种比较方法。

（2）前锋线的绘制

采用前锋线比较法进行实际进度与计划进度的比较，其步骤如下：

1）绘制时标网络计划图。为清楚起见，可在时标网络计划图的上方和下方各设一时间坐标。

2）绘制实际进度前锋线。一般从时标网络计划图上方时间坐标的检查日期开始绘制，依次连接相邻工作的实际进展位置点，最后与时标网络计划图下方坐标的检查日期相连接。工作实际进展位置点的标定方法有两种：

① 按该工作已完任务量比例进行标定。假设各项工作均为匀速进展，根据实际进度检查时刻该工作已完任务量占其计划完成总任务量的比例，在工作箭线上从左至右按相同的比例标定其实际进展位置点。

② 按尚需作业时间进行标定。当某些工作的持续时间难以按实物工程量来计算而只能凭经验估算时，可以先估算出检查时刻到该工作全部完成尚需作业的时间，然后在该工作箭线上从右向左逆向标定其实际进展位置点。

（3）前锋线的比较分析

前锋线可以直观地反映出检查日期有关工作实际进度与计划进度之间的关系。

1）工作实际进展位置点落在检查日期的左侧，表明该工作实际进度拖后，拖后时间为二者之差。

2）工作实际进展位置点与检查日期重合，表明该工作实际进度与计划进度一致。

3）工作实际进展位置点落在检查日期的右侧，表明该工作实际进度超前，超前时间为二者之差。

（4）预测进度偏差对后续工作及总工期的影响

通过实际进度与计划进度的比较确定进度偏差后，还可根据工作的自由时差和总时差预测该进度偏差对后续工作及项目总工期的影响。前锋线比较法既适用于工作实际进度与计划进度之间的局部比较，又可用来分析和预测工程项目整体进度状况。

（5）前锋线比较法应用示例

【例 4-2】 某工程项目时标网络计划如图 4-9 所示。该计划执行到第 6 周末检查实际进度时，发现工作 A 和 B 已经全部完成，工作 D、E 分别完成计划任务量的 20% 和 50%，工作 C 尚需 3 周完成，试用前锋线法进行实际进度与计划进度的比较。

【解】 根据第 6 周末实际进度的检查结果绘制前锋线，如图 4-9 中虚线所示。通过比较可以看出：

1）工作 D 实际进度拖后 2 周，将使其后续工作 F 的最早开始时间推迟 2 周，使总工期延长 1 周。

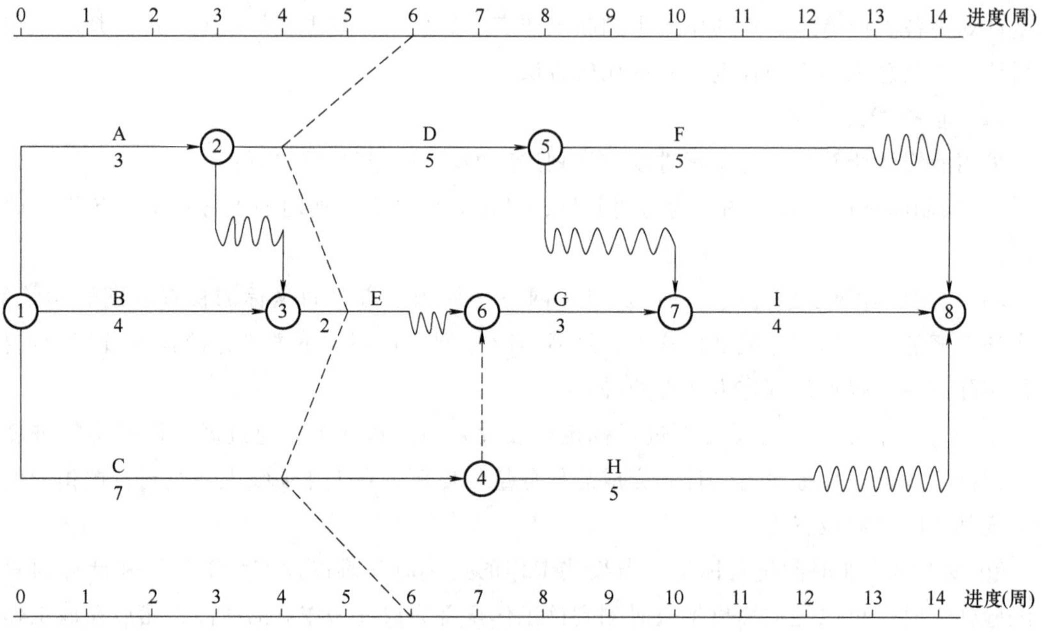

图 4-9 某工程项目时标网络计划

2）工作 E 实际进度拖后 1 周，不影响总工期，也不影响后续工作的正常进行。

3）工作 C 实际进度拖后 2 周，将使其后续工作 G、H、J 的最早开始时间推迟 2 周。由于工作 G、J 开始时间的推迟，从而使总工期延长 2 周。

综上所述，如果不采取措施加快进度，该工程项目的总工期将延长 2 周。

5. 列表比较法

当工程进度计划用非时标网络图表示时，可以采用列表比较法进行实际进度与计划进度的比较。这种方法是记录检查日期应该进行的工作名称及其已经作业的时间，然后列表并计算有关时间参数，并根据工作总时差进行实际进度与计划进度比较的方法。其表格形式见表 4-7。

采用列表比较法进行实际进度与计划进度的比较，其步骤如下：

1）对于实际进度检查日期应该进行的工作，根据已经使用的时间，确定其尚需作业时间。

2）根据原进度计划，计算检查日期应该进行的工作从检查日期到该工作原计划最迟完成时尚余（有）的时间。

3）计算工作尚有总时差，其值等于工作从检查日期到原计划最迟完成时间尚余时间与该工作尚需作业时间之差。

4）比较实际进度与计划进度，可能有以下几种情况：

① 如果工作尚有总时差与原有总时差相等，说明该工作实际进度与计划进度一致。

② 如果工作尚有总时差大于原有总时差，说明该工作实际进度超前，超前的时间为二者之差。

③ 如果工作尚有总时差小于原有总时差，且尚有总时差为正值，说明该工作实际进度拖后，拖后的时间为二者之差，但不影响总工期。

④ 如果工作尚有总时差小于原有总时差，且尚有总时差为负值，说明该工作实际进度拖后，拖后的时间为二者之差，此时工作实际进度偏差将影响总工期。

【例 4-3】 某工程项目进度计划仍如图 4-9 所示。该计划执行到第 10 周末检查实际进度时，发现工作 A、B、C、D、E 已经全部完成，工作 F 已进行 1 周，工作 G 和工作 H 均已进行 2 周，试用列表比较法进行实际进度与计划进度的比较。

【解】 根据工程项目进度计划及实际进度检查结果，可以计算出检查日期应进行工作的尚需作业时间、原有总时差及尚有总时差等，计算结果见表 4-7。通过比较尚有总时差和原有总时差，即可判断目前工程实际进展状况。

表 4-7　工程检查进度比较表

工作代号	工作名称	检查计划时尚需作业时间	到计划最迟完成时尚有时间	原有总时差	尚有总时差	情况判断
5-8	F	4	4	1	0	拖后 1 周，但不影响工期
6-7	G	1	0	0	−1	拖后 1 周，影响工期 1 周
4-8	H	3	4	2	1	拖后 1 周，但不影响工期

4.4　工程项目进度调整系统

4.4.1　进度偏差的影响性分析

进度计划执行过程中如发生实际进度与计划进度不符，究竟有无必要修改与调整原定计划，使之与变化后的实际情况相适应，还应视进度偏差的具体情况而定。

1. 当进度偏差体现为某项工作的实际进度超前

由于加快某些工作的实施进度，往往可导致资源使用情况发生变化。特别是在有多个平行分包单位施工的情况下，由此而引起后续工作时间安排的变化往往会带来潜在的风险和索赔事件的发生，使缩短部分工期的实际效果得不偿失。因此，当进度计划执行过程中产生的进度偏差体现为某项工作的实际进度超前，若超前幅度不大，此时计划不必调整；当超前幅度过大，则此时计划需要调整。

2. 当进度偏差体现为某项工作的实际进度滞后

进度计划执行过程中若出现实际工作进度滞后，此时是否调整原定计划通常应视进度偏差和相应工作总时差及自由时差的比较结果而定。

1）若出现进度偏差的工作为关键工作，则由于工作进度滞后，必然会引起后续工作最早开工时间的延误和整个计划工期的相应延长，因而，必须对原定进度计划采取相应调整措施。

2）若出现进度偏差的工作为非关键工作，且工作进度滞后天数已超出其总时差，则由于工作进度延误同样会引起后续工作最早开工时间的延误和整个计划工期的相应延长，因而，必须对原定进度计划采取相应调整措施。

3）若出现进度偏差的工作为非关键工作，且工作进度滞后天数已超出其自由时差而未超出其总时差，则由于工作进度延误只引起后续工作最早开工时间的拖延而对整个计划工期并无影响，此时只有在后续工作最早开工时间不宜推后的情况下才考虑对原定进度计划采取相应调整措施。

4）若出现进度偏差的工作为非关键工作，且工作进度滞后天数未超出其自由时差，则由于工作进度延误对后续工作的最早开工时间和整个计划工期均无影响，因而不必对原定进度计划采取调整措施。

通过分析，进度控制人员可以根据进度偏差的影响程度，制定相应的纠偏措施进行调整，以获得符合实际进度情况和计划目标的新进度计划。

4.4.2 进度计划的调整方法

工作进度滞后引起后续工作开工时间或计划工期的延误，主要有两种调整方法。

1. 改变某些后续工作之间的逻辑关系

若进度偏差已影响计划工期，且有关后续工作之间的逻辑关系允许改变，此时可变更位于关键线路或位于非关键线路但延误时间已超出其总时差的有关工作之间的逻辑关系，从而达到缩短工期的目的。例如可将按原计划安排依次进行的工作关系改变为平行进行、搭接进行或分段流水进行的工作关系。通过变更工作逻辑关系缩短工期的方法往往简便易行且效果显著。

2. 缩短某些后续工作的持续时间

当进度偏差已影响计划工期，进度计划调整的另一方法是不改变工作之间的逻辑关系，而只是压缩某些后续工作的持续时间，以此加快后期工程进度使原计划工期仍然能够得以实现。

缩短某些后续工作持续时间的调整方法视限制条件及对其后续工作的影响程度的不同，一般可分为以下两种情况：

（1）网络计划中某项工作进度拖延的时间已超过其自由时差但未超过其总时差

如前所述，此时该工作的实际进度不会影响总工期，而只对其后续工作产生影响。因此，在进行调整前，需要确定其后续工作允许拖延的时间限制。

1）后续工作拖延的时间无限制。如果后续工作拖延的时间完全被允许，可将拖延后的时间参数带入原计划，并化简网络图（即去掉已执行部分，以进度检查日期为起点，将实际数据带入，绘制出未实施部分的进度计划），即可得调整方案。

2）后续工作拖延的时间有限制。如果后续工作不允许拖延或拖延的时间有限制，则需要根据限制条件对网络计划进行调整，寻求最优方案。一般情况下，可利用工期优化的原理确定后续工作中被压缩的工作，从而得到满足后续工作限制条件的最优调整方案。

（2）网络计划中某项工作进度拖延的时间超过其总时差

此时，进度计划的调整方法又可分为以下三种情况：

1）项目总工期不允许拖延。如果工程项目必须按照原计划工期完成，则只能采取缩短关键线路上后续工作持续时间的方法来达到调整计划的目的。

2）项目总工期允许拖延，且拖延时间无限制。如果项目总工期允许拖延，则此时只需以实际数据取代原计划数据，并重新绘制实际进度检查日期之后的简化网络计划即可。

3）项目总工期允许拖延，但拖延的时间有限制。如果项目总工期允许拖延，但允许拖延的时间有限，则当实际进度拖延的时间超过此限制时，也需要对网络计划进行调整，即通过缩短关键线路上后续工作持续时间的方法来使总工期满足规定工期的要求。

以上无论何种情况，具体调整方法，可参见网络计划的工期优化。

思 考 题

1. 影响工程进度的因素有哪些？
2. 施工进度计划的编制依据有哪些？
3. 试阐述香蕉形曲线的原理。
4. 施工进度计划调整包括哪些内容？具体步骤有哪些？

练 习 题

1. 某钢筋工程按施工计划需要 9 天完成，其实际进度与计划进度如图 4-10 所示。试应用横道图比较法分析每天实际进度与计划进度的偏差。

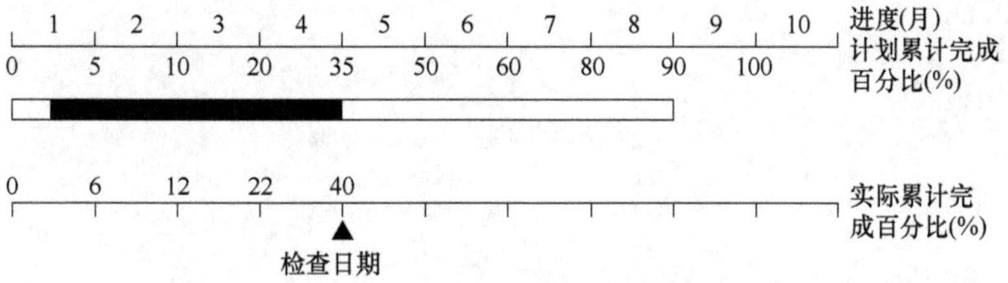

图 4-10 双比例单侧横道比较图

2. 已知某工程双代号网络计划如图 4-11 所示，该项任务要求工期为 14 天。第 5 天末检查发现：A 工作已完成 3 天工作量，B 工作已完成 1 天工作量，C 工作已全部完成，E 工作已完成 2 天工作量，D 工作已全部完成，G 工作已完成 1 天工作量，H 工作尚未开始，其他工作均未开始。试应用前锋线比较法分析工程实际进度与计划进度。

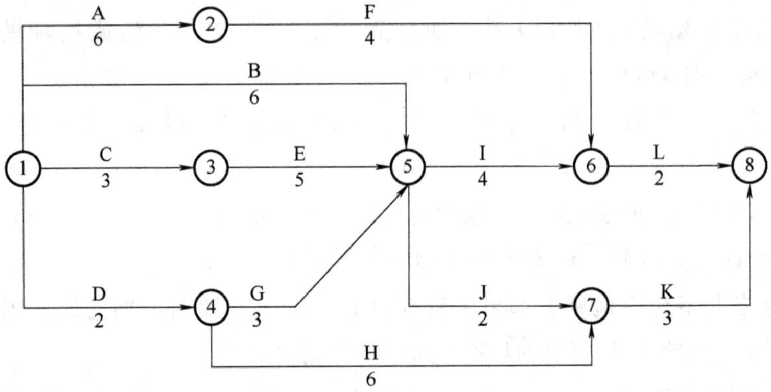

图 4-11　某工程双代号网络计划（练习题 2）

3. 已知条件同练习题第 2 题，试应用列表比较法分析工程实际进度与计划进度。

第5章 工程项目成本管理

5.1 施工阶段工程费用的控制

5.1.1 工程价款的结算

1. 工程预付备料款

施工企业实行包工包料的工程，发包单位在开工前拨付给承包单位一定限额的工程预付备料款。此预付款用于施工企业为该工程储备主要材料、结构件所需的周转金。

按工程承包合同规定，由发包单位供应材料的，其材料可按材料预算价格转给承包单位，材料价款在结算工程款时陆续抵扣。对这部分材料，承包单位不应收取备料款。

（1）预付备料款的拨付时间和要求

建设工程施工合同示范文本中规定：实行工程预付款的双方应当在专用条款内约定发包方向承包方预付工程款的时间和数额，开工后按约定的时间和比例逐次扣回。预付时间应不迟于约定的开工日期前7天。发包方不按约定预付，承包方在约定预付时间7天后向发包方发出要求预付的通知，发包方收到通知后仍不能按要求预付，承包方可在发出通知后7天停止施工，发包方应从约定应付之日起向承包方支付应付款的贷款利息，并承担违约责任。

工程预付款仅用于承包方支付施工开始时与本工程有关的动员费用。如果承包方收取备料款后两个月仍不开工或滥用此款，发包方有权立即收回。

发包方支付预付款的条件：在承包方向发包方提交金额等于预付款数额的银行保函后，发包方按规定的金额和规定的时间向承包方支付预付款。在发包方全部扣回预付款之前，该银行保函将一直有效，当预付款被发包方扣回时，银行保函金额相应递减。

（2）预付备料款的数额

预付备料款限额主要取决于主要材料、构件费用占建安工作量的比例，材料储备周期，施工工期等。一般可按下式计算：

$$\text{预付备料款数额}=\frac{\text{年度承包工程总价}\times\text{主要材料费占比}}{\text{年度施工天数}}\times\text{材料储备天数} \tag{5-1}$$

一般工程项目不应超过当年建筑工作量（包括水、电、暖）的 30%；安装工程按年度安装工作量的 10%，材料占比较多的安装工程按年度计划产值的 15%左右拨付。

（3）备料款的扣回

发包单位拨付给承包单位的备料款属于预支性质，随着工程的实施所需主要材料的储备会逐步减少，备料款应以抵充工程价款的方式陆续扣回，扣回的方法由双方在合同中约定。常见的备料款扣回方法有以下两种：

1）当未完工程尚需的主要材料及构件费等于备料款数额时起扣，从每次结算工程价款中，按材料费占比扣抵工程价款，竣工前全部扣清。其基本表达公式如下：

$$T=P-\frac{M}{N} \tag{5-2}$$

式中 T——起扣点，即预付备料款开始扣回时的累计完成工作量金额；

M——预付备料款限额；

N——主要材料、构件费占比；

P——承包工程价款总额。

2）当承包方累计完成工作量金额达到合同总价的一定比例后，发包方从每次应付给承包方的工程款中扣回工程预付款，发包方至少应在合同规定的完工期前将预付款全部逐次扣回。

实际情况比较复杂，工期短、造价低的工程无须分期扣回；工期长、跨年度工程，当年可以扣回部分预付备料款，将未扣回部分转入次年，直到竣工年度全部扣回。

【例 5-1】 某工程合同金额 200 万元，合同工期 5 个月，预付备料款 30 万元，主材费占比 60%，每月完成工程量 40 万元，预付备料款如何扣回？

【解】 1）预付款起扣点：

$$T=P-\frac{M}{N}=\left(200-\frac{30}{60\%}\right)\text{万元}=150\text{ 万元}$$

即当累计完成工程量达到 150 万元时，起扣预付备料款。

2）预付款扣回时间及数额。前 3 个月累计完成工程量为 120 万元，小于 150 万元，不扣；前 4 个月累计完成工程量为 160 万元，大于 150 万元，所以，应从第 4 个月开始起扣预付款，数额为（160−150）万元×60%＝6 万元。具体见表 5-1。

表 5-1 例 5-1 预付款扣回时间及数额 （单位：万元）

项目	第 1 个月	第 2 个月	第 3 个月	第 4 个月	第 5 个月
完成工程量	40	40	40	40	40
扣预付款数额				6	24
进度款支付款额	40	40	40	34	16

2. 工程计量与进度款支付

工程进度款的支付主要涉及工程量的计量和工程单价的确定。

（1）工程计量的程序

施工合同示范文本规定：承包人应按专用条款约定的时间，向工程师提交已完工程量报告，工程师接到报告后 7 天内按设计图核实已完工程量，并在计量前 24 小时通知承包人，承包人为计量提供便利条件并派人参加。承包人收到通知后不参加计量，计量结果有效，作为工程价款支付的依据。工程师收到承包人报告后 7 天内进行计量，从第 8 天起，承包人报告中开列的工程量即视为已被确认，作为工程价款支付的依据。工程师不按约定时间通知承包人，使承包人不能参加计量，计量结果无效。对承包人超出设计图范围和因承包人原因造成返工的工程量，工程师不予计量。

（2）工程单价的计算

工程单价主要根据合同约定的计价方法确定。目前我国工程价格的计价方法一般分为工料单价和综合单价两种方法。工料单价法是指分部分项工程单价只包括人工费、材料费、机械费，而间接成本、利润、税金等另按现行方法计算。综合单价法是指分部分项工程量的单价是全部费用单价，既包括直接成本，也包括间接成本、利润、税金等一切费用。实际应用时，既可采取可调价格的方式，即工程价格在实施期间可随价格变化而调整，也可采取固定价格的方式，即工程价格在实施期间不因价格变化而调整，单价中已考虑了价格风险因素并在合同中明确了固定价格所包括的内容和范围。实践中采用较多的是可调工料单价法和固定综合单价法。

（3）工程款的支付

工程进度款的支付，一般按当月实际完成工程量进行结算，工程竣工后办理竣工结算。在工程竣工前，承包人收取的工程预付款和进度款的总额一般不超过合同总额（包括工程合同签订后经发包人签证认可的增减工程款）的 95%，其余 5%尾留款，在工程竣工结算时扣除保修金外一并清算。

施工合同示范文本关于工程款支付责任的约定：在确认计量结果后 14 天内，发包人应向承包人支付工程款。发包人超过约定的支付时间不支付工程款，承包人可向发包人发出要求付款的通知，发包人接到承包人通知后仍不能按要求付款，可与承包人协商签订延期付款协议，经承包人同意后可延期支付。协议应明确延期支付的时间和从计量结果确认后第 15 天起计算应付款的贷款利息。发包人不按合同约定支付工程款，双方又未达成延期付款协议，导致施工无法进行，承包人可停止施工，由发包人承担违约责任。

3. 工程保修金的预留与返还

（1）工程保修金的预留

按照有关规定，工程项目合同总额中应预留出一定比例（3%~5%）的尾留款作为质量保修费用（又称保留金），预留方法一般有两种：

1）当工程进度款拨付累计额达到该工程造价的一定比例（95%~97%）时，停止支付，剩余部分作为尾留款。

2）也可以从第一次支付工程进度款开始，在每次承包方应得的工程款中扣留投标书附录中规定的金额作为保留金，直至保留金总额达到投标书附录中规定的限额。

（2）工程保修金的返还

发包人在质量保修期满后 14 天内，将剩余保修金和利息返还给承包商。

4. 工程其他费用的支付

（1）安全施工方面的费用

承包人按工程质量、安全及消防管理有关规定组织施工并采取严格的安全防护措施，承担由于自身的安全措施不力造成事故的责任和因此发生的费用。非承包人责任造成安全事故，由责任方承担责任和发生的费用。

发生重大伤亡及其他安全事故，承包人应按有关规定立即上报有关部门并通知工程师，同时按政府有关部门要求处理，发生的费用由事故责任方承担。

承包人在动力设备、输电线路、地下管道、密封防震车间、易燃易爆地段以及临街交通要道附近施工时，施工开始前，应向工程师提出安全保护措施，经工程师认可后实施，防护措施费用由发包人承担。

实施爆破作业，在放射、毒害性环境中施工及使用毒害性、腐蚀性物品施工时，承包人应在施工前 14 天以书面形式通知工程师，并提出相应的安全保护措施，经工程师认可后实施。安全保护措施费用由发包人承担。

（2）专利技术及特殊工艺涉及的费用

发包人要求使用专利技术或特殊工艺，负责办理申报手续，承担申报、试验、使用等费用，承包人按发包人要求使用，并负责试验等有关工作。承包人提出使用专利技术或特殊工艺，报工程师认可后实施，承包人负责办理申报手续并承担有关费用。擅自使用专利技术侵犯他人专利权，责任者承担全部后果及所发生的费用。

（3）文物和地下障碍物涉及的费用

在施工中发现古墓、遗址等文物及化石或其他有考古研究价值的物品时，承包人应立即保护好现场并于 4 小时内以书面形式通知工程师，工程师应于收到书面通知后 24 小时内报告当地文物管理部门，承发包双方按文物管理部门的要求采取妥善保护措施。发包人承担由此发生的费用，延误的工期相应顺延。

如施工中发现古墓、古建筑遗址等文物及化石或其他有考古、地质研究价值的物品，隐瞒不报致使文物遭受破坏的，责任人依法承担相应责任。

施工中发现影响施工的地下障碍物时，承包人应于 8 小时内以书面形式通知工程师，同时提出处置方案，工程师收到处置方案后 8 小时内予以认可或提出修正方案。发包人承担由此发生的费用，延误的工期相应顺延。

5. 工程竣工结算

（1）竣工结算的含义及要求

工程竣工结算是指施工企业按照合同规定的内容和要求全部完成所承包的工程，经验收质量合格，向发包单位进行的最终工程价款清算的工作。施工合同示范文本规定：

1）工程竣工验收报告经发包方认可后28天内，承包方向发包方递交竣工结算报告及完整的结算资料，按合同约定的结算价款及调整内容，进行工程竣工结算。

2）发包方收到竣工结算报告及结算资料后28天内给予确认或者提出修改意见，确认后向承包方支付竣工结算价款。承包方收到竣工结算价款后14天内应将竣工工程交付发包方。

3）发包方收到竣工结算报告后28天内无正当理由不支付竣工结算价款，承包方可以催告发包方支付结算价款，且从第29天起按承包方同期向银行借款利率支付拖欠工程价款的利息。自发包方收到竣工结算报告后56天内仍不支付的，承包方可以与发包方协议将该工程折价，或由承包方申请人民法院将该工程依法拍卖，承包方优先受偿拍卖的价款或折价款。

4）工程竣工验收报告经发包方认可后28天内，承包方未能向发包方递交竣工结算报告，造成工程竣工结算不能正常进行或竣工结算价款不能及时支付，发包方要求交付工程的，承包方应当交付；发包方不要求交付工程的，承包方承担保管责任。

（2）竣工结算工程款的计算公式

办理工程价款竣工结算的一般公式为

竣工结算工程款=合同价款+合同价款调整额-预付及已结算工程款-保修金

（3）竣工结算的审查

认真审查竣工结算是建设单位及审计部门等在竣工阶段控制工程费用的一项重要工作。经审查核定的工程竣工结算是核定建设工程造价的依据，也是建设项目验收后编制竣工决算和核定新增固定资产价值的依据。一般从以下几方面入手：核对质量验收合格证书；明确结算要求；检查隐蔽验收纪录；核对设计变更签证；按图核实工程量；认真核实单价；核实结算子目及计算结果。

（4）竣工结算示例

【例 5-2】 某工程承包合同总额为600万元，主材费占合同总额的62.5%。预付备料款额度为25%，当未完工程尚需的主材费等于预付款数额时起扣，从每次中间结算工程价款中，按材料费占比抵扣工程价款。保留金为合同总额的5%。实际施工中因设计变更和现场签证发生了60万元合同调增额，在竣工结算时支付。各月实际完成合同价值见表5-2，试计算各月工程价款结算额及竣工价款结算额。

表 5-2 实际完成合同价值 （单位：万元）

月份	一月	二月	三月	四月	五月
工作量	80	120	180	180	40

【解】 1）预付备料款=（600×25%）万元=150万元。

2）求预付备料款的起扣点。即当累计完成合同价值=（600-150/62.5%）万元=360万元时，开始扣预付款。

3）一月完成合同价值 80 万元，结算 80 万元。

4）二月完成合同价值 120 万元，结算 120 万元，累计结算工程款 200 万元。

5）三月完成合同价值 180 万元，到三月份累计完成合同价值 380 万元，超过了预付备料款的起扣点。

$$三月份应扣预付款 = [(380-360) \times 62.5\%] 万元 = 12.5 万元。$$

三月份结算工程款 = (180-12.5) 万元 = 167.5 万元，累计结算工程款 367.5 万元。

6）四月份完成合同价值 180 万元，应扣预付款 = (180×62.5%) 万元 = 112.5 万元。

四月份结算工程款 = (180-112.5) 万元 = 67.5 万元，累计结算工程款 435 万元。

7）五月份完成合同价值 40 万元，应扣预付款 = (40×62.5%) 万元 = 25 万元。

五月份本应扣保留金，但例中有足够的合同调增价可用来支付，故可以不扣保留金。如果工程变更发生时，在当月进度款中已支付过合同调增价，则仍应在最后一月进度款中预扣保留金。

五月份结算价款 = (40-25) 万元 = 15 万元，累计结算价款 450 万元，加上预付款后已支付总价款 600 万元。

8）保留金数额 = [(600 +60)×5%] 万元 = 33 万元。

9）竣工结算价款 = 合同总价 - 已支付价款 - 保留金 = (660-600-33) 万元 = 27 万元。

6. 工程价款的动态结算

由于工程建设周期较长，人工、材料等价格经常会发生较大变化，为准确反映工程实际耗费，维护双方正当权益，可对工程价款进行动态结算。常用的动态结算方法如下：

1）按实际价格结算法。这种方法是按主要材料的实际价格对原合同价进行调整，承包商可凭发票实报实销。这种方法优点是简便具体，但建设单位承担过大风险，为了避免负作用，造价管理部门要定期公布最高结算限价，同时合同文件中应规定建设单位有权要求承包商选择更廉价的供应来源。

2）按主材计算价差。发包人在招标文件中列出需要调整价差的主要材料表及其基期价格（一般采用当时当地造价管理机构公布的信息价或结算价），工程竣工结算时按竣工当时当地造价管理机构公布的材料信息价或结算价，与招标文件中列出的基期价比较计算材料差价。

3）主材按量计算价差，其他材料按系数计算价差。主要材料按施工图计算的用量和竣工当月当地造价管理机构公布的材料结算价与基价对比计算差价。其他材料按当地造价管理机构公布的竣工调价系数计算差价。

4）竣工调价系数法。按工程造价管理机构公布的竣工调价系数及调价计算方法计算差价。

5）调值公式法（又称动态结算公式法）。根据国际惯例，对建安工程已完成投资费用的结算，一般采用此法。建安工程费用价格调值公式包括固定部分、材料部分和人工部分三项。调值公式如下：

$$P=P_0\left(a_0+a_1\frac{A}{A_0}+a_2\frac{B}{B_0}+a_3\frac{C}{C_0}+a_4\frac{D}{D_0}+\cdots\right) \tag{5-3}$$

式中 P——调值后合同价款或工程实际结算款；

P_0——合同价款中工程预算进度款；

a_0——固定要素，代表合同支付中不能调整的部分；

a_1、a_2、a_3、a_4 等——代表有关成本要素（如人工、钢筋、水泥、木材费用等）在合同总价中占比，其和为 1；

A_0、B_0、C_0、D_0 等——基准日期与 a_1、a_2、a_3、a_4 等对应的各项费用的基期价格指数或价格；

A、B、C、D 等——与特定付款证书有关的期间最后一天的 49 天前与 a_1、a_2、a_3、a_4 等对应的各成本要素的现行价格指数或价格。

5.1.2 工程变更的控制

1. 工程变更的概念

项目在实施过程中，由于现场施工条件、自然条件、社会环境、材料设备的供应以及施工技术水平等因素的影响，设计图、工程量、工程进度、工程内容等发生变化，这些变化统称为工程变更。工程变更主要有以下内容：

1）设计变更。因提高标准、增加建筑面积、改变结构布局或发现设计错误等引起设计变更。提出设计变更的主体可为发包人、承包人、设计人、监理工程师等。

2）施工条件变更。由于地质条件、现场情况的变化而引起的工程变更。

3）进度计划变更。由于某种需求或因素的改变导致进度计划的加快或减缓。

4）增减工程项目内容。由于为完善或调整功能提出增减某些工程项目内容。

2. 工程变更的控制及处理程序

工程变更会导致工程费用和工期的改变，甚至会影响工程质量，建设单位应该严格控制。要建立工程变更控制的相关制度，尤其是要有严格的工程变更处理程序。

1）设计单位提出的工程变更，应编制设计变更文件，报监理工程师审查；建设单位或承包单位提出的变更，先交监理工程师审查，再交原设计单位编制设计变更文件。当工程变更涉及安全、环保，或超过原批准的建设规模时，应按规定经有关部门批准审定。

2）监理工程师审查同意后，必须根据实际情况、设计变更文件以及施工合同等其他有关资料，对工程变更的费用和工期做出评估。

3）监理工程师应就工程变更费用及工期的评估情况与承包单位和建设单位进行协调。如果双方未能就工程变更费用达成协议，监理工程师应提出一个暂定价格，作为临时支付工程款的依据，竣工结算时，应以双方达成的协议为依据。

4）监理工程师签发工程变更单。工程变更单内容包括变更要求及说明、变更费用和工期等，设计变更应附设计变更文件。

5）监理工程师根据项目变更单监督承包单位实施。未经监理工程师审查同意而实施的工程变更，不予计量，由此导致的发包人的直接损失，由承包人承担，延误的工期不得顺延。

3. 工程变更价款的确定方法

施工合同示范文本规定：

1）承包方在工程变更确定后 14 天内，提出变更工程价款的报告，经监理工程师确认后调整合同价款。

① 合同中已有适用于变更工程的价格，按合同已有的价格计算合同价款。

② 合同中只有类似于变更工程的价格，可以参照类似价格变更合同价款。

③ 合同中没有适用或类似于变更工程的价格，由承包方提出适当的变更价格，经监理工程师确认后执行。

2）承包方在确定变更后 14 天内不向监理工程师提出变更工程价款报告，视为该项变更不涉及合同价款的变更。

3）监理工程师收到变更工程价款报告之日起 14 天内，应予以确认。监理工程师无正当理由不确认时，自变更价款报告送达之日起 14 天后变更工程价款报告自动生效。

4）监理工程师不同意承包方提出的变更价款，可以通过有关部门调解，调解不成的，双方可以采用仲裁或向人民法院起诉的方式解决。

5.1.3 工程索赔的控制

1. 工程索赔的概念及特征

工程索赔是指在合同履行过程中，合同当事人一方因非自身原因而遭受到经济损失或权利损害时，通过一定的合法程序向对方提出经济或时间补偿的要求。

1）索赔是双向的，承包人可以向发包人索赔，发包人也可以向承包人索赔。

2）提出索赔的前提条件是由于非己方原因造成的，且实际发生了经济损失或权利损害。

3）索赔是一种未经确认的单方行为，它与工程签证不同。签证是双方达成一致的补充协议，可以直接作为工程款结算的依据，而索赔必须通过确认后才能实现。

2. 索赔事件产生的原因

索赔事件产生的原因主要有当事人违约、不可抗力事件、合同缺陷、合同变更、工程师指令，以及其他原因。

3. 索赔事件的处理原则

索赔是一种正当的权利要求，是合同履行过程中经常发生的正常现象。索赔的性质是一种补偿行为，而不是惩罚行为。实践证明，开展健康的索赔以及正确处理索赔事件具有重要意义。处理索赔事件的原则如下：

1）索赔必须以合同为依据。

2）必须注意资料的可靠性，缺乏支撑和佐证索赔事件的资料，索赔不能成立。

3）及时、合理地处理索赔，防止新的索赔发生。

4）加强索赔的前瞻性，有效避免过多索赔事件的发生。

4. 索赔的处理程序及规定

施工合同示范文本中对索赔的程序和时间要求有明确而严格的限定。

1）递交索赔意向通知。承包人应在索赔事件发生后的28天内向监理工程师递交索赔意向通知，表明将对此事件提出索赔。如果超出这个期限，监理工程师和业主有权拒绝承包人的索赔要求。

2）递交索赔报告，索赔意向通知提交后的28天内，承包人应递交正式的索赔报告，如果索赔事件持续进行，承包人应当阶段性地提出索赔要求和证据资料，在索赔事件终了后28天内，递交最终索赔报告。

3）工程师审查索赔报告。工程师在收到承包人送交的索赔报告和有关资料后，于28天内给予答复，或要求承包人进一步补充索赔理由和证据。监理工程师在28天内未予答复或未对承包人做进一步要求，视为该项索赔已经认可。

4）监理工程师与承包人协商补偿办法，做出索赔处理决定。协商无果，监理工程师有权确定一个他认为合理的价格作为最终处理意见报请业主批准并通知承包人。

5）发包人审查监理工程师的索赔处理报告，决定是否批准监理工程师的处理意见。索赔报告经业主批准后监理工程师即可签发有关证书。

6）承包商决定是否接受最终索赔处理。如果承包商接受最终的索赔处理决定，索赔事件的处理即告结束，如果承包商不同意，就会导致合同争议，可进一步通过协商、仲裁或诉讼解决。

承包人未能按合同履行自己的义务给发包人造成损失的，发包人也可按上述时限向承包人提出索赔。

5. 索赔费用的组成

不同的索赔事件可索赔的费用不同，施工单位提出索赔的费用一般包括：

1）人工费。索赔费用中的人工费是指：完成合同计划以外的额外工作所花的人工费用；由于非承包商责任的劳动效率降低所增加的人工费用；超过法定工作时间加班劳动，以及法定人工费的增长等。

2）材料费。材料费的索赔包括由于索赔事件导致材料实际用量超过计划用量和材料价格大幅度上涨。为了证明材料单价的上涨，承包商应提供可靠的订货单、采购单，或官方公布的材料价格调整指数。

3）施工机械费。由于索赔事件导致施工机械额外工作、工效降低而增加的机械使用费、机械窝工费及机械台班单价上涨费等。

4）工地管理费。索赔款中的工地管理费是指承包商完成额外工程以及工期延长期间的现场管理费用。

5）总部管理费。总部管理费是指由于索赔事件使施工企业为此而多支付的对该工程进行指导和管理的费用。

6）利息。利息索赔通常包括延时付款的利息、增加施工成本的利息、索赔款的利息、错误扣款的利息等。

7）分包费。由于发包人的原因而使得工程费用增加，分包人可以提出索赔，但分包人的索赔应如数列入总包人的索赔款总额以内。

8）保险费。由于发包人原因使工程延期的保险费。

9）保函手续费。由于发包人原因使工程延期的保函手续费。

10）利润。一般来说，由于工程范围变更、业主未能提供现场等引起的索赔，承包商可以列入利润。而延误工期的索赔，由于利润包括在每项工程的价格之内，工程暂停并未导致利润减少，所以，工程师很难同意在工程暂停的费用索赔中加进利润损失。

6. 索赔费用的计算方法

索赔费用的计算方法通常有实际费用法、总费用法和修正总费用法。

（1）实际费用法

实际费用法是以承包商为某项索赔工作所支付的实际开支为根据，向业主要求费用补偿，是工程索赔计算时最常用的一种方法。

由于实际费用法所依据的是实际发生的成本记录，所以，在施工过程中，系统而准确地积累记录资料是非常重要的。

（2）总费用法

总费用法是当发生多次索赔事件以后，重新计算出该工程项目的实际总费用，再从这个实际总费用中减去投标报价时的预算总费用，即为要求补偿的索赔费用。

索赔费用=实际总费用-投标报价预算费用

实际工作中，总费用法采用得不多。因为实际发生的总费用中，可能包括了由于承包商原因而增加的费用，且投标报价的预算费用因竞争中标而过低，会使索赔费用增加。

（3）修正总费用法

修正总费用法是在总费用计算的基础上，只计算受影响的某项工作所受的损失，并按受影响工作的实际单价重新核算投标报价费用。修正总费用法计算索赔金额的公式如下：

索赔金额=某项工作调整后的实际总费用-该项工作的报价费用

修正总费用法较总费用法有了实质性的改进，它的准确程度已接近于实际费用法。

7. 索赔案例分析

【例 5-3】 某工程于当年（基准年）3 月 1 日开工，第二年 3 月 12 日竣工验收合格。该工程供热系统于第四年 7 月（保修期已过）出现部分管道漏水，业主检查发现原施工单位所用管材与其向监理工程师报验的不符，全都更换这批供热管道需人民币 30 万元，并造成该工程部分项目停产损失人民币 20 万元。试分析业主可向承包商和监理单位提出哪些索赔要求。

【答】 1）要求施工单位全部返工更换厂房供热管道。因为管道漏水是由于施工单位使用不合格管材造成的，应责令返工、修理，该工程不受保修期限制。

2）要求施工单位赔偿停产损失计人民币 20 万元。按现行法律工程质量不合格造成的损失应由责任方赔偿。

3）要求监理公司对全部返工工程免费监理。因为依据现行法律法规，监理单位对施工单位的责任引起的损失不负连带赔偿责任，但应承担失职责任。

【例 5-4】 某综合楼工程项目合同价为 1750 万元，该工程签订的合同为可调值合同。合同报价日期为某年 3 月，合同工期为 12 个月，每季度结算一次。工程开工日期为当年 4 月 1 日。施工单位当年第四季度完成产值是 710 万元。工程人工费、材料费构成比例以及相关季度造价指数见表 5-3。

表 5-3　人工费、材料费当年相关季度造价指数

项目	人工费	材料费						不可调值费用
		钢材	水泥	集料	砖	砂	木材	
比例（%）	28	18	13	7	9	4	6	15
第一季度造价指数	100	100.8	102	93.6	100.2	95.4	93.4	
第四季度造价指数	116.8	100.6	110	95.6	98.9	93.7	95.5	

在施工过程中，发生了以下几项事件：

事件 1：当年 4 月，在基础开挖过程中，个别部位实际土质与给定地质资料不符造成施工费用增加 2.5 万元，相应工序持续时间增加了 4 天。

事件 2：当年 5 月施工单位为了保证施工质量，扩大基础底面，开挖量增加导致费用增加 3.0 万元，相应工序持续时间增加了 3 天。

事件 3：当年 7 月份，在主体砌筑工程中，因施工图设计有误，实际工程量增加导致费用增加 3.8 万元，相应工序持续时间增加了 2 天。

事件 4：当年 8 月份，进入雨期施工，恰逢 30 年一遇的大雨，造成停工损失 2.5 万元，工期增加了 4 天。

以上事件中，除事件 4 外，其余工序均未发生在关键线路上，并对总工期无影响。针对上述事件，施工单位提出增加合同工期 13 天和增加费用 11.8 万元的索赔要求。

问题： 1）施工单位对施工过程中发生的以上事件可否索赔？为什么？

2）计算监理工程师当年第 4 季度应确定的工程结算款额。

3）如果在工程保修期间发生了由施工单位原因引起的屋顶漏水、墙面剥落等问题，业主在多次催促施工单位修理而施工单位一再拖延的情况下，另请其他施工单位维修，所发生的维修费用该如何处理？

【答】 1）事件 1 费用索赔成立，因为业主提供的地质资料与实际情况不符是承包商不可预见的；工期不予延长，因为事件发生在非关键线路上。

事件 2 费用索赔和工期索赔均不成立，该工作属于承包商采取的质量保证措施。

事件 3 费用索赔成立，因为设计方案有误；工期不予延长，事件发生在非关键线路上。

事件 4 费用索赔不成立，因为异常气候条件的变化承包商不应得到费用补偿；工期可以延长，因为事件发生在关键线路上，且是非承包商原因引起的。

2）当年第 4 季度监理工程师应批准的结算款额：

$$P=[710\times(0.15+0.28\times116.8/100+0.18\times100.6/100.8+0.13\times110/102.0+0.07\times95.6/93.6+0.09\times98.9/100.2+0.04\times93.7/95.4+0.06\times95.5/93.4)]\text{万元}$$
$$=(710\times1.058)\text{万元}=751.18\text{ 万元}$$

3）所发生的维修费应从乙方保修金中扣除。

5.2 施工单位的成本管理与控制

5.2.1 成本及工程成本

1. 成本的概念

成本是企业在生产经营过程中发生的有关费用支出。费用是指企业为销售商品、提供劳务等日常活动所发生的经济利益的流出，表现为资产的减少或负债的增加。

2. 工程成本及其构成

（1）工程成本的概念

工程成本是施工企业在建筑安装工程施工过程中为生产产品而发生的各种生产费用支出，包括物化劳动的耗费和活劳动中必要劳动的耗费，前者是指工程耗用的各种生产资料的价值，后者是指支付给劳动者的报酬。

（2）工程成本的构成

按照完全成本法，工程成本由工程费用项目中的直接费和间接费组成。其中，直接费包括人工费、材料费、机械费及措施费；间接费包括规费和企业管理费。

按照制造成本法，工程成本是指企业的生产制造成本，包括人工费、材料费、机械使用费、措施费等。企业管理费和财务费用则作为期间费用核算，不列入工程成本。

5.2.2 施工项目成本管理的概念及内容

1. 施工项目成本管理的概念及意义

施工单位的项目成本管理简称施工项目成本管理，是指施工企业为实现项目目标，在项目施工过程中，对所发生的成本支出，系统地进行预测、计划、控制、核算、考核、分析等一系列工作的总称。

施工项目成本管理可以促进企业改善经营管理水平，合理补偿施工耗费，保证企业再生产的顺利进行。加强项目成本管理的意义具体表现如下：

1）有利于降低工程成本，提高工程项目的经济效益和社会效益。

2）有利于提高企业经济效益，增强企业发展的原动力。

3）有利于理顺各种经济关系和落实各种承包责任制。

4）有利于提高项目管理水平，推动企业管理人才的培养和锻炼。

2. 施工项目成本管理的内容

施工项目成本管理的具体工作内容包括成本预测、成本计划、成本控制、成本核算、成本分析和成本考核检查等。

施工项目成本管理系统中每一个环节都是相互联系和相互作用的：成本预测是成本决策的前提；成本计划是成本决策目标的具体化；成本控制是成本计划实施的监督；成本分析和成本核算又是成本计划是否实现的最后检验，其所提供的成本信息又对下一个施工项目成本预测和决策提供基础资料；成本考核是实现成本目标责任制的保证和实现决策目标的重要手段。

5.2.3　施工项目成本计划

1. 施工项目成本计划的概念及意义

（1）施工项目成本计划的概念

成本计划是在成本预测基础上，以货币形式编制的施工项目从开工到竣工的施工费用支出计划，是指导施工项目降低成本的技术经济文件，是施工项目目标成本的具体化。

（2）施工项目成本计划的意义

施工项目成本计划工作是成本管理和项目管理的一个重要环节，是企业生产经营计划工作的重要组成部分，是对生产耗费进行分析和考核的重要依据，是建立企业成本管理责任制、开展经济核算的基础，是挖掘降低成本潜力的有效手段，也是检验施工企业技术水平和管理水平的重要手段。

2. 施工项目成本计划的编制方法

施工项目成本计划是在成本预测基础上编制的，主要有以下几种方法。

（1）施工预算法

施工预算法是根据施工图中的实物工程量，套用施工消耗定额，计算工料消耗量，进行工料汇总，再乘以相应的工料单价，用货币形式反映其施工生产耗费水平。即用施工预算确定计划成本，再结合技术节约措施计划，以进一步降低施工生产耗费水平。用公式表示为

$$计划成本=施工预算成本-技术组织措施节约额$$

例如，某项目施工预算成本为 1557 万元，采用技术组织措施计划节约额为 57 万元。则计划成本=（1557-57）万元=1500 万元。

（2）定额估算法

在企业定额比较完备的情况下，通常以施工图预算与施工预算对比的差额，并考虑技术组织措施带来的节约来估算计划成本的降低额，公式为

$$计划成本=预算成本-(两算对比定额差+技术组织措施计划节约额)$$

例如，某项目预算成本 5700 万元，两算对比差额为 600 万元，采用技术组织措施计划

节约额为 100 万元，则计划成本 = [5700-(600+100)] 万元 = 5000 万元。

（3）成本习性法

成本习性法是将成本分成固定成本和变动成本两类，以此作为计划成本。

施工项目计划成本 = 项目变动成本总额+项目固定成本总额

例如，某施工项目经过费用分解测算，测得其变动成本总额为 900 万元，固定成本总额 100 万元，则该施工项目计划成本 = (900+100) 万元 = 1000 万元。

（4）按实计算法

按实计算法就是以项目施工图预算的工料分析资料为依据，根据施工项目经理部执行施工定额的实际水平，由项目经理部有关职能部门归口计算各项计划成本。

1）人工费的计划成本 = 计划用工量×实际水平的工资价格

2）材料费的计划成本 = Σ(主要材料的计划用量×实际价格) + Σ(周转材料的使用量×日期×租赁单价)

3）机械使用费的计划成本 = Σ(施工机械的计划台班数×规定的台班单价)

4）现场二次搬运费等其他费用的计划成本，根据施工方案和统计资料按实测算。

5）间接费用的计划成本，一般根据历史成本的间接费用以及考虑压缩费用的措施后按人均支出数进行测算。

3. 量本利分析法在施工项目成本计划编制中的应用

量本利分析全称为产量成本利润分析，也称盈亏平衡分析。它用于施工项目成本管理中，可以分析项目的工程量、成本及合同价格之间的相互关系，预测项目的利润水平，为项目成本计划和成本决策提供依据。

量本利分析的核心是盈亏平衡点的分析。盈亏平衡点是指企业的销售收入等于总成本，即利润为零时的销售量。以盈亏平衡点为界限，销售收入高于此点则企业盈利，反之企业亏损。因此，盈亏平衡点的销售量越低，实现盈利的可能性越大。

量本利分析的基本公式如下：

$$E=(p-b)x-a \tag{5-4}$$

式中 E——利润；

p——销售单价；

b——单位变动成本；

a——固定成本；

x——产量。

根据盈亏平衡点定义，企业的产量处在盈亏平衡点时，企业的利润为零，即企业不亏不盈。则产量盈亏平衡点

$$x_0=\frac{a}{p-b} \tag{5-5}$$

将式（5-5）用图形表示，即为盈亏平衡分析图，如图 5-1 所示。

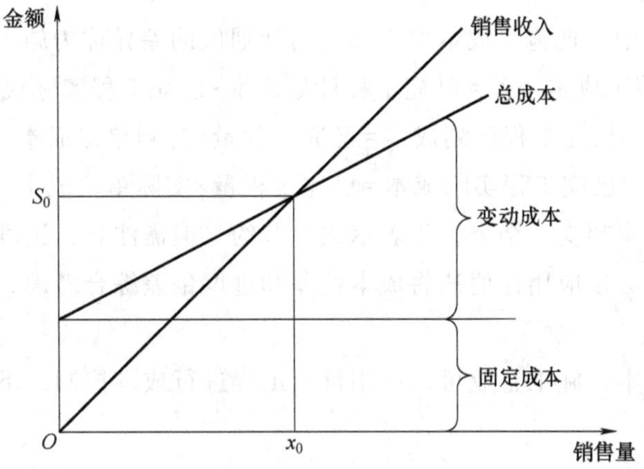

图 5-1 盈亏平衡分析图

【例 5-5】 根据某企业统计资料，承建一栋普通住宅楼工程的单位面积平均变动成本 400 元/m^2，固定成本 20 万元，单位面积合同价 600 元，试确定拟投标工程的建筑面积不得低于多少？若某工程建筑面积为 1500m^2，试确定承建该工程的预期利润。

【解】 施工项目保本建筑面积：

$$x_0=\frac{a}{p-b}=\frac{200000}{600-400}m^2=1000m^2$$

施工项目建筑面积为 1500m^2 时的预期利润：

$$E=(p-b)x-a=[(600-400)\times1500-200000]元=10\ 万元$$

5.2.4 施工项目成本控制

1. 施工项目成本控制的概念及依据

(1) 施工项目成本控制的概念

施工项目成本控制是指项目在施工过程中，对影响施工项目成本的各种因素加强管理，并采取各种有效措施，将施工中实际发生的各种消耗和支出严格控制在成本计划范围内。施工项目成本控制的核心是对施工过程和成本计划进行实时监控，严格审查各项费用支出是否符合标准，计算实际成本和计划成本之间的差异并进行分析。

(2) 施工项目成本控制的依据

施工项目成本控制的依据有：工程承包合同、施工成本计划、进度报告、工程变更。

除上述施工成本控制工作的主要依据外，有关施工组织设计、分包合同文本等也都是施工成本控制的依据。

2. 施工项目成本控制的方法

施工成本控制的方法很多，主要有偏差分析法和价值工程法。

（1）偏差分析法

在施工成本控制中，把施工成本的实际值与计划值的差异称为施工成本偏差，即：

施工成本偏差＝已完工程计划成本－已完工程实际成本

式中　已完工程计划成本＝已完工程量×计划单位成本

已完工程实际成本＝已完工程量×实际单位成本

结果为负表示成本超支，结果为正表示成本节约。但需注意，进度偏差对成本偏差的分析结果有重要影响，必须应用挣值法将成本偏差和进度偏差综合考虑，见后述。

（2）价值工程法

为了节省施工成本，施工企业可以应用价值工程进行成本控制，下面用一示例进一步说明其应用。

【例 5-6】 某企业承建了某写字楼工程，预算成本为 1 亿元，该工程划分为基础工程、地下结构工程、主体结构工程、装饰工程。企业要求该工程项目经理部降低成本 8%。试用价值工程确定成本降低对象和降低目标。

【解】 用价值工程确定成本降低目标，方法如下：

1）对各分部工程进行功能评分，见表 5-4。

2）根据施工图预算确定各主要分部工程的预算成本，见表 5-4。

3）计算分部工程的功能评价系数、成本系数和价值系数，见表 5-4。

4）用价值工程求出降低成本的工程对象和目标。

企业要求的成本降低率为 8%，即目标成本为［10000×（1－8%）］万元＝9200 万元。按功能评价系数进行分配，如地基处理工程目标成本为（9200×0.06）万元＝552 万元，成本降低额为（500－552）万元＝－52 万元，其他项目依次类推，见表 5-4。

表 5-4　价值工程分析表

分部工程	功能评分	功能评价系数	预算成本（万元）	成本系数	价值系数	目标成本（万元）	成本降低额（万元）
地基处理工程	6	0.06	500	0.05	1.2	552	－52
地下结构工程	9	0.09	1000	0.10	0.90	828	172
主体结构工程	42	0.42	4000	0.40	1.05	3864	136
装饰装修工程	43	0.43	45000	0.45	0.956	3956	544
合计	100	1	10000	1		9200	800

根据价值工程的原理，价值系数小于 1 的项目，应该在功能成本不变的条件下降低成本，或在成本水平不变的条件下提高功能；价值系数大于 1 的项目，如果是重要的功能，应该增加成本投入，如果该项功能不重要，可不做改变。从表 5-4 中成本降低额和价值系数可见，降低成本潜力最大的是装饰装修工程，其次是地下结构和主体结构工程，地基处理工程

预算成本低于目标成本，可考虑不用降低成本。

5.3 费用与进度综合控制

5.3.1 挣值法的产生背景

项目费用控制过程中，仅仅依靠计划费用与实际费用的偏差无法判断费用是否超支或有节余，如某项工程计划第一个月完成 100 万元的工作量，监测结果表明第一个月实际完成了 108 万元的工作量。这种情况有可能是进度正常，费用超支了 8 万元；也可不能是费用支出正常，进度提前超额完成了 8 万元的工作量；或是更为复杂的其他情况。因此，有必要研究费用偏差和进度偏差之间的关系，需引入费用/进度综合度量指标，此即为挣值法。挣值法也称赢得值法，是一种能全面衡量工程费用/进度整体状况的偏差分析方法。挣值法的实质是用价值指标代替实物工程量来测定工程进度的一种项目控制方法。

1967 年，美国国防部针对大型合同的管理，提出了一套成本/进度控制系统标准，这些标准被称为 C/SCSC 或 CS 标准。该标准关注于项目开发时的成本/进度综合绩效评价数据，为此正式采用了挣得值的概念。

目前挣得值的概念在国际上被广泛采用。另外，挣值法既可应用于承包商的成本控制，也可应用于业主的费用控制。

5.3.2 挣值法的基本理论

1. 挣值的概念及挣值法的三个基本参数

挣值法主要运用三个基本费用参数进行分析，它们都是时间的函数，这三个参数分别是已完工程预算费用、拟完工程预算费用和已完工程实际费用。

1）已完工程预算费用。已完工程预算费用（Budgeted Cost for Work Performed，BCWP）是指在某一时间已经完成的工程，以批准认可的预算单价为标准所需要的资金总额。由于业主正是根据这个值为承包商完成的工程量支付相应的费用，该值也就是承包商获得（挣得）的金额，故称赢得值或挣得值（Earned Value）。

$$BCWP=\text{实际已完成工程量}\times\text{预算单价} \tag{5-6}$$

2）拟完工程预算费用。拟完工程预算费用（Budgeted Cost for Work Scheduled，BCWS）也称计划完成工作预算费用，是指在某一时刻计划应当完成的工程，以预算单价为标准所需要的资金总额。一般来说，除非合同有变更，BCWS 在工作实施过程中应保持不变。

$$BCWS=\text{计划完成工程量}\times\text{预算单价} \tag{5-7}$$

3）已完工程实际费用。已完工程实际费用（Actual Cost for Work Performed，ACWP）是指在某一时刻已经完成的工程实际所花费的资金总额。

$$ACWP=\text{实际已完成工程量}\times\text{实际单价} \tag{5-8}$$

2. 挣值法的四个分析评价指标

在这三个费用参数的基础上，可以确定挣值法的四个分析评价指标。

（1）费用偏差（Cost Variance，CV）

$$CV=BCWP-ACWP \quad (5\text{-}9)$$

当 CV<0 时，表示项目运行的实际费用超出预算费用；当 CV>0 时，表示项目实际运行费用节约；当 CV=0 时，实际费用与预算费用一致。

（2）进度偏差（Schedule Variance，SV）

$$SV=BCWP-BCWS \quad (5\text{-}10)$$

当 SV<0 时，表示进度延误，即实际进度落后于计划进度；当 SV>0 时，表示实际进度提前；当 SV=0 时，实际进度与计划进度一致。

（3）费用绩效指数（Cost Performed Index，CPI）

$$CPI=BCWP/ACWP \quad (5\text{-}11)$$

当 CPI<1 时，表示实际费用高于预算费用；当 CPI>1 时，表示实际费用低于预算费用；当 CPI=1 时，实际费用与预算费用一致。

（4）进度绩效指数（Schedule Performed Index，SPI）

$$SPI=BCWP/BCWS \quad (5\text{-}12)$$

当 SPI<1 时，表示实际进度比计划进度拖后；当 SPI>1 时，表示实际进度比计划进度提前；当 SPI=1 时，实际进度与计划进度一致。

【例 5-7】 假设某项目预算费用 300 万元，工期 6 个月，每月计划支出 50 万元，第 3 个月检查计划时，累计应完工程预算费用 150 万元，累计已完工程预算费用 100 万元，累计已完工程实际费用 130 万元。具体完成情况见表 5-5。试分析第 3 个月末工程进展状况。

表 5-5 某项目费用完成情况 （单位：万元）

费用项目	第 1 月	第 2 月	第 3 月	第 4 月	第 5 月	第 6 月
BCWS	50	50	50	50	50	50
BCWP	40	30	30			
ACWP	50	40	40			

【解】 到第 3 个月末累计工程进展状况如下：

$CV=\sum_{i=1}^{3}(BCWP_i-ACWP_i)=(100-130)$ 万元 $=-30$ 万元，费用超值 30 万元。

$SV=\sum_{i=1}^{3}(BCWP_i-BCWS_i)=(100-150)$ 万元 $=-50$ 万元，进度拖后的工作量为 50 万元。

$CPI=\sum_{i=1}^{3}(BCWP_i/ACWP_i)=100/30=0.77$，表明费用超支。实际支出费用应降低到 77%才可与计划支出费用保持一致。

$SPI = CV = \sum_{i=1}^{3} BCWP_i / BCWS_i = 100/150 = 0.67$，表明进度拖后，实际进度相当于计划进度的 67%。

3. 预计项目完工时的总费用

预计完工时的总费用（Estimate at Completion，EAC）是指在检查时刻估算的项目全部工作完成时所需的总费用。

EAC 的计算是以项目的实际执行情况为基础，再加上项目未完工程的费用预测。在不同的情况下，对未完工程的费用预测不同，因此 EAC 的计算方法也不同。最常见的 EAC 计算方法有以下几种：

（1）未完工程按目前实际效率进行

EAC=累计已完工程实际费用+未完工程按目前实际效率进行时的费用

即

$$EAC = \sum_{i=1}^{t} ACWP_i + \left(\sum_{i=1}^{n} BCWS_i - \sum_{i=1}^{t} BCWP_i \right) / CPI \tag{5-13}$$

式中 t——检查时刻；

n——总工期。

在【例 5-7】中，预计完工时的总费用为

EAC=[130+(300 −100)/10.77]万元=389.74 万元，即完工时总费用会超支 89.74 万元

（2）未完工程按原计划效率进行

EAC=累计已完工程实际费用+未完工程预算费用 （5-14）

即假定剩余的未完工程完全按计划进行，费用不超支。

$$EAC = \sum_{i=1}^{t} ACWP_i + \left(\sum_{i=1}^{n} BCWS_i - \sum_{i=1}^{t} BCWP_i \right) \tag{5-15}$$

在【例 5-7】中，预计完工时的总费用为

EAC=[130+(300−100)]万元=330 万元，即项目完工时总费用会超支 30 万元。

（3）重估未完工程所需费用

当目前的项目执行情况表明先前的费用估算有根本缺陷或由于条件改变而不再适用新的情况时，需要对所有未完工作重新估算费用，可以使用该方法。

EAC=累计已完工程实际费用+未完工程所需费用的重新估算额

4. 偏差百分比分析

设 SPCI 表示进度偏差百分比，CPCI 表示费用偏差百分比，则：

$$SPCI = \sum_{i=1}^{t} BCWP_i \Big/ \sum_{i=1}^{n} BCWS_i \tag{5-16}$$

$$CPCI = \sum_{i=1}^{t} ACWP_i \Big/ \sum_{i=1}^{n} BCWS_i \tag{5-17}$$

在例 5-7 中，进度偏差百分比和费用偏差百分比分别为

SPCI=100/300=33%

$$CPCI = 130/300 = 43\%$$

说明实际费用累计已支出了总预算费用的 43%，而实际工作量只完成了计划总工作量的 33%，即实际工作进度只是计划进度的 33%。

5.3.3 挣值法应用示例

【例 5-8】 某施工单位按合同工期要求编制了混凝土结构工程施工进度时标网络计划，如图 5-2 所示，并经专业监理工程师审核批准。

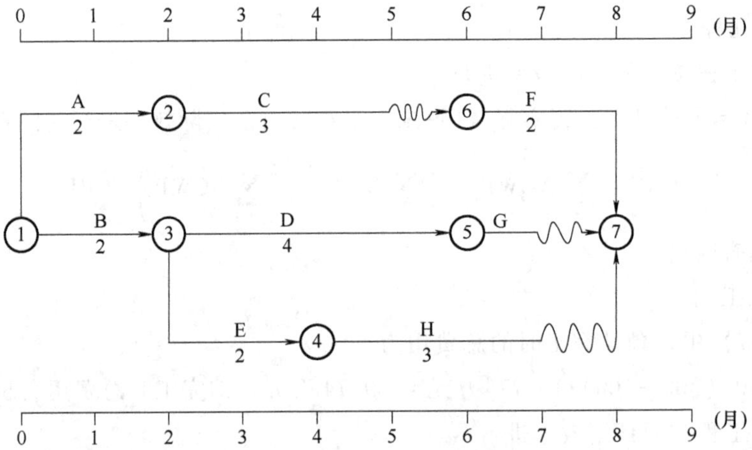

图 5-2 施工进度时标网络图

该工程于某年 1 月开始正式施工，各项工作均按最早开始时间安排，且各工作每月所完成的工程量相等。各工作的计划工程量和实际工程量见表 5-6。工作 D、E、F 的实际工作持续时间与计划工作持续时间相同。

表 5-6 计划工程量和实际工程量 （单位：m^3）

工作	A	B	C	D	E	F	G	H
计划工程量	8600	9000	5400	10000	5200	6200	1000	3600
实际工程量	8600	9000	5400	9200	5000	5800	1000	5000

施工合同约定，混凝土结构工程综合单价为 1000 元/m^3，按月结算。结算价按项目所在地区混凝土结构工程价格指数进行调整，项目实施期间各月的混凝土结构工程价格指数见表 5-7。以合同签订之日作为基期，价格指数为 100。

施工期间，由于建设单位原因使工作 H 的开始时间比计划的开始时间推迟了 1 个月，并由于工作 H 工程量的增加使该工作的工作持续时间延长了 1 个月。

表 5-7 混凝土工程价格指数

时间	基期	1 月	2 月	3 月	4 月	5 月	6 月	7 月	8 月	9 月
价格指数（%）	100	115	105	110	115	110	110	120	110	110

问题：1）请计算每月和累计拟完工程计划投资，并简要写出其步骤。

2）计算工作 H 各月的已完工程计划投资和已完工程实际投资。

3）计算混凝土结构工程已完工程计划投资和已完工程实际投资。

4）列式计算 8 月末的投资偏差和进度偏差。

【解】 1）将各项工作计划工程量与单价相乘，除以该工作的作业时间，得到各工作每月拟完工程计划投资额；再将各工作分别按月纵向汇总得到每月拟完工程计划投资额；然后逐月累加得到各月累计拟完工程计划投资额。结果见表 5-8。

2）工作 H 6~9 月份每月实际完成工程量为 $(5000\div4)\mathrm{m}^3/\text{月}=1250\mathrm{m}^3/\text{月}$。

工作 H 6~9 月已完工程计划投资均为 (1250×1000)万元=125 万元。

工作 H 6~9 月已完工程实际投资：

6 月份为 125 万元×110%=137.5 万元。

7 月份为 125 万元×120%=150 万元。

8 月份为 125 万元×110%=137.5 万元。

9 月份为 125 万元×110% =137.5 万元。

3）混凝土结构工程已完工程计划投资和已完工程实际投资计算结果见表 5-8。

表 5-8 混凝土结构工程投资完成状况表 （单位：万元）

项目	投资数据								
	1月	2月	3月	4月	5月	6月	7月	8月	9月
每月拟完工程计划投资	880	880	690	690	550	370	530	310	
累计拟完工程计划投资	880	1760	2450	3140	3690	4060	4590	4900	
每月已完工程计划投资	880	880	660	660	410	355	515	415	125
累计已完工程计划投资	880	1760	2420	3080	3490	3845	4360	4775	4900
每月已完工程实际投资	1012	924	726	759	451	390.5	618	456.5	137.5
累计已完工程实际投资	1012	1936	2662	3421	3872	4262.5	4880.5	5337	5474.5

4）计算 8 月末的投资偏差和进度偏差如下：

$$CV=\sum_{i=1}^{8}(BCWP_i-ACWP_i)=(4775-5337)\text{万元}=-562\text{万元}$$，费用超支 562 万元。

$$SV=\sum_{i=1}^{8}(BCWP_i-BCWS_i)=(4775-4900)\text{万元}=-125\text{万元}$$，进度拖后 125 万元的工作量。

思 考 题

1. 工程保留金的预留方法有哪些？
2. 工程变更的处理程序是怎样的？
3. 简述索赔的费用组成。
4. 简述施工项目成本管理的内容及其相互关系。
5. 控制成本用挣值法的三个费用（三个成本值）是什么？

练 习 题

1. 对某项目前 20 周进展情况进行统计调查，见表 5-9，要求：

1）计算每项工作的 BCWP 及第 20 周末的 BCWS、ACWP、BCWP 合计。

2）计算第 20 周末的 CV、SV、CPI、SPI，并分析成本和进度状况。

表 5-9 某项目前 20 周的进展情况

工作代号	拟完工程预算费用（万元）	已完工程量百分比（%）	已完工程时间费用（万元）	挣值（万元）
A	200	100	210	
B	220	100	220	
C	400	100	430	
D	250	100	250	
E	300	100	310	
F	540	50	400	
G	840	100	800	
H	600	100	600	
I	240	0	0	
J	150	0	0	
K	1600	40	800	
L	2000	0	0	
M	100	100	90	
N	60	0	0	
合计				

2. 已知某建筑公司的成本历史资料，见表 5-10，试回答以下问题：

1）确定该公司实际成本与预算成本的函数关系。

2）计算该公司预算成本等于实际成本的盈亏平衡点。

3）该公司明年 1 月和 2 月的预算成本分别为 190 万元和 250 万元，预测其相应的实际成本。

4）根据量本利方法，分析提高利润的途径有哪些？

表 5-10 某公司成本历史资料 （单位：万元）

月份	1 月	2 月	3 月	4 月	5 月	6 月	7 月	8 月	9 月	10 月	11 月	12 月
预算成本	180	172	200	248	253	265	257	243	270	284	291	320
实际成本	193	189	202	227	229	240	228	237	243	238	248	271

第6章 工程项目质量管理

6.1 施工阶段的质量控制

6.1.1 施工质量控制概述

1. 施工质量控制的目标

施工质量控制的总体目标是贯彻执行建设工程质量法规和标准，正确配置生产要素和采用科学管理的方法，实现工程项目预期的使用功能和质量标准。不同管理主体的施工质量控制目标如下：

1）建设单位的质量控制目标是通过施工过程的全面质量监督管理、协调和决策，保证竣工项目达到投资决策所确定的质量标准。

2）设计单位在施工阶段的质量控制目标是通过设计变更控制及纠正施工中所发现的设计问题等，保证竣工项目的各项施工结果与设计文件所规定的标准相一致。

3）施工单位的质量控制目标是通过施工过程的全面质量自控，保证交付满足施工合同及设计文件所规定的质量标准的建设工程产品。

4）监理单位在施工阶段的质量控制目标是通过审核施工质量文件、施工指令和结算支付控制等手段的应用，监控施工承包单位的质量活动行为，正确履行工程质量的监督责任，以保证工程质量达到施工合同和设计文件所规定的质量标准。

2. 施工质量控制的依据

施工质量控制的依据包括工程合同文件、设计文件、国家及政府有关部门颁布的有关质量管理方面的法律法规性文件、有关质量检验与控制的专门技术法规性文件。

3. 施工质量控制的阶段划分及内容

施工质量控制包括施工准备质量控制、施工过程质量控制和施工验收质量控制三个阶段，见表6-1。

1）施工准备质量控制是指工程项目开工前的全面施工准备和施工过程中各分部分项工程施工作业准备的质量控制。

表 6-1 施工质量控制的阶段划分及内容

<table>
<tr><th>阶段划分</th><th colspan="2">控制内容</th></tr>
<tr><td rowspan="5">施工准备质量控制</td><td colspan="2">施工承包单位资质的核查</td></tr>
<tr><td colspan="2">施工质量计划的编制与审查</td></tr>
<tr><td colspan="2">现场施工准备的质量控制</td></tr>
<tr><td colspan="2">施工机械配置的控制</td></tr>
<tr><td colspan="2">工程开工报审</td></tr>
<tr><td rowspan="14">施工过程质量控制</td><td rowspan="5">施工作业过程质量的预控</td><td>设置工序活动的质量控制点</td></tr>
<tr><td>工程质量预控对策的表达方式</td></tr>
<tr><td>作业技术交底的控制</td></tr>
<tr><td>进场材料构配件的质量控制</td></tr>
<tr><td>环境状态的控制</td></tr>
<tr><td rowspan="5">施工作业过程质量的实时监控</td><td>承包单位的自检系统与监控</td></tr>
<tr><td>施工作业技术复核工作与监控</td></tr>
<tr><td>见证取样与见证点的实时监控</td></tr>
<tr><td>工程变更的监控</td></tr>
<tr><td>质量记录资料的控制</td></tr>
<tr><td rowspan="4">施工作业过程质量检验</td><td>基槽基坑检查验收</td></tr>
<tr><td>隐蔽工程检查验收</td></tr>
<tr><td>不合格品的处理及成品保护</td></tr>
<tr><td>检验方法与检验程度的种类</td></tr>
<tr><td rowspan="4">施工验收质量控制</td><td colspan="2">检验批的验收</td></tr>
<tr><td colspan="2">分项工程验收</td></tr>
<tr><td colspan="2">分部工程验收</td></tr>
<tr><td colspan="2">单位工程验收</td></tr>
</table>

2）施工过程质量控制是指施工作业技术活动的投入与产出过程的质量控制，其内涵包括全过程施工生产及其中各分部分项工程的施工作业过程。

3）施工验收质量控制是指对已完工程验收时的质量控制，即工程产品的质量控制。

4. 施工质量控制的工作程序

1）在每项工程开始前，承包单位须做好施工准备工作，然后填报工程开工报审表，附上该项工程的开工报告、施工方案以及施工进度计划等，报送监理工程师审查。若审查合格，则由总监理工程师批复准予施工。否则，承包单位应进一步做好施工准备，待条件具备时，再次填报开工申请。

2）在每道工序完成后，承包单位应进行自检，自检合格后，填报报验申请表交监理工程师检验。监理工程师收到检查申请后应在规定的时间内到现场检验，检验合格后予以确认。只有上一道工序被确认质量合格后，方能准许下道工序施工。

3）当一个检验批、分项、分部工程完成后，承包单位首先对检验批、分项、分部工程进行自检，填写相应质量验收记录表，确认工程质量符合要求，然后向监理工程师提交报验申请表附上自检的相关资料；监理工程师现场检查及对相关资料审核后，符合要求予以签认验收，反之，则指令承包单位进行整改或返工处理。

4）在施工质量验收过程中，涉及结构安全的试块、试件以及有关材料，应按规定进行见证取样检测；对涉及结构安全和使用功能的重要分部工程，应进行抽样检测。承担见证取样检测及有关结构安全检测的单位应具有相应资质。

5）通过返修或加固处理仍不能满足安全使用要求的分部工程、单位工程严禁验收。

5. 质量控制的原理过程

1）确定控制对象，例如一个检验批、一道工序、一个分项工程、安装过程等。

2）规定控制标准，即详细说明控制对象应达到的质量要求。

3）制定具体的控制方法，例如工艺规程、控制用图表等。

4）明确所采用的检验方法，包括检验手段。

5）实际进行检验。

6）分析实测数据与标准之间差异的原因。

7）提出解决差异所采取的措施、方法。

6. 影响施工质量的因素分析案例

【例 6-1】 某钻孔灌注桩按要求在施工前进行了两组试桩，试验结果未达到预计效果，经分析，发现如下问题：

1）施工单位不是专业的钻孔灌注桩施工队伍。

2）混凝土强度未达到设计要求。

3）焊条的规格未满足要求。

4）钢筋工没有上岗证书。

5）施工中采用的钢筋笼主筋型号不符合规格要求。

6）在暴雨条件下进行钢筋笼的焊接。

7）钻孔时施工机械经常出现故障造成停钻。

8）按规范应采用反循环方法施工而施工单位采用正循环方法施工。

9）清孔的时间不够。

10）钢筋笼起吊方法不对造成钢筋笼弯曲。

问题：试述影响工程质量的因素有哪几类？以上问题各属于哪类影响工程质量的因素？

【答】 1）影响工程质量的因素有人、材料、机械、方法、环境五大类。

2）影响工程质量属于人力方面的因素为第 1）、4）两项，属于材料方面的因素为第 2）、3）、5）三项，属于施工工艺方法方面的因素为第 8）、9）、10）三项，属于施工机械方面的因素为第 7）项，属于施工环境方面的因素为第 6）项。

6.1.2 施工准备质量控制

1. 施工承包单位资质的核查

（1）施工承包单位资质的分类

按照住房和城乡建设部《建设工程企业资质管理制度改革方案》（建市〔2020〕94 号）的规定，施工资质分为综合资质、施工总承包资质、专业承包资质和专业作业资质。

将原 10 类施工总承包企业特级资质调整为施工综合资质，可承担各行业、各等级施工总承包业务；保留 12 类施工总承包资质，将民航工程的专业承包资质整合为施工总承包资质；将原 36 类专业承包资质整合为 18 类；将施工劳务企业资质改为专业作业资质，由审批制改为备案制。综合资质和专业作业资质不分等级；施工总承包资质、专业承包资质等级原则上压减为甲、乙两级（部分专业承包资质不分等级），其中，施工总承包甲级资质在本行业内承揽业务规模不受限制。

施工总承包资质分为 13 个类型，分别是：建筑工程施工总承包、公路工程施工总承包、铁路工程施工总承包、港口与航道工程施工总承包、水利水电工程施工总承包、市政公用工程施工总承包、电力工程施工总承包、矿山工程施工总承包、冶金工程施工总承包、石油化工工程施工总承包、通信工程施工总承包、机电工程施工总承包、民航工程施工总承包。

专业承包资质分为 18 个类型，分别是：建筑装修装饰工程专业承包、建筑机电工程专业承包、公路工程类专业承包或公路工程施工总承包、港口与航道工程类专业承包、铁路电务电气化工程专业承包、水利水电工程类专业承包、通用专业承包、地基基础工程专业承包、起重设备安装工程专业承包、预拌混凝土专业承包、模板脚手架专业承包、防水防腐保温工程专业承包、桥梁工程专业承包、隧道工程专业承包、消防设施工程专业承包、古建筑工程专业承包、输变电工程专业承包、核工程专业承包。

（2）招标投标阶段对承包单位资质的审查

根据工程类型、规模和特点，确定参与投标企业的资质等级。对符合投标的企业查对营业执照、企业资质证书、企业年检情况、资质升降级情况等。

（3）对中标进场的企业质量管理体系的核查

了解企业贯彻质量、环境、安全认证情况，质量管理机构落实情况。

2. 施工质量计划的编制与审查

1）按照《质量管理体系　基础和术语》（GB/T 19000）标准，质量计划是质量管理体系文件的组成内容。在合同环境下质量计划是企业向顾客表明质量管理方针、目标及其具体实现的方法、手段和措施，体现企业对质量责任的承诺和实施的具体步骤。

2）施工质量计划的编制主体是施工承包企业。审查主体是监理机构。

3）目前我国工程项目施工质量计划常用施工组织设计或施工项目管理实施规划的形式进行编制。

4）施工质量计划编制完毕，应经企业技术领导审核批准，并按施工承包合同的约定提交工程监理或建设单位批准确认后执行。

由于施工组织设计已包含了质量计划的主要内容，因此，对施工组织设计的审查就包括了对质量计划的审查。

在工程开工前约定的时间内，承包单位必须完成施工组织设计的编制并报送项目监理机构，总监理工程师在约定的时间内审核签认。已审定的施工组织设计由项目监理机构报送建设单位。承包单位应按审定的施工组织设计文件组织施工，如需对其内容做较大的变更，应在实施前将变更内容书面报送项目监理机构审核。

3. 现场施工准备的质量控制

现场施工准备的质量控制包括工程定位及标高基准的控制，施工平面布置的控制，现场临时设施控制等。

4. 施工材料、构配件订货的控制

1）凡由承包单位负责采购的材料或构配件，应按有关标准和设计要求采购订货，在采购订货前应向监理工程师申报，监理工程师应提出明确的质量检测项目、标准以及对出厂合格证等质量文件的要求。

2）供货厂方应向需方提供质量文件，用以表明其提供的货物能够达到需方提出的质量要求。质量文件主要包括产品合格证及技术说明书；质量检验证明；检测与试验者的资质证明；关键工序操作人员资格证明及操作记录；不合格品或质量问题处理的说明及证明；有关产品图及技术资料；必要时，还应附有权威性认证资料。

5. 施工机械配置的控制

施工机械设备的选择，除应考虑施工机械的技术性能，工作效率，工作质量，可靠性及维修难易性，以及安全、灵活等方面对施工质量的影响与保证外，还应考虑其数量配置对施工质量的影响与保证条件。

6. 分包单位资格的审核确认

总承包单位选定分包单位后，应向监理工程师提交分包单位资质报审表，监理工程师审查时，主要是审查施工承包合同是否允许分包，分包单位是否具有按工程承包合同规定的条件完成分包工程任务的能力。

7. 施工图的现场核对

施工承包单位应做好施工图的现场核对工作，对于存在的问题，承包单位以书面形式提出，在设计单位以书面形式进行确认后，才能施工。

8. 严把开工关

开工前承包单位必须提交工程开工报审表，经监理工程师审查具备开工条件并由总监理工程师予以批准后，承包单位才能开始正式进行施工。

9. 施工材料质量控制案例分析

【例 6-2】 某工程施工合同规定：设备由业主供应，其他建筑材料由承包方采购。其中，对主要装饰石料，业主经与设计单位商定，由业主指定了材质、颜色和样品，

并向承包方推荐厂家，承包方与生产厂家签订了购货合同。厂家将石料按合同采购数量送达现场，进场时经检查，该批材料颜色有部分不符合要求，监理工程师通知承包方该批材料不得使用。承包方要求厂家将不符合要求的石料退换，厂家要求承包方支付退货运费，承包方不同意支付，厂家要求业主在应付给承包方工程款中扣除上述费用。

问题： 1）业主指定石料材质、颜色和样品是否合理？

2）承包商要求退换不符合要求的石料是否合理？为什么？

3）简述材料质量控制的要点。

4）材料质量控制的内容有哪些？

【答】 1）业主指定材质、颜色和样品是合理的。

2）要求厂家退货是合理的，因厂家供货不符合合同质量要求。

3）进场材料质量控制要点如下：

① 掌握材料信息，优选供货厂家。

② 合理组织材料供应，确保施工正常进行。

③ 合理组织材料使用，减少材料损失。

④ 加强材料检查验收，严把材料质量关。

⑤ 要重视材料的使用认证，以防错用或使用不合格的材料。

⑥ 加强现场材料管理。

4）材料质量控制的内容主要有：材料的质量标准，材料的性能，材料取样、试验方法，材料的适用范围和施工要求等。

6.1.3 施工过程质量控制

一个工程项目是划分为工序作业过程、检验批、分项工程、分部工程、单位工程等若干层次进行施工的，各层次之间具有一定的先后顺序关系。所以，工序施工作业过程的质量控制是最基本的质量控制，它决定了检验批的质量；而检验批的质量又决定了分项工程的质量。施工过程质量控制的主要工作是以施工作业过程质量控制为核心，设置质量控制点，进行预控，严格施工作业过程质量检查，加强成品保护等。

1. 施工作业过程的质量预控

工程质量预控就是针对所设置的质量控制点或分部分项工程，事先分析在施工中可能发生的质量问题和隐患，分析可能的原因，并提出相应的对策，制定对策表，采取有效的措施进行预先控制，以防止在施工中发生质量问题。

质量预控一般按“施工作业准备—技术交底—中间检查及质量验收—资料整理”的顺序，提出各阶段质量管理工作要求，其实施要点如下：

（1）确定工序质量控制计划，监控工序活动条件及成果

工序质量控制计划是以完善的质量体系和质量检查制度为基础的。工序质量控制计划

要明确规定质量监控的工作流程和质量检查制度，作为监理单位和施工单位共同遵循的准则。

监控工序活动条件，应分清主次工序，重点监控影响工序质量的各因素，注意各因素或条件的变化，使它们的质量始终处于控制之中。

工序活动效果的监控主要是指对工序活动的产品采取一定的检验手段进行检验，根据检验结果分析、判断该工序的质量效果，从而实现对工序质量的控制。

（2）设置工序活动的质量控制点

质量控制点是指为了保证工序质量而确定的重点控制对象、关键部位或薄弱环节。承包单位在工程施工前应根据施工过程质量控制的要求，列出质量控制点明细表，表中详细地列出各质量控制点的名称和控制内容、检验标准及方法等，提交监理工程师审查批准后，在此基础上实施质量预控。

1）设置质量控制点应考虑的因素如下：

① 施工工艺。施工工艺复杂时多设，不复杂时少设。

② 施工难度。施工难度大时多设，难度不大时少设。

③ 建设标准。建设标准高时多设，标准不高时少设。

④ 施工单位信誉。施工单位信誉高时少设，信誉不高时多设。

2）选择质量控制点的原则如下：

① 施工过程中的关键工序、关键环节，如预应力结构的张拉。

② 隐蔽工程，应重点设置质量控制点。

③ 施工中的薄弱环节或质量不稳定的工序、部位，如地下防水层施工。

④ 对后续工序质量有重大影响的工序或部位，如钢筋混凝土结构中的钢筋质量、模板的支撑与固定等。

⑤ 采用新工艺、新材料、新技术的部位或环节，应设置质量控制点。

⑥ 施工单位无足够把握的工序或环节，如复杂曲线模板的放样等。

3）质量控制点的重点控制对象：

① 人的行为，包括人的身体素质、心理素质、技术水平等均有相应的较高要求。

② 物的质量与性能，如基础的防渗灌浆中，灌浆材料细度及可灌性的控制。

③ 关键的操作过程，如预应力钢筋的张拉工艺操作过程及张拉力的控制。

④ 施工技术参数，如填土含水量，混凝土受冻临界强度等。

⑤ 施工顺序，如对于冷拉钢筋，应当先对焊、后冷拉，否则会失去冷强；对于屋架固定，一般应采取对角同时施焊，以免焊接应力使已校正的屋架发生变位等。

⑥ 技术间歇，如砖墙砌筑与抹灰之间，应保证有足够的间歇时间。

⑦ 施工方法，如滑模施工中的支承杆失稳问题，这可能引起重大质量事故。

⑧ 特殊地基或特种结构，如湿陷性黄土、膨胀土等特殊土地基的处理应予特别重视。

4）设置质量控制点的一般位置。一般工业与民用建筑中质量控制点设置的位置，按分项工程给出，见表 6-2。

表 6-2 质量控制点的设置位置

分项工程	质量控制点
工程测量定位	标准轴线桩、水平桩、龙门板、定位轴线、标高
地基基础	基坑尺寸，土质条件、承载力，基础及垫层尺寸、标高，预留洞孔等
砌体	砌体轴线、皮数杆、砂浆配合比、预留孔洞、砌体砌法
模板	模板位置、尺寸、强度及稳定性，模板内部清理及润湿情况
钢筋混凝土	水泥品种、强度等级，砂石质量，混凝土配合比，外加剂比例，混凝土振捣，钢筋种类、规格、尺寸，预埋件位置，预留孔洞，预制件吊装
吊装	吊装设备起重能力、吊具、索具、地锚
装饰工程	抹灰层、镶贴面表面平整度，阴阳角，护角、滴水线、勾缝、油漆
屋面工程	基层平整度、坡度，防水材料技术指标，泛水与三缝处理
钢结构	翻样图、放大样
焊接	焊接条件、焊接工艺
装修	视具体情况而定

（3）工程质量预控对策的表达方式

质量预控和预控对策的表达方式主要有文字表达和用解析图或表格形式表达。

1）文字表达。如钢筋电焊焊接质量的预控措施用文字表达如下：

① 可能产生的质量问题：焊接接头偏心弯折；焊条型号或规格不符合要求；焊缝的长、宽、厚度不符合要求；凹陷、焊瘤、裂纹、烧伤、咬边、气孔、夹渣等缺陷。

② 质量预控措施：禁止焊接人员无证上岗；焊工正式施焊前，必须按规定进行焊接工艺试验；每批钢筋焊完后，承包单位自检并按规定对焊接接头见证取样进行力学性能试验；在检查焊接质量时，应同时抽检焊条的型号。

2）用解析图或表格形式表达的质量预控对策表。该图表分为两部分，一部分列出某一分部分项工程中各种影响质量的因素；另一部分列出对应于各种质量问题影响因素所采取的对策或措施。

以混凝土灌注桩质量预控为例，用表格形式表达的质量预控对策见表 6-3。

表 6-3 混凝土灌注桩质量预控对策

可能发生的质量问题	质量预控措施
1. 孔斜	督促施工单位在钻孔前及开钻 4 小时后，对钻机认真整平
2. 混凝土强度不足	随时抽查原料质量，试配混凝土配合比经监理工程师审批确认
3. 缩颈、堵管	督促施工单位每桩测定混凝土坍落度 2 次
4. 断桩	准备充分，保证连续不断地浇筑桩体
5. 钢筋笼上浮	掌握泥浆密度（$1.1\sim1.2g/cm^3$）和灌注速度

（4）作业技术交底的控制

作业技术交底是对施工组织设计或施工方案的具体化，是更细致、明确、更加具体的技术实施方案，是工序施工或分项工程施工的具体指导文件。每一分项工程开始实施前均要进行交底。技术负责人按照设计图、施工组织设计，编制技术交底书，并经项目总工程师批准，向施工人员交清工程特点、施工工艺方法、质量要求和验收标准，施工过程中需注意的问题，可能出现意外的措施及应急方案。交底中要明确做什么、谁来做、如何做、作业标准和要求、什么时间完成等。

关键部位或技术难度大、施工复杂的检验批、分项工程施工前，承包单位的技术交底书要报监理工程师。经监理工程师审查后，如技术交底书不能保证作业活动的质量要求，承包单位要进行修改补充。没有做好技术交底的作业活动，不得进入正式实施。

（5）进场材料、构配件的质量控制

1）凡运到施工现场的原材料或构配件，进场前应向监理机构提交工程材料、构配件报审表，同时附有产品出厂合格证及技术说明书、由施工承包单位按规定要求进行检验的检验试验报告，经监理工程师审查并确认其质量合格后，方准进场。如果监理工程师认为承包单位提交的有关产品合格证明文件以及检验试验报告，不足以说明到场产品的质量符合要求，监理工程师可再行组织复检或见证取样试验，确认其质量合格后方允许进场。

2）进口材料的检查、验收，应会同国家商检部门进行。

3）材料、构配件的存放，应安排适宜的存放条件及时间，并且应实行监控。例如，对水泥的存放应当防止受潮，存放时间一般不宜超过 3 个月，以免受潮结块。

4）对于某些当地材料及现场配制的制品，一般要求承包单位事先进行试验，达到要求的标准方可使用。例如混凝土粗骨料中如果含有无定形氧化硅，则会与水泥中的碱发生碱-集料反应，并吸水膨胀，从而导致混凝土开裂，因此需设法妥善解决。

（6）环境状态的控制

环境状态包括水电供应、交通运输等施工作业环境，施工质量管理环境，施工现场劳动组织及作业人员上岗资格，施工机械设备性能及工作状态环境，施工测量及计量器具性能状态，现场自然条件环境等。施工单位应做好充分准备和妥当安排，监理工程师检查确认其准备可靠、状态良好、有效后，方准许其进行施工。

2. 施工作业过程质量的实时监控

（1）承包单位的自检系统与监理工程师的检查

承包单位是施工质量的直接实施者和责任者，其自检系统表现在以下几点：

1）作业活动的作业者在作业结束后必须自检。

2）不同工序交接、转换必须由相关人员交接检查。

3）承包单位专职质检员的专检。

为实现上述三点，承包单位必须有整套的制度及工作程序，具有相应的试验设备及检测仪器，配备数量满足需要的专职质检人员及试验检测人员。

监理工程师是对承包单位作业活动质量的复核与确认，监理工程师的检查决不能代替承包单位的自检。而且，监理工程师的检查必须是在承包单位自检并确认合格的基础上进行的。专职质检员没检查或检查不合格不能报监理工程师。

（2）施工作业技术复核工作与监控

凡涉及施工作业技术活动基准和依据的技术工作，都应该严格进行专人负责的复核性检查，以避免基准失误给整个工程质量带来难以补救的或全局性的危害。例如工程的定位、轴线、标高，预留空洞的位置和尺寸等。技术复核是承包单位应履行的技术工作责任，其复核结果应报送监理工程师复验，监理工程师确认后，才能进行后续相关的施工。

（3）见证取样、送检工作及其监控

见证是指由监理工程师现场监督承包单位某工序全过程完成情况的活动。见证取样是指对工程项目使用的材料和构配件的现场取样、工序活动效果的检查实施见证。

1）承包单位在对进场材料、试块、钢筋接头等实施见证取样前要通知监理工程师，在监理工程师现场监督下，承包单位按相关要求，完成取样过程。

2）完成取样后，承包单位将送检样品装入木箱，由工程师加封，不能装入箱中的试件，如钢筋样品，则贴上专用加封标志，然后送往具有相应资质的试验室。

3）送往试验室的样品，要填写“送验单”，送验单要盖有“见证取样”专用章，并有见证取样监理工程师的签字。

4）试验室出具的报告一式两份，分别由承包单位和项目监理机构保存，并作为归档材料，是工序产品质量评定的重要依据。

5）实行见证取样，绝不代替承包单位应对材料、构配件进场时必须进行的自检。自检频率和数量要按相关规范要求执行。见证取样的频率和数量，包括在承包单位自检范围内，一般所占比例为30%。见证取样的试验费用由承包单位支付。

（4）见证点的实施控制

“见证点”是国际上对于重要程度不同及监督控制要求不同的质量控制点的一种区分方式。凡是被列为见证点的质量控制对象，在施工前，承包单位应提前通知监理人员在约定的时间内到现场进行见证和对其施工实施监督。如果监理人员未能在约定的时间内到现场见证和监督，则承包单位有权进行该点相应工序的操作和施工。

（5）工程变更的监控

施工过程中，由于种种原因会涉及工程变更，工程变更的要求可能来自建设单位、设计单位或施工承包单位，不同情况下，工程变更的处理程序不同。但无论是哪一方提出工程变更或施工图修改，都应通过监理工程师审查并经有关方面研究，确认其必要性后，由总监理工程师发布变更指令方能生效予以实施。

监理工程师在审查现场工程变更要求时，应持十分谨慎的态度。除非是原设计不能保证质量要求，或确有错误，以及无法施工之外，一般情况下即使变更要求可能在技术经济上是合理的，也应全面考虑，将变更以后对质量、工期、造价方面的影响以及可能引起的索赔损失等加以比较，权衡轻重后再做出决定。

（6）质量记录资料的控制

质量记录资料包括以下三方面内容：

1）施工现场质量管理检查记录资料。主要包括承包单位现场质量管理制度，质量责任制，主要专业工种操作上岗证书，分包单位资质及总包单位对分包单位的管理制度，施工图审查核对记录，施工组织设计及审批记录，工程质量检验制度等。

2）工程材料质量记录。主要包括进场材料、构配件、设备的质量证明资料，各种试验检验报告，各种合格证，设备进场维修记录或设备进场运行检验记录。

3）施工过程作业活动质量记录资料。施工过程可按分项、分部、单位工程建立相应的质量记录资料。在相应质量记录资料中应包含有关施工图的图号，质量自检资料，监理工程师的验收资料，各工序作业的原始施工记录等。

施工质量记录资料应真实、齐全、完整，相关各方人员的签字齐备、字迹清楚、结论明确，与施工过程的进展同步。在对作业活动效果的验收中，如缺少资料和资料不全，监理工程师应拒绝验收。

3. 施工作业过程质量检查与验收

（1）基槽、基坑验收

基槽开挖质量验收主要涉及地基承载力的检查确认，地质条件的检查确认，开挖边坡的稳定及支护状况的检查确认，基槽开挖尺寸、标高的检查确认等。由于部位的重要性，基槽开挖验收均要有勘察设计单位的有关人员参加，并请当地主管质量监督部门参加，经现场检测确认其地基承载力是否达到设计要求，地质条件是否与设计相符。如相符，则共同签署验收资料，否则，应采取措施进行处理，经承包单位实施完毕后重新验收。

（2）隐蔽工程验收

隐蔽工程验收是指将被其后续工程施工所隐蔽的分项分部工程，在隐蔽前所进行的检查验收。它是对一些已完分项分部工程质量的最后一道检查，由于检查对象就要被其他工程覆盖，给以后的检查整改造成障碍，故显得尤为重要。其程序如下：

1）隐蔽工程施工完毕，承包单位按有关技术规程、规范、施工图先进行自检，自检合格后，填写报验申请表，附上相应的隐蔽工程检查记录及有关材料证明、试验报告、复试报告等，报送项目监理机构。

2）监理工程师收到报验申请后首先对质量证明资料进行审查，并在合同规定的时间内到现场核查，承包单位的专职质检员及相关施工人员应随同一起到现场。

3）经现场检查，如符合质量要求，监理工程师在报验申请表及隐蔽工程检查记录上签字确认，准予承包单位隐蔽、覆盖，进入下一道工序施工。如经现场检查发现不合格，监理工程师签发“不合格项目通知”，指令承包单位整改，承包单位整改后自检合格再报监理工程师复查。

（3）工序交接验收

工序交接验收是指作业活动中一种必要的技术停顿、作业方式的转换及作业活动效果的中间确认。上道工序应满足下道工序的施工条件和要求，相关专业工序之间也是如此。通过工序间的交接验收，使各工序间和相关专业工程之间形成一个有机整体。

（4）不合格品的处理

上道工序不合格，不准进入下道工序施工，不合格的材料、构配件、半成品不准进入施工现场且不允许使用。已经进场的不合格品应及时做出标识、记录，指定专人看管，避免用错，并限期清除出现场。不合格的工序或工程产品，不予计价。

（5）成品保护

在施工过程中，有些分项工程已经完成，而其他一些分项工程尚在施工；或者是在其分项工程施工过程中，某些部位已完成，而其他部位正在施工。在这种情况下，承包单位必须负责对已完成部分采取妥善措施予以保护，以免因成品缺乏保护或保护不善而造成操作损坏或污染，影响工程整体质量。

4. 施工作业过程质量检验方法与检验程度的种类

（1）检验方法

对于现场所用原材料、半成品、工序过程或工程产品质量进行检验的方法，一般可分为三类，即目测法、量测法以及试验法。

1）目测法，即凭借感官进行检查，也可以称为观感检验。这类方法主要是根据质量要求，采用看、摸、敲、照等手法对检查对象进行检查。“看”就是根据质量标准要求进行外观检查，例如清水墙表面是否洁净，喷涂的密实度和颜色是否良好、均匀，工人的施工操作是否正常，混凝土振捣是否符合要求等。所谓“摸”，就是通过触摸手感进行检查、鉴别，例如油漆的光滑度，浆活是否牢固、不掉粉等。所谓“敲”，就是运用敲击方法进行观感检查，例如对墙面瓷砖、大理石镶贴、地砖铺砌等的质量均可通过敲击检查，根据声音虚实、脆闷判断有无空鼓等质量问题。所谓“照”，就是通过人工光源或反射光照射，仔细检查难以看清的部位。

2）量测法，就是利用量测工具或计量仪表，通过实际量测结果与规定的质量标准或规范的要求相对照，从而判断质量是否符合要求。量测的手法可归纳为：靠、吊、量、套。“靠”是用直尺检查诸如地面、墙面的平整度等；“吊”是指用线锤检查垂直度；“量”是指用量测工具或计量仪表等检查断面尺寸、轴线、标高、温度、湿度等数值并确定其偏差，例如大理石板拼缝尺寸与超差数量，摊铺沥青拌合料的温度等；“套”是指以方尺套方辅以塞尺，检查诸如踢脚线的垂直度，预制构件的方正，门窗口及构件的对角线等。

3）试验法，是利用理化试验或借助专门仪器判断检验对象质量是否符合要求。

① 理化试验。常用的理化试验包括物理力学性能方面的检验和化学成分及含量的测定两个方面。力学性能检验如抗拉强度、抗压强度的测定等。物理性能方面的测定如密度、含水量、凝结时间的测定等。化学试验如钢筋中的磷、硫含量测定，以及抗腐蚀能力测定等。

② 无损测试或检验。借助专门的仪器、仪表等手段在不损伤被探测物的情况下了解被探测物的质量情况，如采用超声波探伤仪、磁粉探伤仪等检测。

（2）质量检验程度的种类

按质量检验的程度，即检验对象的被检验数量划分，可有以下几类：

1）全数检验。主要是用于关键工序部位或隐蔽工程，以及那些在技术规程、质量检验验收标准或设计文件中有明确规定应进行全数检验的对象。例如，对安装模板的稳定性、刚度、强度、结构物轮廓尺寸等的检验。

2）抽样检验。对于主要的建筑材料、半成品或工程产品等，由于数量大，通常大多采取抽样检验。抽样检验具有检验数量少，比较经济，检验所需时间较少等优点。

3）免检。就是在某种情况下，可以免去质量检验过程。如对于实践证明其产品质量长期稳定、质量保证资料齐全者可考虑采取免检。

5. 施工作业过程质量控制案例分析

【例 6-3】 某钢筋混凝土工程的施工由甲公司总承包，其中的桩基工程分包给乙单位。施工前甲公司复核了该工程的测量控制点，并经监理工程师审核批准。施工中发生了如下事件：

事件 1：桩中心线偏移量超过规范允许的误差。原因是桩位施工图尺寸与总平面图尺寸不一致。为此，甲公司向监理机构报送了处理方案，总监理工程师认为可行，予以批准。

事件 2：乙公司根据监理工程师批准的处理方案进行了补桩和整改，并在规定时间内向监理机构提交了索赔报告。

事件 3：按合同规定由建设单位采购的一批钢筋供方虽提供了质量合格证，但在使用前的抽样检验中材质不合格。

事件 4：部分桩基施工完毕后，浇筑混凝土时留置的试块试验结果未达到设计要求的强度。

问题： 1）总监理工程师批准上述处理方案，在工作程序上是否妥当？并简述监理工程师施工过程中处理质量问题的工作程序要点。

2）施工单位和监理工程师在桩位偏移这一质量问题上是否有责任？

3）乙公司提出的索赔报告，总监理工程师应如何处理？

4）简述施工工序质量控制的步骤。

5）对施工过程中发生的事件 3、事件 4 监理工程师应分别如何处理？

【答】 1）监理工程师批准处理方案在工作程序上不妥。监理工程师处理质量问题的工作程序如下：

① 发出质量问题通知单，责令承包单位报送质量问题调查报告。

② 审查质量问题处理方案。

③ 跟踪检查承包单位对已批准处理方案的实施情况。

④ 验收处理结果。

⑤ 向建设单位提交有关质量问题的处理报告。

⑥ 将完整的处理记录整理归档。

2）施工单位和监理工程师在桩位偏移这一质量问题上没有责任，责任在设计单位。

3）乙公司提出的索赔报告监理机构不予受理，分包单位与建设单位无合同关系。

4）对工序质量的控制步骤如下：

① 实测。采用必要的检测手段，对样品进行检验，测定其质量特性指标。

② 分析。即对检测数据进行整理、分析、找出规律。

③ 判断。判断该工序质量是否达到了规定的标准。

④ 纠正或认可。如果未达到，应采取措施纠正；如果符合要求则予以确认。

5）对于事件 3，应责令承包单位停止使用该批钢筋。如果该批钢筋可降级使用，应与建设、设计、施工单位共同确定处理方案；如不能用于工程则指令退场。

对于事件 4，责令停止相关部位的继续施工，请具有资质的法定检测单位进行该部分混凝土结构的检测。如能达到设计要求，予以验收；否则要求返修或加固处理。

6.1.4 施工验收质量控制

1. 基本术语

（1）验收

在施工单位自行质量检查评定的基础上，参与建设的有关单位共同对检验批、分项工程、分部工程、单位工程的质量进行抽样复验，根据相关标准以书面形式对工程质量达到合格与否做出确认。

（2）检验批

检验批是按同一的生产条件或规定的方式汇总起来供检验用的，由一定数量样本组成的检验体。检验批是施工质量验收的最小单位，是分项工程验收的基础依据。构成一个检验批的产品，要具备以下基本条件：生产条件基本相同，包括设备、工艺过程、原材料等；产品的种类型号相同。如钢筋以同一品种，同一型号，同一炉号为一个检查批。

（3）主控项目

主控项目是工程项目中对安全、卫生、环境保护和公共利益起决定性作用的检验项目。如混凝土结构工程中“钢筋安装时，受力钢筋的品种、级别、规格和数量必须符合设计要求”。

（4）一般项目

除主控项目以外的检验项目都是一般项目。如混凝土结构工程中，“钢筋的接头宜设置在受力较小处。钢筋接头末端至钢筋弯起点的距离不应小于钢筋直径的 10 倍”。

（5）观感质量

通过观察和必要的量测所反映的工程外在质量。如装饰石材面应无色差。

（6）返修

对工程不符合标准规定的部位采取整修等措施。

（7）返工

对不合格的工程部位采取的重新制作、重新施工等措施。

（8）工程质量不合格

凡工程质量没有满足某个规定的要求，就称之为质量不合格。

2. 质量验收评定标准（质量验收合格条件）

在对整个项目进行验收时，应首先评定检验批的质量，以检验批的质量评定各分项工程的质量，以各分项工程的质量来综合评定分部（子分部）工程的质量，再以分部工程的质量来综合评定单位（子单位）工程的质量，在质量评定的基础上，再与工程合同及有关文件相对照，决定项目能否验收。工程项目质量验收逻辑关系如图 6-1 所示。

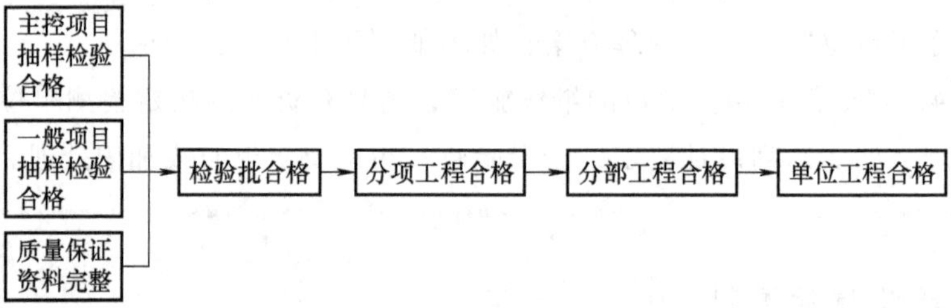

图 6-1　工程项目质量验收逻辑关系

（1）检验批质量验收合格的条件

1）主控项目和一般项目的质量经抽样检验合格。

2）具有完整的施工操作依据、质量检查记录。

（2）分项工程质量验收合格的条件

1）分项工程所含检验批均应符合合格质量的规定。

2）分项工程所含检验批的质量验收记录应完整。

（3）分部（子分部）工程质量验收合格的条件

1）分部（子分部）工程所含分项工程的质量均应验收合格。

2）质量控制资料应完整。

3）地基与基础、主体结构和设备安装等分部工程有关安全及功能的检验和抽样检测结果应符合有关规定。

4）观感质量验收应符合要求。

（4）单位（子单位）工程质量验收合格的条件

1）单位（子单位）工程所含分部（子分部）工程的质量均应验收合格。

2）质量控制资料应完整。

3）单位（子单位）工程所含分部工程有关安全和功能的检测资料应完整。

4）主要功能项目的抽查结果应符合相关专业质量验收规范的规定。

5）观感质量验收应符合要求。

3. 质量验收的组织程序

（1）检验批和分项工程质量验收的组织程序

检验批和分项工程验收前，施工单位先填好检验批和分项工程的验收记录，并由项目专业质量检验员和项目专业技术负责人分别在检验批和分项工程质量检验记录中相关栏目中签字，然后由监理工程师组织，严格按规定程序进行验收。

检验批质量由专业监理工程师（或建设单位项目专业技术负责人）组织施工单位项目专业质量检查员等进行验收。

分项工程质量应由监理工程师（或建设单位项目专业技术负责人）组织施工单位项目专业技术负责人等进行验收。

（2）分部（子分部）工程质量验收组织程序

分部工程应由总监理工程师（或建设单位项目负责人）组织施工单位项目负责人和技术、质量负责人等进行验收。由于地基基础、主体结构技术性能要求严格，技术性强，关系到整个工程的安全，因此，规定与地基基础、主体结构分部工程相关的勘察、设计单位工程项目负责人和施工单位技术、质量部门负责人也应参加相关分部工程验收。

（3）单位（子单位）工程质量验收组织程序

单位（子单位）工程在施工单位自评完成后，由总监理工程师组织初验收，再由建设单位组织正式验收。单位（子单位）工程质量验收记录应由施工单位填写，验收结论由监理单位填写，综合验收结论由参加验收各方共同商定，建设单位填写。具体程序如下：

1）预验收。当单位工程达到竣工验收条件后，施工单位应在自查、自评工作完成后，填写工程竣工报验单，并将全部竣工资料报送项目监理机构，申请竣工验收。总监理工程师应组织各专业监理工程师对竣工资料及各专业工程的质量情况进行全面检查，对检查出的问题，应督促施工单位及时整改。对需要进行功能试验的项目（包括单机试车和无负荷试车），监理工程师应督促施工单位及时进行试验，并对重要项目进行监督、检查，必要时请建设单位和设计单位参加。监理工程师应认真审查试验报告单并督促施工单位做好成品保护和现场清理。

经项目监理机构对竣工资料及实物全面检查、验收合格后，由总监理工程师签署工程竣工报验单，并向建设单位提出质量评估报告。

2）正式验收。建设单位收到工程验收报告后，应由建设单位（项目）负责人组织施工（含分包单位）、设计、监理等单位项目负责人进行单位（子单位）工程验收。单位工程由分包单位施工的，验收时，分包单位对所承包的工程项目应按规定的程序检查评定，总包单位应派人参加。分包工程完成后，应将工程有关资料交总包单位。建设工程经验收合格的，方可交付使用。

在一个单位工程中，对满足生产要求或具备使用条件，施工单位已预验，监理工程师已初验通过的子单位工程，建设单位可组织进行验收。有几个施工单位负责施工的单位工程，当其中的施工单位所负责的子单位工程已按设计完成，并经自行检验，也可组织正式验收，办理交工手续。在整个单位工程进行全部验收时，已验收的子单位工程验收资料应作为单位工程验收的附件。

4. 施工质量验收案例分析

【例 6-4】 项目监理机构的总监理工程师组织单位工程初验包括哪些方面的工作内容？并简述工程质量评估报告的内容。

【答】 1）总监理工程师组织单位工程竣工初验的工作包括以下几方面：

① 审查承包单位提交的竣工验收文件资料，包括各种质量控制资料、试验报告以及各种有关的技术性文件等。若所提交的验收文件、资料不齐全或有相互矛盾和不符之处，应指令承包单位补充、核实及改正。

② 审核承包单位提交的竣工图，并与已完工程、有关的技术文件（如设计图、工程变更文件、施工记录及其他文件）对照进行核查。

③ 总监理工程师组织专业监理工程师对拟验收工程项目的现场进行检查，如发现质量问题应指令承包单位进行处理。

④ 对拟验收项目初验合格后，总监理工程师对承包单位的工程竣工报验单予以签认，并上报建设单位，同时提出工程质量评估报告。

2）工程质量评估报告由项目总监理工程师和监理单位技术负责人签署，主要内容包括：

① 工程项目建设概况介绍，参加各方的单位名称、负责人。

② 工程检验批、分项、分部、单位工程的划分情况。

③ 工程质量验收标准，各检验批、分项、分部工程质量验收情况。

④ 地基与基础分部工程中，涉及桩基工程的质量检测结论，基槽承载力检测结论；涉及结构安全及使用功能的检测结论；建筑物沉降观测资料。

⑤ 施工过程中出现的质量事故及处理情况。

⑥ 结论。本单位工程是否达到合同约定；是否满足设计文件要求；是否符合国家强制性标准及条款的规定。

【例 6-5】 某混合结构住宅楼，设计采用混凝土小型砌块砌筑，墙体加芯柱，竣工验收合格后，用户入住。但用户在使用过程中发现墙体只有少量钢筋，而没有浇筑混凝土。经法定检测单位检测发现大约有一半的墙体中未按设计要求加芯柱，造成了重大的质量隐患。

问题：1）该混合结构住宅楼达到什么条件，方可竣工验收？

2）试述该工程质量验收的基本要求。

3）该工程已交付使用，施工单位是否需要对此问题承担责任？为什么？

【答】 1）验收条件：

① 完成建设工程设计和合同规定的内容。

② 有完整的技术档案和施工管理资料。

③ 有工程使用的主要建筑材料、建筑构配件和设备的进场试验报告。

④ 有勘查、设计、施工、工程监理等单位分别签署的质量合格文件。

⑤ 工程质量和使用功能符合规范规定的设计要求。

2）基本要求：

① 质量应符合统一标准和砌体工程及相关专业验收规范的规定。

② 应符合工程勘察、设计文件的要求。

③ 参加验收的各方人员应具备规定的资格。

④ 质量验收应在施工单位自行检查评定的基础上进行。

⑤ 隐蔽工程在隐蔽前应由施工单位通知有关单位进行验收，并形成验收文件。

⑥ 涉及结构安全的试块、试件以及有关材料，应按规定进行见证取样检测。

⑦ 检验批的质量应按主控项目和一般项目验收。

⑧ 对涉及结构安全和使用功能的重要分部工程应进行抽样检测。

⑨ 承担见证取样检测及有关结构安全检测的单位应具有相应资质。

⑩ 工程的观感质量应由验收人员通过现场检查，并应共同确认。

3）施工单位必须对此问题承担责任，原因是该质量问题是由施工单位在施工过程中未按设计要求施工造成的。

6.2 工程项目质量问题和质量事故的处理

6.2.1 工程质量问题与质量事故的相关概念

工程质量问题或事故是指由工程质量不合格或质量缺陷，而造成或引发经济损失、工期延误或危及人的生命和社会正常秩序的事件。

1. 工程质量问题

工程质量不合格必须进行返工、加固或报废处理，由此造成直接经济损失不足 5000 元（不含 5000 元）者。

2. 工程质量事故

工程质量不合格必须进行返工、加固或报废处理，由此造成直接经济损失 5000 元（含 5000 元）以上者。

6.2.2 工程质量问题与质量事故的成因分析

总体而言，工程质量问题与工程质量事故是由技术、管理、社会、经济原因引发的。常见的工程质量事故发生的原因如下：

1）违反有关法规和工程合同的规定。如无证设计、无证施工、越级设计、越级施工、转包或分包、擅自修改设计，以及投标过程中的不公平竞争等。

2）违反基本建设程序。如未做好调查分析就拍板定案，未查清地质情况就仓促开工，边设计、边施工等，常是导致重大工程质量事故的重要原因。

3）地质勘察失真。如未认真进行地质勘察，或未查清地下软土层、孔洞等，均会导致采用错误的基础方案，引发建筑物倾斜、倒塌等质量事故。

4）设计差错。如结构方案不正确，内力分析有误，沉降缝设置不当等。

5）施工与管理不到位。如擅自修改设计，不按图施工，施工图未经会审就仓促施工；或管理混乱，施工顺序错误，违章作业，疏于检查验收等，均可能导致质量事故。

6）使用不合格的建筑材料及设备。如水泥安定性不良，造成混凝土爆裂等。

7）自然环境因素。如空气温度、湿度、暴雨、雷电等均可能成为质量事故的诱因。

8）使用操作不当。如任意对建筑物加层或拆除承重结构等也会引起质量事故。

6.2.3 工程质量事故的特点和分类

1. 工程质量事故的特点

1）复杂性。质量事故原因错综复杂，增加了质量事故分析与处理的复杂性。

2）严重性。工程项目一旦出现质量事故，造成人民生命财产巨大损失，危害极大。

3）可变性。工程项目出现质量问题后，质量状态处于不断发展变化中。

4）多发性。质量问题、质量事故经常发生，即使在同一项目上也会经常发生。

2. 工程质量事故的分类

工程质量事故按照事故造成损失的严重程度分类如下。

（1）一般质量事故

凡具备下列条件之一者，为一般质量事故：

1）直接经济损失在 5000 元（含 5000 元）以上 5 万元以下者。

2）影响使用功能或结构安全，造成永久质量缺陷。

（2）严重质量事故

凡具备下列条件之一者，为严重质量事故：

1）直接经济损失在 5 万元（含 5 万元）以上 10 万元以下者。

2）严重影响使用功能或结构安全，存在重大质量隐患的。

3）造成重伤 2 人以下的。

（3）重大质量事故

凡具备下列条件之一者，为重大质量事故：

1）直接经济损失在 10 万元（含 10 万元）以上 500 万元以下者。

2）工程倒塌或报废。

3）造成重伤 3 人以上或人员死亡的。

（4）特别重大质量事故

凡具备下列条件之一者，为特别重大质量事故：

1）直接经济损失在 500 万元以上者。

2）造成死亡 30 人以上。

3）其他性质特别严重的。

6.2.4　工程质量事故防治

通常可以从工程技术、教育及管理三个方面采取预防措施。

1. 工程技术措施

工程技术措施内容广泛，具有代表性的有冗余技术和互锁装置。

在系统中纳入了多余的个体单元而保证系统安全的技术，便是“冗余技术”，通常也称为备用方式。如工程实践中，采用安全帽、安全绳、安全网形成对人身安全的立体保护，不至于一种保护措施失效就酿成事故。

互锁装置是利用它的某一个部件作用，能够自动产生或阻止发生某些动作，一旦出现危险，能够保障作业人员及设备的安全。例如，采用保护接地来保护现场用电的安全。

2. 教育措施

安全教育可采取多种形式，但最重要的是落到实处。

3. 管理措施

1）建立、健全建筑法律法规。

2）注重人员综合素质提高，建立培训制度。

3）建立事故档案，追究事故责任，从事故中汲取经验教训。

6.2.5　工程质量事故处理的依据和程序

1. 工程质量事故处理依据

进行工程事故质量处理的主要依据有四个方面：

（1）质量事故的实况资料

质量事故的实况资料是指施工单位的质量调查报告及监理单位调查研究所获得的资料，其内容包括质量事故的情况、性质、原因，有关质量事故的观测记录及事故的评估，设计、施工以及使用单位对事故的意见和要求，事故涉及的人员与主要责任者的情况。

（2）有关的合同文件

有关的合同文件包括工程承包合同、设计委托合同、设备与材料购销合同、监理合同、分包合同等。

（3）有关的技术文件和档案

有关的技术文件和档案包括施工图、施工组织设计、有关建筑材料的质量证明资料等。

（4）相关的建设法规

相关的建设法规包括法律、法规、规章及示范文本，如建设工程设计招标投标管理办法等。

2. 工程质量事故处理程序

工程质量事故发生后，一般可以按以下程序进行处理。

1）当出现质量缺陷或事故后，应停止有质量缺陷部位和其有关部位及下道工序施工，需要时，还应采取适当的防护措施。同时，要及时上报主管部门。

2）进行质量事故调查，主要目的是要明确事故的范围、缺陷程度、性质、影响和原因，为事故的分析处理提供依据。调查力求全面、准确、客观。

3）在事故调查的基础上进行事故原因分析，正确判断事故原因。

4）组织有关单位研究制定事故处理方案。制定的事故处理方案应体现安全可靠、不留隐患、满足建筑物的功能和使用要求、技术可行、经济合理等原则。

5）按确定的处理方案对质量缺陷进行处理。质量事故不论是何方的责任，通常都由施工单位负责实施。但如果不是施工单位的责任，应给予施工单位补偿。

6）在质量缺陷处理完毕后，应组织有关人员对处理结果进行严格检查、鉴定和验收，由监理工程师写出质量事故处理报告，提交建设单位，并上报有关主管部门。

6.2.6　工程质量事故处理方案的确定

质量事故处理方案应当在正确分析和判断事故原因的基础上确定，通常可以根据质量缺陷的情况，有以下四类不同性质的处理方案。

1. 修补处理

当工程的某些部分的质量虽未达到规范、标准或设计规定的要求，存在一定的缺陷，但经过修补后还可达到标准要求，又不影响使用功能或外观要求，在此情况下，可以做出进行修补处理的决定。属于修补处理的方案很多，有封闭保护、复位纠偏、结构补强、表面处理等。例如，某些结构混凝土发生表面裂缝，根据其受力情况，仅做表面封闭保护即可。

2. 返工处理

当工程质量未达到规定的标准要求，有明显的严重质量问题，对结构的使用和安全有重大影响，而又无法通过修补的办法纠正所出现的缺陷情况，可以做出返工处理的决定。如某灰土垫层压实后，其压实土的干密度未达到规定的要求，可以进行返工处理，即挖除不合格土，重新填筑。十分严重的质量事故甚至要做出整体拆除的决定。

3. 限制使用

当工程质量缺陷按修补方式处理无法保证达到规定的使用要求和安全的情况下，可以做出结构卸荷或减荷以及限制使用的决定。

4. 不做处理

某些工程质量缺陷虽然不符合规定的要求或标准，但如果情况不严重，对工程或结构的使用及安全影响不大，经过分析、论证和慎重考虑后，也可做出不做专门处理的决定。可以不做处理的情况一般有以下几种：

1）不影响结构安全和使用要求。例如，某建筑物出现放线定位偏差，若要纠正则会造成重大经济损失，经分析论证后，其偏差不大，不影响使用要求，可不做处理。

2）有些不严重的质量缺陷，经过后续工序可以弥补的。如混凝土墙面轻微不平，可通过后续的抹灰、喷涂等工序弥补，可以不对该缺陷进行专门处理。

3）出现的质量缺陷，经复核验算仍能满足设计要求。例如某结构构件断面尺寸有偏差，但复核后仍能满足设计的承载能力，可考虑不再处理。

6.2.7 工程质量事故处理的鉴定验收

质量事故的处理是否达到了预期目的，是否仍留有隐患，应当通过检查验收和必要的鉴定做出确认。

(1) 检查验收

应严格按施工验收规范及有关标准的规定进行检查验收。

(2) 必要的鉴定

通过试验检测等方法获取必要的数据，进行鉴定。

(3) 验收结论

检查和鉴定的结论可以有以下几种：

1）事故已排除，可继续施工。

2）隐患已消除，结构安全有保证。

3）经修补、处理后，完全能够满足使用要求。

4）基本上满足使用要求，但使用时应有附加的限制条件。

5）对耐久性的结论。

6）对建筑物外观影响的结论等。

7）对短期难以做出结论者，可提出进一步观测检验的意见。

事故处理后，监理工程师还必须提交事故处理报告，其内容包括事故调查报告，事故原因分析，事故处理依据，事故处理方案、方法及技术措施，处理施工过程的各种原始记录资料，检查验收记录，事故结论等。

6.2.8 工程质量问题和质量事故的处理案例分析

【例 6-6】 某印刷车间主体工程为钢筋混凝土框架式结构，设计要求混凝土抗压强度达到 C25。在其第一层钢筋混凝土柱浇筑完毕拆模后，监理工程师检查发现，钢筋混凝土柱的外观质量很差，用锤轻敲即有混凝土碎块脱落。但施工单位提交的施工现场取样的混凝土强度试验结果达到了设计要求。

问题： 1）作为监理工程师，处理上述问题的程序是什么？

2）假如经有资质的部门鉴定该层钢筋混凝土柱质量严重不合格，混凝土取样试块强度甚至不足 C20，你认为应当如何处理？

【答】 1）该质量事故发生后，监理工程师可按下述程序处理：

① 监理工程师应首先指令施工单位暂停施工。

② 要求施工单位在有监理方现场见证的情况下，请具有相应资质的检测机构从已浇筑的柱体上钻孔取样进行抽样检验。

③ 根据抽检结果判断质量问题的严重程度，必要时需通过建设单位请原设计单位及质量监督机构共同参与，对该质量问题进行分析判断。

④ 根据判断的结果及质量问题产生的原因决定处理方案。

⑤ 指令施工单位按批准的方案进行处理，监理方应跟踪监督。

⑥ 经处理及施工单位自检合格后，监理工程师复检，复检合格加以确认。

⑦ 明确质量责任，按责任归属承担责任。

2）根据本问题所述检验结果，该层钢筋混凝土柱应当全部返工重新浇灌混凝土。由此产生的经济损失及工期延误由施工单位承担责任。监理工程师在对施工单位抽样检验的环节中失控，应对建设单位承担一定的失职责任。

6.3 工程项目质量控制的统计分析方法

6.3.1 质量统计数据

1. 质量数据的收集

数据是进行质量控制的基础，是工程项目质量监控的基本出发点。质量统计数据的收集有全数检验和抽样检验，但实际应用中，数据的产生依赖于抽样检验。

（1）抽样检验的目的

抽样检验的基本思想是从整批产品中随机抽取部分产品作为样本，根据对样本的检验结果，使用一定的判断规则，去推断整批产品的质量水平。对于非破坏性检验，如果批量小且检验费用低，采用 100%的检验是可行的。如果批量大或检验费用高，采用 100%的检验是不可行的。对于破坏性检验，如钢筋质量鉴定，砌块的强度检测等，绝对不允许进行 100%的检验，只允许抽样检验。

抽样检验的目的，就是根据样本的质量特征分析判断已经制造出来全部成品或半成品（包括原材料）的质量是否符合技术标准。

（2）抽样检验的方法

1）单纯随机法。这种方法是用随机数表、随机数生成器或随机数色子来进行抽样，广泛应用于原材料、购配件的进货检验和分项工程、分部工程、单位工程竣工后的检验。

2）系统抽样。系统抽样是每隔一定的时间或空间抽取一个样本的方法，其第一个样本是随机的，所以，又称为机械随机抽样法。此方法主要用于工序间的检验，如混凝土的坍落度检验。

3）二次抽样。又称二次随机抽样，当总体很大时，将总体分为若干批，先从这些批中随机地抽几批，再随机地从抽中的几批中抽取所需的样品。例如，对批量很大的砖的抽样就可按二次抽样的方法进行。

4）分层抽样。它是先将批分为若干层，然后从每层中抽取样本的方法，这种方法是为了使样本具有较好的代表性。砂、石、水泥等散料的检验和分层堆放整齐的构配件的检验，都可用这种方法抽取样品。

（3）抽样检验中的两类风险

1）供方风险。供方风险也称生产者风险，是指将合格品判为不合格品，而错误地拒收的概率，用 α 表示。对主控项目和一般项目均应控制在5%以内。

2）需方风险。也称消费者风险，是指将不合格品判为合格品，而错误地接收的概率，用 β 表示。对主控项目应控制在5%以内，一般项目应控制在10%以内。

2. 质量样本数据的特征值

（1）均值

样本的均值又称为样本的算术平均值，它表示数据集中的位置。

（2）中位数

先将样本中的数据按大小排列，样本为奇数时，中间的一个数即为中位数；样本为偶数时，中间两个数的平均值即为中位数。

（3）极值

一个样本中的最大值和最小值称为极值，第 i 个样本的最大值用 $X_{i\max}$ 表示；第 i 个样本的最小值用 $X_{i\min}$ 表示。

（4）极差值

样本中最大值与最小值之差称为极差，第 i 个样本的极差值用 R_i 来表示。

$R_i = x_{i\max} - x_{i\min}$，它表示数据的分散程度。

（5）标准偏差

总体的标准偏差用 δ 表示：

$$\delta = \sqrt{\frac{\sum_{i=1}^{N}(x_i - \mu)^2}{N}} \tag{6-1}$$

式中　x_i——第 i 个样本的数值；

N——总体大小；

μ——总体均值。

样本的标准偏差用 S 表示：

$$S = \sqrt{\frac{\sum_{i=1}^{n}(x_i - \bar{x})^2}{n - 1}} \tag{6-2}$$

式中　$\bar{x}$——样本的均值；

n—样本大小。

S 也称为标准偏差的无偏估计，它的大小反映了数据的波动情况，即分散程度。

（6）变异系数

变异系数表示数据的相对波动大小，即相对的分散程度，用 CV 表示：

$$CV=\frac{S}{x}\times 100\% \tag{6-3}$$

3. 质量数据的特性和质量波动原因分析

（1）质量数据的特性

质量数据具有个体数值的波动性，样本或总体数据的规律性。即在实际质量检测中，个体产品质量特性数值具有互不相同性、随机性。但样本或总体数据呈现出发展变化的内在规律性。

（2）质量波动原因

质量波动也称质量变异，其影响因素分为偶然性因素和系统性因素两大类。

1）偶然性因素。偶然性因素又称随机性因素，经常是随机发生的、不可避免的、难以控制和难以消除的因素，或者是在经济上不值得消除的因素。这类因素对质量影响很小，属于允许偏差范围的波动，生产过程正常稳定。通常把 4M1E 因素的微小变化归为偶然性因素。

2）系统性因素。系统性因素是可控制的、易消除的因素。这类因素不经常发生，但对工程质量的影响较大。质量的波动属于非正常波动，即非正常变异。例如，材料的规格、型号不对，机械设备故障或过度磨损，工人违规操作等。

质量控制的目标就是要查找系统性因素并加以排除，使质量只受随机偶然性因素的影响。随着科学技术的发展，两类因素在一定条件下可以相互转化，因而它们的区别是相对的，关键是要加强对它们的预测和控制。

6.3.2 质量控制常用统计分析方法

广泛地采用统计分析技术能使质量管理工作的效益和效率不断提高。质量控制中常用的七种工具和方法是：分层法、调查表法、排列图法、因果分析图法、相关图法、直方图法和控制图法。

1. 分层法

分层法是将收集来的数据，按不同情况和不同条件分组，每组称为一层。所以，分层法又称为分类法或分组法。分层的方法很多，可按班次、日期分类；可按操作者、操作方法、检测方法分类；可按设备型号、施工方法分类；可按使用的材料规格、型号、供料单位分类等。

分层法一般用于将原始数据进行分门别类，使人们能从不同角度分析产品质量问题和影响因素，现举例来说明分层法的应用。

【例 6-7】 某批钢筋的焊接由三个师傅操作，而焊条是两个厂家提供的产品，对钢筋焊接质量调查了 50 个焊接点，其中，不合格的 19 个，不合格率为 38%。存在严重的质量问题，用分层法分析质量问题的原因。

【解】 1）按操作者分层，见表 6-4。从分析结果看出，焊接质量最好的 B 师傅，不合格率为 25%。

表 6-4 按操作者分层

操作者	不合格点数	合格点数	不合格率（%）
A	6	13	32
B	3	9	25
C	10	9	53
合计	19	31	38

2）按供应焊条的厂家分层，见表 6-5。发现不论是采用甲厂还是乙厂的焊条，不合格率都很高而且相差不多。

表 6-5 按供应焊条厂家分层

工厂	不合格总数	合格总数	不合格率（%）
甲	9	14	39
乙	10	17	37
合计	19	31	38

3）综合分层。将操作者与供应焊条的厂家接合起来分层，见表 6-6。根据表 6-6 的综合分析可知，在使用甲厂的焊条时，应使用 B 师傅的操作方法为好；在使用乙厂的焊条时，应采用 A 师傅的操作方法为好，这样会使合格率大大提高。

表 6-6 综合分层

操作者	焊点质量统计	工厂		合计
		甲厂	乙厂	
A	不合格点数	6	0	6
	合格点数	2	11	13
B	不合格点数	0	3	3
	合格点数	5	4	9
C	不合格点数	3	7	10
	合格点数	7	2	9
合计	不合格点数	9	10	19
	合格点数	14	17	31

2. 调查表法

调查表法又称调查分析法、检查表法，是收集和整理数据用的统计表，利用这些统计表对数据进行整理，并可粗略地进行原因分析。按使用的目的不同，常用的检查表有工序分布检查表、缺陷位置检查表、不良项目检查表、不良原因检查表等。调查表形式灵活，简便实用，与分层法结合，可更快、更好地找出问题的原因。表 6-7 是混凝土预制板不合格项目调查表。

表 6-7　混凝土预制板不合格项目调查表

序号	项目	检查记录	小计	备注
1	强度不足	正正正正正	25	
2	蜂窝麻面	正正正正	20	
3	局部露筋	正正正	15	
4	局部有裂缝	正正	10	
5	折断	正正	5	

3. 排列图法

排列图又称主次因素分析图或巴雷特图，如图 6-2 所示。它是用来寻找影响产品质量的主要因素的一种有效工具。排列图由两个纵坐标，一个横坐标，若干个直方形和一条曲线组成。其中左边的纵坐标表示频数，右边的纵坐标表示累计频率，横坐标表示影响质量的各种因素。若干个直方形分别表示质量影响因素的项目，直方形的高度则表示影响因素的大小程度，按大小由左向右排列。曲线表示各影响因素出现的累计频率百分数，这条曲线称为巴雷特曲线。一般把影响因素分为三类，累计频率在 0%～80%范围的因素，称为 A 类因素，是主要因素，以便集中力量加以重点解决；在 80%～90%范围内的为 B 类，是次要因素；在 90%～100%范围内的为 C 类，是一般因素。

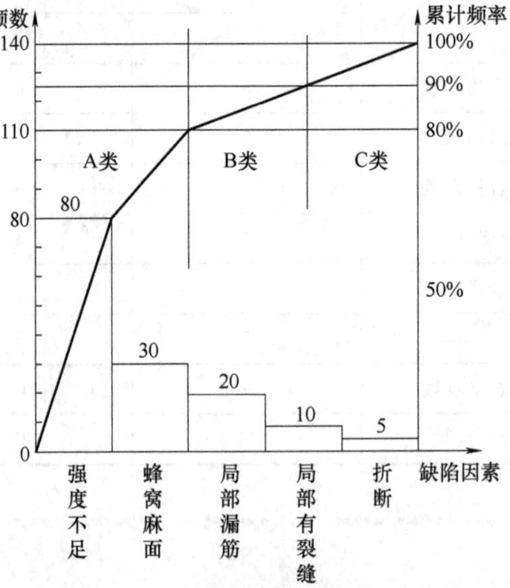

图 6-2　一般形式排列图

下面举例说明排列图的基本做法。

【例 6-8】 某工程施工监理中，监理工程师对承建商在施工现场制作的水泥预制板进行质量检查，抽查了 500 块，发现其中存在表 6-8 所列的质量问题。

问题：产品的主要质量问题是什么？监理工程师应如何处理？

【解】 1）采用排列图法分析产品的主要质量问题。

第一步，针对本题特点，应选择排列图法进行分析。

第二步，根据检查记录，按不良品数由大到小进行整理排列，算出频数和累计频率，见表 6-8。

表 6-8 预制板质量问题及相关资料

序号	存在问题项目	出现问题频数	累计频率（%）
1	蜂窝麻面	22	55
2	局部露筋	10	80
3	强度不足	4	90
4	横向裂缝	3	97.5
5	纵向裂缝	1	100
合计	存在问题项目	40	

第三步，绘制排列图，如图 6-3 所示。

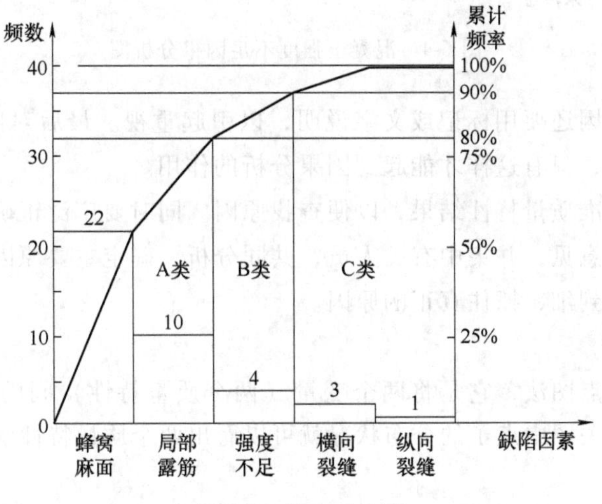

图 6-3 排列图示例

第四步，分析。由排列图可见，主要的质量问题是水泥预制板的表面出现蜂窝麻面和局部露筋，次要问题是混凝土强度不足，一般问题是横向和纵向裂缝。

2）出现质量问题后的处理。监理工程师应要求承建商提出具体的质量改进方案，分析产生质量问题的原因，制定具体的措施提交监理工程师审查，经监理工程师审查确认后，由施工单位实施改进。执行过程中，监理工程师应严格监控。

4. 因果分析图法

因果分析图又称特性要因图，是用来寻找质量问题产生原因的有效工具。

因果分析图的做法是：首先明确质量特性结果，绘出质量特性的主干线。也就是明确制作什么质量的因果图，把它写在右边，从左向右画上带箭头的框线。然后分析确定可以影响质量特性的大原因（大枝），一般有人、机械、材料、方法和环境五个方面。再进一步分析确定影响质量的中、小和更小原因，即画出中小细枝，如图 6-4 所示。

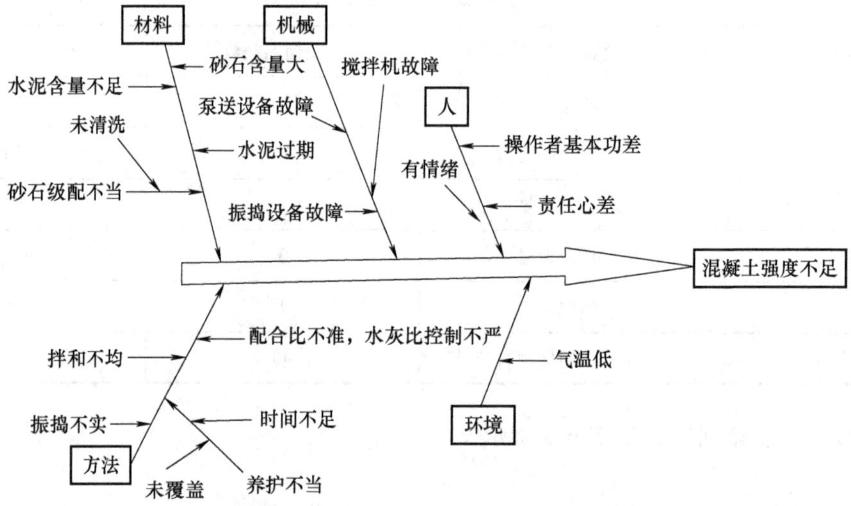

图 6-4　混凝土强度不足因果分析图

对重要的影响原因还要用标记或文字说明，以引起重视。最后对照各种因素逐一落实，制定对策，限期改正，只有这样才能起到因果分析的作用。

画图时应注意找准质量特性结果，以便查找原因。同时要广泛正确征求意见，特别是现场有实践经验人员的意见，并集中有关人员，共同分析，确定主要原因。分析原因要深入细致，从大到小，从粗到细，抓住真正的原因。

5. 相关图法

相关图法又称散点图法，它是将两个变量（两个质量特性）间的相互关系用一个直角坐标表示出来，从相关图中点子的分布状况就可以看出两个质量特性间的相互关系，以及关系的密切程度。

6. 直方图法

直方图又称为质量分布图，利用直方图可分析产品质量的波动情况，了解产品质量特征的分布规律，以及判断生产过程是否正常的有效方法。直方图还可用来估计工序不合格品率的高低、制定质量标准、确定公差范围、评价施工管理水平等。

7. 控制图法

控制图法又称管理图法，它可动态地反映质量特性随时间的变化，可以动态掌握质量状态，判断其生产过程的稳定性，从而实现其对工序质量的动态控制。

思 考 题

1. 影响工程质量的因素有哪些？
2. 什么是工程项目质量控制？简述工程质量控制的内容。
3. 勘察设计质量控制的依据是什么？
4. 什么是施工过程质量控制点？施工质量控制点设置的原则是什么？
5. 常见的工程质量问题发生的原因主要有哪些？

第 7 章 工程项目安全与环境管理

7.1 概述

7.1.1 建筑施工安全与环境管理的目的

建筑施工安全与环境管理是指为达到工程项目安全生产与环境保护的目的而采取各种措施的系统化管理活动，包括制定、实施、评审和保持安全与环境方针所需的组织机构、计划活动、职责、惯例、程序、过程和资源。

1. 安全管理的目的

建筑施工安全管理的目的是：保护产品生产者和使用者的健康与安全；控制影响工作场所内员工、临时工作人员、合同方人员、访问者和其他有关部门人员健康和安全的条件和因素；考虑和避免因使用不当对使用者造成的健康和安全的危害。

2. 环境管理的目的

建筑施工环境管理的目的是保护生态环境，使社会经济发展与人类的生存环境相协调；控制作业现场的各种粉尘、废水、废气、固体废弃物以及噪声、振动对环境的污染和危害，考虑能源节约和避免资源的浪费。

7.1.2 建筑施工安全与环境管理的特点

1. 复杂性

建筑施工生产的流动性及其受外部影响因素多，决定了工程项目安全与环境管理的复杂性。

2. 多样性

产品的多样性和生产的单件性决定了安全与环境管理的多样性。主要表现为：

1）不能按同一施工图、同一施工工艺、同一生产设备进行批量重复生产。

2）施工生产组织及机构变动频繁，生产经营的“一次性”特征特别突出。

3）生产过程中试验性研究课题多，所碰到的新技术、新工艺、新设备、新材料给安全与环境管理带来不少难题。

3. 协调性

建筑产品不能像其他许多工业产品那样可以分解为若干部分同时生产，而必须在同一固定场地按严格程序连续生产，上一道工序不完成，下一道工序不能进行。上一道工序的结果往往会被下一道工序所掩盖，而且每一道程序由不同的人员和单位来完成。因此，在安全与环境管理中要求各单位和各专业人员积极配合，协调工作，共同注意产品生产过程接口部分的安全与环境管理的协调性。

4. 持续性

一个建设项目从立项到投产使用要经历项目可行性研究阶段、设计阶段、施工阶段、竣工验收和试运行阶段，每个阶段都要十分重视项目的安全和环境问题，持续不断地对项目各个阶段可能出现的安全与环境问题实施管理。

5. 环境管理的经济性

环境管理主要包括工程使用期内的成本，如能耗、水耗、维护、保养、改建更新的费用，并通过比较分析，判定工程是否符合经济要求。另外，环境管理要求节约资源，以减少资源消耗来降低环境污染，二者是完全一致的。

7.2 施工安全控制

7.2.1 安全控制的概念

1. 安全生产的概念

安全生产是指使生产过程处于避免人身伤害、设备损坏及其他不可接受的损害风险的状态。不可接受的损害风险通常是指超出了法律、法规和规章的要求；超出了方针、目标和企业规定的其他要求；超出了人们普遍接受的要求。因此，安全生产是一个相对性的概念。

2. 安全控制的概念

安全控制是通过对生产过程中涉及计划、组织、监控、调节和改进等一系列致力于满足生产安全所进行的管理活动。

7.2.2 安全控制的方针、目标与特点

1. 安全控制的方针

安全控制的目的是为了安全生产，因此安全控制的方针也应符合安全生产的方针，即“安全第一，预防为主”。“安全第一”充分体现了“以人为本”的理念；“预防为主”是实现安全第一的最重要手段，是安全控制的最重要的思想。

2. 安全控制的目标

安全控制的目标是减少和消除生产过程中的事故，保证人员健康安全和财产免受损失。

具体可包括减少或消除人的不安全行为的目标；减少或消除设备、材料的不安全状态的目标；改善生产环境和保护自然环境的目标。

3. 施工安全控制的特点

1）控制面广。由于建设工程规模较大，生产工艺复杂，建造过程中流动作业多，高处作业多，作业位置多变，不确定因素多，安全控制工作涉及范围大，控制面广。

2）控制的动态性。由于工程项目的单件性和施工的分散性，在面对具体的生产环境时，有些工作制度和安全技术措施也会有所调整。

3）控制系统交叉性。工程项目建造过程受自然环境和社会环境影响很大，安全控制需要把这些系统结合起来。

4）控制的严肃性。安全状态一旦失控，损失较大，其控制措施必须严谨。

7.2.3 施工安全控制的程序和基本要求

1. 施工安全控制的程序

1）确定项目的安全目标。

2）编制项目安全技术措施计划。

3）安全技术措施计划的落实和实施。

4）安全技术措施计划的验证。

5）持续改进，直至完成工程项目的所有工作。

2. 施工安全控制的基本要求

1）必须取得安全行政主管部门颁发的安全施工许可证后才可施工。

2）总承包单位和每一个分包单位都应持有施工企业安全资格审查认可证。

3）各类人员必须具备相应的执业资格才能上岗。

4）所有新员工必须经过三级安全教育，即进厂、进车间和进班组的安全教育。

5）特殊工种作业人员必须持有特种作业操作证，并严格按规定定期进行复查。

6）对查出的安全隐患要做到“五定”，即定整改责任人、定整改措施、定整改完成时间、定整改完成人、定整改验收人。

7）必须把好安全生产“六关”，即措施关、交底关、教育关、防护关、检查关、改进关。

8）施工现场安全设施齐全，并符合国家及地方有关规定。

9）施工机械（特别是现场安设的起重设备等）必须经过安全检查合格后方可使用。

7.2.4 施工安全技术措施计划及其实施

1. 施工安全技术措施计划的内容和编制

（1）施工安全技术措施计划的主要内容

主要内容包括工程概况，控制目标，控制程序，组织机构，职责权限，规章制度，资源配置，安全技术措施，检查评价，奖惩制度等。

(2) 施工安全技术措施计划的编制原则

1) 对结构复杂、施工难度大、专业性较强的工程项目，除制定项目总体安全保证计划外，还必须制定单位工程或分部分项工程的安全技术措施。

2) 对高处作业、井下作业等专业性强的作业，以及电气、压力容器等特殊工种作业，应制定单项安全技术规程，并应对管理和操作人员的安全作业资格和身体状况进行合格检查。

3) 制定和完善施工安全操作规程，编制各施工工种，特别是危险性较大工种的安全施工操作要求，作为规范和检查考核员工安全行为的依据。

4) 施工安全技术措施包括安全防护设施的设置和安全预防措施，主要有防火、防毒、防爆、防洪、防尘、防雷击、防坍塌、防物体打击、防机械伤害、防起重设备滑落、防高处坠落、防交通事故、防寒、防暑、防疫、防环境污染等方面措施。

2. 施工安全技术措施计划的实施

(1) 建立安全生产责任制

安全生产责任制是指企业对项目经理部各级领导、各个部门、各类人员所规定的在他们各自职责范围内对安全应负责任的制度，是施工安全技术措施计划实施的重要保证。

(2) 广泛开展安全教育

1) 全体员工应认识到安全生产的重要性，懂得安全生产的科学知识。

2) 把安全知识与技能、操作规程、安全法规等作为安全教育的主要内容。

3) 建立经常性的安全教育考核制度，考核成绩要记入员工档案。

4) 电焊工、架子工、爆破工等特殊工种工人，除一般教育外，还要经过专业安全技能培训，经考试合格持证后，方可独立操作。

5) 采用新技术、新设备施工和调换工作岗位时也要进行安全教育和培训。

(3) 安全技术交底

1) 安全技术交底的基本要求。安全技术交底是施工负责人向施工作业人员进行责任落实的法律要求。安全技术交底工作在正式作业前进行。安全技术交底必须具体、明确，针对性强，不能流于形式，不能千篇一律；对潜在危害和存在问题有预见性；应优先采用新的安全技术措施；不但口头讲解，而且应有书面文字资料，并履行签字手续，施工负责人、生产班组、现场安全员三方各保留一份签字记录。对多工种交叉施工还应定期进行书面交底。

2) 安全技术交底主要内容。安全技术交底的主要内容有：本工程施工方案的要求；本工程的施工作业特点和危险点；针对危险点的具体预防措施；应注意的安全事项；相应的安全操作规程和标准；发生事故后应及时采取的避难和急救措施。

7.2.5 安全检查

安全检查的目的是为了消除隐患、防止事故、改善劳动条件及提高员工安全生产意识，是安全控制工作的一项重要内容和手段。通过安全检查可以发现工程中的危险因素，以便有计划地采取措施，保证安全生产。

1. 安全检查的类型

安全检查分为日常性、专业性、季节性及节假日前后的检查和不定期检查。

2. 安全检查的主要内容

1）查思想。主要检查企业的领导和职工对安全生产工作的认识。

2）查管理。主要包括安全生产责任制，安全技术措施计划，安全技术交底，安全教育，持证上岗，安全设施，安全标识，操作规程，违规行为，安全记录等。

3）查隐患。主要检查作业现场是否符合安全生产、文明生产的要求。

4）查整改。主要检查对过去提出问题的整改情况。

5）查事故处理。对安全事故的处理应查明事故原因，明确责任并对责任者做出处理，明确和落实整改措施要求。

安全检查的重点是违章指挥和违章作业。安全检查后应编制安全检查报告，说明已达标项目、未达标项目、存在问题、原因分析、纠正和预防措施。

3. 安全检查的要求及主要规定

1）根据施工过程的特点和安全目标的要求确定安全检查的内容。

2）对安全控制计划的执行情况进行检查、评价和考核。对作业中存在的不安全行为和隐患，签发安全整改通知，制定整改方案，落实整改措施，实施整改后应予复查。

3）安全检查应配备必要的设备或器具，确定检查负责人，并明确检查的要求。

4）安全检查应采取随机抽样、现场观察和实地检测的方法，并记录检查结果。

5）对检查结果进行分析，找出安全隐患，确定危险程度。

6）编写安全检查报告并上报。

【例 7-1】 某高层商住楼，总建筑面积 3 万 m^2，建筑高度 60m，为全现浇钢筋混凝土剪力墙结构，脚手架采用悬挑脚手架。装饰工程完成后开始拆除脚手架，当刚开始拆除了顶层一半脚手架时，发生了局部脚手架倒塌，造成严重事故。后经查明工人在拆除作业前未对悬挑脚手架进行检查、加固，就拆除了水平杆，使架体失稳倾覆。进一步调查发现施工单位未进行安全技术交底，作业人员也未佩戴安全带和防护措施。

问题： 1）脚手架工程交底与验收的程序是什么？

2）针对该事故如何采取安全防范和控制措施？

3）一般主体结构施工阶段安全生产的控制要点有哪些？

【答】 1）脚手架工程交底与验收的程序如下：

① 脚手架搭设前，应按照施工方案要求，结合施工现场作业条件，做详细的交底。

② 脚手架搭设完毕，应由施工负责人组织，有关人员参加，按照施工方案和规范规定，分段进行逐项检查验收，确认符合要求后，方可投入使用。

③ 脚手架检查验收应按照相应规范要求进行，凡不符合规定的应立即进行整改。对检查结果及整改情况，应按实测数据进行记录，并由检测人员签字。

2）针对该事故需要进行以下工作：

① 清理施工现场，分析事故原因，进行善后工作处理。

② 对未拆除的脚手架、排架等清查、整改，做好交底，采取监护措施。

③ 重申脚手架拆除的顺序、要求及高处作业的安全管理原则，形成书面报告。

④ 明确责任者，将无证人员清理出场。

⑤ 加强安全教育和培训，重申岗位、安全生产责任制。

⑥ 严格执行安全生产规范以及有关脚手架安全方面的强制性条文。

3）一般主体结构施工阶段安全生产的控制要点有：

① 临时用电安全。

② 内外架子及洞口防护。

③ 作业面交叉施工及临边防护。

④ 大模板和现场堆料防倒塌。

⑤ 机械设备使用安全。

7.3 建筑施工安全事故

7.3.1 建筑施工安全事故的分类

安全事故分为两大类型，即职业伤害事故与职业病。

1. 职业伤害事故

职业伤害事故是指因生产过程及工作原因或与其相关的其他原因造成的伤亡事故。

2. 职业病

经诊断因从事接触有毒有害物质或不良环境的工作而造成急慢性疾病，属于职业病。

7.3.2 建筑施工安全事故的处理

1. 安全事故处理的原则

1）事故原因不清楚不放过。

2）事故责任者和员工没有受到教育不放过。

3）事故责任者没有处理不放过。

4）没有制定防范措施不放过。

2. 安全事故处理程序

1）及时报告安全事故，迅速抢救伤员并保护好事故现场。

2）排除险情，防止事故蔓延扩大。

3）组织调查组，进行安全事故调查。

4）现场勘察，分析事故原因。

5）明确责任者，对事故责任者进行处理。

6）写出调查报告，提出处理意见和防范措施建议。

7）事故的审定、结案、登记。

7.3.3 建筑施工安全事故分析与处理案例

【例 7-2】 某土方工程施工阶段，分包回填土施工任务的某施工队采用装载机铲土时，不慎将一名正在检查质量的质检员撞倒，造成人员伤亡。经调查，装载机驾驶员未经培训，无操作证，并且当时现场没有指挥人员。

问题： 1）请简要分析这起事故发生的原因。

2）重大事故发生后应在 24 小时内写出书面报告并上报，其书面报告包括哪些内容?

3）施工安全管理责任制中对项目经理的责任是如何规定的?

【答】 1）这起事故发生的原因是：

① 装载机将正在 18 轴检查质量的质检员撞倒是这起事故发生的直接原因。

② 装载机驾驶员未经培训，无操作证，缺乏安全意识是这起事故发生的间接原因。

③ 机械作业现场缺少指挥人员是这起事故发生的主要原因。

2）重大事故书面报告应包括以下内容：

① 事故发生的时间、地点、工程项目、企业名称。

② 事故发生的简要经过、伤亡人数和直接经济损失的初步估计。

③ 事故发生原因的初步判断。

④ 事故发生后采取的措施及事故控制情况。

⑤ 事故报告单位。

3）项目经理对工程项目的安全生产负全面领导责任，具体包括以下方面：

① 认真贯彻落实安全生产方针、政策、法律法规和各项规章制度，结合项目特点，提出有针对性的安全管理要求，严格履行安全考核指标和安全生产奖惩办法。

② 认真落实施工组织设计中安全技术管理的各项措施，严格执行安全技术措施审批制度，施工项目安全交底制度和设备、设施交接验收使用制度。

③ 领导组织安全生产检查，研究分析施工中存在的不安全问题，及时落实解决。

④ 发生事故及时上报，保护好现场，做好抢救工作，积极配合调查，认真落实纠正和预防措施，并认真吸取教训。

【例 7-3】 某大厦基础工程设计为钢筋混凝土条形基础。施工期间，采用大开挖方案并大量抽排地下水。一个月后，发现施工现场地面下沉，附近某厂房墙壁、地面开裂危及人员安全，施工暂时停止。经修改设计，将原基础改为混凝土灌注桩方案后，于同年恢复施工。

问题： 1）如果你是施工单位的项目负责人，事故发生后，该如何处理?

2）产生事故的原因是什么?

3）施工单位有无责任？

【答】 1）作为施工项目负责人，在事故发生后，可以采取以下措施进行补救：

① 停止施工，划分安全区域，疏散附近厂房车间工作人员，撤走设备。

② 及时通知相关部门，如监理、主管部门、设计院、业主等，进行事故调查。

③ 提出加固方案，及时进行抢修。

④ 成立专门小组负责善后，如专访、洽谈、赔偿、减少负面影响。

⑤ 对该厂房进行跟踪沉降观测，保证后期施工安全。

⑥ 研究调整方案，采取防护措施、技术措施，减少损失。

2）事故的原因是在进行基础施工时，采用大开挖方案，没有采取任何保护性技术措施，大量抽排地下水，导致周围建筑物墙壁、地面开裂，危及人员安全。

3）工程设计和施工方案本身存在缺陷，设计单位和施工单位均应承担责任。施工单位承担责任是因为施工单位是拥有专业技术知识的法人，对于本行业的明显错误应当发现并给予纠正。施工单位没有发现设计缺陷，不采取任何技术措施进行施工，也不符合施工规范的要求。

7.4 环境保护

7.4.1 环境保护的概念

环境保护是按照法律法规、各级主管部门和企业的要求，保护和改善作业现场的环境，控制现场的各种粉尘、废水、废气、固体废弃物、噪声、振动等对环境的污染和危害。环境保护也是文明施工的重要内容之一。

环境保护的意义：

1）保护和改善施工环境是保证人们身体健康和社会文明的需要。

2）保护和改善施工环境是消除对外部干扰，保证施工顺利进行的需要。

3）保护和改善施工环境是现代化大生产的客观要求。

4）保护和改善施工环境是节约能源、保护人类生存环境、保证社会和企业可持续发展的需要。

施工现场环境保护的内容主要包括大气污染的防治、水污染的防治、噪声控制和固体废弃物的处理。

7.4.2 大气污染的防治

1. 大气污染的分类

大气污染的种类有数千种，已发现有危害作用的有 100 多种，其中大部分是有机物。大气污染物通常以气体状态和粒子状态存在于空气中。

（1）气体状态污染物

气体状态污染物具有运动速度较大，扩散较快，在周围大气中分布比较均匀的特点。气体状态污染物包括分子状态污染物和蒸汽状态污染物。

1）分子状态污染物：是指在常温常压下以气体分子形式分散于大气中的物质，如燃料燃烧过程中产生的二氧化硫（SO_2）、氮氧化物、一氧化碳等。

2）蒸汽状态污染物：是指在常温常压下易挥发的物质，以蒸汽状态进入大气，如机动车尾气、沥青烟中含有的碳氢化合物等。

（2）粒子状态污染物

粒子状态污染物又称固体颗粒污染物，是分散在大气中的微小液滴和固体颗粒。施工工地的粒子状态污染物主要有锅炉、熔化炉、厨房烧煤产生的烟尘，还有建材破碎、筛分、碾磨、加料过程、装卸运输过程产生的粉尘等。

2. 大气污染的防治措施

大气污染的主要防治措施如下：

（1）除尘技术

在气体中除去或收集固态或液态粒子的设备称为除尘装置。工地的烧煤锅炉等应选用装有除尘装置的设备。工地其他粉尘可用遮盖、淋水等措施防治。

（2）气态污染物治理技术

大气中气态污染物的治理技术主要有以下几种方法：吸收法、吸附法、催化法、燃烧法、冷凝法、生物法。

3. 施工现场空气污染的防治措施

1）施工现场垃圾渣土要及时清理出现场。

2）高大建筑物清理施工垃圾时，要使用封闭式的容器或者采用其他措施处理高处废弃物，严禁凌空随意抛散。

3）施工现场道路应指定专人定期洒水清扫，形成制度，防止道路扬尘。

4）对于细颗粒散体材料（如水泥、粉煤灰、白灰等）的运输、储存要注意遮盖、密封，防止和减少飞扬。

5）车辆开出工地要做到不带泥沙、不撒土、不扬尘，减少对周围环境的污染。

6）除设有符合规定的装置外，禁止在施工现场焚烧油毡、橡胶、塑料、皮革、树叶、枯草、各种包装物等废弃物品以及其他会产生有毒、有害烟尘和恶臭气体的物质。

7）机动车都要安装减少尾气排放的装置，确保符合国家标准。

8）工地茶炉要尽量采用电热水器。若只能使用烧煤茶炉和锅炉，应选用消烟除尘型茶炉和锅炉，大灶应选用消烟节能回风炉灶，使烟尘降至允许排放范围为止。

9）大城市市区的建设工程已不容许搅拌混凝土。在容许设置搅拌站的工地，应将搅拌站封闭严密，并在进料仓上方安装除尘装置，采用可靠措施控制工地粉尘污染。

10）拆除旧建筑物时，应适当洒水，防止扬尘。

7.4.3 水污染的防治

1. 施工现场水污染物主要来源

主要来源为施工现场废水和固体废物随水流流入水体部分，包括泥浆、水泥、油漆、各种油类，混凝土外加剂、重金属、酸碱盐、非金属无机物等。

2. 施工现场水污染的防治措施

1）禁止将有毒有害废弃物用于土方回填。

2）施工现场搅拌站废水、现制水磨石的污水、电石（碳化钙）的污水必须经沉淀池沉淀合格后再排放，最好将沉淀水用于工地洒水降尘或采取措施回收利用。

3）现场存放油料，必须对库房地面进行防渗处理，如采用防渗混凝土地面等措施。

4）施工现场的临时食堂，污水排放时可设置简易有效的隔油池，防止污染。

5）工地临时厕所、化粪池应采取防渗漏措施。中心城市施工现场的临时厕所可采用水冲式厕所，并有防蝇措施，防止污染水体和环境。

6）化学用品、外加剂等要妥善保管，库内存放，防止污染环境。

7.4.4 固体废物的处理

1. 固体废物的概念

固体废物是生产、建设、日常生活和其他活动中产生的固态、半固态废弃物质。固体废物是一个极其复杂的废物体系。按照其化学组成可分为有机废物和无机废物；按照其对环境和人类健康的危害程度可以分为一般废物和危险废物。

2. 施工工地上常见的固体废物

1）建筑渣土：包括砖瓦石碴、混凝土碎块、废钢铁、碎玻璃、废弃装饰材料等。

2）废弃的散装建筑材料，包括散装水泥、石灰等。

3）生活垃圾：包括炊厨废物、废弃食品、废旧日用品、煤灰渣、废交通工具等。

4）设备、材料等的废弃包装材料。

5）粪便。

3. 固体废物的处理

固体废物处理的基本思想是采取资源化、减量化和无害化，主要处理方法如下：

1）回收利用。回收利用是对个体废物进行资源化处理的主要手段之一。

2）减量化处理。减量化是对已经产生的固体废物进行分选、破碎、压实浓缩、脱水等处理，以减少其最终处置量，减少对环境的污染。

3）焚烧技术。焚烧用于不适合再利用且不宜直接予以填埋处置的废物，尤其是对于受到病菌、病毒污染的物品，可以用焚烧进行无害化处理。焚烧处理应使用符合环境要求的处理装置，注意避免对大气的二次污染。

4）稳定和固化技术。利用水泥、沥青等胶结材料，将松散的废物包裹起来，减少废物的毒性和可迁移性，使得污染减少。

5）填埋。对经过无害化、减量化处理的废物残渣集中到填埋场进行处置。填埋应注意保护周围的生态环境，并注意废物的稳定性和长期安全性。

7.4.5 施工现场的噪声控制

1. 噪声的概念、分类与危害

（1）噪声的概念

环境中对人类、动物及自然物造成不良影响的声音就称为噪声。

（2）噪声的分类

1）噪声按照振动性质可分为气体动力噪声、机械噪声、电磁性噪声。

2）噪声按来源可分为交通噪声、工业噪声、建筑施工噪声、社会生活噪声等。

（3）噪声的危害

噪声是影响与危害非常广泛的环境污染问题。噪声环境可以干扰人的睡眠与工作、影响人的心理状态与情绪，造成人的听力损失，甚至引起许多疾病。

2. 施工现场噪声的控制措施

噪声控制技术可从声源、传播途径、接收者防护等方面来考虑。

（1）声源控制

从声源上降低噪声，这是防止噪声污染的最根本措施。如尽量采用低噪声设备和工艺，在声源处安装消声器消声。

（2）传播途径的控制

在传播途径上控制噪声方法主要有：利用吸声材料或吸声结构吸收声能，降低噪声；应用隔声结构，阻碍噪声向空间传播；利用消声器阻止传播；对振动引起的噪声，通过降低机械振动减小噪声等。

（3）接收者的防护

减少相关人员在噪声环境中的暴露时间，以减轻噪声对人体的危害。

（4）严格控制人为噪声

进入施工现场不得高声喊叫、无故摔打模板、乱吹哨，限制高音喇叭的使用等。

（5）控制强噪声作业的时间

凡在人口稠密区进行作业时，须严格控制作业时间，一般晚 10 点到次日早 6 点之间停止强噪声作业。

3. 施工现场噪声的限值

根据《建筑施工场界环境噪声排放标准》（GB 12523—2011）的要求，建筑施工场界噪声排放限值见表 7-1。

表 7-1 建筑施工场界噪声排放限值 （单位：dB）

昼间	夜间
70	55

7.5 安全管理体系与环境管理体系

7.5.1 安全管理体系

1. 职业健康安全管理体系的产生背景

职业健康安全管理体系是20世纪80年代后期在国际上兴起的现代安全生产管理模式，它与ISO 9000和ISO 14000等被称为后工业化时代的管理方法。在20世纪80年代，一些发达国家率先研究和实施职业健康安全管理体系活动，其中，英国在1996年颁布了BS8800《职业安全卫生管理体系指南》，此后，美国、澳大利亚、日本、挪威的一些组织也制定了相关的指导性文件。1999年英国标准协会等13个组织提出了职业健康安全评价系列OHSAS（Occupational Health and Safety Assessment Series）标准，尽管国际标准组织（ISO）决定暂不颁布这类标准，但许多国家和国际组织继续进行相关的研究和实践，并使之成为继ISO 9000、ISO 14000之后又一个国际关注的标准。

2. 职业健康安全管理体系的特点

1）采用PDCA循环，进行绩效控制。

2）预防为主、持续改进和动态管理。

3）法规的要求贯穿体系始终。

4）适用于所有行业。

5）自愿原则。

3. 实施职业健康安全管理体系的作用

1）为企业提供科学有效的职业健康安全管理规范和指导。

2）杜绝事故，贯彻预防为主，全员、全过程、全方位安全管理的原则。

3）推动职业健康安全法规和制度的贯彻执行。

4）提高职业健康安全管理水平。

5）促进进一步与国际标准接轨，消除贸易壁垒。

6）有助于提高全民安全意识。

7）改善作业条件，提高劳动者身心健康和工作效率。

8）改进人力资源的质量，增强企业凝聚力和发展动力。

9）使企业树立良好的品质、信誉和形象。

10）把OHSAS和ISO 9000、ISO 14000建立在一起将成为现代企业的标志。

7.5.2 环境管理体系

1. 环境管理体系的产生背景

近代工业的发展过程中，由于人类过度追求经济效益而忽略环境的重要性，导致水土流失、水体污染、空气质量下降、气候反常、生态环境严重破坏等。环境问题已成为制约经济发展和人类生存的重要因素，也成为企业生存和发展必须关注的问题。

国际标准化组织（ISO）在汲取世界发达国家多年环境管理经验的基础上制定并颁布了 ISO 14000 环境管理系列标准。

2. 环境管理体系的特点

1）注重体系的完整性，是一套科学的环境管理标准。

2）强调对法律法规的符合性，但对环境行为不做具体规定。

3）要求对组织的活动进行全过程控制。

4）广泛适用于各类组织。

5）与 ISO 9000 标准有很强的兼容性。

3. 环境管理体系的作用

1）获取国际贸易的“绿色通行证”。

2）增强企业竞争力，扩大市场份额。

3）树立优秀企业形象。

4）改进产品性能，制造“绿色产品”。

5）改革工艺设备，实现节能降耗。

6）污染预防，环境保护。

7）避免因环境问题所造成的经济损失。

8）提高员工环保素质。

9）提高企业内部管理水平。

4. 环境管理体系的基本内容

环境管理体系的基本内容由 5 个一级要素和 17 个二级要素构成，见表 7-2。

表 7-2　环境管理体系一、二级要素

一级要素	二级要素
（一）环境方针	1. 环境方针
（二）规划（策划）	2. 对危险源辨识、风险评价和风险控制的策划 3. 法规和其他要求 4. 目标和指标 5. 环境管理方案
（三）实施和运行	6. 组织结构和职责 7. 培训、意识和能力 8. 信息交流 9. 环境管理体系文件 10. 文件控制 11. 运行控制 12. 应急准备和响应

（续）

一级要素	二级要素
（四）检查和纠正措施	13. 监测和测量 14. 不符合、纠正和预防措施 15. 记录 16. 环境管理体系审核
（五）管理评审	17. 管理评审

7.5.3　质量、环境和安全管理体系的一体化

ISO 9000、ISO 14000、OHSAS 18000 三大管理体系的建立、认证和持续改进，已成为现代企业管理水平和持续发展能力的重要标志。但由于 ISO 9000、ISO 14000 及 OHSAS 18000 的体系标准问世时间的差异，按各自的对象和目标，分别建立了各自的管理体系标准。通过实施和实践发现，有许多要素交叉、重叠，给组织带来重复工作，造成资源浪费、管理效率低下，不能适应企业发展和市场竞争的需要。解决的有效办法就是需要寻求一种综合的方法，将三体系整合或综合一体化。

同时，三大管理体系也具有整合的条件，表现在：

1）三大管理体系的内容要素多数是相同或相似的，充分体现了三大标准体系的相容性，为职业安全健康、环境和质量管理体系相结合提供了内在联系的基础。

2）三大标准均遵照 PDCA 循环原则，不断提升和持续改进管理思想；三者都运用了系统论、控制论、信息论的原理和方法，分目标相似、总目标一致；三者都是为了满足顾客或社会和其他相关方的要求，推动现代化企业的发展和取得最佳绩效。

3）由于 ISO 14001 与 OSHAS 18001 的管理体系运作模式及标准条款名称基本相对应，形成了兼容整合或一体化的天然良机。国内外石油、天然气行业都建立了环境与职业安全健康相融合的管理体系，并取得了成功经验。

4）三体系的整合及一体化已成为国际发展趋势，已成为企业获得最佳经营绩效的成功途径，成为国际管理及认证领域的重要拓展方向。

建立质量、环境和职业安全健康一体化管理体系，开展一体化认证，是诸多企业的共同需求，也是企业管理现代化和管理体系规范化、标准化的重要发展和时代新标志。

思　考　题

1. 施工安全控制的基本要求有哪些？

2. 大气污染包括哪些内容？应如何防治？

3. 简述实施职业健康安全管理体系的作用。

4. 简述环境保护的意义。

5. 减少施工现场噪声的措施有哪些？

第8章 工程项目文明施工与绿色施工管理

8.1 工程项目文明施工管理

8.1.1 施工现场文明施工的要求

文明施工是指保持施工现场良好的作业环境、卫生环境和工作秩序。因此，文明施工也是保护环境的一项重要措施。文明施工主要包括：规范施工现场的场容，保持作业环境的整洁卫生；科学组织施工，使生产有序进行；减少施工对周围居民和环境的影响；遵守施工现场文明施工的规定和要求，保证职工的安全和身体健康。

文明施工可以适应现代化施工的客观要求，有利于员工的身心健康，有利于培养和提高施工队伍的整体素质，促进企业综合管理水平，提高企业的知名度和市场竞争力。

依据我国相关标准，文明施工的要求主要包括现场围挡、封闭管理、施工场地、材料堆放、现场住宿、现场防火、治安综合治理、施工现场标牌、生活设施、保健急救、社区服务十一项内容。建设工程现场文明施工总体上应符合以下要求：

1）有整套的施工组织设计或施工方案，施工总平面布置紧凑，施工场地规划合理，符合环保、市容、卫生的要求。

2）有健全的施工组织管理机构和指挥系统，岗位分工明确，工序交叉合理，交接责任明确。

3）有严格的成品保护措施和制度，大小临时设施和各种材料构件、半成品按平面布置堆放整齐。

4）施工场地平整，道路畅通，排水设施得当，水电线路整齐，机具设备状况良好，使用合理，施工作业符合消防和安全要求。

5）做好环境卫生管理，包括施工区、生活区环境卫生和食堂卫生管理。

6）文明施工应落实至施工结束后的清场。

实现文明施工，不仅要抓好现场的场容管理，而且还要做好现场材料、机械、安全、技术、保卫、消防和生活卫生等方面的工作。

8.1.2 建设工程现场文明施工的措施

1. 加强现场文明施工的管理

（1）建立文明施工的管理组织

应确立项目经理为现场文明施工的第一责任人，以各专业工程师、施工质量、安全、材料、保卫等现场项目经理部人员为成员的施工现场文明管理组织，共同负责本工程现场文明施工工作。

（2）健全文明施工的管理制度

管理制度包括建立各级文明施工岗位责任制，将文明施工工作考核列入经济责任制，建立定期的检查制度，实行自检、互检、交接检制度，建立奖惩制度，开展文明施工立功竞赛，加强文明施工教育培训等。

2. 落实现场文明施工的各项管理措施

针对现场文明施工的各项要求，落实相应的各项管理措施。

（1）施工平面的布置

施工总平面图是现场管理、实现文明施工的依据。施工总平面图应对施工机械设备、材料和构配件的堆场、现场加工场地，以及现场临时运输道路、临时供水供电线路和其他临时设施进行合理布置，并随工程实施的不同阶段进行场地布置和调整。

（2）现场围挡、标牌的设置

1）施工现场必须实行封闭管理，设置进出口大门，制定门卫制度，严格执行外来人员进场登记制度。沿工地四周连续设置围挡，市区主要路段和其他涉及市容景观路段的工地设置围挡的高度不低于2.5m，其他工地的围挡高度不低于1.8m。围挡材料要求坚固、稳定、统一、整洁、美观。

2）施工现场必须设置“五牌一图”，即工程概况牌、管理人员名单及监督电话牌、消防保卫（防火责任）牌、安全生产牌、文明施工牌和施工现场总平面图。

3）施工现场应合理悬挂安全生产宣传和警示牌，标牌应悬挂得牢固、可靠，特别是主要施工部位、作业点和危险区域以及主要通道口都必须有针对性地悬挂醒目的安全警示牌。

（3）施工场地管理

1）施工现场应积极推行硬地坪施工，作业区、生活区主干道地面必须用一定厚度的混凝土硬化，场内其他道路地面也应进行硬化处理。

2）施工现场道路应畅通、平坦、整洁，无散落物。

3）施工现场应设置排水系统，排水畅通，不积水。

4）严禁泥浆、污水、废水外流或未经允许排入河道，严禁堵塞下水道和排水河道。

5）施工现场适当地方应设置吸烟处，作业区内禁止随意吸烟。

6）积极美化施工现场环境，根据季节变化，适当进行绿化布置。

（4）材料堆放、周转设备管理

1）建筑材料、构配件、料具必须按施工现场总平面布置图堆放，布置合理。

2）建筑材料、构配件及其他料具等必须做到安全、整齐堆放（存放），不得超高。堆料应分门别类，悬挂标牌。标牌应统一制作，标明名称、品种、规格、数量等。

3）建立材料收发管理制度，仓库、工具间材料应堆放整齐，易燃易爆物品应分类堆放，由专人负责，以确保安全。

4）施工现场应建立清扫制度，落实到人，做到工完料尽场地清。车辆进出场应有防泥带出措施。建筑垃圾应及时清运，临时存放现场的也应集中堆放整齐，悬挂标牌。不用的施工机具和设备应及时出场。

5）施工设施、大模板、砖夹等应集中堆放整齐。大模板应成对放稳，角度正确。钢模及零配件、脚手扣件应分类、分规格，集中存放。竹木杂料应分类堆放，规则成方，不散不乱，不做他用。

（5）现场生活设施设置

1）施工现场作业区与办公、生活区必须明显划分，确因场地狭窄不能划分的，要有可靠的隔离栏防护措施。

2）宿舍内应确保主体结构安全，设施完好。宿舍周围环境应保持整洁、安全。

3）宿舍内应有保暖、消暑、防煤气中毒、防蚊虫叮咬等措施。严禁使用煤气灶、煤油炉、电饭煲、热得快、电炒锅、电炉等器具。

4）食堂应有良好的通风和洁卫措施，保持卫生整洁，炊事员持健康证上岗。

5）建立现场卫生责任制，设卫生保洁员。

6）施工现场应设固定的男、女简易淋浴室和厕所，要保证结构稳定、牢固和防风雨，并实行专人管理，及时清扫，保持整洁，要有灭蚊、蝇的措施。

（6）现场消防、防火管理

1）现场应建立消防管理制度，建立消防领导小组，落实消防责任制和责任人员，做到思想重视、措施跟上、管理到位。

2）定期对有关人员进行消防教育，落实消防措施。

3）现场必须有消防平面布置图，临时设施按消防条例的有关规定搭设，符合标准、规范的要求。

4）易燃易爆物品堆放间、油漆间、木工间、总配电室等消防防火重点部位要按规定设置灭火器和消防沙箱，并有专人负责，对违反消防条例的有关人员进行严肃处理。

5）施工现场若需用明火，应做到严格按动用明火的规定执行，审批手续齐全。

（7）医疗急救管理

展开卫生防病教育，准备必要的医疗设施，配备经过培训的急救人员，有急救措施、急救器材和保健医药箱。在现场办公室的显著位置张贴急救车和有关医院的电话号码等。

（8）社区服务管理

建立施工不扰民的措施。现场不得焚烧有毒、有害物质等。

（9）治安管理

1）建立现场治安保卫领导小组，有专人管理。

2）对新入场的人员及时登记，做到合法用工。

3）按照治安管理条例和施工现场的治安管理规定做好各项管理工作。

4）建立门卫值班管理制度，严禁无证人员和其他闲杂人员进入施工现场，避免安全事故和失盗事件的发生。

3. 建立检查考核制度

对于建设工程文明施工，国家和各地大多制定了标准或规定，也有比较成熟的经验在实际工作中，项目应结合相关标准和规定建立文明施工考核制度，推进各项文明施工措施的落实。

4. 抓好文明施工建设工作

1）建立宣传教育制度。现场宣传安全生产、文明施工、国家大事、社会形势、企业精神、优秀事迹等。

2）坚持以人为本，加强管理人员和班组文明建设。教育职工遵纪守法，提高企业整体管理水平和文明素质。

3）主动与有关单位配合，积极开展共建文明活动，树立企业良好的社会形象。

8.2 工程项目施工现场环境管理

8.2.1 施工现场环境保护的要求

建设工程项目必须满足有关环境保护法律法规的要求，在施工过程中注意环境保护，这些都对企业发展、员工健康和社会文明有重要意义。

环境保护是按照法律法规、各级主管部门和企业的要求，保护和改善作业现场的环境，控制现场的各种粉尘、废水、废气、固体废弃物、噪声、振动等对环境的污染和危害。环境保护也是文明施工的重要内容之一。

1. 建设工程施工现场环境保护的要求

根据《中华人民共和国环境保护法》和《中华人民共和国环境影响评价法》的有关规定，建设工程项目对环境保护的基本要求如下：

1）涉及依法划定的自然保护区、风景名胜区、生活饮用水水源保护区及其他需要特别保护的区域时，应当符合国家有关法律法规及该区域内建设工程项目环境管理的规定，不得建设污染环境的工业生产设施。建设的工程项目设施的污染物排放不得超过规定的排放标准。已经建成的设施，其污染物排放超过排放标准的，限期整改。

2）开发利用自然资源的项目，必须采取措施保护生态环境。

3）建设工程项目的选址、选线、布局应当符合区域、流域规划和城市总体规划。

4）应满足项目所在区域环境质量、相应环境功能区划和生态功能区划的标准或要求。

5）拟采取的污染防治措施应确保污染物排放达到国家和地方规定的排放标准，满足污染物总量控制要求。涉及可能产生放射性污染的，应采取有效预防和控制放射性污染措施。

6）建设工程应当采用节能、节水等有利于环境与资源保护的建筑设计方案、建筑材料、装修材料、建筑构配件及设备。建筑材料和装修材料必须符合国家标准。禁止生产、销售和使用有毒、有害物质超过国家标准的建筑材料和装修材料。

7）尽量减少建设工程施工中所产生的干扰周围生活环境的噪声。

8）应采取生态保护措施，有效预防和控制生态破坏。

9）对于对环境可能造成重大影响、应当编制环境影响报告书的建设工程项目，可能严重影响项目所在地居民生活环境质量的建设工程项目，以及存在重大意见分歧的建设工程项目，环保部门可以举行听证会，听取有关单位、专家和公众的意见，并公开听证结果，说明对有关意见采纳或不采纳的理由。

10）建设工程项目中防治污染的设施，必须与主体工程同时设计、同时施工、同时投产使用。防治污染的设施经原审批环境影响报告书的环境保护行政主管部门验收合格后，该建设工程项目方可投入生产或者使用。不得擅自拆除或者闲置防治污染的设施，确有必要拆除或者闲置的，必须征得所在地的环境保护行政主管部门的同意。

11）新建工业企业和现有工业企业的技术改造，应当采取资源利用率高、污染物排放量少的设备和工艺，采用经济、合理的废弃物综合利用技术和污染物处理技术。

12）排放污染物的单位，必须依照国务院环境保护行政主管部门的规定申报登记。

13）禁止引进不符合我国环境保护规定要求的技术和设备。

14）任何单位不得将产生严重污染的生产设备转移给没有污染防治能力的单位使用。

《中华人民共和国海洋环境保护法》规定：在进行海岸工程建设和海洋石油勘探开发时，必须依照法律的规定，防止对海洋环境的污染损害。

2. 建设工程施工现场环境保护的措施

工程建设过程中的污染主要包括对施工场界内的污染和对周围环境的污染。对施工场界内的污染防治属于职业健康安全问题，而对周围环境的污染防治是环境保护的问题。

建设工程环境保护措施主要包括大气污染的防治、水污染的防治、噪声污染的防治、固体废弃物的处理等，相关内容已在 7.4 节中予以详细介绍，这里不再赘述。

8.2.2 施工现场职业健康安全卫生的要求

为保障作业人员的身体健康和生命安全，改善作业人员的工作环境与生活环境，防止施工过程中各类疾病的发生，建设工程施工现场应加强卫生与防疫工作。

1. 建设工程施工现场职业健康安全卫生的要求

根据我国相关标准，施工现场职业健康安全卫生主要包括现场宿舍、厕所和其他卫生管理等内容。基本要符合以下要求：

1）施工现场应设置办公室、宿舍、食堂、厕所、淋浴间、开水房、文体活动室、密闭式垃圾站（或容器）及盥洗设施等临时设施。临时设施所用建筑材料应符合环保、消防的要求。

2）办公区和生活区应设密闭式垃圾容器。

3）办公室内布局合理，文件资料宜归类存放，并应保持室内清洁卫生。

4）施工企业应根据法律、法规的规定，制定施工现场的公共卫生突发事件应急预案。

5）施工现场应配备常用药品及绷带、止血带、颈托、担架等急救器材。

6）施工现场应设专职或兼职保洁员，负责卫生清扫和保洁。

7）办公区和生活区应采取灭鼠、蚊、蝇、蟑螂等措施，并应定期投放和喷洒药物。

8）施工企业应结合季节特点，做好作业人员的饮食卫生和防暑降温、防寒保暖、防煤气中毒、防疫等工作。

9）施工现场必须建立环境卫生管理和检查制度。

2. 建设工程施工现场职业健康安全卫生的措施

施工现场的卫生与防疫应由专人负责，其全面管理施工现场的卫生工作，监督和执行卫生法规规章、管理办法，落实各项卫生措施。

（1）现场宿舍的管理

1）宿舍内应保证有必要的生活空间，室内净高不得低于 2.4m，通道宽度不得小于 0.9m，每间宿舍的居住人员不得超过 16 人。

2）施工现场宿舍必须设置可开启式窗户，宿舍内的床铺不得超过 2 层，严禁使用通铺。

3）宿舍内应设置生活用品专柜，有条件的宿舍宜设置生活用品储藏室。

4）宿舍内应设置垃圾桶，宿舍外宜设置鞋柜或鞋架，生活区内应提供为作业人员晾晒衣服的场地。

（2）现场食堂的管理

1）食堂必须有卫生许可证，炊事人员必须持身体健康证上岗。

2）炊事人员上岗时应穿戴洁净的工作服、工作帽和口罩，并应保持个人卫生。不得穿工作服出食堂，非炊事人员不得随意进入制作间。

3）食堂炊具、餐具和公用饮水器具必须清洗消毒。

4）施工现场应加强对食品、原料的进货管理，食堂严禁出售变质食品。

5）食堂应设置在远离厕所、垃圾站、有毒有害场所等污染源的地方。

6）食堂应设置独立的制作间、储藏间，门扇下方应设置不低于 0.2m 的防鼠挡板。制作间灶台及其周边应贴瓷砖，所贴瓷砖高度不宜小于 1.5m，地面应做硬化和防滑处理。粮食存放台距墙和地面应大于 0.2m。

7）食堂应配备必要的排风设施和冷藏设施。

8）食堂的燃气罐应单独设置存放间，存放间应通风良好并严禁存放其他物品。

9）食堂制作间的炊具宜存放在封闭的橱柜内，刀、盆、案板等炊具应生熟分开。食品应有遮盖，遮盖物品应用正反面标识。各种作料和副食应存放在密闭器皿内，并应有标识。

10）食堂外应设置密闭式泔水桶，并应及时清运。

（3）现场厕所的管理

1）施工现场应设置水冲式或移动式厕所，厕所地面应硬化，门窗应齐全。蹲位之间宜设置隔板，隔板高度不宜低于 0.9m。

2）厕所大小应根据作业人员的数量设置。高层建筑施工超过 8 层以后，每隔 4 层宜设置临时厕所。厕所应设专人负责清扫、消毒，化粪池应及时清掏。

（4）其他临时设施的管理

1）小淋浴间应设置满足需要的淋浴喷头，可设置储衣柜或挂衣架。

2）盥洗间应设置满足作业人员使用的盥洗池，并应使用节水龙头。

3）生活区应设置开水炉、电热水器或饮用水保温桶，施工区应配备流动保温水桶。

4）文体活动室应配备电视机、书报、杂志等文体活动设施、用品。

5）施工现场作业人员发生法定传染病、食物中毒或急性职业中毒时，必须在 2 小时内向施工现场所在地建设行政主管部门和有关部门报告，并应积极配合调查处理。

6）现场施工人员患有法定传染病时，应及时隔离，并由卫生防疫部门处置。

8.3 工程项目绿色施工管理

8.3.1 绿色施工的概念

1. 绿色施工的基本概念

绿色施工是指工程建设中，通过施工策划、材料采购，在保证质量、安全等基本要求的前提下，通过科学管理和技术进步，最大限度地节约资源与减少对环境有负面影响的施工活动。它强调的是从施工到工程竣工验收全过程的节能、节地、节水、节材和环境保护（“四节一环保”）的绿色建筑核心理念。

实施绿色施工，应依据因地制宜的原则，贯彻执行国家、行业和地方相关的技术经济政策。绿色施工是可持续发展理念在工程施工中全面应用的体现，绿色施工并不仅仅是指在工程施工中实施封闭施工，没有尘土飞扬，没有噪声扰民，在工地四周栽花、种草，实施定时洒水等内容，它涉及可持续发展的各个方面，如生态与环境保护、资源与能源利用、社会与经济的发展等内容。

2. 绿色施工原则

绿色施工是建筑全生命周期中的一个重要阶段。实施绿色施工，应进行总体方案优化。在规划、设计阶段，应充分考虑绿色施工的总体要求，为绿色施工提供基础条件。

实施绿色施工，应对施工策划、材料采购、现场施工、工程验收等各阶段进行控制，加强对整个施工过程的管理和监督。绿色施工的基本原则如下：

（1）减少场地干扰、尊重基地环境

绿色施工要减少场地干扰。工程施工过程会严重扰乱场地环境，这一点对于未开发区域的新建项目尤其严重。场地平整、土方开挖、施工降水、永久及临时设施建造、场地废物处理等均会对场地上现存的动植物资源、地形地貌、地下水位等造成影响，还会对场地内现存的文物、地方特色资源等产生破坏，影响当地文脉的继承和发扬。因此，在施工中减少场地干扰、尊重基地环境对于保护生态环境、维持地方文化具有重要的意义。业主、设计单位和承包商应当识别场地内现有的自然、文化和构筑物特征，并通过合理的设计、施工和管理工作将这些特征保存下来。可持续的场地设计对于减少这种干扰具有重要的作用。就工程施工而言，承包商应结合业主、设计单位对承包商使用场地的要求，制定满足这些要求的、能尽量减少场地干扰的场地使用计划。计划中应明确：

1）小场地内哪些区域将被保护、哪些植物将被保护，并明确保护的方法。

2）怎样在满足施工、设计和经济方面要求的前提下，尽量减少清理和扰动的区域面积，尽量减少临时设施、减少施工用管线。

3）场地内哪些区域将被用作仓储和临时设施建设，如何合理安排承包商、分包商及各工种对施工场地的使用，减少材料和设备的搬动。

4）各工种为了运送、安装和其他目的对场地通道的要求。

5）废物将如何处理和消除，如有废物回填或填埋，应分析其对场地生态、环境的影响。

6）怎样将场地与公众隔离。

（2）施工结合气候

承包商在选择施工方法、施工机械，安排施工顺序，布置施工场地时应结合气候特征。这可以减少气候原因所带来的施工措施的增加、资源和能源用量的增加，有效地降低施工成本，同时可以减少因为额外措施对施工现场及环境的干扰，有利于施工现场环境质量品质的改善和工程质量的提高。

承包商要做到结合气候施工，首先要了解现场所在地区的气象资料及特征，主要包括降雨、降雪资料（如全年降雨量、降雪量、雨期起止日期、一日最大降雨量等），以及气温资料（如年平均气温，最高、最低气温及持续时间）。

施工结合气候主要体现在以下方面：

1）承包商应尽可能合理地安排施工顺序，使会受到不利气候影响的施工工序能够在不利气候来临前完成。如在雨期来临之前，完成土方工程、基础工程的施工，以减少地下水位上升对施工的影响，减少其他需要增加的额外雨期施工保证措施。

2）安排好全场性排水、防洪，减少对现场及周边环境的影响。

3）施工场地布置应结合气候，符合劳动保护、安全、防火的要求。产生有害气体和污染环境的加工场（如沥青熬制、石灰熟化）及易燃的设施（如木工棚、易燃物品仓库）应布置在下风向，且不危害当地居民；起重设施的布置应考虑风、雷电的影响。

4）在冬期、雨期、风期、炎热暑期施工，应针对工程特点，尤其是混凝土工程、土方工程、深基础工程、水下工程和高处作业等，选择适合的季节性施工方法或有效措施。

（3）绿色施工要求节水节电环保

建设项目通常要使用大量的材料、能源和水资源。减少资源的消耗、节约能源、提高效益、保护水资源是可持续发展的基本观点。施工中资源（能源）的节约主要有以下几方面内容：

1）水资源的节约利用。通过监测水资源的使用，安装小流量的设备和器具，在可能的场所通过重新利用雨水或施工废水等措施来减少施工期间的用水量，降低用水费用。

2）节约电能。通过监测利用率、安装节能灯具和设备、利用声光传感器控制照明灯具、采用节电型施工机械、合理安排施工时间等降低用电量，节约电能。

3）减少材料的损耗。通过更仔细的采购、合理的现场保管，减少材料的搬运次数，减少包装，完善操作工艺，增加摊销材料的周转次数等降低材料在使用中的消耗，提高材料的使用效率。

4）可回收资源的利用。可回收资源的利用是节约资源的主要手段，也是当前应加强的方向。其主要体现在两个方面；一是使用可再生的或含有可再生成分的产品和材料，这有助于将可回收部分从废弃物中分离出来，同时减少原始材料的使用，即减少自然资源的消耗；二是加大资源和材料的回收利用、循环利用，如在施工现场建立废物回收系统，再回收或重复利用在拆除时得到的材料，这可减少施工中材料的消耗量或通过销售来增加企业的收入，也可降低企业运输或填埋垃圾的费用。

（4）减少环境污染，提高环境品质

绿色施工要求减少环境污染。工程施工中产生的大量灰尘、噪声、有毒有害气体、废物等会对环境品质产生严重的影响，也将有损于现场工作人员、使用者以及公众的健康。因此，减少环境污染、提高环境品质，也是绿色施工的基本原则。提高与施工有关的室内外空气品质是该原则的最主要内容。施工过程中，扰动建筑材料和系统所产生的灰尘，从材料、产品、施工设备或施工过程中散发出来的挥发性有机化合物或微粒均会引发室内外空气品质问题。许多这些挥发性有机化合物或微粒会对健康构成潜在的威胁和损害，需要特殊的安全防护。这些威胁和损伤有些是长期的，甚至是致命的。同时，在建造过程中，这些空气污染物也可能渗入邻近的建筑物，并在施工结束后继续留在建筑物内。那些需要在房屋使用者在场的情况下进行施工的改建项目，在这方面的影响更需引起人们的重视。常用的提高施工场地空气品质的绿色施工技术措施有：

1）制订有关室内外空气品质的施工管理计划。

2）使用低挥发性的材料或产品。

3）安装局部临时排风或局部净化和过滤设备。

4）进行必要的绿化，经常洒水清扫，防止建筑垃圾堆积在建筑物内，储存好可能造成污染的材料。

5）采用更安全、更健康的建筑机械或生产方式。如用商品混凝土代替现场混凝土搅拌，可大幅度地消除粉尘污染。

6）合理安排施工顺序，尽量减少一些建筑材料如地毯、顶棚饰面等对污染物的吸收。

7）对于施工时仍在使用的建筑物而言，应将有毒的工作安排在非工作时间进行，并与通风措施相结合，在进行有毒工作时以及工作完成以后，用室外新鲜空气对现场通风。

8）对于施工时仍在使用的建筑物而言，将施工区域保持负压或升高使用区域的气压有助于防止空气污染物污染使用区域。

对于噪声的控制也是防止环境污染，提高环境品质的一个方面。当前我国已经出台了一些相应的规定对施工噪声进行限制。绿色施工也强调对施工噪声的控制，以防止施工扰民。合理安排施工时间，实施封闭式施工，采用现代化的隔离防护设备，采用低噪声、低振动的建筑机械（如无声振捣设备等）是控制施工噪声的有效手段。

（5）实施科学管理，保证施工质量

实施绿色施工，必须实施科学管理，提高企业管理水平，使企业从被动适应转变为主动响应，使企业实施绿色施工制度化、规范化。这将充分发挥绿色施工对可持续发展的促进作用，增加绿色施工的经济性效果，增加承包商采用绿色施工的积极性。企业通过 ISO 14001 认证是提高企业管理水平，实施科学管理的有效途径。

实施绿色施工，尽可能减少场地干扰，提高资源和材料的利用效率，增加材料的回收利用等，采用这些手段的前提是确保工程质量。好的工程质量可延长项目寿命，降低项目的日常运行费用，有利于使用者的健康和安全，可促进社会经济发展，其本身就是可持续发展的体现。

3. 绿色施工的基本要求

1）绿色施工是指工程建设中，在保证质量、安全等基本要求的前提下，通过科学管理和技术进步，最大限度地节约资源与减少对环境负面影响的施工活动，实现“四节一环保”（节能、节地、节水、节材和环境保护）。

2）我国尚处于经济快速发展阶段，作为大量消耗资源、影响环境的建筑业，应全面实施绿色施工，承担起可持续发展的社会责任。

3）《绿色施工导则》（建质〔2007〕223 号）用于指导绿色施工，在工程项目的绿色施工中应贯彻执行。

4）绿色施工应符合国家的法律、法规及相关的标准规范，实现经济效益、社会效益和环境效益的统一。

5）实施绿色施工，应依据因地制宜的原则，贯彻执行国家、行业和地方相关的技术经济政策。

6）运用 ISO 14000 和 ISO 18000 管理体系，将绿色施工有关内容分解到管理体系目标中去，使绿色施工规范化、标准化。

7）鼓励各地区开展绿色施工的政策与技术研究，发展绿色施工的新技术、新设备、新材料与新工艺，推行应用示范工程。

4. 绿色施工总体框架

《绿色施工导则》（建质〔2007〕223 号）作为绿色施工的指导性原则，共有六大块内容：总则；绿色施工原则；绿色施工总体框架；绿色施工要点；发展绿色施工的新技术、新设备、新材料、新工艺；绿色施工应用示范工程。

在这六大块内容中，总则主要是考虑设计、施工一体化问题。施工原则强调的是对整个施工过程的控制。

紧扣“四节一环保”内涵，根据绿色施工原则，结合工程施工实际情况，《绿色施工导则》提出了绿色施工的主要内容，根据其重要性，依次列为施工管理、环境保护、节材与材料资源利用、节水与水资源利用、节能与能源利用、节地与施工用地保护六个方面。

这六个方面构成了绿色施工总体框架，涵盖了绿色施工的基本指标，同时包含了施工策划、材料采购、现场施工、工程验收等各阶段指标的子集，如图 8-1 所示。

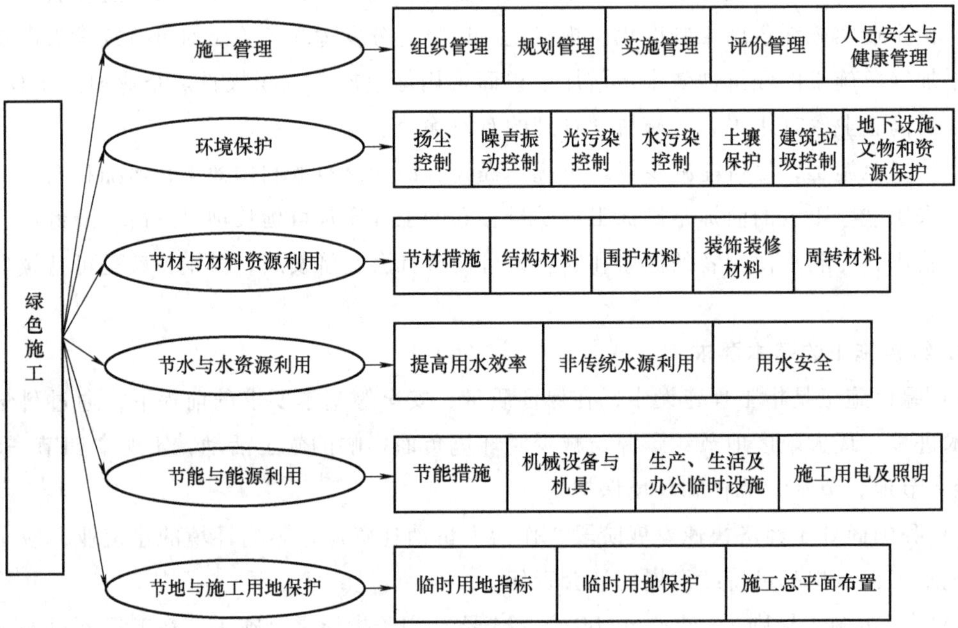

图 8-1　绿色施工总体框架

绿色施工总体框架与绿色建筑评价标准结构相同，明确这样的指标体系，是为制定绿色建筑施工评价标准打基础。

在绿色施工总体框架中，施工管理被放在第一位是有其深层次考虑的。我国工程建设发展的情况是体量越做越大，基础越做越深，所以施工方案是绿色施工中的重大问题。如地下工程的施工，无论是采用明挖法、盖挖法、暗挖法、沉管法，还是冷冻法，都会涉及工期、质量、安全、资金投入、装备配置、施工力量等一系列问题，这是一个举足轻重的问题，对此，《绿色施工导则》在施工管理中，对施工方案确定均有具体规定。

8.3.2　绿色施工组织管理

工程项目绿色施工应实施目标管理。2014 年，住房和城乡建设部制定了《建筑工程绿色施工规范》（GB/T 50905—2014）。参建各方的责任应符合下列规定。

1. 建设单位

1）建设单位向施工单位提供建设工程绿色施工的相关资料，保证资料的真实性和完整性。

2）在编制工程概算和招标文件时，建设单位应明确建设工程绿色施工的要求，并提供场地、环境、工期、资金等方面的保障。

3）建设单位应会同工程参建各方接受工程建设主管部门对建设工程实施绿色施工的监督、检查工作。

4）建设单位应组织协调工程参建各方的绿色施工管理工作。

2. 监理单位

1）监理单位应对建设工程的绿色施工承担监理责任。

2）监理单位应审查施工组织设计中的绿色施工技术措施或专项绿色施工方案，并在实施过程中做好监督检查工作。

3. 施工单位

1）施工单位是工程项目绿色施工的责任主体，全面负责绿色施工的实施。

2）实行施工总承包管理的建设工程，总承包单位对绿色施工过程负总责，专业承包单位应服从总承包单位的管理，并对所承包工程的绿色施工负责。

3）施工项目部应建立以项目经理为第一责任人的绿色施工管理体系，负责绿色施工的组织实施及目标实现，制定绿色施工管理责任制度，组织绿色施工教育培训，定期开展自检、考核和评比工作，并指定绿色施工管理人员和监督人员。

4）在施工现场的办公区和生活区应设置明显的有节水、节能、节约材料等具体内容的警示标识。

5）施工现场的生产、生活、办公和主要耗能施工设备应有节能的控制措施和管理办法。对主要耗能施工设备应定期进行耗能计量检查和核算。

6）施工现场应建立可回收再利用的物资清单，制定并实施可回收废料的管理办法，提高废料利用率。

7）应建立机械保养、限额领料、废弃物再生利用等管理与检查制度。

8）施工单位及项目部应建立施工技术、设备、材料、工艺的推广、限制以及淘汰公布的制度和管理方法。

9）施工项目部应定期对施工现场绿色施工的实施情况进行检查，做好检查记录，并根据绿色施工情况实施改进措施。

10）施工项目部应按照国家法律、法规的有关要求，做好职工的劳动保护工作。

思　考　题

1. 什么是绿色施工？它包括哪些内容？
2. 什么是文明施工？其总体要求有哪些？
3. 落实文明施工的各项管理措施有哪些？
4. 建设工程项目对环境保护的基本要求有哪些？
5. 建设工程环境保护措施有哪些？
6. 何谓噪声污染？其来源有哪些？

7. 施工现场噪声的控制措施有哪些？

8. 固体废物的主要处理方法有哪些？

9. 施工现场职业健康安全卫生的要求有哪些？

10. 绿色施工的基本原则有哪些？

11. 绿色施工的基本要求有哪些？

第9章 工程项目施工组织设计

9.1 概述

由于建筑产品的生产十分复杂，加之生产周期又长，在整个施工生产过程中要消耗大量的活劳动和物化劳动等资源，生产工艺技术多样，生产组织的相互配合关系也错综复杂，这就要求施工组织必须严密考虑、精心安排，并有预见性，因而在工程项目开工前，均需编制施工组织设计。

施工组织设计是指导工程施工的重要技术经济文件，也是对施工生产活动实施科学管理的有力手段。国家规定，没有施工组织设计，不允许工程开工。

9.1.1 施工组织设计的作用

施工组织设计对一项建设工程起着重要的规划作用与组织作用，具体表现在：

1）施工组织设计是施工准备工作的一项重要内容，同时又是指导其他各项施工准备工作的依据，它是整个施工准备工作的核心内容。

2）通过编制施工组织设计，充分考虑施工中可能遇到的困难与障碍，并事先设法予以解决或排除，从而提高施工预见性，减少盲目性，为实现建设项目目标提供了技术组织保证。

3）施工组织设计中所制定的施工方案和施工进度计划等，是指导现场施工活动的基本依据。

4）施工组织设计对施工场地所做的规划与布置，为现场的文明施工创造了条件。

9.1.2 施工组织设计的分类与内容

施工组织设计与其他设计文件一样，也是分阶段编制逐步深化的。对于大型工业项目或民用建筑群，施工组织设计一般可分成三个层次进行编制。

1. 施工组织总设计

施工组织总设计是以建设项目为对象而编制的，以批准的扩大初步设计（或初步设计）

文件为依据，一般由工程总承包单位编制，也可以以工程总承包单位为主（建设单位、监理单位及设计单位参加）而进行编制。它是对整个建设工程的施工而进行的总体规划与战略部署，是指导施工的全局性文件。它包括的内容如下：

1）工程概况。着重说明工程的性质、规模、造价、工程特点及主要建筑结构特征、建设期限以及施工条件等。

2）施工准备工作。应列出准备工作一览表、各项准备工作的负责单位、配合单位及负责人、完成的日期及保证措施。

3）施工部署。包括建设项目的分期建设规划、各期的建设内容、施工任务的组织分工、主要施工对象的施工方案和施工准备、机械化施工方案、全场性的工程施工安排（如道路、管网等大型设施工程、全工地的土方调配、地基的处理等），以及大型暂设工程的安排等。

4）施工总进度计划。包括整个建设项目的开竣工日期、总的施工程序、分期分批施工进度、土建工程与专业工程的穿插配合安排、主要建筑物及构筑物的施工期限等。

5）施工总平面图。图中应说明场内外主要交通运输道路、供水供电管网和大型临时设施的布置、施工场地的用地划分等。

6）劳动力及主要原材料、半成品、预制构件和施工机具需要量计划。

2. 单位工程施工组织设计

单位工程施工组织设计是以单个建筑物或构筑物为对象，以施工图为依据，由直接组织施工的基层单位负责编制的，它是施工组织总设计的具体化。根据施工对象的规模大小和技术复杂程度的不同，单位工程施工组织设计在内容的广度及深度上可以有所区别，但一般均包括：

1）工程概况及施工条件。

2）施工方案。

3）施工进度计划。

4）劳动力及主要资源需要量计划。

5）施工平面图。

6）技术经济指标。

3. 分部工程施工组织设计

分部工程施工组织设计也称为作业设计，它是单位工程施工组织设计的具体化。对于某些技术复杂或工程规模较大的建筑物或构筑物，在单位工程施工组织设计完成以后，可对某些施工难度大或缺乏经验的分部工程再编制其作业设计，如大型设备基础工程、大型结构安装工程、高层钢筋混凝土框架工程、地下水处理工程、高级装饰工程等。作业设计的内容，重点在于施工方法和机械设备的选择，保证质量与安全的技术措施，施工进度与劳动力组织等。

9.1.3 组织施工的基本原则

根据我国工程建设长期以来积累的经验，组织施工以及在编制施工组织设计时，一般应遵循以下基本原则：

1）坚持工程建设程序，充分做好施工准备，不打无把握之仗，严禁盲目开工。

2）合理安排施工程序，按建筑施工本身的客观规律办事，使各项施工活动紧密配合，互相衔接。

3）严格遵守国家和合同规定的工程竣工及交付使用期限，在保证工程质量和安全生产前提下，尽量缩短建设工期，尽早地发挥建设投资效益。

4）坚持全年连续施工，合理安排冬、雨期施工项目，增加全年施工天数。

5）贯彻建筑工业化方针。按照工厂预制与现场预制相结合的方针，尽量扩大预制范围，提高预制装配程度，本着先进机械、简易机械与改良工具相结合的方针，尽量扩大机械化施工范围，提高机械化施工程度。

6）合理安排施工顺序，保持施工的均衡性与连续性。

7）充分利用永久性设施为施工服务，节约大型暂设工程费用。诸如永久性铁路、公路、水电管网和生活福利设施等，尽量安排提前修建，并在施工中加以利用。

8）充分利用当地资源，就地取材，节约成本。

9）广泛采用国内外的先进施工技术与科学管理方法，认真贯彻施工验收规范与操作规程。

10）努力节约施工用地，力争不占或少占农田。

9.2 工程项目施工组织总设计

9.2.1 施工组织总设计的内容和编制依据

1. 施工组织总设计的内容

施工组织总设计是以建设项目为对象，根据初步设计或扩大初步设计图、国家政策、法规等文件和现场施工条件进行编制的，用以指导整个建设项目的施工准备和有计划地组织施工的技术经济文件。

施工组织总设计的编制程序如图 9-1 所示。

施工组织总设计的内容包括工程概况、施工部署和主要建筑物的施工方案、施工总进度计划、资源需要量计划、施工总平面图和技术经济指标等。

(1) 工程概况

工程概况是对整个建设项目的总说明，一般包括下列内容：

1）工程性质、建设地点、建设规模、总期限、分期分批投入使用的项目和工期、总占地面积、建筑面积；设备安装及其吨位数；总投资、建筑安装工作量、工厂区和生活区的工作量；生产流程和工艺特点；建筑结构类型和新技术的使用等。

2）建设地区的自然条件和技术经济条件。如气象、水文、地质和地形情况；能为该建设项目服务的施工单位及其人力和机械设备情况；工程的材料来源、供应情况；建筑构件的

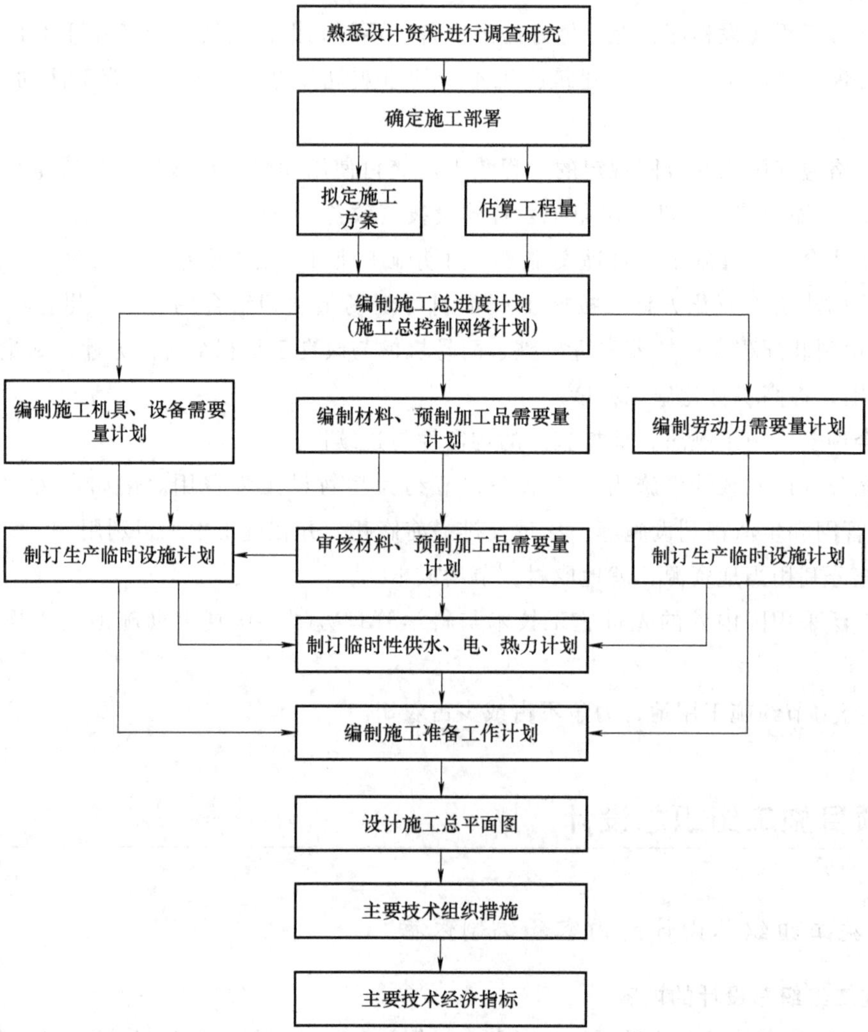

图 9-1　施工组织总设计的编制程序

生产能力；交通运输情况；当地能提供给施工用的人力、能源和建筑物情况。

3）上级对施工企业的要求、企业的施工能力、技术装备水平、管理水平和完成各项经济指标的情况等。

（2）施工部署和主要建筑物的施工方案

施工部署是用文字及图表来说明整个建设项目施工的总设想，因此带有全局性的战略意图，是施工组织总设计的核心。在施工部署中，要阐述国家和上级对本工程项目的要求，以及建设项目的性质，并确定好各建筑物总的开工程序。另外要规划好有关全工地性的为施工服务的工程项目，如水、电、道路及临时房屋的建设，预制构件厂和其他附属工厂的数量及其规模，是否需要设置中心仓库及其规模大小，生活供应上需要采取的重大措施等。

对重点工程的施工方案，只需原则地提出方案性问题（详细的施工方案和措施则到编制单位工程施工组织设计时再拟定）。如大型土方如何开挖；哪些构件采用现浇，哪些构件采用预制；构件的吊装采用什么机械；准备采用什么新工艺、新技术等。

施工组织总设计中的施工总进度计划、施工总平面图以及各种供应计划都是按照施工部署的设想，通过一定的计算，用图表的方式表达出来的。也就是说，施工总进度计划是施工部署在时间上的体现，而施工总平面图则是施工部署在空间上的体现。

（3）施工总进度计划

施工总进度计划是根据施工部署中所确定的各建筑物的开工顺序及施工方案，以及施工力量（包括人力、物力），参照工期定额或类似建筑物的工期，定出各主要建筑物的施工期限和各建筑物之间的搭接时间，并用进度表的方式表达出来的用以控制施工进度的指导文件。同时由此可得出下列主要资源需要量计划表：

1）劳动力需要量计划表。

2）主要材料，成品及半成品需要量计划表。

3）主要施工机具需要量计划表。

4）大型临时设施需要量计划表。

（4）施工总平面图

施工总平面图就是把建设区域内原有的和拟建的地上的或地下的建筑物、构筑物、道路以及施工用的材料仓库、机械设备、附属生产企业、给水、排水、供电设施及临时建筑物等通过规划布置绘制在一张图上。

施工总平面图是一个具体指导现场施工的空间布置方案，对于现场有组织、有计划的文明施工，具有重大意义。如果施工现场没有施工总平面图或其贯彻不善，必然会给现场施工造成混乱，这不仅会给施工管理上带来许多困难，严重影响施工速度，而且也会使建筑成本提高。

（5）技术经济指标

施工组织总设计经济合理与否是决定整个建设项目施工能否顺利进行和经济效益好坏的大问题。为了寻求最经济合理的方案，设计时需考虑几个方案，并根据技术经济指标进行比较，选取最佳实施方案。一般需要反映的经济指标有：施工工期、全员劳动生产率、非生产人员比例、劳动力不均衡系数、临时工程费用比、综合机械化程度、工厂化程度、流水施工系数、施工场地利用系数等。

2. 施工组织总设计的编制依据

编制施工组织总设计一般需要依据下列资料：

1）计划文件，如国家或地方批准的计划文件、投资指标和分期分批交付使用的期限等。

2）工程承包合同文件。

3）设计文件。

4）有关现行规程，定额资料。

5）建设地区的自然条件及技术经济条件等的调查资料。

9.2.2 施工部署

施工部署是指对整个建设项目的施工做出全面的战略安排，并解决其中影响全局的重大问题。

施工部署所包括的内容因建设项目的性质、规模和各种客观条件的不同而不同。一般应考虑的主要内容有：施工准备工作计划、确定工程展开程序、主要建筑物施工方案的拟定、施工任务的划分与组织安排等。

1. 施工准备工作计划

施工准备工作计划是根据施工部署的要求和施工总进度的有关安排编制的。其主要内容如下：

1）做好现场测量控制网。

2）做好土地征用、居民迁移和障碍物的清除工作。

3）组织拟采用的新结构、新材料和新技术的试制和试验工作。

4）安排好大型临时设施工程、施工用水、用电和铁路、道路、码头以及场地平整等工作。

5）做好材料、构件、加工品和机具等的准备工作。

6）进行技术培训工作。

2. 确定工程展开程序

确定工程展开程序主要考虑以下几点：

1）在保证工期要求的前提下，实行分期分批施工。这样既能使每一具体工程项目迅速建成，又能在全局上取得施工的连续性和均衡性，并能减少暂设工程数量和降低工程成本。

为了尽快发挥基本建设投资效果，对于大中型工业建设项目，都要在保证工期的前提下分期分批建成。至于分几期施工，则要根据生产工艺、建设单位的要求、工程规模大小和施工难易程度由工程建设单位和施工单位共同研究后确定。例如，一个大型冶金联合企业，按其工艺过程大致有如下工程项目：矿山开采工程、选矿厂、原料运输及存放工程、烧结厂、焦化厂、炼铁厂、炼钢厂、轧钢厂及许多辅助性车间等。如果一次建成投产，一般长达十几年，显然不能使建设投资及时发挥效益。所以，对于这类企业，一般应以高炉系统生产能力为标志进行分期建成投产。

对于大中型民用建设项目（如居民住宅小区），一般也应分期分批建成，以便尽快让一批建筑物投入使用，发挥投资效益。

对于小型企业或大型工业建设项目的某个系统，由于工期较短或生产工艺的要求，可不必分期分批进行施工，而采取先建生产厂，而后边生产边进行其他项目的施工。

2）划分分期分批施工的项目时，应优先安排下面的工程：

① 按生产工艺要求，须先期投入生产或起主导作用的工程项目。

② 工程量大、施工难度大或工期长的项目。

③ 运输系统、动力系统，如厂区内外的铁路、道路和变电站等。

④ 生产上需要先期使用的机修、车库、办公楼及部分家属宿舍等。

⑤ 供施工使用的工程项目，如采砂（石）场、木材加工厂、各种构件预制加工厂、混凝土搅拌站等施工附属企业及其他为施工服务的临时设施。

3）在安排工程顺序时，应以先地下后地上、先深后浅、先干线后支线的原则进行安排。如地下管线与筑路工程的施工顺序是先铺管线后修筑道路。

4）施工季节的影响。大规模的土方工程和深基础工程施工，最好避开雨期；而寒冷地区的工程施工，最好在入冬时转入室内作业和设备安装。

3. 主要建筑物施工方案的拟定

施工方案是针对单个建筑物而言的。它的内容包括施工方法、施工顺序、机械设备选用和技术组织措施等。这些内容将在单位工程施工组织设计中详细介绍。施工组织总设计中所指的施工方案是根据施工部署的要求对主要建筑物的施工提出的原则性的方案，如大型土方开挖方案，机械化施工方案，构件制备方案（哪些构件采用现浇，哪些构件采用预制，如采用预制，是现场就地预制，还是在构件预制厂加工生产），构件吊装方案，拟采用的新工艺、新技术等，也就是对涉及全局性的一些问题拟定出施工方案。

由于机械化是实现现场施工的重要前提，因此，在拟定主要建筑物施工方案时，应注意按以下几点考虑机械化施工总方案的问题：

1）所选主要机械的类型和数量应能满足各个主要建筑物的施工要求，并能在各工程上进行流水作业。

2）机械类型与数量尽可能在当地解决。

3）所选机械化施工总方案应该在技术上先进、可行，在经济上合理。

另外，对于某些施工技术要求高或比较复杂、技术上较先进或施工单位尚未完全掌握的分部分项工程，应提出原则性的技术措施方案。例如，软弱地基大面积钢管桩工程，复杂的设备基础工程，大跨结构、高炉及高耸结构的结构安装工程等。

4. 施工任务的划分与组织安排

明确划分参与该建设项目施工的各施工单位和各职能部门的任务，并以合同形式确定下来；确定综合的和专业化施工组织的相互配合关系；划分施工阶段，明确各单位分期分批的主攻项目和穿插项目。

9.2.3　施工总进度计划

施工总进度计划是根据既定的施工部署，对各工程项目的施工在时间上做出安排。在进行此项工作时，必须征求各方面的意见，以提高计划的现实性。施工总进度计划的作用在于确定各个工程系统及单项工程、准备工程和全工地性工程的施工期限及开工和竣工日期，并据此确定建筑工地上劳动力、材料、成品、半成品的需要量和调配计划，建筑机构附属企业的生产能力，临时建筑物的面积，仓库和堆场的面积，临时供水及供电的数量等。

施工总进度计划的编制步骤和方法如下。

1. 计算拟建建筑物及全工地性工程的工程量

根据既定施工部署中分期分批投产的顺序，将每一系统的各项工程项目分别列出。项目划分不宜过多，应突出主要项目，一些附属、辅助工程、民用建筑等可分别予以合并。计算工程量可按初步设计（或扩大初步设计）图和有关定额手册或资料进行。常用的定额、资料有以下几种：

（1）万元、十万元投资工程量、劳动力及材料消耗扩大指标（即万元定额）

在这种定额中，可查出某一种结构类型的建筑每万元或十万元投资中的劳动力和主要材料消耗量，对照设计图中的结构类型和概算，即可求得拟建工程分项所需劳动力和主要材料消耗量。

（2）概算定额与概算指标

概算定额是在预算定额的基础上制定的，它是预算定额的综合与扩大，常以扩大的结构构件或部位为对象来编制，反映完成单位工程量所需的人工、材料和机械台班的消耗量，以及相应的地区价格。

概算指标是比概算定额更为综合的一种指标性定额，常以整个建筑物或构筑物为对象来编制，反映完成建筑物每 $100m^2$（或每 $100m^3$ 体积）所消耗的各种工料，以及相应的地区价格。

概算定额与概算指标主要用于估算工程造价和各种资源的需要量。

（3）标准设计或类似工程资料

在缺乏定额手册的情况下，可采用标准设计或已建类似工程实际耗用劳动力和主要材料数量加以必要的调整而进行估算。

除房屋外，还必须计算全工地性工程的工程量。例如，场地平整的土方工程量，铁路、道路和地下管线的长度等。这些可从建筑总平面图上量得。

将算出的工程量填入工程量汇总表，见表 9-1。

表 9-1 工程量汇总表

序号	工程量名称	单位	合计	生产车间			仓库运输			管网				生活福利		大型设施		备注
				×车间	……	……	仓库	铁路	公路	供电	供热	供水	排水	宿舍	文化福利	生产	生活	

2. 确定各单位工程的施工期限

影响单位工程施工期限的因素很多，如建筑类型、结构特征、施工方法、施工单位的技术和管理水平、机械化程度以及施工现场的地形和地质条件等。因此，各单位工程的工期应根据具体情况对上述各种因素综合考虑后予以确定，一般可参考工期定额进行确定。工期定额是根据我国工程建设多年来的经验，经分析研究，采用平均先进的原则而制定的。

3. 确定各单位工程的开竣工时间及相互搭接关系

在施工部署中已经确定了工程的展开程序，但对每期工程中的每一个单位工程的开竣工时间和各单位工程间的搭接关系，需要在施工总进度计划中予以考虑确定。在解决这一问题时，通常应主要考虑如下因素：

1）同一时间进行的项目不宜过多，以免使人力和物力分散。

2）辅助工程应先行施工一部分。这样，既可供主要生产车间投产时使用，又可为施工服务，以节约临时设施费用。

3）应使土建施工中的主要分部工程（如土方工程、混凝土工程、结构安装工程等）实行流水作业，达到均衡施工，从而使施工全过程中的劳动力、施工机械和主要材料在供应上取得均衡。

4）考虑季节影响，减少施工附加费。一般说来，大规模的土方和深基础施工应避开雨期；寒冷地区入冬前尽量做好围护结构，以便冬季安排室内作业或设备安装工程等。

5）安排一部分附属工程或零星项目作为后备项目，用以调节主要项目的施工进度。

4. 绘制施工总进度计划表

施工总进度计划以表格形式表示。目前表格形式各地不一，可根据各单位的经验确定。一般格式见表 9-2。

表 9-2 施工总进度计划表

序号	工程名称	建筑面积/m^2	结构形式	总劳动量（工日）	总进度计划																	
					20××年						20××年											
					三季度			四季度			一季度			二季度			三季度			四季度		
					七月	八月	九月	十月	十一月	十二月	一月	二月	三月	四月	五月	六月	七月	八月	九月	十月	十一月	十二月
1	铸钢车间		装配式钢筋混凝土																			
2	金工车间		装配式钢筋混凝土																			
…																						
n	单身宿舍		砖混																			

施工总进度计划的主要作用是控制每个建筑物或构筑物工期的范围，因此，计划不宜做得过细，做得过细反而不利于调整。对于跨年度工程，通常第一年进度按月安排，第二年及以后各年按月或季安排。

最后，为了使施工过程中各个时期的劳动力及物资需要量尽可能地均衡，还需对个别单位工程的施工工期或开竣工时间进行调整。

9.2.4 资源需要量计划

施工总进度计划编制完成后，就可以以它为依据编制下列各种资源需要量计划。

1. 劳动力需要量计划

劳动力需要量计划是组织劳动力进场和规划临时建筑所需要的。按照总进度计划中确定的各项工程主要工种工程量，查概（预）算定额或有关资料，可求出各项工程主要工种的劳动力需要量；将此数量按该项目工期均摊，即得该项目每单位时间的劳动力需要量；然后在总进度计划表上纵向将各工程项目同一工种的人数叠加起来，就可得到各工种的劳动力需要量计划；再将各项工程所需的主要工种的劳动力需要量汇总，即可得到整个建设项目的综合劳动力需要量计划。劳动力需要量计划表格形式见表 9-3。

表 9-3 劳动力需要量计划表

序号	工程内容 工种名称	工业建筑及全工地性工程								居住建筑		仓库、加工厂等临时性建筑	20××年				20××年			
		工业建筑			道路	铁路	下水道	电气工程	其他	永久性	临时性		一季度	二季度	三季度	四季度	一季度	二季度	三季度	四季度
		厂房	辅助	附属																
1	砖工																			
2	钢筋工																			
3	木工																			
4	混凝土工																			

2. 构件、半成品及主要材料需要量计划

构件、半成品及主要材料的需要量计划是组织建筑材料、预制加工品及半成品的加工、订货、运输和筹建仓库的依据。根据工程量查概算指标或类似工程的经验资料，可求得构件、半成品及主要材料的需要量；再根据总进度计划，可以大致估算出各个时期内的需要量。构件、半成品及主要材料需要量计划表格形式见表 9-4。

表 9-4 构件、半成品及主要材料需要量计划表

序号	材料或预制加工品名称	规格	单位	需要量				需要量计划						
								20××年					20××年	20××年
				合计	正式工程	大型临时设施	施工措施	合计	一季度	二季度	三季度	四季度		

3. 施工机具需要量计划

根据施工部署和主要建筑物的施工方案、技术措施以及总进度计划的要求，即可提出所需的主要施工机具的数量及进场日期。辅助机械可根据概算指标求得。这样，可使所需机具按计划进场。施工机具需要量计划是计算施工用电、选择变压器容量等的依据，其表格形式见表 9-5。

表 9-5 施工机具需要量计划表

编号	机具名称	简要说明（型号、生产率等）	单位	电动机功率/kW	20××年				20××年	20××年	备注
					一季度	二季度	三季度	四季度			

4. 施工准备进度计划

对于大型建设项目的施工，为了保证施工阶段的顺利进行，施工准备工作具有特殊的重要性，故有必要单独编制施工准备进度计划，其表格形式见表 9-6。

表 9-6 施工准备进度计划表

序号	施工准备工作项目	工程量		负责队	进度																							
		单位	数量		20××年												20××年											
					一月	二月	三月	四月	五月	六月	七月	八月	九月	十月	十一月	十二月	一月	二月	三月	四月	五月	六月	七月	八月	九月	十月	十一月	十二月

9.2.5 施工总平面图设计

施工总平面图是对拟建工程项目施工场地在空间上所做的总布置图。它是按照施工部署、施工总进度计划的要求对施工用运输道路、材料仓库、附属生产企业、临时建筑物、临时水电管线等做出的合理安排。它是指导现场文明施工的重要依据。施工总平面图的比例一般为 1∶1000 或 1∶2000。

1. 施工总平面图设计所依据的资料

1）建筑总平面图：图中必须标明本建设项目的一切拟建及已有的建筑物、构筑物和建设场地的地形变化，以及已有的和拟建的地下管道位置。据此确定施工用仓库、加工厂、临时管线及运输道路的位置，解决工地排水问题。

2）施工总进度计划及主要建筑物施工方案：从中了解各建设时期的情况及各工程项目

的施工顺序，以便考虑是否利用后期施工的拟建工程场地。

3）各种建筑材料、半成品、构件等的需要量计划、供应及运输方式，施工机械及运输工具的型号和数量。

4）各种生产、生活用临时设施一览表。

2. 施工总平面图的设计原则

1）在保证施工顺利进行的条件下，尽量减少施工用地，以避免多占耕地，有利于施工场区布置紧凑。

2）在保证运输方便的条件下，尽量降低运输费用。为降低运输费用，要合理地布置仓库、附属企业和起重运输设施，使仓库与附属企业尽量靠近使用地点。

3）在满足施工要求的条件下，尽量降低临时工程项目费用。为降低临时工程项目费用，要尽量利用永久性建筑物和设施为施工服务。对于必须建造的临时建筑物，应尽量采用可拆卸式，以利多次使用，减少一次投资费用。

4）要满足防火与技术安全的要求。各临建房屋应保证防火间距，易燃房屋和污染环境的作业地点应设在下风向。

5）要便于工人的生产与生活。

3. 施工总平面图的内容

1）一切地上和地下已有的和拟建的建筑物、构筑物及其他设施的位置和尺寸。

2）施工用地范围，取土、弃土位置，永久性和半永久性坐标位置。

3）一切为全工地服务的临时设施的布置。其中包括：

① 运输道路、车库的位置。

② 各种加工厂、半成品制品站及有关机械化装置等。

③ 各种材料、半成品及构配件的仓库和堆场。

④ 行政、生活、文化福利用临时建筑等。

⑤ 水、电管网位置，临时给水排水系统和供电线路及供电动力设施。

4）一切安全、防火设施。

4. 施工总平面图的设计步骤与方法

（1）运输路线的布置

主要材料进入工地的方式一般为铁路、公路和水路运输。当由铁路运输时，应根据建筑总平面图中永久性铁路专用线布置主要运输干线，而且考虑提前修筑以便为施工服务，引入时应注意铁路的转弯半径和竖向设计。当由水路运输时，应考虑码头的吞吐能力，码头数量一般不少于两个，码头宽度应大于 2.5m。当由公路运输时，应先布置场内仓库和附属企业，然后再布置场内外交通道路，因为汽车线路布置比较灵活。

公路运输的规划应先抓干线的修建，布置道路时，应注意下列问题：

1）注意临时道路与地下管网的施工程序及其合理布置。将永久性道路的路基先修好，作为施工中临时道路使用以节约费用。另外当地下管网图尚未下达时，应将临时道路尽量布置在无管网地区或扩建工程范围内。

2）注意保证运输畅通。工地应布置两个以上出入口，场内干线采用环形布置；主要道路用双车道，宽度不小于6m；次要道路可用单车道，宽度不小于3.5m；每隔一定距离设会车或调头回车的地方。

3）注意施工机械行驶线路的设置。为了保护道路干线的路面不受损坏，可在道路干线路肩上设置宽约4m的施工机械行驶路线，长度可从机械停放场到施工现场必经的一段线路。土方机械运土另指定专门线路。

此外，应及时疏通路边沟渠，尽量利用自然地形排水。

4）公路路面结构的选择。根据经验，场外与省、市公路相连的干线，可以一开始就建成混凝土路面，因为两旁多属住宅工程，管网较少。同时也因为按照城市规划来建筑，变动不大。而场区内道路，在施工期间，应选择碎石级配路面。因为场区内的管网和电缆、地沟较多，即使有计划的、密切配合的施工，在个别地方，路面也难免不道破坏，采用碎石级路面则修补比较方便。

(2）仓库的布置

材料若由铁路运入工地，仓库可沿铁路线布置，但应有足够的卸货前线，否则，宜造转运站。

材料若由汽车运入工地，则仓库布置较灵活，此时应考虑尽量利用永久性仓库。仓库位置应距各使用地点比较适中，以便运输吨公里尽可能小。仓库应位于平坦、宽敞、交通方便之处，且应遵守安全技术和防火规定。

一般材料仓库应邻近公路和施工地区布置；钢筋、木材仓库应布置在其加工厂附近；水泥库、砂石堆场则布置在搅拌站附近；油库、电石库、危险品、易燃品库宜布置在僻静、安全之处；大型工业企业的主要设备仓库或堆场一般应与建筑材料仓库分开设立，笨重的设备应尽量放在车间附近。

(3）加工厂的布置

加工厂布置时主要考虑原料运到加工厂和成品、半成品运往需要地点的总运输费用最小；同时考虑到加工厂应有较好的工作条件，其生产与建筑施工互不干扰。此外，还需考虑今后的扩建和发展。一般情况下，把加工厂集中布置在工地边缘。

现按加工厂种类分述如下：

1）混凝土搅拌站和砂浆搅拌站。混凝土搅拌站可采用集中与分散相结合的方式。集中布置可以提高搅拌站机械化、自动化程度，从而节约劳动力，保证重点工程和大型建筑物、构筑物的施工需要。同时由于管理专业化，混凝土质量有保证。但集中布置也有其不足之处，如运距较远，必须备有足够的翻斗车，在灌注地点要增设卸料台，有时还要进行二次搅拌。此外，大型工地的建筑物和构筑物的类型多，混凝土品种的强度等级也多，要在同一时间内供应多种强度等级的混凝土较难调度。因此，最好采取集中与分散相结合的布置方式。

根据建设工程分布的情况，适当地设计若干个临时搅拌站，使其与集中搅拌站有机结合。而集中搅拌站也应设几台较小型的搅拌机，这样不仅能充分满足单一强度等级的大量的混凝土供应，同时也能适当地搅拌零星的多强度等级的混凝土，以满足各方面的需要。

集中搅拌站的位置应尽量靠近混凝土需要量最大的工程，以减少运输费用。

砂浆搅拌站以分散布置为宜，随拌随用。在工业建筑工地一般砌筑工程量和抹灰工程量不大，如果集中搅拌砂浆，不仅出现搅拌站的工作不饱满，不能连续生产，而且还会增加运输费用。

2）钢筋加工厂。对需要进行冷加工、对焊、点焊的钢筋骨架和大片钢筋网，宜设置中心加工厂集中加工，这样可充分发挥加工设备的效能，满足全工地需要，保证加工质量，降低加工成本。而小型加工件、小批量生产和利用简单机具成型的钢筋加工，则可在分散的临时钢筋加工棚内进行。

3）木材联合加工厂。当锯材、标准门窗、标准模板等加工量较大时，设置集中的木材联合加工厂比较好，这样设备集中，便于实现生产的机械化、自动化，从而节约劳动力，同时残料锯屑可以综合利用，从而节约木材、降低成本。至于非标准件的加工及模板修理等工作，则最好是在工地设置若干个临时作业棚。当建设区域有河流时，联合加工厂最好靠近码头，因原木多用水运，直接运到工地，可减少二次搬运，节省时间与运输费用。

（4）临时房屋的布置

临时房屋按用途可划分为：

1）行政管理和辅助生产用房，包括办公室、警卫室、消防站、汽车库以及修理车间。

2）居住用房，包括职工宿舍、招待所等。

3）文化福利用房，包括浴室、理发室、文化活动室、开水房、小卖部、食堂、邮电所及储蓄所等。

临时房屋的布置应尽量利用已有的和拟建的永久性房屋，生活区与生产区应分开。建设年限较长的大型建筑工地，一般应设置永久性或半永久性的职工生活基地。行政管理用房布置在工地进出口附近，便利对外联系。文化福利用房布置在工人较集中的地方。布置时还应注意尽量缩短工人上下班的路程，并应符合劳保卫生条件。

（5）工地供水管网布置

工地上临时供水包括三方面：生产用水、生活用水及消防用水。水源应尽量利用永久性给水系统，当不具条件时，则考虑开设新的水源。临时供水管网的布置方式通常有环状、枝状和混合式三种，如图 9-2 所示。一般常采用枝状布置，因为这种布置方式的优点是所需给水管的总长度最小。但缺点是管网中一点发生故障时，则该点之后的线路就有断水的危险。从连续供水的角度来看，最为可靠的方式是环状布置，但这种方式的缺点是所需敷设的给水管道最长。混合式布置是总管采用环状，支管采用枝状，这样做对主要供水地点可保证连续供水，而且又可减少给水管网的敷设长度。

布置临时给水管网注意的事项：

1）尽量利用永久性给水管网。

2）临时管网的布置应与场地平整，道路修筑统一考虑。布置时还应注意避开永久性生

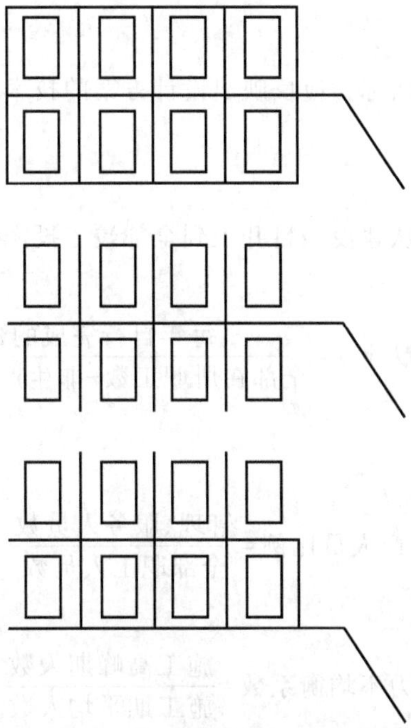

图 9-2 各种布置形式的临时给水管网

产下水管道和电缆沟等位置，以免布置不当，造成返工浪费。

3）在保证供水的情况下，尽量使敷设的管道总长度最短。

4）过冬的临时给水管道要埋在冰冻线以下或采取保温措施。

5）临时给水管网的敷设，可采用明管或暗管，一般以暗管为宜。

6）临时水池、水塔应设在地势较高处。

7）消防栓沿道路布置，其间距不大于 120m，距拟建房屋不小于 5m，也不应大于 25m，距路边不大于 2m。

（6）工地供电设施的布置

关于电源，尽量利用施工现场附近原有的高压线路或发电站及变电所。如果在新辟的地区施工，或者距现有电源较远或能力不足，则需考虑临时供电设施。

临时供电线路的布置方式与给水管网相似，分环状、枝状和混合式三种。一般布置时，高压线路多采用环状，低压线路多采用枝状。

布置临时供电线路时应注意以下几点：

1）尽量利用永久性供电线路。

2）临时总变电站应设在高压线进入工地处，避免高压线穿过工地。

3）临时电站应设在人少安全处，或靠近主要用电区域。

4）供电线路应尽量布置在道路的一侧。但应尽量避免与其他管线设在道路的同一侧。也不要影响施工机械的装、卸及运转。

5）不妨碍料堆及临建场地的使用。

9.2.6 技术经济指标

施工组织总设计的技术经济指标，应反映出设计方案的技术水平和经济性。一般常采用的指标介绍如下。

1. 施工工期

根据施工总进度计划的安排从建设项目开工到全部竣工投产使用共需多少个月。

2. 全员劳动生产率

$$\text{建筑企业全员劳动生产率(元/人年)} = \frac{\text{每年自行完成的建筑安装施工产值}}{\text{全部在册职工数} - \text{非生产人员平均数} + \text{合同工人数}} \tag{9-1}$$

3. 非生产人员比例

$$\text{非生产人员比例} = \frac{\text{管理、服务人员数}}{\text{全部职工人员数}} \tag{9-2}$$

4. 劳动力不均衡系数

$$\text{劳动力不均衡系数} = \frac{\text{施工高峰期人数}}{\text{施工期平均人数}} \tag{9-3}$$

5. 临时工程费用比

$$\text{临时工程费用比} = \frac{\text{全部临时工程费}}{\text{建筑安装工程总值}} \tag{9-4}$$

6. 综合机械化程度

$$\text{综合机械化程度} = \frac{\text{机械化施工完成的工作量}}{\text{总工作量}} \times 100\% \tag{9-5}$$

7. 工厂化程度（房建部分）

$$\text{工厂化程度} = \frac{\text{预制加工厂完成的工作量}}{\text{总工作量}} \times 100\% \tag{9-6}$$

8. 装配化程度

$$\text{装配化程度} = \frac{\text{用装配化施工的房屋面积}}{\text{施工的全部房屋面积}} \times 100\% \tag{9-7}$$

9. 施工场地利用系数（K）

$$K = \frac{\sum F_6 + \sum F_7 + \sum F_4 + \sum F_3}{F} \times 100\% \tag{9-8}$$

$$F = F_1 + F_2 + \sum F_3 + \sum F_4 - \sum F_5$$

式中 F_1——永久厂区围墙内的施工用地面积；

F_2——厂区外施工用地面积；

F_3——永久厂区围墙内施工区域外的零星用地面积；

F_4——施工区域外的铁路、公路占地面积；

F_5——施工区域内应扣除的非施工用地和建筑物面积；

F_6——施工场地有效面积；

F_7——施工区内利用永久性建筑物的占地面积。

9.3 工程项目单位工程施工组织设计

单位工程施工组织设计是为单项工程（单个建筑物、构筑物）的施工而编制的直接指导施工的技术经济文件，一般由承包单位编制。

1. 单位工程施工组织设计的内容

单项工程按专业划分后通常称为单位工程。本书主要讲授土建专业单位工程施工组织设计，一般应包括如下内容：

1）工程概况及施工条件。

2）施工方案。

3）施工进度计划。

4）劳动力及主要物资资源需要量计划。

5）施工平面图。

6）技术组织措施及保证质量和安全措施。

7）主要技术经济指标。

上述内容的排列次序，通常也是编制顺序。

2. 单位工程施工组织设计的编制依据

1）工程合同文件。在招标投标阶段编制时则为招标文件。

2）施工图及所需标准图。

3）施工图预算文件。

4）施工组织总设计对本单项工程规定的有关内容和要求。

5）工程地质勘察报告及地区自然、技术经济调查资料。

6）国家或地区的有关定额、标准、规范、图表格式等。

9.3.1 施工方案的选择

合理地选择施工方案是单位工程施工组织设计的核心。它包括确定施工总流向、施工总顺序、主要分部工程的施工方案、施工机械、施工段的划分及流水施工安排。

1. 熟悉、审查施工图

为了做好施工方案的选择工作，在此之前，必须仔细认真地熟悉和审查施工图，这是明确工程内容、掌握工程特点的重要环节。熟悉、审查施工图时应做到以下几点：

1）核对施工图是否符合当前政府的有关规定。

2）核对设计计算的假定和采用的处理方法是否符合实际情况，对工程质量和安全施工有无影响。

3）核对设计是否符合所提施工条件。

4）核对施工图和说明有无矛盾。

5）核对主要尺寸、位置、标高有无错误；各专业图相互有无矛盾。

6）核对土建与设备安装图有无矛盾；施工时能否交叉衔接。

7）设计有无特殊材料要求，品种、规格、数量能否解决。

8）根据生产工艺和使用上的特点，对建筑安装施工有哪些技术要求，能否满足这些要求。

9）通过熟悉施工图确定与单位工程施工有关的准备工作项目。

在充分熟悉施工图以后，对施工任务也就明确了，随之便可结合施工条件和施工现场的水文地质气象资料等进行施工方案的确定工作。

2. 确定施工总流向

施工总流向是解决拟建工程在空间上的合理施工顺序问题。对单层建筑物，应分区分段地确定出在平面上的施工流向；对多层建筑物，除了确定每层在平面上的施工流向外，还需确定竖向上的施工流向。

确定施工总流向时，应考虑的问题如下：

1）建设单位的生产或使用要求。急于试车投产的工段或先行营业使用的部位，应先施工。

2）从建筑结构特征看，一般情况下，施工技术复杂、地下工程又深、设备安装多的区段应先施工；多层建筑应从层数多的区段开始（图 9-3）等。

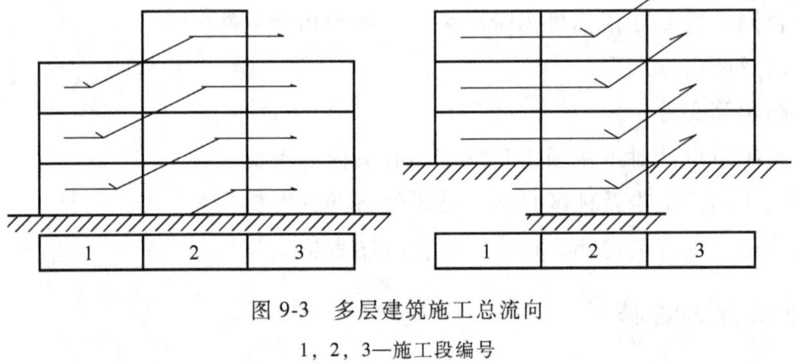

图 9-3　多层建筑施工总流向

1，2，3—施工段编号

3）施工技术和施工组织上的要求。例如采用开放式施工的区段应先施工；厂房结构安装应与构件运输方向相向而行；某些结构现浇混凝土的施工缝要求留设在一定位置，必须按一定的流向进行施工等。

3. 确定施工总顺序

单个建筑物的施工总顺序一般是：先地下，后地上；先主体，后围护；先结构，后装修；先土建，后设备安装。但是，对于单层工业厂房来说，还有一个采取开放式施工还是采用封闭式施工问题。

所谓开放式施工，是指厂房的设备基础施工先于厂房的主体结构施工。封闭式施工则相反，是指先施工主体结构，后施工设备基础。至于采用哪种方式，要根据工程本身情况和地质条件等来决定。

例如，当厂房的设备基础与柱基础紧密毗连或设备基础埋设深度深于柱基础时，宜采用开放式施工，即先做设备基础（与柱基础同时施工或先于柱基础），后建厂房结构。其优点是：土方工程施工场地开阔，便于大量土方工程采用机械化施工；可提前为设备安装提供工作面；不会因设备基础的施工影响厂房结构的稳定性。其缺点恰是封闭式施工的优点。

当厂房地下结构不属于上述情况，一般宜采用封闭式施工。其优点是：构件的预制、拼装和排放场地宽阔；便于选择起重机和确定其开行路线，可利用厂房内桥式起重机为设备基础施工服务；室内工程不受气候影响及减少防雨设施费用等。其缺点正是开放式的优点。

4. 主要分部工程的施工方案

首先应考虑采用国家或地区政府批准的工法，不具备条件时则要合理地选择施工方法和相应的施工机械。

施工方法和施工机械的选择是紧密相关的，主要根据建筑结构特征、工程量大小、工期长短、机械设备供应条件、现场水文地质情况及环境因素等确定。例如，基础工程的土方开挖，当工程量较大或工期紧迫时，可采用机械化开挖方案，而机械化施工又可根据土壤性质和开挖深度等采用不同施工方法和相应型号的开挖机械；当工程量较小或工期宽松时，可采用人工开挖方案，但也需配备小型机械。不论哪种开挖方案，当地下水位较高时，都有需要降低地下水位而采用相应降水措施的问题。

（1）施工方法的选择

应着重考虑影响整个工程施工的主要分部工程的施工方法。例如，在多层建筑施工中，重点应选择土方工程及主体结构工程的施工方法。由于其结构形式不同，其施工方法又有所差异，但不论哪种方法，其垂直运输机械的选择都是重要问题。对于大型公共建筑的装修工程，也应详细确定其施工方法和技术组织措施，以保证施工质量。而在单层工业厂房施工中，重点应选择土方工程、基础工程、构件预制及结构安装工程等的施工方法。

对于按常规工艺施工和工人已很熟悉的分部工程施工方法则不必详细拟定，只要提出应该注意的一些问题就行了。

机械化施工是实现建筑工业化的基础，无论在加工厂生产还是在现场施工，都要力求机械化，没有这一点就根本谈不上改变建筑业生产的落后面貌。

（2）施工机械的选择

首先应合理选择主导工程机械，并根据工程特征决定最适宜的类型。例如，对于高层建筑物（构筑物），重点是垂直运输机械，则应根据建筑高度、外形、平面尺寸和构件最大重量等来确定其型号，一般宜用生产率较高、起重范围较广的各种塔式起重机，其数量取决于机械的生产率和工期长短。对于 6 层以下混合结构，当无小型塔式起重机时也可选用几台井架式起重机。对于单层工业厂房，当工程量较大，起重幅度又高，而且构件较集中时，宜采用生产率较高的大型塔式起重机，炼钢厂主厂房，火电厂主厂房多属此种情况。当塔式起重机供应不足时，也可选用较廉价的桅杆式起重机。当工程量较小，起重幅度较低，或工程量虽大但却相当分散时，如大面积单层工业厂房结构安装，则宜选用无轨自行式起重机（如各种汽车式起重机、履带式起重机）。

在一个工地上，应力求施工机械的型号少些。同时，还应考虑充分发挥施工单位现有机械设备的能力。如果必须增加机械设备，则尽量以租赁方式解决，或购置多用途的机械，即一种机械能适用于不同工程对象和不同分部工程施工的需要。

为充分发挥主导机械的效率，与其配套的辅助机械运输工具的生产能力应与主导机械相匹配。

(3) 施工方案的技术经济比较

施工方案的技术经济比较是一个十分复杂的问题，不仅涉及的因素多，而且难以确定一个统一的标准。一般情况下，只对某些分部工程或分项工程的施工进行方案比较，在特别需要时才对整个工程项目的施工方案进行全面的分析比较。

在方案比较前，首先拟定几个技术上可能、经济上合理、施工质量和安全能得到保证的施工方案，然后进行技术经济比较，从中选择各项指标均较好的方案。

技术经济比较有定性分析和定量分析两个方面。定性分析一般是指技术上是否先进，经济上是否合理，复杂程度如何；劳动力和设备上有无困难，是否充分发挥现有机械设备的作用；能否保证工程质量；是否有利于文明施工和确保安全生产等内容。而定量分析一般是从各个方案的工期指标、成本指标和劳动力消耗指标三方面进行。一般把工期指标放在首位，工期短或提前竣工投产，则能尽快发挥建设投资效果，产生较好的经济效益。其次是劳动量指标和工程成本指标。劳动量指标反映了施工的机械化程度与劳动力生产率水平，方案中如果劳动量较少，机械化程度与劳动生产率高，意味着笨重体力劳动的减轻和人力的节省，同时也使人工费和间接费开支减少。成本指标是对各方案所产生的全部直接费和间接费进行计算，从而进行对比。

现举例说明如下：

【例 9-1】 欲开挖某高层建筑的基础基坑，其平面尺寸为 40m×60m，深为 2m，考虑到放坡因素，工程量为 $4900m^3$。土壤等级为 2 级，挖出的土需用汽车运走，试根据现有机械设备条件，选择以下三种施工方案中最适合的一种：

方案一：采用 WY100 型正铲挖土机。

方案二：采用 WY60 型反铲挖土机。

以上两方案中开挖的土方均直接装入汽车运走。

方案三：采用人工开挖，并用带式运输机通过料斗装入汽车运走。

【解】 方案一，WY100 型正铲挖土机开挖方案：

使用正铲开挖基坑时，需预先开挖一条斜道，以便正铲挖土机及汽车进出。本例斜道土方量为 100m^3。WY100 型正铲挖土机台班生产率为 540m^3。台班租赁费为 429.5 元，挖土机工作需有 2 名普工配合。斜道回填土所需劳动量为 20 工日，基坑修整所需劳动量为 18 工日，均用普工进行。

1）工期指标（T）

$$T=\left(\frac{4900+100}{540}+1\right)\text{班}=10.09\text{班(取用 10 班)}$$

所增加的一个班为回填斜道时间。

2）成本指标（C）

$$C=\text{直接费}\times(1+\text{综合费率}) \tag{9-9}$$

基坑开挖直接费为

$$9\times429.5\text{元}+(2\times9+20+18)\times6\text{元}=4201.5\text{元}$$

考虑间接费和其他直接费后 C 为

$$C=4201.5\text{元}\times(1+31\%)=5503.97\text{元}$$

因三个方案中其土方均用汽车运走，故运输费不计入成本比较。

3）劳动量指标（Q）

$$Q=[2\times9+(2\times9+20+18)]\text{工日}=74\text{工日}$$

方案二，WY60 型反铲挖土机开挖方案：

用反铲开挖基坑不需开挖斜道。WY60 型挖土机台班生产率为 400m^3，台班租赁费为 222.72 元。挖土机工作需有 2 名普工配合，基坑修整所需劳动量为 18 工日。

1）工期指标（T）

$$T=\frac{4900}{400}\text{班}=12.2\text{班（取用 12 班）}$$

2）成本指标（C）

基坑开挖直接费为

$$12\times222.72\text{元}+(2\times12+18)\times6\text{元}=2924.64\text{元}$$

考虑间接费和其他直接费后：

$$C=2924.64\text{元}\times(1+31\%)=3831.28\text{元}$$

3）劳动量指标（Q）

$$Q=(2\times12+2\times12+18)\text{工日}=66\text{工日}$$

方案三，人工开挖方案：

人工开挖的时间定额为 0.162 工日/m^3，故需劳动量 Q：

$$Q=4900\text{m}^3\times0.162\text{工日/m}^3=793.8\text{工日}$$

1）工期指标（T）

为便于比较，$T=12$ 班。

由所需劳动量可知，每班需完成 66 工日。现组成三个工作队，每队 22 人，配备带式运输机一台及装料器两个。已知其台班费为 39.39 元。

2）成本指标（C）

基坑开挖直接费：

$$12\times3\times39.39\text{ 元}+12\times66\times6\text{ 元}=6170.04\text{ 元}$$

考虑间接费和其他直接费后：

$$C=6170.04\text{ 元}\times(1+31\%)=8082.75\text{ 元}$$

3）劳动指标（Q）

$$Q=(66\times12+3\times12)\text{工日}=828\text{ 工日}$$

上述三个方案的技术经济指标汇总见表 9-7。

表 9-7　基坑开挖不同方案的技术经济比较表

开挖方案	工期指标 T（班）	成本指标 C（元）		劳动量指标 Q（工日）
		直接费	总费用	
WY100 型正铲开挖	10	4201.5	5503.97	74
WY60 型反铲开挖	12	2924.64	3831.28	66
人工开挖	12	6170.04	8082.75	828

从表 9-7 中各指标数值可以明显看出，WY60 型反铲开挖方案除工期指标略高于 WY100 型正铲开挖方案外，其他指标均较优，综合分析比较应采用方案二。

9.3.2　施工进度计划的编制

1. 概述

施工进度计划是在既定施工方案的基础上，根据施工工艺的合理性，对整个建筑物、构筑物各个分部分项工程的施工顺序及其开始与结束时所做出的具体日程安排。它的作用是：控制工程进度和工程竣工期限，以便在规定的工期内完成质量合格的建筑产品。

单位工程施工进度计划通常用图表表示。它可采用两种形式的图表，即横道图或网络图，本节主要阐述横道图表形式（表 9-8）。

表 9-8　单位工程施工进度计划图表

序号	分部分项工程名称	工程量		采用定额	需要劳动量及机械台班数	每天工人人数	工作天数	施工进度（天）													
								× 月													
		单位	数量																		
1																					
2																					
3																					
4																					

由表 9-8 可以看出，该表由两部分组成，左边部分为分部分项工程的名称及其工程量、所采用定额（产量定额或时间定额）、需要劳动量及机械台班数、每天（班）工人人数、工

作天（班）数等计算数据；右边部分是根据左边部分的数据而设计出来的进度指示图表，它用横线条形象地表现出各分部分项工程的施工进程，综合地反映了它们之间的施工顺序关系。在一般情况下，每格代表 1 天或 2 天，当工期较长时，每格可代表 5 天或 1 周等。

施工进度计划编制的步骤如下：

1）划分分部分项工程（工序）项目。

2）计算工程量。

3）计算所需劳动量及机械台班数。

4）确定施工顺序，组织各工程阶段的流水作业。

5）编制施工进度计划图表。

2. 施工进度计划的编制

（1）划分工序项目

一个单位工程有数个分部工程，每一分部工程又可划分出许多分项工程（工序），要在详细熟悉施工图的基础上逐项列出，防止漏项。

1）施工进度计划图中一般只包括直接在施工现场完成的工序，而不包括成品、半成品的制作和运输工作。但是，钢筋混凝土构件现场预制需占用工期，构件运输需与结构安装紧密配合，也须列入。

2）划分分部分项工程时要考虑建筑结构特点、施工方法和劳动组织等因素。例如，砖混结构的主体工程，可划分为砌砖墙（含立门窗框）；绑扎构造柱钢筋；支设柱模板；浇筑柱混凝土；支设梁（含圈梁）、板模板；浇筑梁、板混凝土；安装预制板；楼板灌缝；捣制楼梯等分项工程。其中捣制楼梯是由支模、绑扎钢筋、浇筑混凝土三个工序合并而成。安装门窗过梁可并入砌墙工程，防潮层可并入基础工程。

再如装配式单层工业厂房的结构安装，如果是采用分件安装法，则工序应按照构件（柱、基础梁、吊车梁、屋架和屋面板）来划分。如果是采用综合安装法，则工序应按照节间来划分。

一般情况下，凡是在同一时期由同一工作队（组）完成的工序可以合并在一起，否则就应当分开。

对于零星工作如预埋件、混凝土质量补救、堵脚手眼等，可合并为“其他工程”一项，这样可简化进度计划的内容，突出重点。

3）工程项目划分的粗细程度取决于需要。例如，编制控制性施工进度计划时，项目可分得粗一些，一般只列出分部工程名称即可。如装配式单层厂房，只列出土方工程、基础工程、预制工程、结构安装工程等各分部工程项目。编制实施性施工进度计划时，项目可分得细一些，尤其是主要分部工程，其分项应详细列出。如上述预制工程，可分为柱预制、屋架预制等项目，而各种预制构件又可分为支模板、扎钢筋、浇筑混凝土、养护和拆模板等项。这样便于掌握施工进度的详细情况。

4）项目还应包括水电暖卫工程和设备安装工程，但因它是别的专业性队伍负责施工，故在土建工程施工进度计划中，只反映出这些工程和一般土建工程如何协调配合即可。而专业性队伍应根据单位工程进度计划规定的开竣工时间和工期等另行编制专业工程的施工进度计划。

（2）计算工程量

通常任何一个工序都有相应的工程量。如挖土若干立方米，砌砖墙若干立方米，墙面抹灰若干平方米等。这些工程量应该根据施工图和工程项目工程量计算规则来计算。工程量计算是一项比较繁重而又细致的工作，应按照一定的顺序和格式进行。当编制施工进度计划时，如已有预算文件，也可直接利用预算工程量而不必重新计算。但须注意某些项目由于施工方法的不同和实际工程量不尽一致，此时要做必要调整。如柱基工程量，采用单个基坑开挖和采用连成一条基槽开挖其两种方法工程量显然不同。

计算工程量时应注意以下问题：

1）各工序的计量单位应与现行劳动定额手册中的单位一致，以免计算劳动量、材料和机械数量时再进行单位换算。

2）要考虑所采用的施工方法和安全技术的要求。例如土方开挖时要根据不同施工方法和岩石的等级以及边坡的稳定性等，而采用不同的边坡坡度。

3）要结合施工组织要求，分层分段地计算工程量，以便组织流水作业。

（3）计算所需劳动量及机械台班数

首先要确定采用的定额。定额应以国家或地区颁布的统一劳动定额为准，但还应考虑本企业的实际生产率水平，并结合本工程的其体施工条件做适当调整。在确定之前，要进行调查研究，了解工人完成定额情况，尽量使所采用的定额与现场的实际劳动生产率相符合。在定额手册中查不到的项目，如新技术或特殊施工方法，可参考类似项目的定额或实验资料等来确定采用定额。

当某工序是由若干个工序合并而成时，则应分别根据各工序的产量定额及工程量，计算出合并后的综合产量定额（$\overline{S}$）。

例如，门窗油漆工序由木门油漆及钢窗油漆两项合并而成，计算综合定额的方法如下：木门面积 $Q_1=296.29\text{m}^2$；钢窗面积 $Q_2=463.92\text{m}^2$；木门油漆的产量定额 $S_1=8.22\text{m}^2$/工日；钢窗油漆的产量定额 $S_2=11\text{m}^2$/工日。

则综合产量定额确定如下：

$$\overline{S}=\frac{296.29+463.92}{\dfrac{296.29}{8.22}+\dfrac{463.92}{11}}\text{m}^2/\text{工日}=9.74\text{m}^2/\text{工日}$$

根据各工序所采用定额和工程量，可以很容易地计算出各工序所需劳动量和机械台班数。

各工序所采用的定额可以用时间定额（工日或台班/单位产品），也可以用产量定额（产品数量/工日或台班），于是劳动量和机械台班数为

$$\text{劳动量}(P)=\frac{\text{工程量}(Q)}{\text{产量定额}(S)}=\text{工程量}(Q)\times\text{时间定额}(H) \tag{9-10}$$

$$\text{机械台班数}(m)=\frac{\text{工程量}(Q)}{\text{机械产量定额}(S)}=\text{工程量}(Q)\times\text{机械时间定额}(H) \tag{9-11}$$

“其他工程”项目的劳动量，等于各零星工作所需劳动量之和，或者结合实际情况和施工单位情况估算确定。

水电暖卫和设备安装等项目，由专业性工程队（公司）施工，因此，在编制进度计划时不计算其劳动量，仅安排与土建施工相配合的开、竣工时间及工期。

各工序的劳动量和机械台班数确定之后，即可确定每天工人人数和工作天数。

在确定工作天数时，经常要遇到工作班制的问题。采用二班制或三班制时，可以大大加快施工进度，并能使施工机械得到充分利用，但是也会引起技术措施、工人福利和施工照明等费用的增加，因此，非所必须，一般不采用二班或三班制。只有那些使用大型机械的工序，为了充分发挥机械能力，才有必要采用二班制施工；或者由于施工工艺要求，施工必须连续不断的，例如浇筑混凝土，通常也要采用二班制或三班制。另外，有时某些主要工序，由于工作面的限制，工人人数不能过多增加，但工期紧迫，如果采用一班制，施工进度不能满足工期要求，或经工期-成本（资源）优化，其工序宜采用二班制时，也可考虑采用二班制。

（4）确定施工顺序，组织各工程阶段的流水作业

1）划分工程阶段。为了容易地设计出单位工程施工进度计划图表，应首先编制出各工程阶段的施工进度图表，故要划分工程阶段。

将在施工工艺上和施工组织上有紧密联系的项目归并为一个工程阶段，在该阶段内各工序的施工在时间上和空间上便于组织流水作业，并能相互协调和最大限度地实现平行搭接。各工程阶段之间有明显的界限，通常不能平行进行但可有少量时间的搭接。

一般民用建筑可分为三个工程阶段，即基础工程、主体结构工程及装修工程三个阶段。

一般单层工业厂房可分为土方工程、钢筋混凝土基础工程（当土方量不大时，二者可合并为一个基础工程阶段）、构件预制工程、结构安装工程、围护与装修工程、设备安装工程、试生产等工程阶段。

可以看出，上述工程阶段和各类建筑的分部工程基本上相一致，只不过赋予了时间的内涵。

无论民用建筑或工业建筑，都需要有施工准备阶段。它包括拆除障碍物、平整场地、铺设临时供水排水管网和供电通信线路、修建临时性及部分永久性道路、修建部分临时房屋等。

2）确定各工程阶段内各工序的施工顺序。

① 多层民用建筑

a. 基础工程阶段。该阶段是指室内地坪（±0.00）以下各工序项目。首先应考虑地下墓穴、障碍物和软弱地基处理，如无此类问题，其施工顺序一般是先开挖基槽（基坑），然后做垫层和砌砖基础（有时在砖基础上捣制混凝土地梁），最后回填土。当采用灰土井基础时，则在浇筑井盖混凝土后接着做钢筋混凝土地梁，然后回填土。基槽（坑）回填土一般

在砌砖基础或墙梁完工之后，一次分层夯实填完，一则可避免基础被雨水浸泡；二则可以为后继工序施工创造良好条件，现场整齐有序。房心回填土最好与基槽回填土同时进行，但要注意水电暖卫工程的管沟砌筑和埋设标高，当然也可留在装修工程之前完成。但对多层钢筋混凝土框架结构，房心回填土宜尽早进行，以便有平坦牢靠的地面支撑框架梁板的模板。

b. 主体工程阶段。对于砖混结构，在该阶段一般是按砌砖墙→柱梁板等现浇混凝土工程→安装预制楼板→灌缝等工序依次施工。安门窗框和预制过梁可并入砌砖墙工序。当为预制楼梯时，其安装应与砌砖墙紧密配合；当为现浇钢筋混凝土楼梯时，则应与楼层施工紧密配合，以免由于其混凝土养护时间过长而影响后继工序不能按时开工。在该阶段，砌墙和安装楼板是主导工序。所谓主导工序，是指使用主要机械且需要劳动量大、技术上较复杂的工序，应使其连续施工。

对于框架结构，其施工顺序一般为绑扎柱钢筋→支柱模板→浇筑柱混凝土→支梁和楼板模板→绑扎梁和楼板钢筋→浇筑梁和楼板混凝土。其主导工序是支模板。砌砖墙则在框架柱梁板完工后进行，或在梁柱拆模后提前插入。

c. 装修工程阶段。该阶段包括室内外装修和屋面工程。

屋面工程的施工，总是按构造层由下而上依次施工，需要注意的是必须满足层间技术间歇的要求，常见的施工顺序是铺保温层→抹找平层→刷冷底子油→铺卷材防水层。但须注意，在此之前应做好屋面上的女儿墙、烟囱、水箱房等。

室内装修工程主要有顶棚和墙面抹灰（简称顶墙抹灰）、粉地面、安装门窗扇、油漆玻璃和喷白等工序。在该阶段顶墙抹灰是主导工序，应保证其工人队（组）的连续施工。

当室内装修施工流向是由上而下时（图9-4a），顶墙抹灰和粉地面在施工顺序上谁先谁后则各有利弊。为了防止施工用水的渗漏而影响抹灰质量，可以先粉地面再做顶墙抹灰。其优点是可以保证抹灰质量，有利于收集落地灰以节约材料，也有利于地面与楼板的黏结；但抹灰时脚手架容易损坏已粉好的地面是其缺点。若先做顶墙抹灰后粉地面，施工用水的渗漏会对抹灰质量有影响。同时，粉地面前必须认真清除落地灰和渣子，以利地面与楼板的黏结，但地面不易受到破坏是其优点。

当室内装修施工流向是由下而上时（图9-4b），一般是先粉上层地面，然后再做顶墙抹灰，优缺点同上。

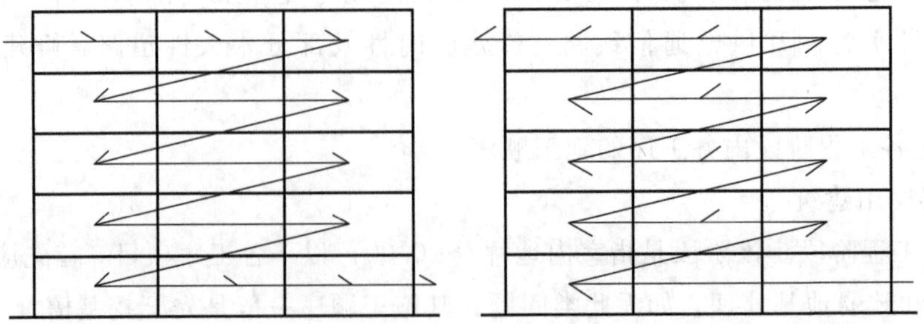

a)　　b)

图9-4　室内装修施工流向

对于楼梯间抹灰和踏步抹面，因为它是施工时期主要通道，通常在整个内装修工作完工前自上而下进行。门窗扇的安装通常在抹灰后进行，而北方寒冬季节则相反。踢脚线应在墙面抹灰后室内喷白前进行。墙面抹灰必须干燥后方可喷白。

室外装修一般在女儿墙完工后由上而下地进行。

水电暖卫应与土建施工密切配合。在基础工程施工时，最好能将相应的上下水管沟和暖气管沟做好，不具备施工条件时要注意预留位置；在主体结构施工时，应在砌墙或现浇钢筋混凝土构件内预留出上下水管和暖气的孔洞、电线沟槽、预埋件等；在装修工程施工前，应安装完相应的各种管道和电气照明的墙内暗管和接线盒等，明线及设备安装可在抹灰后进行。

② 装配式单层工业厂房

a. 基础工程阶段。首先要确定是采用开放式还是封闭式施工的问题。施工方案的选择和厂房内设备基础的大小及深度有关，当其深度大于厂房柱基础而且相毗邻时，或土方工程量相当大，为了土方机械化施工的方便，也考虑到设备基础后施工会对柱基础稳定性造成不良影响，应采用开放式施工方案。不属此种情况时，一般多采用封闭式施工方案，它具有更多优点。该阶段的施工顺序一般为：基坑开挖（土方工程）→混凝土垫层→基础的支模板→扎钢筋→浇筑混凝土→养护拆模→回填土等。各工序可以搭接，但要满足混凝土养护所需要的技术间歇时间。回填土宜在拆模后立即进行，一则防止地基浸水，二则可为预制构件创造条件。施工流向应和总流向一致。

b. 预制工程阶段。构件的预制方式有加工厂预制、现场场外预制和现场场内预制等方式，各类不同的构件采用何种预制方式应遵守以下原则：

a）大型和不便运输的构件，如较重的钢筋混凝土柱、屋架等，宜在现场场内预制；中小型构件，如预应力钢筋混凝土吊车梁等，可在加工厂预制。

b）标准构件，如大型屋面板等，应在加工厂预制；种类和规格繁多的异形构件可在施工现场场外设置小型加工厂预制。

c）技术要求较高的构件，如钢结构构件和某些预应力钢筋混凝土构件等应在加工厂预制；当构件重量过大，运输不便时，可在现场场内分段预制，也可将其分成几个运输单元，在加工厂预制后运至现场拼装。

在具体确定预制方案时，除应遵守上述原则外，还应考虑当地加工厂生产能力、运输条件和工期要求等因素灵活地予以处理。

预制工程施工的一般顺序为；预制构件的支模板→扎钢筋→镶入配件→浇筑混凝土→养护拆模。预应力钢筋混凝土构件先张法施工时，首先张拉钢筋，后张法施工时则最后张拉钢筋、锚固和灌浆。

预制构件制作日期、位置和顺序，在很大程度上取决于场地准备情况和结构安装的要求。一般地说，只要基坑回填土完工，场地平整完成一个施工段之后，即可开始预制工程。其施工流向应与基础工程施工流向一致，这样能使构件预制尽早开始，也为结构安装提前施工创造了条件。但若与结构安装顺序有矛盾，则应综合考虑确定。

预制构件的位置应考虑安装的方便，使起重机能就地将构件吊起，避免机械负荷行驶或二次搬运，还应考虑模板的支拆以及预应力构件的抽管和张拉的方便。

构件开始安装日期，主要取决于构件混凝土所达到的强度，它和气温高低及对混凝土强度增长所采取的技术措施有关。一般说来，钢筋混凝土柱和屋架的强度应分别达到 70% 和 100% 设计强度后才可以安装。

c. 结构安装工程阶段。结构安装是单层工业厂房施工的主导工序，它需要使用台班费较高的大型机械，且技术要求较高，所以在选择施工方案时，要通过技术经济比较，确定出最合理的施工方案。

该阶段的施工顺序是：柱→地基梁→连系梁→吊车梁→托架→屋架→天窗架→大型屋面板等构件的安装。安装时流向通常与构件预制的流向一致，但是，如果多跨厂房有高低跨时，安装流向应从高低跨柱列开始，以满足安装工艺要求。

结构安装方法有分件安装法和综合安装法。分件安装法的施工顺序是：第一次开行安装柱子；第二次开行安装吊车梁、托架和连系梁；第三次开行安装屋盖系统。也可将第二、三次合并为一次开行。综合安装的施工顺序是：先安装一个节间四根柱，随即校正并临时固定，再安装吊车梁及屋盖系统，依次逐间进行安装。

抗风柱的安装有两种情况，一是在安装该跨柱的同时或安装屋盖系统前安装该跨一端的抗风柱，另一端则待屋盖系统安装完毕后进行，二是全部抗风柱的安装均待屋盖系统安装完毕后进行。

d. 围护与装修工程阶段。围护工程包括砌墙或安装外墙板，安装门窗扇等。装修工程包括屋面工程和室内、外装修。在结构安装工程结束之后或安装完一个区段之后，即可开始内外墙的砌筑，此时已形成了多维操作空间，各个工序之间可组织平行、搭接、立体交叉流水施工。例如，砌外墙的同时室内即可进行设备基础和地下管道及电缆沟槽的施工，而屋顶可开始做屋面工程。该阶段各工序间施工顺序和民用建筑相仿。

e. 设备安装工程阶段。由专业性工程队负责施工并编制与土建施工相配合的施工进度计划。

3）分别组织各工程阶段的流水作业。首先根据流水作业要求划分施工段。各工程阶段的施工段划分方法和段数不尽相同，多层建筑的基础工程和主体结构工程阶段的每层可分为二段、三段甚至有时四段，而装修工程阶段通常以一层楼为一施工段，然后确定流水节拍，组织流水作业。在确定流水节拍时常遇到工作班的问题，应按本节所述原则确定。

一个工程阶段的流水作业组织方法详见本书第 2 章。

（5）编制施工进度计划图表

1）将各工程阶段流水作业组织，按照工艺合理性和工序之间尽量平行搭接的办法拼接起来，绘在表 9-8 所示的图表上，即得施工进度计划初始方案。

各工程阶段之间的施工顺序关系可做如下考虑：

① 对于多层混合结构，当施工准备阶段结束或具有基础工程阶段施工条件时（如五通一平等）即可开始基础工程。基础工程与主体结构工程之间要尽量搭接，一般是在基础工程最后一道工序在第一施工段完工后，即可在此开始主体工程施工。基础工程流水段划分的越多，搭接的时间则越长，对缩短工期有利。主体工程和装修工程之间的施工顺序可有两种情况：一种是主体结构工程完工后，装修工程从顶层开始依次做下来，即由上而下进行（图 9-4a），这样由于房屋在主体工程完工后结构自重所引起的变形已产生完毕，有利于装修工程的质量，且减少交叉作业有利于安全施工。但是这种安排导致工期较长，在工期允许时方可。一般情况下，工期是比较紧的，特别是装修工程，工序分散操作细致，往往容易拖长工期而影响工程竣工，因此通常将室内装修工程提前插入，和主体结构交叉施工，即由下而上进行（图 9-4b），此为第二种情况。例如，在第三层楼地面楼板安装完并灌缝后（当有现浇大梁或梁板时，须待底层拆除模板后），即进行底层地面或顶墙抹灰，这样有利于缩短工期。

屋面工程一般在主体结构完工后（已砌完女儿墙、水箱房、烟囱等）进行，可与内装修平行施工。外装修一般在屋面卷材铺完后进行，当为有组织排水时也可和屋面工程平行施工。但当采用吊篮外脚手时，因其固定在屋面上，则应待外装修完工后再进行屋面卷材铺设。

② 对于装配式单层工业厂房，一般按其几个工程阶段顺序施工。为了缩短工期，在相邻阶段之间可做如下考虑：

当前一工程阶段最后一个工序在某一区段完工后，或空出足够的工作面时，后一工程阶段即可立即插入，进行施工。例如，当基础工程阶段最后一个工序（回填土）进行一部分后，就可安设预制构件模板，进行构件预制工程。当一部分预制构件达到吊装强度，就可以开始结构安装工程。但一般说来，构件强度增长较慢，而安装速度较快，为避免安装流水中断，造成起重机窝工，常常等大部分构件达到吊装强度或大部分场外预制构件运进现场后，才开始结构安装工程。

主体结构安装完后，砌墙工程可以同屋面工程、设备基础工程三者平行施工，以便缩短工期。另外，室内外各种管道工程如果在基础工程阶段未能完工，也可和上述三者平行施工。

室内外装修比较简单，一旦有工作面即可插空进行。

2）检查与调整。编出初始方案以后，一般要按以下几方面进行检查与调整：

① 总工期是否符合合同工期的要求。

② 主要工种工人（例如瓦工、木工等）是否均衡施工。

③ 混凝土、灰浆等半成品的需要量是否均衡。

当工期不满足要求则应调整，但应注意，调整后的施工进度计划仍要留有充分的余地，因为任何计划不可能一成不变，以防有变化时造成被动。

主要工种工人的均衡情况，一般通过该工种的劳动力动态图表示，用劳动力不均衡系数

(K) 予以控制。均衡施工可以避免或减少工人频繁调动及窝工现象，也可节约临时工程费用。

混凝土及灰浆等由于不宜储存，其需要量的均衡就能使机械充分利用。

经过检查，对不符合上述要求的地方，须进行调整和修改。其方法是延长或缩短某些工序的施工延续时间；或者在施工工艺许可的情况下，将某些工序施工时间向前提或向后移；必要时还可以改变施工方法或施工组织，以消除动态图上的高峰或低谷。

施工进度计划初始方案经过检查与调整后，即作为实施方案而执行，编制工作即告完成。

对于一个单项工程，一般以土建专业编制的单位工程施工进度计划为主，把其他专业的施工安排综合进去，形成单项工程的综合性施工进度计划。

9.3.3 施工平面图设计

1. 概述

单位工程施工平面图是具体解决施工机械、搅拌站、加工场地的布置，构件、半成品和材料的堆放位置，运输道路、临时房屋和临时水电管线等及其他临时设施的合理布置问题。其绘制比例一般为1∶300~1∶200。

施工平面图布置得合理与否，直接关系到施工进度、生产效率与经济效果，是施工现场能否有秩序和文明施工的一个先决条件。

施工平面图设计之前，应仔细研究该项工程的施工图与建筑总平面图；调查了解现场地形地物、道路、可利用的原有房屋及水源、电源等情况；还应掌握材料、半成品、预制构件的运输方式和供应情况（如数量、进场日期等），以及施工总平面图和有关的设计资料等。

对于施工工期较长的大型建筑物，现场情况变化较大，常按施工阶段（基础、主体结构、装修）绘制几张施工平面图。在各阶段的施工平面图中，对整个施工时期使用的一些主要道路、水电管线和临时房屋等，尽可能不做变动，以节省费用。对于中小型建筑物，一般按主体结构施工阶段的要求绘制施工平面图，但应同时考虑到其他施工阶段施工场地如何周转使用的问题。

施工平面图设计应遵循的主要原则是：符合既定的施工方案，保证工程顺利进行；运输方便，且尽量减少现场搬运量；尽量减少临时设施费用；遵守防火与安全施工要求。

施工平面图设计的一般步骤是：

1）确定起重机的数量及其布置位置。

2）布置搅拌站、加工场、材料仓库及露天堆放场。

3）布置运输道路。

4）布置临时房屋。

5）布置临时水、电管线等其他临时设施。

2. 施工平面图设计

（1）确定起重机的数量及其布置位置

一个建筑物在施工中，材料能否及时供应到使用地点、运输是否省工方便，与起重机的布置合理与否有重要关系，因此，一般首先考虑起重机的数量及其布置问题。

关于装配式单层工业厂房结构安装的大型起重机（如汽车式起重机、履带式起重机、重型塔式起重机等），其数量和开行路线布置，已在施工方案或分部工程施工组织设计中确定。在此，主要考虑多层建筑物施工的起重机数量及其布置问题。起重机台数可按下式计算：

$$m=\frac{\sum q}{S} \tag{9-12}$$

式中 m——起重机的需要台数；

$\sum q$——从施工进度计划中确定出的垂直运输高峰时期（例如民用房屋的主体结构工程与装修工程平行施工时期）起重机每台班需要运输各种材料的总次数；

S——起重机的台班生产率（次数/台班）。

计算出来的机械台数，还需要根据建筑物的平面形状和尺寸、施工段的划分等，检查其是否够用或方便，通常要适当地增加少量机械。

布置起重机时，要考虑材料的来向、场地的大小和已有道路情况，以便多数材料能直接运送到起重机附近。

固定式起重机（如井架、悬臂扒杆等）一般最好布置在两个施工段的分界线附近（图 9-5a），以免某一段需用的材料进行楼上运输时通过别的施工段；当建筑物几个部位的高度不同时，最好布置在高低分界处。上述位置均应对准某一窗口，以减少起重机拆除后的填补工作，在房屋的哪一侧要视材料来向和堆放场地位置而定。

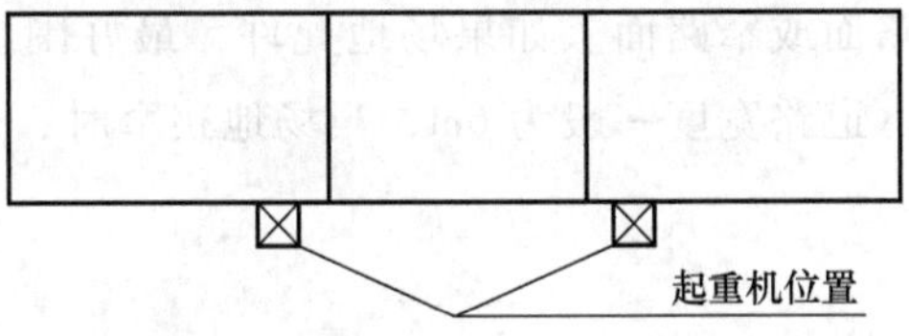

a)

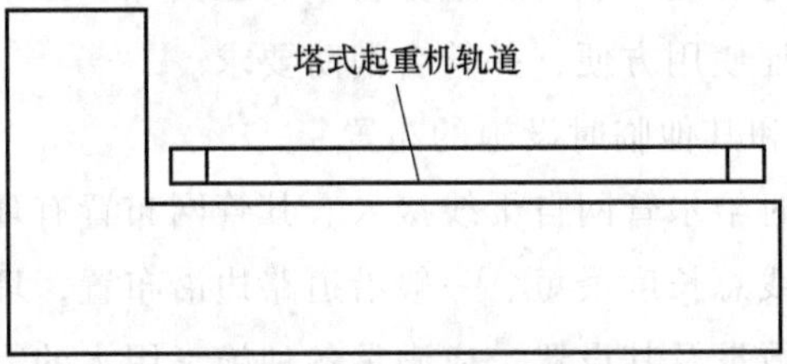

b)

图 9-5　起重机布置示意图

塔式起重机布置时，要结合建筑物的平面形状和四周的场地条件综合考虑。应能够将材料和构件直接运至任何施工操作地点，尽量避免或减少“死角”（图 9-5b）。轨道通常是沿建筑物的一侧布置，且应考虑使轨道最短，有必要时才增加转弯设备。

（2）搅拌站、加工场及仓库、露天堆放场的布置

搅拌机的规模应根据施工进度计划中混凝土、灰浆等的每班最大需用量确定，并考虑有一定的备用能力。

搅拌站和加工场的占地面积一般根据经验数据或参考有关标准予以确定。

各种材料仓库或露天堆放场面积可参考施工总平面图设计中的计算方法确定。

搅拌站、加工场、仓库和露天堆放场的位置应尽量靠近使用地点或起重机，以减少现场的搬运工作。混凝土搅拌站应集中设置在起重机附近。当浇筑大型混凝土基础时，为减少混凝土运输量，也可将混凝土搅拌站直接设置在基础边缘，待基础混凝土浇好后再转移。而砂浆搅拌站则宜靠近使用地点分散布置。砂、石、水泥等材料应尽量靠近搅拌站堆放。因其用量都很大，故搅拌站的位置确定时应考虑使这些大宗材料堆放、运输和卸料方便。基础及第一层所用的砖应布置在拟建房屋四周，二层以上的砖则应布置在起重机附近。

对于一些易污染空气的材料堆放或操作场地，应布置在下风向且距建筑物较远的地方。例如，石灰堆放与淋灰池、沥青堆放及熬制场地、易燃品仓库及木材加工厂等的位置与建筑物的距离，不得小于安全防火规范中最小防火距离，且应设在下风向。

在有多种材料的情况下，凡大宗的、重的和先期使用的，应尽可能靠近使用地点或起重机旁；少量的、轻的和后期使用的则可稍远放置。当各种材料分期进场时，可考虑在同一地点先后堆放几种材料，例如，主体结构施工时堆放砖的场地，在装修工程阶段可用来堆放门窗等。

（3）布置运输道路

现场运输道路应保证其畅通和运输工具的开行方便。主要道路尽可能利用永久性道路，或者先修好永久性道路的路基，在土建工程结束前再铺路面。布置时应视场地宽阔程度而确定采用枝状或环状、较宽路面或窄路面。如果场地允许，最好围绕建筑物布置一条环形道，以利运输和消防车的通行。道路宽度一般为6m，当场地狭窄时，也可为3.5m，但应设置运输工具回转的地方。

（4）布置临时房屋

为单位工程服务的临时房屋一般有工地办公室、工具库、工地食堂、工人休息室、小卖部及厕所等。其位置应保证使用方便，并符合消防要求。

（5）临时水、电管线和其他临时设施的布置

单项工程施工用的临时给水管网自干线接入。其管网布置有环状、枝状和混合式三种形式供选用，并应考虑使管线总长度最短。一般沿道路边沿布置，埋于地下。

管径的大小和龙头的数量及其设置，应满足各种施工用水的需要。根据实践经验，一般面积5000~10000m^2的单项工程施工用水的总管直径为101.6mm，支管直径为38.1mm或25.4mm。

另外，在现场应考虑设置消防栓或消防水池、水箱等，距拟建工程不小于5m且不大于25m。尽量利用建设单位永久性消防设备。

工地临时供电应尽量利用永久性电源。如需自设变压站，变压器应设在现场边缘高压线接入处，而不应设在交通要道口，并应在 2m 以外设置高度大于 1.7m 的保护栏。其线路布置有环状、枝状和混合式三种形式供选用。

为了雨水排除方便，应及时修通永久性下水道，并结合现场地形，设置排泄地面雨水用的沟槽。

为确保施工现场安全，铁路道口应设防护起落栏杆；现场的井、坑、孔洞等均应加盖或围栏；钢制井架、脚手架、桅杆等在雨期应有避雷设施；高井架顶端应装有红色信号灯。

（6）其他

对于大型建筑物的单位工程施工平面图，还应考虑土建工程同其他专业工程的配合问题。一般以土建施工承包者为主，会同其他各专业承包者通过协商编制综合性施工平面图，根据各专业工程的要求分阶段合理划分施工场地。

在单位工程施工组织设计中常用的技术经济指标是：工期指标；劳动生产率；劳动力不均衡系数；降低成本额或降低成本率；机械化程度或机械利用率；临时工程费用比例等。

思考题

1. 施工组织设计一般可分为哪几个层次进行编制？
2. 施工总平面图应包括哪些内容？
3. 施工组织总设计的技术经济指标有哪些？
4. 单位工程施工组织设计在确定施工总流向时应该考虑的问题有哪些？
5. 施工方案的技术经济比较如何进行？

练习题

1. 单项选择题

（1）在编制施工组织总设计时，施工总进度计划编制与施工方案拟定的先后顺序关系为（　　）。

A. 两者可以交叉进行

B. 两者可以同时进行

C. 拟定施工方案后才可编制施工总进度计划

D. 编制施工总进度计划后才可拟定施工方案

（2）施工平面图是施工组织设计的重要组成部分，其需反映在空间上全面安排的内容包括施工方案和（　　）。

A. 施工进度计划　　B. 施工技术指标

C. 施工经济指标　　D. 人力安排计划

（3）施工组织设计除了工程概况、施工部署及施工方案、施工进度计划、施工平面图以外，还应该包括（　　）。

A. 技术措施　　B. 技术经济指标

C. 管理措施　　D. 组织措施

（4）下列选项中，属于施工组织总设计编制依据的是（　　）。

A. 建设工程监理合同　　B. 批复的可行性研究报告

C. 各项资源需求量计划　　D. 单位工程施工组织设计

（5）施工组织总设计是指导全局性施工的技术和经济纲要，它的编制对象是（　　）。

A. 单项工程　　B. 单位工程

C. 分部工程　　D. 建设项目

（6）某公司承接了 A、B 两市之间的高速公路施工任务，该高速公路由五段道路、一座桥梁、两座涵洞组成，针对该桥梁编制的施工组织设计应属于（　　）。

A. 施工规划　　B. 单位工程施工组织设计

C. 施工组织总设计　　D. 分部分项工程施工组织设计

（7）下列各项工程中，需要编制单位工程施工组织设计的是（　　）。

A. 某工厂新建厂区工程　　B. 某工程深基坑支护工程

C. 某高校新校区办公大楼工程　　D. 某定向爆破工程

2. 多项选择题

（1）关于施工组织设计的编制原则，下列表述中正确的有（　　）。

A. 应尽可能提高施工的工业化程度

B. 充分满足建设单位缩短工期的要求

C. 重视工程的组织对施工的作用

D. 充分利用时间和空间，合理安排施工顺序，提高施工的连续性和均衡性

E. 合理部署施工现场，实现文明施工

（2）施工组织设计的内容除了工程概况的说明外，主要包括（　　）。

A. 主要技术经济指标　　B. 月、旬施工计划

C. 施工部署及施工方案　　D. 施工进度计划

E. 施工平面图

（3）根据施工组织设计编制的广度、深度和作用的不同，可分为（　　）。

A. 施工组织总设计　　B. 专业工程施工组织设计

C. 单位工程施工组织设计　　D. 分部（分项）工程施工组织设计

E. 多项目施工组织设计

（4）某建筑公司在编制施工组织设计文件时，首先对工程的施工条件和技术水平进行分析，为了能对施工活动进行科学部署，应该考虑（　　）。

A. 该项目的结构特点　　B. 业主的资金筹措情况

C. 合同条件　　D. 该项目建成运营后的经济效果

E. 项目所在地的地质水文情况

（5）施工组织设计中施工部署及施工方案的内容包括（　　）。

A. 合理安排施工顺序　　B. 确定主要施工方法

C. 对可能的施工方案进行评价并决策　　D. 绘制施工平面图

E. 编制资源需求计划

（6）下列各项工程中，需要编制施工组织总设计的有（　　）。

A. 某房地产公司开发的别墅小区　　B. 某市新建机场工程

C. 一座新建跳水馆钢屋架工程　　D. 某定向爆破工程

E. 某市标志性超高层建筑结构工程

(7) 下列各项工程中，需要编制分部（分项）工程施工组织设计的有（　　）。

A. 某安居工程住宅小区

B. 某高塔建筑塔顶的特大钢结构构件吊装

C. 某工厂新建烟囱工程

D. 某定向爆破工程

E. 某大跨屋面结构采用的无黏结预应力混凝土工程

10

第 10 章 BIM在工程项目施工阶段的应用

10.1 概述

10.1.1 工程项目施工阶段 BIM 应用意义

BIM 模型是一个包含了工程项目所有信息的数据库，因此可以将 3D 建筑模型同时间、成本结合起来，从而对工程项目进行直观的施工管理。BIM 技术具有模拟性的特征，不仅能够模拟设计出的建筑物模型，还可以模拟不能够在真实世界中进行操作的事物，例如节能模拟、紧急疏散模拟、日照模拟、热能传导模拟等。在招标投标和施工阶段，利用 BIM 的模拟性可以进行 4D 模拟（三维模型加项目的进度），也就是根据施工组织设计模拟实际施工，从而确定合理的施工方案。同时还可以进行 5D 模拟（基于 4D 模型的造价控制），来实现成本控制。

总之，在项目施工阶段应用 BIM 技术的意义重大，主要表现于：

1）在施工阶段开展 BIM 技术的研究与应用，加速推进 BIM 技术从设计阶段向施工阶段的应用延伸，降低信息传递过程中的衰减。

2）促进推广工程施工组织设计、施工过程变形监测、施工深化设计、大体积混凝土计算机测温等方面计算机应用系统在实践中的应用。

3）促进推广虚拟现实和仿真模拟技术的应用，辅助大型复杂工程施工过程管理和控制，实现事前控制和动态管理。

4）促进在工程项目现场管理中应用移动通信和射频技术，通过与工程项目管理信息系统结合，实现工程现场远程监控和管理。

5）促进基于 BIM 技术的 4D 项目管理信息系统在大型复杂工程施工过程中的研究与应用，实现对建筑工程有效的可视化管理。

6）促进工程测量与定位信息技术在大型复杂超高建筑工程以及隧道、深基坑施工中的应用实践，实现对工程施工进度、质量、安全的有效控制。

7）促进工程结构健康监测技术在建筑物及构筑物建造与使用中的应用。

10.1.2　项目施工阶段 BIM 应用需求

BIM 在项目施工阶段中的应用可以分为 11 大模块，分别为投标应用、深化设计、施工图和变更管理、施工工艺模拟优化、可视化交流、预制加工、施工和总承包管理、工程量应用、集成交付、管理信息化及其他应用。每个模块的具体应用点见表 10-1。

表 10-1　项目施工阶段 BIM 应用需求清单

应用模块	具体应用点
BIM 支持投标应用	技术标书精细化；提高技术标书表现形式；工程量计算及报价；投标演示视频制作
基于 BIM 深化设计	碰撞分析、管线综合；巨型及异形构件钢筋复杂节点深化设计；钢结构连接处钢筋节点深化设计；机电穿结构预留洞口深化设计；砌体工程深化设计；样板展示楼层装饰装修深化设计；综合空间优化；幕墙优化
支持施工图和变更管理	施工图检查；空间协调和专业冲突检查；设计变更评审与管理；BIM 模型出施工图；BIM 模型出工艺参考图
基于 BIM 施工工艺模拟优化	大体积混凝土浇筑施工模拟；基坑内支撑拆除施工模拟及验算；钢结构及机电工程大型构件吊装施工模拟；大型垂直运输设备的安拆及爬升模拟与辅助计算；施工现场安全防护设施施工模拟；设备安装模拟仿真演示；4D 施工模拟；基于 BIM 的测量技术；模板、脚手架、高支撑 BIM 应用；装修阶段 BIM 技术应用
基于 BIM 可视化交流	作为相关方技术交流平台；作为相关方管理工作平台；基于 BIM 的会议组织；漫游仿真展示；基于三维可视化的技术交底
BIM 支持预制加工	数字化加工 BIM 应用；混凝土构件预制加工；机电管道支架预制加工；机电管线预制加工；为构件预制加工提供模拟参数；预制构件的运输和安排
基于 BIM 施工和总承包管理	施工进度三维可视化演示；施工进度监控和优化；施工资源管理；施工工作面管理；平面布置协调管理；工程档案管理
基于 BIM 工程量应用	基于 BIM 技术的工程量测算；BIM 算量与定额的对接应用；通过 BIM 进行项目策划管理；5D 分析
竣工数字化集成交付	竣工验收管理 BIM 应用；物业管理信息化；设备设施运营和维护管理；数字化交付
基于 BIM 管理信息化	采购管理 BIM 应用；造价管理 BIM 应用；BIM 数据库在生产和商务上的应用；质量管理 BIM 应用；安全管理 BIM 应用；绿色施工；BIM 协同平台的应用；基于 BIM 的管理流程再造
其他应用	三维激光扫描与 BIM 技术结合应用；GIS+BIM 技术的结合应用；物联网技术与 BIM 技术的结合应用

10.1.3　项目施工阶段 BIM 模型的建立与维护

在工程项目中，需要记录和处理大量的图形和文字信息。传统的数据集成是以二维图形和书面文字进行记录的，但当引入 BIM 技术后，将原本的二维图形和书面信息进行了集中收录与管理。在 BIM 中，“I” 为 BIM 的核心理念，也就是 “Information”，它将工程中庞杂的数据进行了行之有效的分类与归总，使工程建设变得顺利，减少和消除了工程中出现的问题。但需要强调的是，在 BIM 的应用中，模型是信息的载体，没有模型的信息是不能反映工程项目的内容的。所以，BIM 中 “M”（Modeling）也具有相当的价值，应受到相应的重视。BIM 的模型建立的优劣，将会对将要实施的项目在进度、质量上产生很大的影响。BIM 是贯穿整个建筑全生命周期的，初始阶段的问题，将会被一直延续到工程的结束。同时，失去模型这个信息的载体，数据本身的实用性与可信度将会大打折扣。所以，在建立 BIM 模型之前一定得建立完备的流程，并在项目进行的过程中，对模型进行相应的维护，以确保建设项目能安全、准确、高效地进行。

在工程开始阶段，由设计单位向总承包单位提供设计图、设备信息和 BIM 创建所需数据，总承包单位对设计图进行仔细核对和完善，并建立 BIM 模型。在完成根据设计图建立的初步 BIM 模型后，总承包单位组织设计方和业主方代表召开 BIM 模型及相关资料法人交接会，对设计方提供的数据进行核对，并根据设计方和业主方的补充信息，完善 BIM 模型。在整个 BIM 模型创建及项目运行期间，总承包单位将严格遵循经建设单位批准的 BIM 文件命名规则。

在施工阶段，总承包单位负责对 BIM 模型进行维护、实时更新，确保 BIM 模型中的信息正确无误，保证施工顺利进行。模型的维护主要包括以下几个方面：根据施工过程中的设计变更及深化设计，及时修改、完善 BIM 模型；根据施工现场的实际进度，及时修改、更新 BIM 模型；根据业主对工期节点的要求，上报业主与施工进度和设计变更相一致的 BIM 模型。在施工阶段，可以根据表 10-2 完善和维护 BIM 模型的相关资料。

表 10-2　BIM 模型管理协议和流程

序号	模型管理协议和流程	是否适用于本项目	详细描述
1	模型起源点坐标系统、精度、文件格式和单位	是/否	是/否
2	模型文件存储位置（年代）	是/否	是/否
3	流程传递和访问模型文件	是/否	是/否
4	命名约定	是/否	是/否
5	流程聚合文件从属不同软件平台	是/否	是/否
6	模型访问权限	是/否	是/否
7	设计协调和冲突检测程序	是/否	是/否
8	模型安全需求	是/否	是/否

在 BIM 模型创建及维护的过程中，应保证 BIM 数据的安全性。建议采用以下数据安全管理措施：BIM 小组采用独立的内部局域网，阻断与因特网的连接；局域网内部采用真实身份验证，非 BIM 工作组成员无法登录该局域网，进而无法访问网站数据；BIM 小组进行严格分工，数据存储按照分工和不同用户等级设定访问和修改权限；全部 BIM 数据进行加密，设置内部交流平台，对平台数据进行加密，防止信息外露；BIM 工作组的计算机全部安装密

术进行深化设计时应着重指出，BIM 的使用不能免除总承包单位及其他承包单位的管理和技术协调责任。

深化设计各方职责如下：

1. 建设单位职责

负责 BIM 模型版本的管理与控制；督促总承包单位认真履行深化设计组织与管理；督促各深化设计单位如期保质地完成深化设计；组织并督促设计单位及工程顾问单位认真履行深化设计成果审核与确认；汇总设计单位及 BIM 顾问单位的审核意见，组织设计单位、BIM 顾问单位与总承包单位沟通，协调解决相关问题；负责深化设计的审批与确认。

2. 设计单位职责

负责提供项目 BIM 模型；配合 BIM 顾问单位对 BIM 模型进行细化；负责向深化设计单位和人员设计交底；配合深化设计单位完成深化设计工作；负责深化设计成果的确认或审核。

3. BIM 顾问单位职责

在建模前准备阶段，BIM 顾问单位应先确保要建立 BIM 模型的各个专业采用统一且规范的建模流程，要确保 BIM 的使用方有一定的能力，这样才能确保建模过程的准确和高效。

在基础模型中建立精装、幕墙、钢结构等专业 BIM 模型，以及重点设备机房和关键区域机电专业深化设计模型后，BIM 顾问单位对这些设计内容在 BIM 中进行复核，并向建设单位提交相应的碰撞检查报告和优化建议报告；BIM 顾问单位根据业主确认的深化设计成果，及时在 BIM 模型中做同步更新，以保证 BIM 模型正确反映深化设计方案调整的结果，同时向建设单位报告咨询意见。

4. 总承包单位职责

总承包单位应设置专职深化设计管理团队，负责全部深化设计的整体管理和统筹协调；负责制定深化设计实施方案，报建设单位审批后执行；根据深化设计实施方案的要求，在 BIM 模型中统一发布条件图；经建设单位签批的设计图，由总承包单位在 BIM 模型中进行统一发布；监督各深化设计单位如期保质地完成深化设计；在 BIM 模型的基础上负责项目综合性施工图的深化设计；负责本单位直营范围内的专业深化设计；在 BIM 模型的基础上负责总承包单位管理范围内各专业深化设计成果的集成与审核；负责定期组织召开深化设计协调会，协调解决深化设计过程存在的问题；总承包单位需指定一名专职 BIM 负责人、相关专业（建筑、结构、水、暖、电、预算、进度计划、现场施工等）工程师组成 BIM 联络小组，作为 BIM 服务过程中的具体执行者，负责将 BIM 成果应用到具体的施工工作中。

5. 机电主承包单位职责

负责机电主承包范围内各专业深化设计的协调管理；在 BIM 模型基础上进行机电综合性设计图（综合管线图和综合预留预埋图）的深化设计；负责本单位直营范围内的专业深化设计；负责机电主承包范围内各专业深化设计成果的审核与集成；配合与本专业相关的其他单位完成深化设计。

6. 分包单位职责

就深化设计而言，施工的分包单位对工程项目深化部分要承担相应的管理责任。总承包单位应当编制工程总进度计划，分包单位依据总进度计划编制各单位工程的施工进度计划。总承包单位应编制施工组织总设计、工程质量通病防治措施、各种安全专项施工方案，组织各分包单位定期参加工程例会，讨论深化设计的完成情况，负责各分包单位所承揽工程施工资料的收集与整理。分包单位负责承包范围内的深化设计，服从总承包单位或机电主承包单位的管理，配合与本专业相关的其他单位完成深化设计。

10.2.2 BIM 模式下深化设计组织协调

深化设计涉及建设、设计、顾问及承包单位等诸多项目参与方，应结合 BIM 技术对深化设计的组织与协调进行研究。

深化设计的分工按“谁施工、谁深化”的原则进行。总承包单位就本项目全部深化设计工作对建设单位负责；总承包单位、机电主承包单位和各分包单位各自负责其所承包（直营施工）范围内的所有专业深化设计工作，并承担其全部技术责任，其专业技术责任不因审批与否而免除；总承包单位负责根据建筑、结构、装修等专业深化设计编制建筑综合平面图、模板图等综合性设计图；机电主承包单位根据机电类专业深化设计编制综合管线图和综合预留预埋图等机电类综合性设计图；合同有特殊约定的按合同执行。

总承包单位负责对深化设计的组织、计划、技术、组织界面等方面进行总体管理和统筹协调，其中应当加强对分包单位 BIM 访问权限的控制与管理，对下属施工单位和分包商的项目实行集中管理，确保深化设计在整个项目层次上的协调与一致。各专业承包单位均有义务无偿为其他相关单位提交最新版的 BIM 模型。当涉及不同专业的连接界面的深化设计时，其公共或交叉重叠部分的深化设计分工应服从总承包单位的协调安排，并且以总承包单位提供的 BIM 模型进行深化设计。

机电主承包单位负责对机电类专业的深化设计进行技术统筹，应当注重采用 BIM 技术分析机电工程与其他专业工程是否存在碰撞和冲突。各机电专业分包单位应服从机电主承包单位的技术统筹管理。

10.2.3 BIM 模式下深化设计工作流程

基于 BIM 的深化设计流程不能够完全脱离现有的管理流程，但是必须符合 BIM 技术的特征，特别是对于流程中的每一个环节，涉及 BIM 的数据都要尽可能地详尽规定。深化设计管理流程如图 10-1 所示，BIM 深化设计工作流程如图 10-2 所示。

管线综合深化设计及钢结构深化设计是工程施工中的重点及难点，下面对这两种深化设计流程进行深入介绍。

1. 管线综合深化设计流程

管线综合专业 BIM 设计空间关系复杂，内外装要求高，机电的管线综合布置系统多、智能化程度高、各工种专业性强、功能齐全。为使各系统的使用功能效果达到最佳、整体排

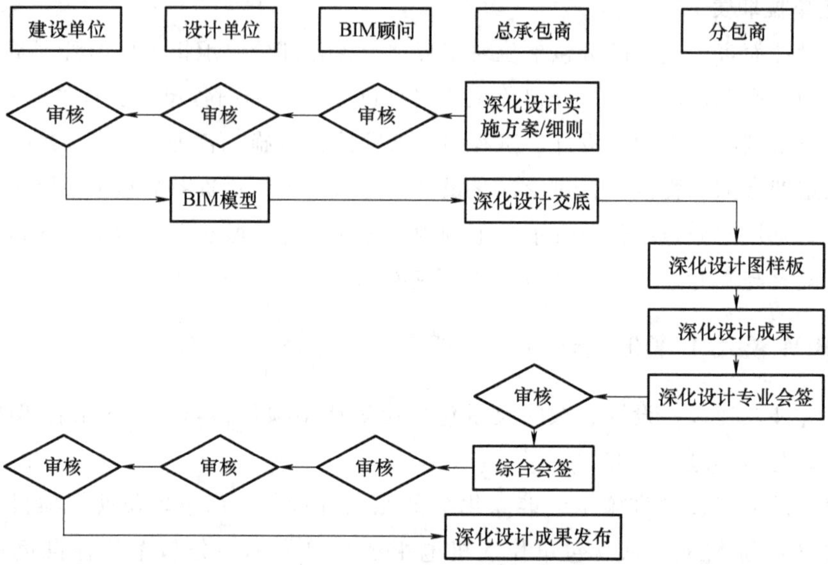

图 10-1　深化设计管理流程

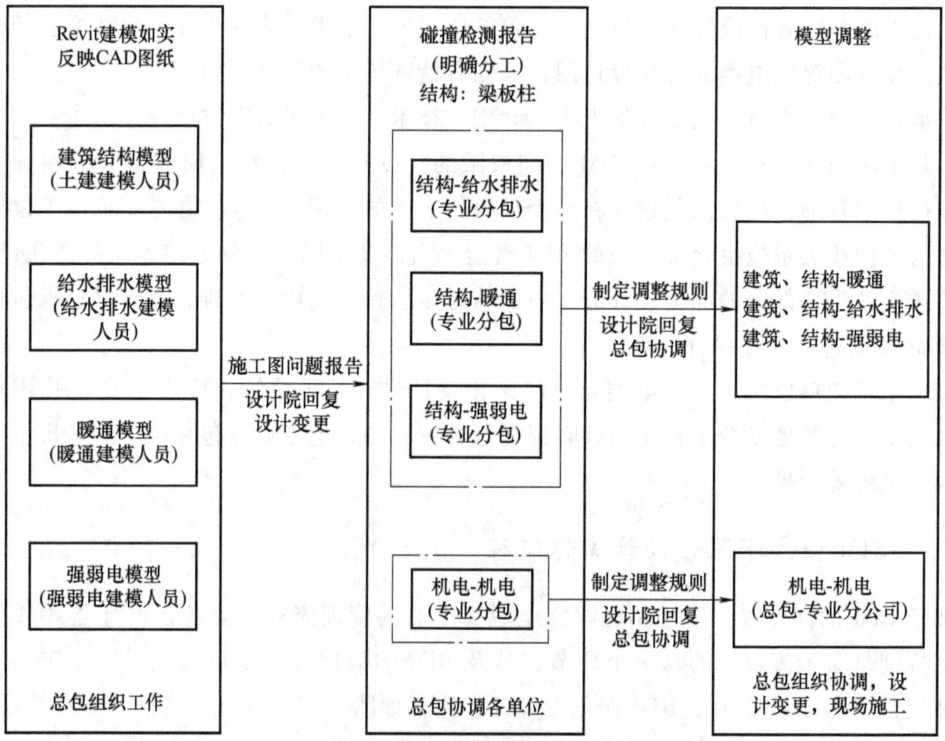

图 10-2　BIM 深化设计工作流程

布更美观，工程管线综合深化设计是重要一环。基于 BIM 的深化设计能够通过各专业工程师与设计公司的分工合作优化设计存在问题，迅速对接、核对、相互补位、提醒、反馈信息和整合到位。其深化设计流程为：制作专业精准模型→综合链接模型→碰撞检测→分析和修改碰撞点数据→集成→最终完成内装的 BIM 模型。利用该 BIM 模型虚拟结合现实完成的真实空间，动态观察，综合业态要求，推敲空间结构和装饰效果，并依据管线综合避让原则（根据管线综合施工工艺、质量验收标准编写）调整模型，将设备管道空间问题解决在施工前期，避免在施工阶段发生冲突而造成不必要的浪费，有效提高施工质量，加快施工进度，节约成本。项目的管线综合深化设计流程如图 10-3 所示。

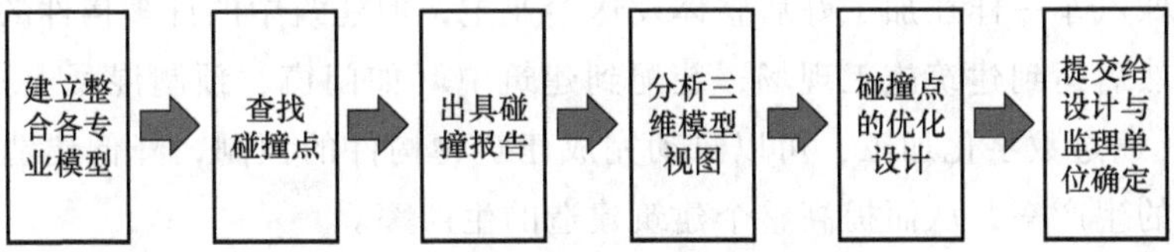

图 10-3　管线综合深化设计流程

2. 钢结构深化设计流程

将三维钢筋节点布置软件与施工现场应用要求相结合，形成了一种基于 BIM 技术的梁柱节点深化设计方法，具体流程如图 10-4 所示。

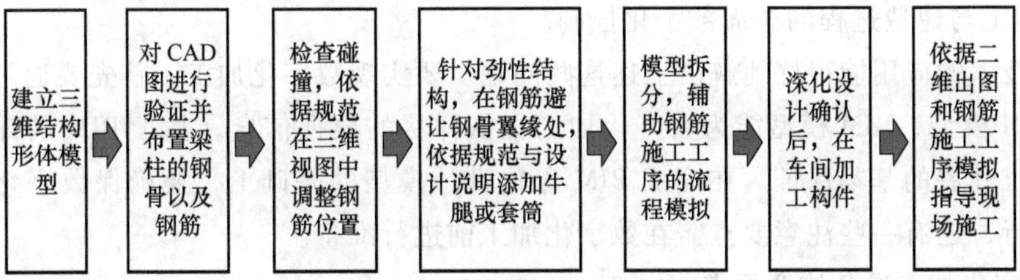

图 10-4　钢结构深化设计流程

10.3 基于 BIM 的数字化加工

目前国内建筑施工企业大多采用的是传统的加工技术，许多建筑构件以传统的二维 CAD 加工图为基础，设计师根据 CAD 模型手工画出或用一些绘图软件画出加工详图，这在建筑项目日益复杂的今天，是一项工作量非常巨大的工作。为保证制造环节的顺利进行，加工详图设计师必须认真检查每一张原图，以确保加工详图与原设计图的一致性；再加上设计深度、生产制造、物流配送等流转环节，出错概率很大。

而 BIM 是建筑信息化大革命的产物，能贯穿建筑全生命周期，保证建筑信息的延续性，也保证从深化设计到数字化加工的信息传递。基于 BIM 的数字化加工将包含在 BIM 模型里的构件信息准确地、不遗漏地传递给构件加工单位进行构件加工，这个信息传递方式可以是直接以 BIM 模型传递，也可以是 BIM 模型加上二维加工详图的方式。由于数据的准确性和不遗漏性，BIM 模型的应用不仅解决了信息创建、管理与传递的问题，而且与三维图、装配模拟和加工制造、运输、存放、测绘、安装的全程跟踪等手段相结合，为数字化建造奠定了坚实的基础。所以，基于 BIM 的数字化加工建造技术是一项能够帮助施工单位实现高质量、高精度、高效率安装的完美技术。通过发挥更多的 BIM 数字化的优势，将大大提高建筑施工的生产效率，推动建筑行业的快速发展。

10.3.1 基于 BIM 的加工前准备及要点

建筑行业也可以采用 BIM 模型与数字化建造系统的结合来实现建筑施工流程的自动化。尽管建筑不能像汽车一样在加工好后整体发送给业主，但建筑中的许多构件的确可以预先在加工厂加工，然后运到建筑施工现场，装配到建筑中（如门窗、预制混凝土构件和钢构件、机电管道等）。通过数字化加工，可以自动完成建筑物构件的预制，降低建造误差，大幅度提高构件制造的生产率，从而提高整个建筑建造的生产率。

1. 数字化加工首要解决问题

建设工程项目数字化加工首先要解决下列问题：

1）加工构件的几何形状及组成材料的数字化表达。

2）加工过程信息的数字化描述。

3）加工信息的获取、存储、传递与交换。

4）施工与建造过程的全面数字化控制。

BIM 技术的应用能很好地解决上述这些问题。要实现数字化加工，首先要通过数字化设计建立 BIM 模型，BIM 模型能为数字化加工提供详尽的数据信息。基于 BIM 的深化设计是数字化加工开展的基本保证。在完成 BIM 深化设计模型的基础上，要确保数字化加工顺利有效地进行，还有一些注意要点需在数字化加工前进行准备。

2. 数字化加工准备注意要点

1）深化设计方、加工工厂方、施工方图纸会审，检查模型和深化设计图中的错漏碰缺，根据各自的实际情况互提要求和条件，确定加工范围和深度，确定需要注意的特殊部位和复杂部位，并讨论复杂部位的加工方案，选择加工方式、加工工艺和加工设备，施工方提出现场施工和安装可行性要求。

2）根据三方会议讨论的结果和提交的条件，把要加工的构件分类，见表 10-3。

3）确定数字化加工图的工作量、人力投入。

4）根据交图时间确定各阶段任务、时间进度。

5）制定制图标准，确定成果交付形式和深度。

6）文件归档。

表 10-3 各专业加工构件分类表

专业分类	复杂构件	一般构件
钢结构	钢管相贯线 复杂曲线、边界	加劲板 焊接 H 型钢板
混凝土结构	复杂形状模板	一般模板
机电	复杂弯头、大小管连接 不同形状管的连接	普通管道

待数字化加工方案确定后，需要对 BIM 模型进行转换。BIM 模型中所蕴含的信息内容很丰富，不仅能表现出深化设计意图，还能解决工程里的许多问题。但如果要进行数字化加工，就需要把 BIM 深化设计模型转换成数字化加工模型，加工模型比设计模型更详细，但也去掉了一些数字化加工不需要的信息。

3. BIM 模型转换为数字化加工模型步骤

1）需要在原深化设计模型中增加许多详细的信息（如一些组装和连接部位的详图），同时根据各方要求（加工设备和工艺要求、现场施工要求等）对原模型进行一些必要的修改。

2）通过相应的软件把模型里数字化加工需要的且加工设备能接受的信息隔离出来，传送给加工设备，并进行必要的数据转换、机械设计以及归类标注等工作，实现把 BIM 深化设计模型转换成预制加工设计图，与模型配合指导工厂生产加工。

4. BIM 数字化加工模型的注意事项

1）要考虑到精度和容许误差。对于数字化加工而言，其加工精度是很高的，但材料的厚度和刚度有时候会有小的变动，组装也会有累积误差，另外还有一些比较复杂的因素如切割、挠度等也会影响构件的最后尺寸，所以在设计的时候应考虑到一些容许变动。

2）选择适当的设计深度。数字化加工模型不要太简单也不要过于详细，太详细就会浪费时间，拖延工程进度，但如果太简单、不够详细就会错过一些提前发现问题的机会，甚至会在将来造成更大的问题。模型里包含的核心信息越多，越有利于与别的专业的协调，越有利于提前发现问题，越有利于数字化加工。所以在加工前最好预先向加工厂商的工程师了解加工工艺过程及如何利用数字化加工模型进行加工，然后选择各阶段适当的深度标准，制订一个设计深度计划。

3）处理好多个应用软件之间的数据兼容性。由于是跨行业的数据传递，涉及的专业软件和设备比较多，必然会存在不同软件之间的数据格式不同的问题。为了保证数据传递与共享的流畅和减少信息丢失，应事先考虑并解决好数据兼容的问题。

基于 BIM 数字化加工的优点不言而喻，但在使用该项技术的同时必须认识到数字化加工并不是面面俱到的。比如：在加工构件非常特别，或者构件过于复杂时，利用数字化加工则会显得费时费力，凸显不出其独特优势。只有在大量加工重复构件时，数字化加工才能带来可观的经济利益，实现材料采购优化、材料浪费减少和加工时间的节约。不在现场加工构件的工作方式能减少现场与其他施工人员和设备的冲突干扰，并能解决现场加工场地不足的问题。另外，由于构件被提前加工制作好了，这样就能在需要的时候及时送到现场，不提前也不拖后，可加快构件的放置与安装。同时，基于 BIM 技术的数字化加工大大减少了因错误理解设计意图或与设计师交流不及时导致的加工错误。而且，工厂的加工环境和加工设备都比现场要好得多，工厂加工的构件质量势必比现场加工的构件质量更有保障。

10.3.2　基于 BIM 的加工过程数字化复核

现场加工完成的成品由于温度、变形、焊接、矫正等产生的残余应变，会对现场安装产生误差影响，故在构件加工完成后，要对构件进行质量检查复核。传统的方法是采取现场预拼装检验构件是否合格，复核的过程主要是通过手工的方法进行数据采集，对于一些大型构件往往存在着检验数据采集存有误差的问题。数字化复核技术的应用不仅能在加工过程中利用数字化设备对构件进行测量（例如使用激光、数字相机、3D 扫描、全站仪等，对构件进行实时、在线、100%检测），形成坐标数据，并将此坐标数据输入计算机转变为数据模型，在计算机中进行虚拟预拼装以检验构件是否合格，而且还能返回到 BIM 施工模型中进行比对，判断其误差余量能否被接受，是否需要设置相关调整预留段以消除其误差，或对于超出误差接受范围之外的构件进行重新加工。数字化加工过程的复核不但采用先进的数字化设备，还结合 BIM 三维模型，实现了模型与加工过程管控中的一个协同，实现了数据之间的交互和反馈。在进行数字化复核的过程中需要注意的要点如下：

1. 测量工具的选择

测量工具的选择要根据工程实际情况，如成本、工期、复杂性等，不仅要考虑测量精度的问题，还要考虑测量速度的因素。例如，3D 扫描仪具有进度快但精度低的特点，而全站仪则具有精度高、进度慢的特点。

2. 数字化复核软件的选择

扫描完成后需要把数据从扫描仪传送到计算机里，这就需要选择合适的软件，这个软件要能读取扫描仪的数据格式并转换成能够使用的数据格式，实现与测量工具的无缝对接。另外，这个软件还需要能与 BIM 模型软件兼容，在基于 BIM 的三维软件中有效地进行构件虚拟预拼装。

3. 预拼装方案的确定

要根据各个专业的特性对构件的体积、重量、施工机械的能力拟定预拼装方案。在进行数字化复核的时候，预拼装的条件应做到与现场实际拼装条件相符。

10.3.3 基于 BIM 的数字化物流与作业指导

在没有 BIM 技术前，建筑行业的物流管控都是通过现场人为填写表格报告的方式进行，因此，负责管理人员不能够及时得到现场物流的实时情况，不仅无法验证运输、领料、安装信息的准确性，对之做出及时的控制管理，还会影响到项目整体实施效率。二维码和 RFID 作为一种现代信息技术已经在国内物流、医疗等领域得到了广泛的应用。同样，在建筑行业的数字化加工运输中，也有大量的构件流转在生产、运输及安装过程中，如何了解它们的数量、所处的环节、成品质量等情况就是需要解决的问题。

二维码和 RFID 在项目建设的过程中主要是用于物流和仓库存储的管理，如今结合 BIM 技术的运用，对物流管理而言无疑是如虎添翼。其工作过程为：在数字化物流操作中可以给每个建筑构件都贴上一个二维码或者埋入 RFID 芯片，这个二维码或 RFID 芯片相当于每个构件自己的“身份证”，再利用手持设备以及芯片技术，在需要的时候用手持设备扫描二维码及芯片，信息立即传送到计算机上进行相关操作。二维码或 RFID 芯片所包含的所有信息都应该被同步录入到 BIM 模型中去，使 BIM 模型与编有二维码或含有 RFID 芯片的实际构件对应上，以便于随时跟踪构件的制作、运输和安装情况，也可以用来核算运输成本，同时也为建筑后期运营做好准备。数字化物流的作业指导模式从设计开始直到安装完成，都可以随时传递它们的状态，从而达到把控构件的全生命周期的目的。二维码和 RFID 技术对施工的作业指导主要体现在以下几方面：

1. 对构件进场堆放的指导

由于 BIM 模型中的构件所包含的信息与实际构件上的二维码及 RFID 芯片里的信息是一样的，所以通过 BIM 模型，施工员就能知道每天施工的内容需要哪些构件，这样就可以每天只把当天需要的构件（通过扫描二维码或 RFID 芯片与 BIM 模型里相应的构件对应起来）运送进场并堆放在相应的场地，而不用一次把所有的构件全都运送到现场。这种分批有目的的运送既能解决施工现场材料堆放场地的问题，又可降低运输成本。因为不用一次安排大量的人力和物力在运输上，只需要定期小批量地运送就行，同时也缩短了工期。工地也不需要等所有的构件都加工完成才能开始施工，而是可以工厂加工和工地安装同步进行，即工厂先加工第一批构件，然后在工地安装第一批构件的同时生产第二批构件，如此循环。

2. 对构件安装过程的指导

施工员在领取构件时，对照 BIM 模型里自己的工作区域和模型里构件的信息，就可以通过扫描实际构件上的二维码或 RFID 芯片很迅速地领到对应的构件，并把构件吊装到正确的安装区域。而且在安装构件时，只要用手持设备先扫描一下构件上的二维码或 RFID，再对照 BIM 模型，就能知道这个构件应该安装在什么位置，这样就能减少因构件外观相似而安装出错造成的成本增加、工期延长。

3. 对安装过程及安装完成后信息录入的指导

施工员在领取构件时，可以通过扫描构件上的二维码或 RFID 芯片来录入施工员的个人信息、构件领取时间、构件吊装区段等，且凡是参与吊装的人员都要录入自己的个人信息和工种信息等。安装完成后，应该通过扫描构件上的二维码或 RFID 芯片确认构件安装完成，并输入安装过程中的各种信息，同时将这些信息录入到相应的 BIM 模型里，等待监理验收。这些安装过程信息应包括安装时现场的气候条件（温度、湿度、风速等）、安装设备、安装方案、安装时间等所有与安装相关的信息。此时，BIM 模型里的构件将会处于已安装完成但未验收的状态。

4. 对施工构件验收的指导

当一批构件安装完成后，监理要对安装好的构件进行验收，检验安装是否合格。这时，监理可以先从 BIM 模型里查看哪些构件处于已安装完成但未验收状态，然后监理只需要对照 BIM 模型，再扫描现场相应构件的二维码或 RFID 芯片，如果两者包含的信息是一致的，就说明安装的构件与模型里的构件是对应的。同时，监理还要对构件的其他方面进行验收，检验是否符合现行国家和行业相关规范的标准。所有这些验收信息和结果（包括监理单位信息、验收人信息、验收时间和验收结论等）在验收完成后都可以输入到相应构件的二维码、RFID 信息里，并同时录入到 BIM 模型中。同样，这种二维码或 RFID 技术对构件验收的指导和管理也可以被应用到项目的阶段验收和整体验收中以提高施工管理效率。

5. 对施工人力资源组织管理的指导

该项新型数字化物流技术通过对每一个参与施工的人员，即每一个员工赋予一个与项目对应的二维码或 RFID 芯片实行管理。二维码、RFID 芯片含有的信息包括个人基本信息、岗位信息、工种信息等。每天参与施工的员工在进场和工作结束时扫描自己的二维码或 RFID，该员工的进场和结束时间、负责区域、工种内容等就都被记录并录入到 BIM 施工管理模型里了。这样，所有这些信息都随时被自动录入到 BIM 施工模型里，且这个模型是由专门的施工管理人员负责管理的。通过这种方法，施工管理者可以很方便地统计每天、每个阶段、每个区域的人力分布情况和工作效率情况，根据这些信息，可以判断出人力资源的分布和使用情况。当出现某阶段或某区域人力资源过剩或不足时，就可以及时调整人力资源的分布和投入，同时也可以预估并指导下一阶段的施工人力资源的投入。采用这种新型的数字化物流技术的施工人力资源管理，可以及时避免人力资源的闲置、浪费等不合理现象，大大提高施工效率、降低人力资源成本、加快施工进度。

6. 对施工进度的管理指导

二维码、RFID 芯片数字标签的最大的特点和优点就是信息录入的实时性和便捷性，即可随时随地通过扫描自动录入新增的信息，并更新到相应的 BIM 模型里，保持 BIM 模型的进度与施工现场的进度一致。也就是说，施工现场在建造一个项目的同时，计算机里的 BIM 模型也在同步地搭建一个与施工现场完全一致的虚拟建筑。那么施工现场的进度就能最快最真实地反映在 BIM 模型里，这样施工管理者就能很好地掌握施工进度，并能及时调整施工组织方案和进度计划，从而达到提高生产效率、节约成本的目的。

7. 对运营维护的作业指导

验收完成后，所有构件上的二维码或 RFID 芯片就已经包含了在这个时间点之前的所有与该构件有关的信息，而相应的 BIM 模型里的构件信息与实际构件上二维码或 RFID 芯片里的信息是完全一致的，这个模型将交付给业主作为后期运营维护的依据。在后期使用时，将会有以下情况需要对构件进行维护：一种是构件定期保养维护（如钢构件的防腐维护、机电设备和管道的定期检修等），另一种是当构件出现故障或损坏时需要维修，还有一种就是建筑或设备的用途和功能需要改变。

对于构件定期保养，由于构件上的二维码或 RFID 信息已经全部录入到了 BIM 模型里，那么在模型里就可以设置一个类似于闹钟的功能，当某一个或某一批构件到期需要维护时，模型就会自动提醒业主维修，业主则可以根据提醒在模型中很快地找到需要维护的构件，并在二维码或 RFID 信息里找到该构件的维护标准和要求。维护时，维护人员通过扫描实际构件上的二维码或者 RFID 信息来确认需要维护的构件，并根据信息里的维护要求进行维护。

维护完成后将维护单位、维护人员的信息以及所有与维护相关的信息（如日期、维护所用的材料等）输入到构件上的二维码或 RFID 里，并同时更新到 BIM 模型里，以供后续运营维护使用。而当有构件损坏时，维修人员通过扫描损坏构件上的二维码或 RFID 芯片来找到 BIM 模型里对应的构件，在 BIM 模型里就可以很容易地找到该构件在整个建筑中的位置、功能、详细参数和施工安装信息，还可以在模型里拟定维修方案并评估方案的可行性和维修成本。

维修完成后再把所有与维修相关的信息（包括维修公司、人员、日期和材料等）输入到构件上的二维码或 RFID 里并更新到 BIM 模型里，以供后续运营维护使用。如果由于使用方式的改变，原构件或设备的承载力或功率等可能满足不了新功能的要求，需要进行重新计算或评估，必要时应进行构件和设备的加固或更换。这时，业主可以通过查看 BIM 模型里的构件二维码或 RFID 信息来了解构件和设备原来的承载力和功率等信息，查看是否满足新使用功能的要求。如不满足，则需要对构件或设备进行加固或更换，并在更改完成后更新构件上的和 BIM 模型里的电子标签信息，以供后续运营维护使用。由此可见，二维码、RFID 技术和 BIM 模型的结合使用极大地方便了业主对建筑的管理和维护。

8. 对产品质量、责任追溯的指导

当构件出现质量问题时，也可以通过扫描该构件上的二维码或 RFID 信息，并结合质量问题的类型来找到相关的责任人。

综上，通过采用数字化物流的指导作业模式，数字化加工的构件信息就可以随时被更新到 BIM 模型里，这样当施工单位在使用 BIM 模型指导施工时，构件里所包含的详细信息能让施工者更好地安排施工顺序，减少安装出错率，提高工作效率，加快施工进程，加强对施工过程的控制。

10.4 基于 BIM 的虚拟施工

通过 BIM 技术结合施工方案、施工模拟和现场视频监测进行基于 BIM 技术的虚拟施工，其施工本身不消耗施工资源，却可以根据可视化效果看到并了解施工的过程和结果，从而较大程度地降低返工成本和管理成本，降低风险，增强管理者对施工过程的控制能力。建模的过程就是虚拟施工的过程，是先试后建的过程。施工过程的顺利实施是在有效的施工方案指导下进行的，施工方案的制订主要是根据项目经理、项目总工程师及项目部的经验，施工方案的可行性一直受到业界的关注。由于建筑产品的单一性和不可重复性，施工方案具有不可重复性。一般情况，当某个工程即将结束时，一套完整的施工方案才展现于面前。虚拟施工技术不仅可以检测和比较施工方案，还可以优化施工方案。

基于 BIM 的虚拟施工管理能够达到以下目标：创建、分析和优化施工进度；针对具体项目分析将要使用的施工方法的可行性；通过模拟可视化的施工过程，提早发现施工问题，消除施工隐患；形象化的交流工具，使项目参与者能更好地理解项目范围，提供形象的工作操作说明或技术交底；可以更加有效地管理设计变更；全新的试错、纠错概念和方法。不仅如此，虚拟施工过程中建立好的 BIM 模型可以作为二次渲染开发的模型基础，大大提高了三维渲染效果的精度与效率，可以给业主更为直观的宣传介绍，也可以进一步为房地产公司开发出虚拟样板间等延伸应用。

虚拟施工给项目管理带来的好处可以总结为以下三点：

(1) 施工方法可视化

虚拟施工使施工变得可视化，随时随地直观快速地将施工计划与实际进展进行对比，同时进行有效的协同，施工方、监理方、甚至非工程行业出身的业主领导都对工程项目的各种问题和情况了如指掌。施工过程的可视化，使 BIM 成为一个便于施工各方参与交流的沟通平台。通过这种可视化的模拟缩短了现场工作人员熟悉项目施工内容、方法的时间，减少了现场人员在工程施工初期因为错误施工而导致的时间和成本的浪费，还可以加快、加深对工程参与人员培训的速度及深度，真正做到质量、安全、进度、成本管理和控制的人人参与。

5D 全真模型平台虚拟原型工程施工，对施工过程进行可视化的模拟，包括工程设计、现场环境和资源使用状况，具有更大的可预见性，将改变传统的施工计划、组织模式。施工方法的可视化是使所有项目参与者在施工前就能清楚地知道所有施工内容以及自己的工作职责，能促进施工过程中的有效交流。它是目前用于评估施工方法、发现施工问题、评估施工风险的最简单、经济、安全的方法。

（2）施工方法可验证

BIM 技术能全真模拟运行整个施工过程，项目管理人员、工程技术人员和施工人员可以了解每一步施工活动。如果发现问题，工程技术人员和施工人员可以提出新的施工方法，并对新的施工方法进行模拟验证，即判断施工过程，它能在工程施工前识别绝大多数的施工风险和问题，并有效地解决。

（3）施工组织可控制

施工组织是对施工活动实行科学管理的重要手段，它决定了各阶段的施工准备工作内容，协调施工过程中各施工单位、各施工工种以及各项资源之间的相互关系。BIM 可以对施工的重点或难点部分进行可见性模拟，按网络时标进行施工方案的分析和优化。对一些重要的施工环节或采用新施工工艺的关键部位、施工现场平面布置等施工指导措施进行模拟和分析，以提高计划的可执行性。利用 BIM 技术结合施工组织设计进行计算机预演，可以提高复杂建筑体系的可施工性。借助 BIM 对施工组织的模拟，项目管理者能非常直观地理解间隔施工过程的时间节点和关键工序情况，并清晰地把握在施工过程中的难点和要点，也可以进一步对施工方案进行优化完善，以提高施工效率和施工方案的安全性。利用可视化模型输出图片格式的施工图，可作为可视化的工作操作说明或技术交底分发给施工人员，用于指导现场的施工，方便现场的施工管理人员对照纸质施工图进行施工指导和现场管理。

采用 BIM 进行虚拟施工，需事先确定以下信息：设计和现场施工环境的五维模型；根据构件选择施工机械及机械的运行方式；确定施工的方式和顺序；确定所需临时设施及安装位置。BIM 在虚拟施工管理中的应用主要有场地布置方案、专项施工方案、关键工艺展示、施工模拟（土建主体及钢结构部分）、装修效果模拟等。

10.4.1 基于 BIM 的施工平面布置

为使现场使用合理，施工平面布置应有条理，尽量减少占用施工用地，使平面布置紧凑合理，同时做到场容整齐清洁，道路畅通，符合防火安全及文明施工的要求。施工过程中应避免多个工种在同一场地、同一区域而相互牵制、相互干扰。施工现场应设专人负责管理，使各项材料、机具等按已审定的现场施工平面布置图的位置摆放。

基于建立的 BIM 三维模型及搭建的各种临时设施，可以对施工场地进行布置，合理安排塔式起重机、库房、加工厂地和生活区等的位置，解决现场施工场地划分问题；通过与业主的可视化沟通协调，对施工场地进行优化，选择最优施工路线（图 10-5）。

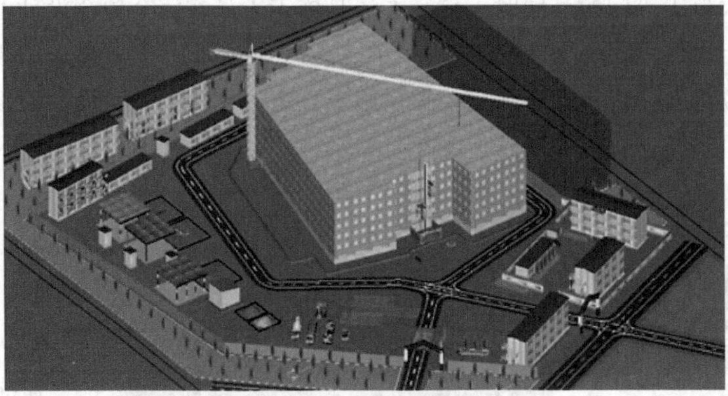

图 10-5　基于 BIM 的场地布置示例

图 10-5 彩图

10.4.2　基于 BIM 的专项施工方案验证

通过 BIM 技术指导编制专项施工方案，可以直观地对复杂工序进行分析，将复杂部位简单化、透明化，提前模拟方案编制后的现场施工状态，对现场可能存在的危险源、安全隐患、消防隐患等提前排查，对专项方案的施工工序进行合理排布，有利于方案的专项性、合理性（图 10-6）。

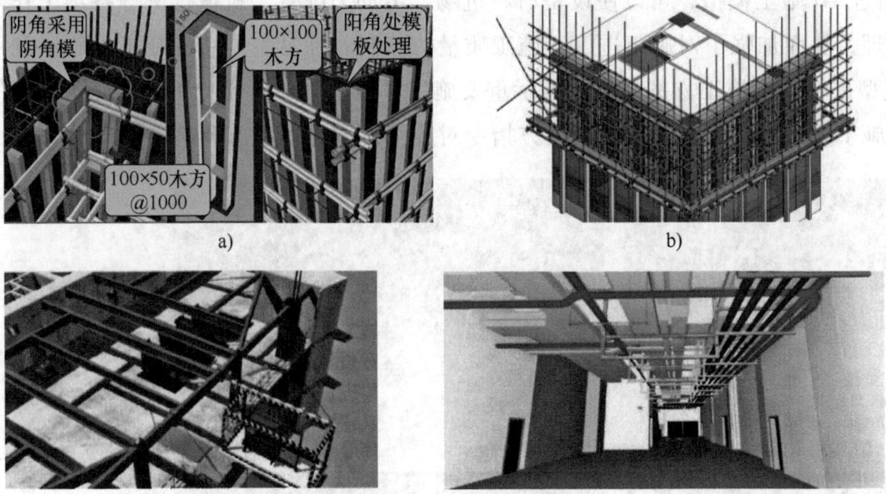

c)　d)

图 10-6　基于 BIM 的专项施工方案示例

a）某工程模板方案验证模拟　b）某工程脚手架方案验证模拟

c）某工程吊装方案验证模拟　d）某工程管线方案验证模拟

图 10-6 彩图

10.4.3　基于 BIM 的关键工艺展示

对于工程施工的关键部位，如预应力钢结构的关键构件及部位，其安装相对复杂，因此合理的安装方案非常重要。正确的安装方法能够省时省力，传统方法只有工程实施时才能得到验证，这就可能造成二次返工等问题。同时，传统方法是施工人员在完全领会设计意图之后，再传达给建筑工人，相对专业性的术语及步骤对于工人来说难以完全领会。基于 BIM 技术，能够提前对重要部位的安装进行动态展示，提供施工方案讨论和技术交流的虚拟现实信息（图 10-7）。

图 10-7　基于 BIM 的复杂节点工艺展示示例

图 10-7 彩图

10.4.4　基于 BIM 的主体结构施工模拟

根据拟定的最优施工现场布置和最优施工方案，将由项目管理软件如 Project 编制的施工进度计划与施工现场 3D 模型集成一体，引入时间维度，能够完成对工程主体结构施工过程的 4D 施工模拟。通过 4D 施工模拟，可以使设备材料进场、劳动力配置、机械排班等各项工作安排得更加经济合理，从而加强了对施工进度、施工质量的控制。针对主体结构施工过程，利用已完成的 BIM 模型进行动态施工方案模拟，展示重要施工环节动画，对比分析不同施工方案的可行性，能够对施工方案进行分析，并听从甲方指令对施工方案进行动态调整（图 10-8）。

图 10-8　基于 BIM 的主体结构施工模拟

图 10-8 彩图

10.4.5 基于 BIM 的装修效果模拟

针对工程技术重点难点、样板间、精装修等，完成对窗帘盒、吊顶、木门、地面砖等基础模型的搭建，并基于 BIM 模型，对施工工序的搭接和新型、复杂施工工艺进行模拟，对灯光环境等进行分析，综合考虑相关影响因素，利用三维效果预演的方式有效解决各方协同管理的难题（图 10-9）。

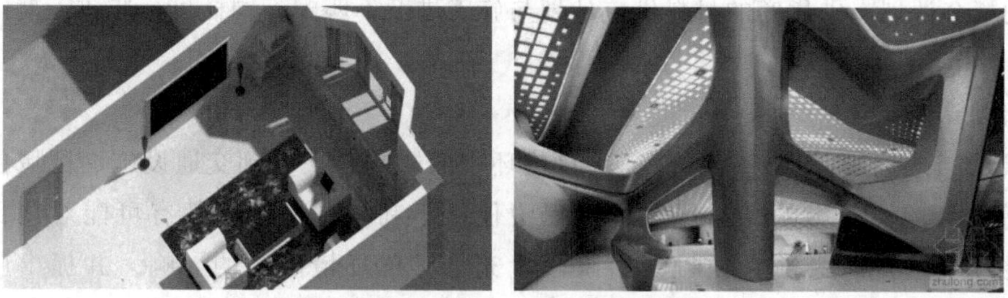

图 10-9 基于 BIM 的室内装修效果模拟

图 10-9 彩图

10.5 基于 BIM 的进度管理

10.5.1 影响进度管理的因素

在实际工程项目进度管理过程中，虽然有详细的进度计划以及网络图、横道图等技术做支撑，但是工程延误现象仍时有发生，对整个项目的经济效益产生直接的影响。通过调查发现，影响进度管理的主要原因有以下几方面：

（1）建筑设计缺陷

首先，设计阶段的主要工作是完成施工阶段所需施工图设计。通常一个工程项目的整套图少则几十张，多则成百上千张，有时甚至数以万计，设计图所包含的数据庞大，而设计者和审图者的精力有限，存在错误是必然的。

其次，项目各个专业的设计工作是独立完成的，导致各专业的二维图所表现的内容在空间上很容易出现碰撞和矛盾。如果上述问题没有提前发现，直到施工阶段才显露出来，势必对工程项目的进度产生影响。

（2）施工进度计划编制不合理

工程项目进度计划的编制很大程度上依赖于项目管理者的经验，虽然有施工合同、进度目标、施工方案等客观条件的支撑，但是项目的唯一性和个人经验的主观性难免会使进度计划存在不合理之处，并且现行的编制方法和工具相对比较抽象，不易对进度计划进行检查，一旦计划出现问题，按照计划所进行的施工过程必然会受到影响。

（3）现场人员的素质

随着施工技术的发展和新型施工机械的应用，工程项目施工过程越来越趋于机械化和自动化。但是，保证工程项目顺利完成的主要因素还是人，施工人员的素质是影响项目进度的一个主要方面。施工人员对施工图的理解、对施工工艺的熟悉程度和操作技能水平等因素都可能对项目能否按计划顺利完成产生影响。

（4）参与方沟通和衔接不畅

建设项目往往会消耗大量的财力和物力，如果没有一个详细的资金、材料使用计划是很难完成的。在项目施工过程中，由于专业不同，施工方与业主和供货商的信息沟通不充分、不彻底，业主的资金计划、供货商的材料供应计划与施工进度不匹配，同样也会造成工期的延误。

（5）施工环境影响

工程项目既受当地地质条件、气候特征等自然环境的影响，又受到交通设施、区域位置、供水供电等社会环境的影响。项目实施过程中任何不利的环境因素都有可能对项目进度产生严重影响。因此，必须在项目开始阶段就充分考虑环境因素的影响，并提出应对措施。

10.5.2 传统进度管理的缺陷

传统的项目进度管理过程中事故频发，究其根本在于管理模式存在一定的缺陷，主要体现在以下几个方面：

1）二维 CAD 设计图形象性差。二维三视图作为一种基本表现手法，将现实中的三维建筑用二维的平、立、侧三视图表达。特别是 CAD 技术的应用，计算机屏幕、鼠标、键盘代替了画图板、铅笔、直尺、圆规等手工工具，大大提高了出图效率。尽管如此，由于二维图的表达形式与人们现实中的习惯维度不同，所以要看懂二维图存在一定困难，需要通过专业的学习和长时间的训练才能读懂。同时，随着人们对建筑外观美观度的要求越来越高，以及建筑设计行业自身的发展，异形曲面的应用更加频繁，如悉尼歌剧院、国家大剧院、鸟巢等外形奇特、结构复杂的建筑物越来越多。即使设计师能够完成设计图，对设计图的认识和理解也仍有难度。另外，二维 CAD 设计可视性不强，使设计师无法有效检查自己的设计成果，很难保证设计质量，并且对设计师与建造师之间的沟通形成障碍。

2）网络计划抽象，往往难以理解和执行。网络计划图是工程项目进度管理的主要工具，但也有其缺陷和局限性。首先，网络计划图计算复杂，理解困难，只适合于行业内部使用，不利于与外界沟通和交流；其次，网络计划图表达抽象，不能直观地展示项目的计划进度过程，也不方便进行项目实际进度的跟踪；再次，网络计划图要求项目工作分解细致，逻辑关系准确。这些都依赖于个人的主观经验，实际操作中往往会出现各种问题，很难做到完全一致。

3）二维图不方便各专业之间的协调沟通。二维图受可视化程度的限制，使得各专业之间的工作相对分离，无论是在设计阶段还是在施工阶段，都很难对工程项目进行整体性表达。各专业单独工作或许十分顺利，但是在各专业协同作业时往往就会产生碰撞和矛盾，给整个项目的顺利完成带来困难。

4）传统方法不利于规范化和精细化管理。随着项目管理技术的不断发展，规范化和精细化管理是形势所趋。但是传统的进度管理方法很大程度上依赖于项目管理者的经验，很难形成一种标准化和规范化的管理模式。这种经验化的管理方法受主观因素的影响很大，直接影响施工的规范化和精细化管理。

10.5.3 BIM 技术进度管理优势

BIM 技术的引入，可以突破二维的限制，给项目进度管理带来不同的体验，主要体现在以下几个方面：

1）提升全过程协同效率。基于 3D 的 BIM 沟通语言，简单易懂、可视化好，大大加快了沟通效率，减少了理解不一致的情况。基于互联网的 BIM 技术能够建立起强大高效的协同平台：所有参建单位在授权的情况下，可随时、随地获得项目最新、最准确、最完整的工程数据；从过去点对点传递信息转变为一对多传递信息，效率提升；施工图信息版本完全一致，从而减少传递时间的损失和版本不一致导致的施工失误。通过 BIM 软件系统的计算，减少了沟通协调的问题。传统依靠人脑计算 3D 关系的工程问题探讨，容易产生人为的错误，而 BIM 技术可减少大量问题，同时也减少协同的时间投入。另外，现场结合 BIM、移动智能终端拍照，也大大提升了现场问题沟通效率。

2）加快设计进度。从表面上来看，BIM 设计减慢了设计进度。产生这样的结论的原因，一是现阶段设计用的 BIM 软件确实生产率不够高，二是当前设计院交付质量较低。但实际情况表明，使用 BIM 设计虽然增加了时间，但交付成果质量却有明显提升，在施工以前解决了更多问题，遗留给施工阶段的问题大大减少，这对总体进度而言是大为有利的。

3）应用碰撞检测功能，减少变更和返工损失。BIM 技术强大的碰撞检查功能，十分有利于减少进度浪费。大量的专业冲突拖延了工程进度，大量废弃工程、返工出现的同时，也造成了巨大的材料、人工浪费。当前的产业机制造成设计和施工的分家，设计院为了效益，尽量降低设计工作的深度，交付成果很多是方案阶段成果，而不是最终施工图，里面充满了很多深入下去才能发现的问题，需要施工单位的深化设计。由于施工单位技术水平有限和理解问题，特别是当前三边工程较多的情况下，专业冲突十分普遍，返工现象常见。在我国当前的产业机制下，利用 BIM 系统实时跟进设计，第一时间发现问题，解决问题，带来的进度效益和其他效益都是十分惊人的。

4）加快招标投标组织工作。设计基本完成，要组织一次高质量的招标投标工作。编制高质量的工程量清单要耗时数月，而一个质量低下的工程量清单将导致业主方巨额的损失，因为利用不平衡报价很容易造成更高的结算价。利用基于 BIM 技术的算量软件系统，大大加快了计算速度和计算准确性，加快招标阶段的准备工作，同时提升了招标工程量清单的质量。

5）加快支付审核。当前很多工程中，由于过程付款争议挫伤承包商积极性，影响到工程进度的情况并非少见。业主方缓慢的支付审核往往引起承包商合作关系的恶化，甚至影响到承包商的积极性。业主方利用 BIM 技术的数据能力，快速校核反馈承包商的付款申请单，则可以大大加快期中付款反馈机制，提升双方战略合作成果。

6）加快生产计划、采购计划编制。工程中经常因生产计划、采购计划编制缓慢损失了进度，急需的材料、设备不能按时进场，造成窝工影响了工期。BIM 改变了这一切，它使得随时随地获取准确数据变得非常容易，制订生产计划、采购计划大大缩小了用时，加快了进度，同时提高了计划的准确性。

7）加快竣工交付资料准备。基于 BIM 的工程实施方法，过程中所有资料可随时挂接到工程 BIM 数字模型中，竣工资料在竣工时即已形成。竣工 BIM 模型在运维阶段还将为业主方发挥巨大的作用。

8）提升项目决策效率。传统的工程实施中，由于大量决策依据、数据不能及时完整地提交出来，决策被迫延迟，或决策失误造成工期损失的现象非常多见。实际情况中，只要工程信息数据充分，决策并不困难，难的往往是决策依据不足、数据不充分，从而导致领导难以决策，或导致多方谈判长时间僵持，延误工程进展。BIM 形成工程项目的多维度结构化数据库，整理分析数据几乎可以实时实现，完全没有了这方面的难题。

10.5.4 BIM 技术进度管理的应用

BIM 在工程项目进度管理中的应用体现在项目进行过程中的方方面面，下面仅对其关键应用点进行具体介绍。

1. BIM 施工进度模拟

当前建筑工程项目管理中经常用于表示进度计划的甘特图，由于专业性强，可视化程度低，无法清晰描述施工进度以及各种复杂关系，难以准确表达工程施工的动态变化过程。通过将 BIM 与施工进度计划相链接，将空间信息与时间信息整合在一个可视的 4D（3D+Time）模型中，不仅可以直观、精确地反映整个建筑的施工过程，还能够实时追踪当前的进度状态，分析影响进度的因素，协调各专业，制定应对措施，以缩短工期、降低成本、提高质量。

目前常用的 4D BIM 施工管理系统或施工进度模拟软件很多，利用此类管理系统或软件进行施工进度模拟大致分为以下步骤：①将 BIM 模型进行材质赋予；②制订 Project 计划；③将 Project 文件与 BIM 模型链接；④制定构件运动路径，并与时间链接；⑤设置动画视点并输出施工模拟动画。

通过 4D 施工进度模拟，能够完成以下内容：基于 BIM 施工组织，对工程重点和难点的部位进行分析，制定切实可行的对策；依据模型，确定方案、排定计划、划分流水段；利用季度卡来编制 BIM 施工进度计划，将周和月结合在一起，后期需要的任何时间段的计划，只需在这个计划中过滤一下即可自动生成；做到对现场的施工进度进行每日管理。

2. BIM 施工安全与冲突分析系统

1）时变结构和支撑体系的安全分析。通过模型数据转换机制，自动由 4D 施工信息模型生成结构分析模型，进行施工期时变结构与支撑体系任意时间点的力学分析计算和安全性能评估。

2）施工过程进度、资源、成本的冲突分析。通过动态展现各施工段的实际进度与计划的对比关系，实现进度偏差和冲突分析及预警；指定任意日期，自动计算所需人力、材料、机械、成本，进行资源对比分析和预警；根据清单计价和实际进度计算实际费用，动态分析任意时间点的成本及其影响关系。

3）场地碰撞检测。基于施工现场 4D 时间模型和碰撞检测算法，可对构件与管线、设施与结构进行动态碰撞检测和分析。

某工程三维碰撞检测与优化处理前后对比如图 10-10 所示。

a)　　b)

图 10-10　某工程三维碰撞检测与优化处理前后对比

a）检测出的问题　b）优化处理后

图 10-10 彩图

3. BIM 建筑施工优化系统

建立进度管理软件 P3/P6 数据模型与离散事件优化模型的数据交换，基于施工优化信息模型，实现基于 BIM 和离散事件模拟的施工进度、资源以及场地优化和过程的模拟。

1）基于 BIM 和离散事件模拟的施工优化。通过对各项工序的模拟计算，得出工序工期、人力、机械、场地等资源的占用情况，对施工工期、资源配置以及场地布置进行优化，实现多个施工方案的比选。

2）基于过程优化的 4D 施工过程模拟。将 4D 施工管理与施工优化进行数据集成，实现了基于过程优化的 4D 施工可视化模拟。

4. 三维技术交底及安装指导

我国工人文化水平不高，在大型复杂工程施工技术交底时，工人往往难以理解技术要求。针对技术方案无法细化、不直观、交底不清晰的问题，解决方案是：应改变传统的思路与做法（通过纸介质表达），转由借助三维技术呈现技术方案，使施工重点、难点部位可视化，提前预见问题，确保工程质量，加快工程进度。三维技术交底即通过三维模型让工人直观地了解自己的工作范围及技术要求。主要方法有两种：一种是虚拟施工和实际工程照片对比；另一种是将整个三维模型打印输出为图片，用于指导现场的施工，方便现场的施工管理人员进行施工指导和现场管理。

对钢结构而言，关键节点的安装质量至关重要。安装质量不合格，轻者将影响结构受力形式，重者将导致整个结构的破坏。三维 BIM 模型可以提供关键构件的空间关系及安装形式，方便技术交底与施工人员深入了解设计意图。

5. 移动终端现场管理

采用无线移动终端、Web 及 RFID 等技术，全过程与 BIM 模型集成，实现数据库化、可视化管理，避免任何一个环节出现问题给施工进度和质量带来影响。

6. 目前存在的问题

BIM 是从美国发展起来的，之后逐渐扩展到日本、欧洲、新加坡等发达国家和地区，2002 年之后国内才开始接触 BIM 技术和理念。从应用领域上看，国外已将 BIM 技术应用在建筑工程的设计、施工以及建成后的运营维护阶段；国内应用 BIM 技术的项目较少，大多集中在设计阶段，缺乏施工阶段的应用。BIM 技术发展缓慢直接影响其在进度管理中的应用。国内 BIM 技术在工程项目进度管理中的应用需要解决软件系统、应用标准和应用模式等方面的问题。目前，国内 BIM 应用软件多依靠国外引进，但类似软件不能满足国内的规范和标准要求，必须研发具有自主知识产权的相关软件或系统（如基于 BIM 的 4D 进度管理系统），才能更好地推动 BIM 技术在国内工程项目进度管理中的应用，提升进度管理效率和项目管理水平。BIM 标准的缺乏是阻碍 BIM 技术功能发挥的主要原因之一，国内应该加大 BIM 技术在行业协会、大专院校和科研院所的研究力度，相关政府部门应给予更多的支持。另外，目前常用的项目管理模式阻碍 BIM 技术效益的充分发挥，应该推动与 BIM 相适应的管理模式应用，如综合项目交付模式，把业主、设计方、总承包商和分包商集合在一起，充分发挥 BIM 技术在建筑工程全生命周期内的效益。

10.6 基于 BIM 的质量管理

10.6.1 影响质量管理的因素

在工程建设中，无论是勘察、设计、施工还是机电设备的安装，影响工程质量的因素主要有“人、机、料、法、环”五大方面，即人工、机械、材料、工法、环境。所以工程项目的质量管理主要是对这五个方面进行控制。

（1）人工的控制

人工是指直接参与工程建设的决策者、组织者、指挥者和操作者。人工是影响工程质量的五大因素中的首要因素，在某种程度上，它决定了其他因素。很多质量管理过程中出现的问题归根结底都是人工的问题。项目参与者的素质、技术水平、管理水平、操作水平都会影响工程建设项目的最终质量。

（2）机械的控制

施工机械设备是工程建设不可或缺的设施，对施工项目的施工质量有着直接影响。有些大型、新型的施工机械可以使工程项目的施工效率大大提高，而有些工程内容或者施工工作必须依靠施工机械才能保证工程项目的施工质量，如混凝土（特别是大型混凝土）的振捣机械、道路地基的碾压机械等。如果靠人工来完成这些工作，往往很难保证工程质量。但是施工机械体积庞大、结构复杂，而且往往需要有效地组合和配合才能收到事半功倍的效果。

（3）材料的控制

材料是建设工程实体组成的基本单元，是工程施工的物质条件。工程项目所用材料的质量直接影响着工程项目的实体质量，因此，只有每一个单元的材料质量都符合设计和规范的要求，工程项目实体的质量才能得到保证。在项目建设中使用不合格的材料和构配件，就会造成工程项目的质量不合格。所以在质量管理过程中一定要把好材料、构配件关，打牢质量根基。

（4）工法的控制

工程项目的施工方法的选择也对工程项目的质量有着重要影响。对一个工程项目而言，施工方法和组织方案的选择正确与否直接影响整个项目的建设能否顺利进行，关系到工程项目的质量目标能否顺利实现，甚至关系到整个项目的成败。但是施工方法的选择往往是根据项目管理者的经验进行的，有些方法在实际操作中并不一定可行。如预应力混凝土的先拉法和后拉法，需要根据实际的施工情况和施工条件来确定的。工法的选择对于预应力混凝土的质量也有一定影响。

（5）环境的控制

工程项目在建设过程中面临很多环境因素的影响，主要有社会环境、经济环境和自然环境等。通常对工程项目的质量产生影响较大的是自然环境，其中又有气候、地质、水文等细部的影响因素。例如冬期施工对混凝土质量的影响，风化地质或者地下溶洞对建筑基础的影响等。因此，在质量管理过程中，管理人员应该尽可能地考虑环境因素对工程质量产生的影响，并且努力去优化施工环境，对于不利因素严加管控，避免其对工程项目的质量产生影响。

10.6.2 传统质量管理的缺陷

建筑业经过长期的发展已经积累了丰富的管理经验，在此过程中，通过大量的理论研究和专业积累，工程项目的质量管理也逐渐形成了一系列的管理方法。但是工程实践表明：大部分管理方法在理论上的作用很难在工程实际中得到发挥。由于受实际条件和操作工具的限制，这些方法的理论作用只能得到部分发挥，甚至得不到发挥，这影响了工程项目质量管理的工作效率，造成工程项目的质量目标最终不能完全实现。工程施工过程中，施工人员专业技能不足、材料的使用不规范、不按设计或规范进行施工、不能准确预知完工后的质量效果、各个专业工种相互影响等问题都会对工程质量管理造成一定的影响，具体表现在以下几方面：

（1）施工人员专业技能不足

工程项目一线操作人员的素质直接影响工程质量，是工程质量高低、优劣的决定性因素。工人们的工作技能、职业操守和责任心都对工程项目的最终质量有重要影响。但是现在的建筑市场上，施工人员的专业技能普遍不高，绝大部分没有参加过技能岗位培训或未取得有关岗位证书和技术等级证书。很多工程质量问题都是施工人员的专业技能不足造成的。

（2）材料的使用不规范

国家对建筑材料的质量有着严格的规定和划分，个别企业也有自己的材料使用质量标准。但是在实际施工过程中往往对建筑材料质量的管理不够重视，个别施工单位为了追求额外的效益，会有意无意地在工程项目的建设过程中使用一些不规范的工程材料，使工程项目的最终质量存在问题。

（3）不按设计或规范进行施工

为了保证工程建设项目的质量，国家制定了一系列有关工程项目各个专业的质量标准和规范。同时每个项目都有自己的设计资料，规定了项目在实施过程中应该遵守的规范。但是在项目实施的过程中，这些规范和标准经常被突破，一来因为人们对设计和规范的理解存在差异，二来由于管理的漏洞，工程项目无法实现预定的质量目标。

（4）不能准确预知完工后的质量效果

一个项目完工之后，如果感官上不美观，就不能称之为质量很好的项目。但是在施工之前，没有人能准确无误地预知完工之后的实际情况。往往在工程完工之后，或多或少都有不符合设计意图的地方，存有遗憾。较为严重的还会出现使用中的质量问题，比如设备的安装没有足够的维修空间，管线的布置杂乱无序，因未考虑到局部问题被迫牺牲外观效果等，这些问题都影响着项目完工后的质量效果。

（5）各个专业工种相互影响

工程项目的建设是一个系统、复杂的过程，需要不同专业、工种之间相互协调、相互配合才能很好地完成。但是在工程实际中往往由于专业的不同，或者所属单位的不同，各个工种之间很难在事前做好协调沟通。这就造成在实际施工中，各专业工种配合不好，使得工程项目的进展不连续，或者需要经常返工，以及各个工种之间存在碰撞，甚至相互破坏、相互干扰，这些都严重影响了工程项目的质量。如水、电等专业队伍与主体施工队伍的工作顺序安排不合理，造成水、电专业施工时在承重墙、板、柱、梁上随意凿沟开洞，从而破坏了主体结构，影响了结构安全。

10.6.3 BIM 技术质量管理优势

BIM 技术的引入不仅提供了一种“可视化”的管理模式，还充分发挥了传统技术的潜在能量，使其更充分、有效地为工程项目质量管理工作服务。传统的二维管控质量的方法是将各专业平面图叠加，结合局部剖面图，由设计审核校对人员凭经验发现错误，因此难以全面分析。而三维参数化的质量控制，是利用三维模型，通过计算机自动实时检测管线碰撞，精确性高。

二维质量控制与三维质量控制的优缺点对比见表 10-4。

表 10-4　二维质量控制与三维质量控制的优缺点对比

传统二维质量控制缺陷	三维质量控制优点
手工整合施工图，凭借经验判断，难以全面分析	计算机自动在各专业间进行全面检验，精确度高
均为局部调整，存在顾此失彼情况	在任意位置剖切大样及轴测图大样，观察并调整该处管线标高关系
标高多为原则性确定的相对位置，大量管线没有精确确定标高	轻松发现影响净高的瓶颈位置
通过“平面+局部剖面”的方式，对于多管交叉的复杂部位表达不够充分	在综合模型中直观地表达碰撞检测结果

10.6.4　BIM 技术质量管理的应用

基于 BIM 的工程项目质量管理包括产品质量管理及技术质量管理。

1）产品质量管理：BIM 模型储存了大量的建筑构件和设备信息，通过软件平台，可快速查找所需的材料及构配件信息，如规格、材质、尺寸要求等，并可根据 BIM 设计模型，对现场施工作业产品进行追踪、记录、分析，掌握现场施工的不确定因素，避免不良后果出现，监控施工质量。

2）技术质量管理：通过 BIM 的软件平台动态模拟施工技术流程，再由施工人员按照仿真施工流程施工，确保施工技术信息的传递不会出现偏差，避免实际做法和计划做法出现偏差，减少不可预见情况的发生，监控施工质量。

下面仅对 BIM 在工程项目质量管理中的关键应用点进行具体介绍。

1. 建模前期协同设计

在建模前期，需要建筑专业和结构专业的设计人员大致确定吊顶高度及结构梁高度；对于净高要求严格的区域，提前告知机电专业；各专业针对空间狭小、管线复杂的区域，协调出二维局部剖面图。建模前期协同设计的目的是在建模前期就解决部分潜在的管线碰撞问题，预知潜在质量问题。

2. 碰撞检测

传统二维图设计中，在结构、水暖电等各专业设计图汇总后，由总工程师人工发现和协调问题。人为的失误在所难免，因此施工中出现很多冲突，造成建设投资巨大浪费，而且还会影响施工进度。另外，由于各专业承包单位实际施工过程中对其他专业或者工种、工序不了解，甚至是漠视，产生的冲突与碰撞也比比皆是。但施工过程中，这些碰撞的解决方案，往往受限于现场已完成部分的局限，大多只能牺牲某部分利益、效能，而被动地变更。调查表明，施工过程中相关各方有时需要付出几十万元、几百万元，甚至上千万元的代价来弥补由设备管线碰撞引起的拆装、返工和浪费。

目前，BIM 技术在三维碰撞检查中的应用已经比较成熟，依靠其特有的直观性及精确性，于设计建模阶段就可一目了然地发现各种冲突与碰撞。在水、暖、电建模阶段，利用

BIM 随时自动检测及解决管线设计初级碰撞，其效果相当于将校审部分工作提前进行，这样可大大提高成图质量。碰撞检测的实现主要依托于虚拟碰撞软件，其实质为 BIM 可视化技术。施工设计人员在建造之前就可以对项目进行碰撞检查，不但能够彻底消除碰撞，优化工程设计，减少在建筑施工阶段可能存在的错误损失和返工的可能性，而且能够优化净空和管线排布方案。最后施工人员可以利用碰撞优化后的三维方案，进行施工交底、施工模拟，从而提高了施工质量，同时也提高了与业主沟通的主动权。

碰撞检测可以分为专业间碰撞检测及管线综合的碰撞检测。专业间碰撞检测主要包括土建专业之间（如检查标高、剪力墙、柱等位置是否一致，梁与门是否冲突）、土建专业与机电专业之间（如检查设备管道与梁柱是否发生冲突）、机电各专业间（如检查管线末端与室内吊顶是否冲突）的软、硬碰撞点检查；管线综合的碰撞检测主要包括给水排水专业、暖通专业、电气专业系统内部检查以及给水排水、暖通、电气、结构专业之间的碰撞检查等。另外，解决管线空间布局问题，如机房过道狭小等问题也是常见碰撞内容之一。

在对项目进行碰撞检测时，要遵循如下检测优先级顺序：第一，进行土建碰撞检测；第二，进行设备内部各专业碰撞检测；第三，进行结构与给水排水、暖通、电气专业碰撞检测等；第四，解决各管线之间交叉问题。其中，全专业碰撞检测的方法如下：将各专业的精确三维模型建立后，选定一个主文件，以该文件轴网坐标为基准，将其他专业模型链接到该主模型中，最终得到一个包括土建、管线、工艺设备等全专业的综合模型。该综合模型为设计提供了模拟现场施工碰撞的检查平台，在这平台上完成仿真模式现场碰撞检查，并根据检测报告及修改意见对设计方案合理评估并做出设计优化决策，然后再次进行碰撞检测……如此循环，直至解决所有的硬碰撞与软碰撞。

显而易见，常见碰撞内容复杂、种类较多，且碰撞点很多，甚至高达上万个，如何对碰撞点进行有效标识与识别？这就需要采用轻量化模型技术，把各专业三维模型数据以直观的模式，存储于展示模型中。模型碰撞信息采用“碰撞点”和“标识签”进行有序标识，通过结构树形式的“标识签”可直接定位到碰撞位置。碰撞报告标签命名规则如图 10-11 所示。

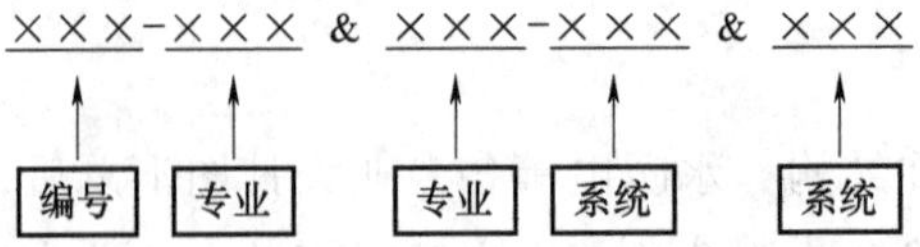

图 10-11　碰撞报告标签命名规则

碰撞检测完毕后，在计算机上以该命名规则出具碰撞检查报告，方便快速读出碰撞点的具体位置与碰撞信息。例如，0014-PIP&HVAC-ZP&PF，表示该碰撞点是给水排水专业与暖通专业碰撞的第 14 个点，为给水排水专业的自动喷头。

在读取并定位碰撞点后，为了更加快速地给出针对碰撞检测中出现的“软”“硬”碰撞点的解决方案，可以将碰撞问题划分为以下几类：

1）重大问题，需要业主协调各方共同解决。

码锁进行保护，BIM 工作组单独安排办公室，无关人员不能入内。

10.2 基于 BIM 的深化设计

深化设计是指在业主或设计顾问提供的条件图或原理图的基础上，结合施工现场实际情况，对设计图进行细化、补充和完善。深化设计是为了将设计师的设计理念、设计意图在施工过程中得到充分体现；是为了在满足甲方需求的前提下，使施工图更加符合现场实际情况，是施工单位的施工理念在设计阶段的延伸；是为了更好地为甲方服务，满足现场不断变化的需求；是为了在满足功能的前提下降低成本，为企业创造更多利润。

深化设计管理是总承包管理的核心职责之一，也是难点之一，例如机电安装专业的管线综合排布一直是困扰施工企业深化设计部门的一个难题。传统的二维 CAD 工具，仍然停留在平面重复翻图的层面，深化设计人员的工作负担大、精度低，且效率低下。利用 BIM 技术可以大幅提升深化设计的准确性，并且可以三维直观反映深化设计的美观程度，实现 3D 漫游与可视化设计。

基于 BIM 的深化设计可以笼统地分为以下两类：

1）专业性深化设计。专业深化设计的内容一般包括土建结构、钢结构、幕墙、电梯、机电各专业（暖通空调、给水排水、消防、强电、弱电等）、冰蓄冷系统、机械停车库、精装修、景观绿化等的深化设计。这种类型的深化设计应该在建设单位提供的专业 BIM 模型上进行。

2）综合性深化设计。对各专业深化设计初步成果进行集成、协调、修订与校核，并形成综合平面图、综合管线图。这种类型的深化设计着重与各专业图协调一致，应该在建设单位提供的总体 BIM 模型上进行。

尽管不同类型的深化设计所需的 BIM 模型有所不同，但是从实际应用来讲，建设单位结合深化设计的类型，采用 BIM 技术进行深化设计应实现以下几个基本功能：

1）能够反映深化设计特殊需求，包括进行深化设计复核、末端定位与预留，加强设计对施工的控制和指导。

2）能够对施工工艺、进度、现场、施工重点和难点进行模拟。

3）能够实现对施工过程的控制。

4）能够由 BIM 模型自动计算工程量。

5）实现深化设计各个层次的全程可视化交流。

6）形成竣工模型，集成建筑设施、设备信息，为后期运营提供服务。

10.2.1 BIM 模式下深化设计主体职责

深化设计的最终成果是经过设计、施工与制作加工三者充分协调后形成的，需要得到建设方、设计方和总承包方的共同认可。因此，对深化设计的管理要根据我国建设项目管理体系的设置，具体界定参与主体的责任，使深化设计的管理有序进行。另外，在采用 BIM 技

2）由设计方解决的问题。

3）由施工现场解决的问题。

4）因未定因素（如设备）而遗留的问题。

5）因需求变化而带来新的问题。

针对由设计方解决的问题，可以通过多次召集各专业主要骨干参加三维可视化协调会议的办法，把复杂的问题简单化，同时将责任明确到个人，从而顺利地完成管线综合设计、优化设计，得到业主的认可。针对其他问题，则可以通过三维模型截图、漫游文件等协助业主解决。另外，管线优化设计应遵循以下原则：

1）在非管线穿梁、碰柱、穿吊顶等必要情况下，尽量不要改动。

2）只需调整管线安装方向即可避免的碰撞，属于软碰撞，可以不修改，以减少设计人员的工作量。

3）需满足建筑业主要求，对没有碰撞，但不满足净高要求的空间，也需要进行优化设计。

4）管线优化设计时，应预留安装、检修空间。

5）管线避让原则如下：有压管让无压管；小管线让大管线；施工简单管让施工复杂管；冷水管道避让热水管道；附件少的管道避让附件多的管道；临时管道避让永久管道。

3. 大体积混凝土测温

使用自动化监测管理软件进行大体积混凝土温度的监测，将测温数据无线自动传输汇总到分析平台上，通过对各个测温点的分析，形成动态监测管理。电子传感器按照测温点布置要求，自动将温度变化情况输出到计算机，形成温度变化曲线图。施工管理人员可以随时远程动态监测基础大体积混凝土的温度变化，根据温度变化情况，随时加强养护措施，确保大体积混凝土的施工质量，确保在工程基础筏板混凝土浇筑后不出现由于温度变化剧烈引起的温度裂缝。

4. 施工工序质量控制

工序质量控制就是对工序活动条件即工序活动投入的质量和工序活动效果的质量及分项工程质量的控制。在利用 BIM 技术进行工序质量控制时能够着重于以下几方面的工作：

1）利用 BIM 技术能够更好地确定工序质量控制工作计划。一方面要求对不同的工序活动制定专门的保证质量的技术措施，做出物料投入及活动顺序的专门规定；另一方面要规定质量控制工作流程、质量检验制度。

2）利用 BIM 技术主动控制工序活动条件的质量。工序活动条件主要是指影响质量的五大因素，即人、材料、机械设备、方法和环境等。

3）能够及时检验工序活动效果的质量。主要是实行班组自检、互检、上下道工序交接检，特别是对隐蔽工程和分项（部）工程的质量检验。

4）利用 BIM 技术设置工序质量控制点（工序管理点），实行重点控制。工序质量控制点是针对影响质量的关键部位或薄弱环节确定的重点控制对象。正确设置控制点并严格实施是进行工序质量控制的重点。

10.7 基于 BIM 的安全管理

10.7.1 传统安全管理的难点与缺陷

建筑业是我国“五大高危行业”之一，《安全生产许可证条例》规定建筑企业必须实行安全生产许可证制度。但是近些年我国建筑业安全事故的发生率仍然居高不下。从管理和现状的角度，主要有以下几种原因：

1）企业责任主体意识不明确。企业对法律法规缺乏应有的了解和认识，上到企业法人，下到专职安全生产管理人员，对自身安全责任及工程施工中所应当承担的法律责任没有明确的了解，误认为安全管理是政府的职责，造成安全管理不到位。

2）政府监管压力过大，监管机构和人员严重不足。为避免安全生产事故的发生，政府监管部门按例进行建筑施工安全检查。由于我国安全生产事故追究实行“问责制”，一旦发生事故，监管部门的管理人员需要承担相应责任。而有些地区监管机构和人员严重不足，造成政府监管压力过大，加之检查人员的业务水平不足等因素，很容易使事故隐患没有被及时发现。

3）企业重生产，轻安全，“质量第一、安全第二”。一方面，事故的发生具有潜伏性和随机性，安全管理不合格是安全事故发生的必要条件而非充分条件，造成企业存在侥幸心理，疏于安全管理；另一方面，由于质量和进度直接关系到企业效益，而生产能给企业带来效益，安全则会给企业增加支出，所以很多企业重生产而轻安全。

4）“垫资”“压价”等不规范的市场主体行为直接导致施工企业削减安全投入。“垫资”“压价”等不规范的市场行为一直压制企业发展，造成企业无序竞争。很多企业为生存而生产，有些项目零利润甚至负利润。在生存与发展面前，很多企业的安全投入就成了一句空话。

5）建筑业企业资质申报要求提供安全评估资料，这就要求独立于政府和企业之外的第三方建筑业安全咨询评估中介机构要大量存在。安全咨询评估中介机构所提供的评估报告可以作为政府对企业安全生产现状采信的证明。而安全咨询评估中介机构的缺少，就无法给政府提供独立可供参考的第三方安全评估报告。

6）工程监理管安全，“一专多能”起不到实际作用。建筑安全是一门多学科系统，在我国属于新兴学科，同时也是专业性很强的学科。而监理人员大多是从施工员、质检员过渡而来，对施工质量很专业，但对安全管理并不专业。相关的行政法规却把施工现场安全责任划归监理，并不十分合理。

10.7.2 BIM 技术安全管理优势

基于 BIM 的管理模式是创建信息、管理信息、共享信息的数字化方式，在工程安全管理方面具有很多优势。基于 BIM 的项目管理，工程基础数据如工程量、造价等，数据准确、透明、可共享，能完全实现短周期、全过程对资金安全的控制。基于 BIM 技术，可以提供施工合同、支付凭证、施工变更等工程附件管理，并为成本测算、招标投标、签证管理、支付等全过程造价进行管理。BIM 数据模型保证了各项目的数据动态调整，可以方便统计，追溯各个项目的现金流和资金状况。基于 BIM 的 4D 虚拟建造技术能提前发现在施工阶段可能出现的问题，并逐一修改，提前制定应对措施。采用 BIM 技术，可实现虚拟现实和资产、空间等管理，以及建筑系统分析等技术内容，从而便于运营维护阶段的管理应用。运用 BIM 技术，可以对火灾等安全隐患进行及时处理，从而减少不必要的损失；对突发事件进行快速应变和处理，快速准确掌握建筑物的运营情况。

10.7.3　BIM 技术安全管理的应用

采用 BIM 技术可使整个工程项目在设计、施工和运营维护等阶段都能够有效地控制资金风险，实现安全生产。下面将对 BIM 技术在工程项目安全管理中的具体应用进行介绍。

1. 施工准备阶段安全控制

在施工准备阶段，利用 BIM 进行与实践相关的安全分析，能够降低施工安全事故发生的可能性。例如：4D 模拟与管理和安全表现参数的计算可以在施工准备阶段排除很多建筑安全风险；BIM 虚拟环境划分施工空间，排除安全隐患（图 10-12）；基于 BIM 及相关信息技术的安全规划，可以在施工前的虚拟环境中发现潜在的安全隐患并予以排除；采用 BIM 模型结合有限元分析平台，进行力学计算，保障施工安全；通过模型漫游功能，发现施工过程重大危险源并实现水平洞口危险源自动识别等。

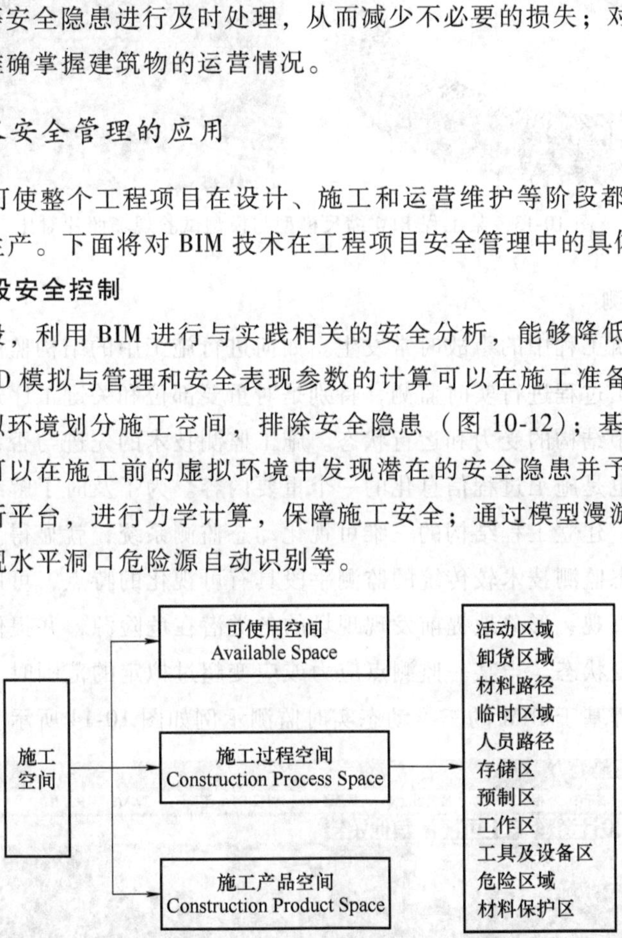

图 10-12　BIM 虚拟环境空间划分

2. 施工过程仿真模拟

仿真分析技术能够模拟建筑结构在施工过程中不同时段的力学性能和变形状态，为结构安全施工提供保障。通常采用大型有限元软件来实现结构的仿真分析，但对于复杂建筑物，模型建立需要耗费较多时间。在 BIM 模型的基础上，开发相应的有限元软件接口，实现三维模型的传递，再附加材料属性、边界条件和荷载条件，结合先进的时变结构分析方法，便可以将 BIM、4D 技术和时变结构分析方法结合起来，实现基于 BIM 的施工过程结构安全分析，有效捕捉施工过程中可能存在的危险状态，指导安全维护措施的编制和执行，防止施工安全事故发生。

3. 模型试验

对于结构体系复杂、施工难度大的结构，结构施工方案的合理性与施工技术的安全可靠性都需要验证。为此利用 BIM 技术建立试验模型，对施工方案进行动态展示，从而为试验提供模型基础信息。某工程 BIM 缩尺模型与模型试验现场照片对比如图 10-13 所示。

图 10-13　某工程 BIM 缩尺模型与模型试验现场照片对比

4. 施工动态监测

长期以来，建筑工程中的事故时常发生。如何进行施工中的结构监测已成为国内外的前沿课题之一。对施工过程进行实时监测，特别是对重要部位和关键工序进行实时监测，能够及时了解施工过程中结构的受力和运行状态。施工监测技术的先进与否，对施工控制起着至关重要的作用，这也是施工过程信息化的一个重要内容。为了及时了解结构的工作状态，发现结构未知的损伤，建立工程结构的三维可视化动态监测系统，就显得十分迫切。

三维可视化动态监测技术较传统的监测手段具有可视化的特点，可以人为操作在三维虚拟环境下的漫游来直观、形象地提前发现现场的各类潜在危险源，并提供更便捷的方式查看监测位置的应力应变状态。当某一监测点应力或应变超过拟定的范围时，系统将自动采取报警给予提醒。某工程基于 BIM 的三维动态实时监测示例如图 10-14 所示。

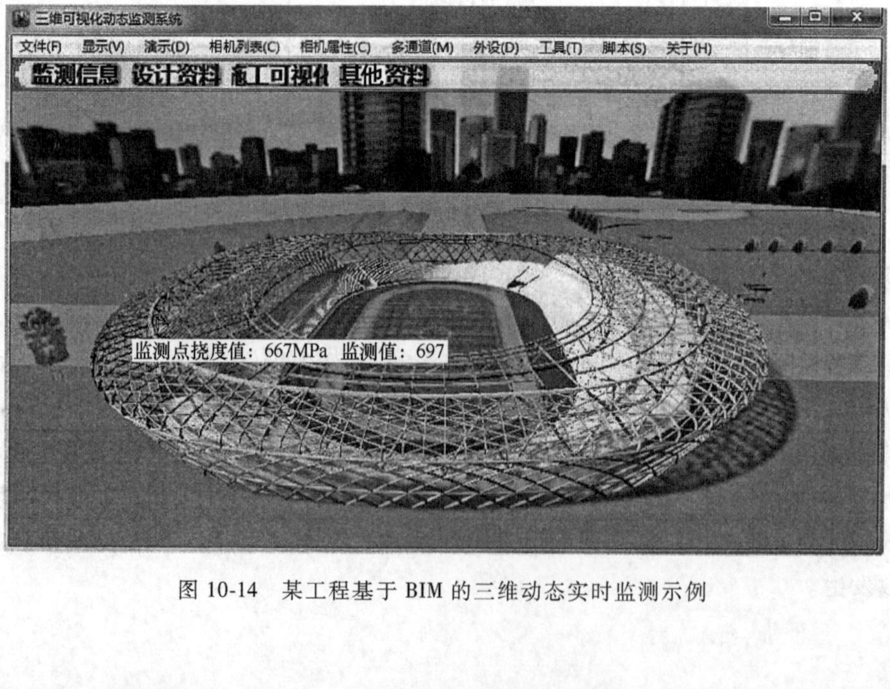

图 10-14　某工程基于 BIM 的三维动态实时监测示例

又如，某工程在基坑工程施工中应用了 BIM 技术，使用自动化监测仪器进行基坑沉降观测，通过将感应元件监测的基坑位移数据自动汇总到基于 BIM 开发的安全监测软件上，再将数据与现场实际测量的基坑坡顶水平位移和竖向位移变化数据进行对比，形成动态的监测管理，确保基坑在土方回填之前的安全稳定性，如图 10-15 所示。

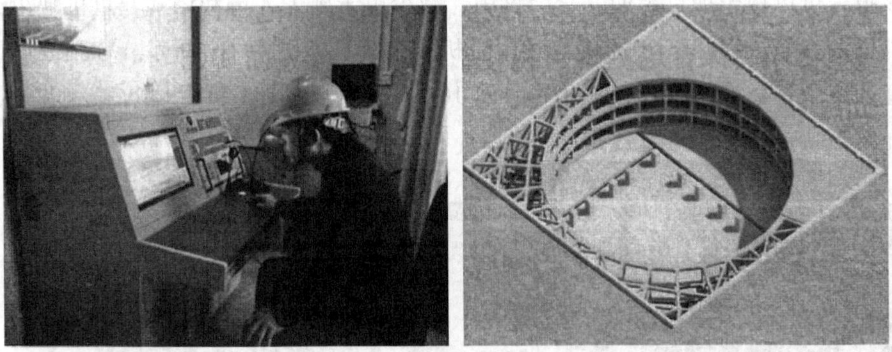

图 10-15　基于 BIM 的基坑沉降安全监测示例

此外，通过信息采集系统能够得到结构施工期间不同部位的监测值，根据施工工序判断出每时段的安全等级，并在终端上实时地显示现场的安全状态和存在的潜在威胁，给管理者以直观的指导。

5. 防坠落管理

坠落危险源包括尚未建造的楼梯井和天窗等。通过在 BIM 模型中的危险源存在部位建立坠落防护栏杆构件模型，研究人员能够清楚地识别多个坠落风险，并可以向承包商提供完整且详细的信息，包括安装或拆卸栏杆的地点和日期等。某工程防护栏杆模型及防坠落设置如图 10-16 所示。

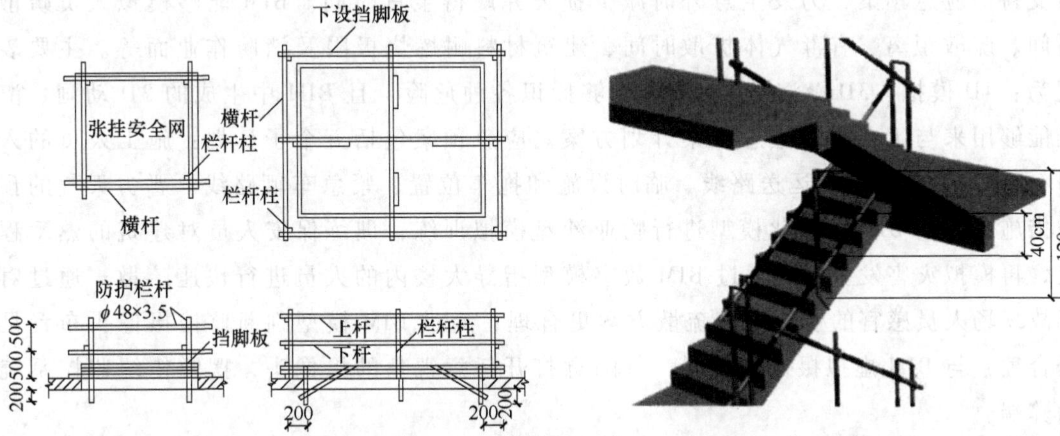

图 10-16　某工程防护栏杆模型及防坠落设置

6. 塔式起重机安全管理

大型工程施工现场需布置多个塔式起重机同时作业，因塔式起重机旋转半径不足而造成的施工碰撞也屡屡发生。确定塔式起重机回转半径后，在整体 BIM 施工模型中布置不同型号的塔式起重机，并确保其同电源线和附近建筑物的安全距离，确定哪些员工在哪些时候会使用塔式起重机。在整体施工模型中，用不同颜色的色块来表明塔式起重机的回转半径和影响区域，并进行碰撞检测来生成塔式起重机回转半径计划内的任何非钢安装活动的安全分析报告。该报告可以用于项目定期安全会议中，减少由于施工人员和塔式起重机缺少交互而产生的意外风险。某工程基于 BIM 的塔式起重机安全管理如图 10-17 所示，该图表明了塔式起重机管理计划中钢桁架的布置，扫码查看图 10-17 彩图可见图中黄色块状表示塔式起重机的摆动臂在某个特定的时间可能达到的范围。

图 10-17　基于 BIM 的塔式起重机安全管理示例

图 10-17 彩图

7. 灾害应急管理

随着建筑设计的日新月异，规范已经无法满足超高型、超大型或异形建筑空间的消防设计。利用 BIM 及相应灾害分析模拟软件，可以在灾害发生前，模拟灾害发生的过程，分析灾害发生的原因，制定避免灾害发生的措施，以及发生灾害后人员疏散、救援支持的应急预案，为发生意外时减少损失并赢得宝贵时间。BIM 能够模拟人员疏散时间、疏散距离、有毒气体扩散时间、建筑材料耐燃烧极限及消防作业面等。主要表现为：4D 模拟、3D 漫游和 3D 渲染能够标识各种危险，且 BIM 中生成的 3D 动画、渲染能够用来与工人沟通应急预案计划方案。应急预案包括五个子计划：施工人员的入口/出口、建筑设备和运送路线、临时设施和拖车位置、紧急车辆路线、恶劣天气的预防措施。利用 BIM 数字化模型进行物业沙盘模拟训练，训练保安人员对建筑的熟悉程度，再模拟灾害发生时，通过 BIM 数字模型指导大楼内的人员进行快速疏散；通过对事故现场人员感官的模拟，使疏散方案更合理；通过 BIM 模型判断监控摄像头布置是否合理，与 BIM 虚拟摄像头关联，可随意打开任意视角的摄像头，摆脱传统监控系统的弊端。

另外，当灾害发生后，BIM 模型可以提供救援人员紧急状况点的完整信息，配合感温探头和监控系统发现温度异常区，获取建筑物及设备的状态信息，通过和楼宇自动化系统的结合，BIM 模型能清晰地呈现出建筑物内部紧急状况的位置，甚至到紧急状况点最合适的路线，救援人员可以由此做出正确的现场处置，提高应急行动的成效。

10.8 基于 BIM 的成本管理

10.8.1 成本管理的难点

成本管理的过程是运用系统工程的原理对企业在生产经营过程中发生的各种耗费进行计算、调节和监督的过程，也是一个发现薄弱环节，挖掘内部潜力，寻找一切可能降低成本途径的过程。科学地组织实施成本控制，可以促进企业改善经营管理，转变经营机制，全面提高企业素质，使企业在市场竞争的环境下生存、发展和壮大。然而，工程成本控制一直是项目管理中的重点及难点，主要难点如下：

1）数据量大。每一个施工阶段都牵涉大量材料、机械、工种、消耗和各种财务费，人、材、机和资金消耗都要统计清楚，数据量十分巨大。面对如此巨大的工作量，实行短周期（月、季）成本在当前管理手段下就显得力不从心。随着工程进展，应付进度工作已经占据大部分的时间和精力，过程成本分析、优化管理就只能搁在一边。

2）牵涉部门和岗位众多。实际成本核算，传统情况下需要预算、材料、仓库、施工、财务多部门多岗位协同分析汇总数据，才能汇总出完整的某时间点实际成本。某个或某几个部门不实行，整个工程成本汇总就难以做出。

3）对应分解困难。材料、人工、机械甚至一笔款项往往用于多个成本项目，拆分分解工作对专业的要求相当高，难度也非常高。

4）消耗量和资金支付情况复杂。对于材料而言，部分进库之后并未付款，部分付款之后并未进库，还有出库之后未使用完以及使用了但并未出库等情况；对于人工而言，部分干活但并未付款，部分已付款并未干活，还有干完活仍未确定工价；机械周转材料租赁以及专业分包也有类似情况。情况如此复杂，成本项目和数据归集在没有一个强大的平台支撑情况下，不漏项做好三个维度（时间、空间、工序）的对应很困难。

10.8.2 BIM 技术成本管理优势

基于 BIM 技术的成本控制具有快速、准确、分析能力强等很多优势，具体表现如下：

1）快速。建立基于 BIM 的 5D 实际成本数据库，汇总分析能力大大加强，速度快，短周期成本分析不再困难，工作量小、效率高。

2）准确。成本数据动态维护，准确性大为提高；通过总量统计的方法，消除累积误差，成本数据随进度进展准确度越来越高；数据精度达到构件级，可以快速提供支撑项目各条线管理所需的数据信息，有效提升施工管理效率。

3）精细。通过实际成本 BIM 模型，很容易检查出哪些项目还没有实际成本数据，监督各成本实时盘点，提供实际数据。

4）分析能力强。可以多维度，即从时间、空间和工作分解结构（WBS）三个方面汇总分析更多种类、更多统计分析条件的成本报表，直观地确定不同时间点的资金需求，模拟并优化资金筹措和使用分配，实现投资资金财务收益最大化。

5）提升企业成本控制能力。将实际成本 BIM 模型通过互联网集中在企业总部服务器，企业总部成本部门、财务部门就可共享每个工程项目的实际成本数据，实现了总部与项目部的信息对称。

10.8.3 BIM 技术成本管理的应用

基于 BIM 技术，建立成本的 5D（3D 实体、时间、工序）关系数据库，以各 WBS 单位工程量人材机单价为主要数据进入成本 BIM 中，能够快速实行多维度成本分析，从而对项目成本进行动态控制。其解决方案操作方法如下：

1）创建基于 BIM 的实际成本数据库。建立成本的 5D（3D 实体、时间、工序）关系数据库，让实际成本数据及时进入 5D 关系数据库，成本汇总、统计、拆分对应瞬间可得。以各 WBS 单位工程量人材机单价为主要数据进入到实际成本 BIM 中。未有合同确定单价的项目，按预算价先进入。有实际成本数据后，及时用实际数据来替换。

2）实际成本数据及时进入数据库。初始实际成本 BIM 中的成本数据采用合同价和企业定额消耗量。随着进度进展，实际消耗量与定额消耗量会有差异，要及时调整。每月对实际消耗进行盘点，调整实际成本数据。化整为零，动态维护实际成本 BIM，能够大幅减少一次性工作量，并有利于保证数据准确性。实际成本数据进入数据库的注意事项见表 10-5。

表 10-5　实际成本数据进入数据库的注意事项

类别	注意事项
材料实际成本	要以实际消耗为最终调整数据，而不能以财务付款为标准。材料费的财务支付有多种情况：未订合同进场的、进场未付款的、付款未进场等。按财务付款的成本统计方法无法反映实际情况，会出现严重误差
仓库盘点	仓库应每月盘点一次，将入库材料的消耗情况详细列出清单向成本经济师提交，成本经济师按时调整每个 WBS 材料实际消耗
人工费实际成本	同材料实际成本，按合同实际完成项目和签证工作量调整实际成本数据。一个劳务队可能对应多个 WBS，要按合同和用工情况进行分解，落实到各个 WBS
机械周转材料实际成本	同材料实际成本，要注意各 WBS 分摊，有的可按措施费单独立项
管理费实际成本	由财务部门每月盘点，提供给成本经济师。调整预算成本为实际成本，实际成本不确定的项目仍按预算成本进入实际成本

3）快速实行多维度成本分析。建立实际成本 BIM 模型，周期性（月、季）按时调整维护好该模型，统计分析工作就很轻松，软件强大的统计分析能力可轻松满足各种成本分析需求。

下面将对 BIM 技术在工程项目成本控制中的应用进行介绍。

1. 快速精确的成本核算

BIM 是一个强大的工程信息数据库。BIM 模型包含二维图中所有位置、长度等信息，并包含了二维图中不包含的材料等信息，而这背后是强大的数据库支撑。因此，计算机通过识别模型中的不同构件及模型的几何物理信息（时间维度、空间维度等），对各种构件的数量进行汇总统计。这种基于 BIM 的算量方法，将算量工作大幅度简化，减少了因为人为原因造成的计算错误，大量节约了人力的工作量和花费时间。有研究表明，工程量计算的时间在整个造价计算过程占到了 50%～80%，而运用 BIM 的算量方法会节约将近 90%的时间，而误差也控制在 1%的范围之内。

2. 预算工程量动态查询与统计

工程预算存在定额计价和清单计价两种模式。自《建设工程工程量清单计价规范》（GB 50500）发布以来，建设工程招标投标过程中清单计价方法成为主流。在清单计价模式下，预算项目往往基于建筑构件进行资源的组织和计价，与建筑构件存在良好对应关系，满足 BIM 信息模型以三维数字技术为基础的特征，故而应用 BIM 技术进行预算工程量统计具有很大优势。这种优势还表现在：使用 BIM 模型来取代施工图，直接生成所需材料的名称、数量和尺寸等信息，而且这些信息将始终与设计保持一致，在设计出现变更时，该变更将自动反映到所有相关的材料明细表中，造价工程师使用的所有构件信息也会随之变化。

在基本信息模型的基础上增加工程预算信息，即形成了具有资源和成本信息的预算信息模型。预算信息模型包括建筑构件的清单项目类型、工程量清单，人力、材料、机械定额和费率等信息。通过此模型，系统能识别模型中的不同构件，并自动提取建筑构件的清单类型和工程量（如体积、质量、面积、长度等）等信息，自动计算建筑构件的资源用量及成本，用以指导实际材料物资的采购。

系统根据计划进度和实际进度信息，可以动态计算任意 WBS 节点任意时间段内每日计划工程量、计划工程量累计、每日实际工程量、实际工程量累计，帮助施工管理者实时掌握工程量的计划完工和实际完工情况。在分期结算过程中，每期实际工程量累计数据是结算的重要参考，系统动态计算实际工程量可以为施工阶段工程款结算提供数据支持。

另外，从 BIM 预算模型中提取相应部位的理论工程量，从进度模型中提取现场实际的人工、材料、机械工程量，通过将模型工程量、实际消耗、合同工程量进行短周期三量对比分析，能够及时掌握项目进展，快速发现并解决问题。根据分析结果为施工企业制订精确的人、机、材计划，能够大大减少资源、物流和仓储环节的浪费，使管理人员及时掌握成本分布情况，进行动态成本管理。

3. 限额领料与进度款支付管理

限额领料制度一直很健全，但用于实际却难以实现，主要存在的问题有：材料采购计划数据无依据，采购计划由采购员决定，项目经理只能凭感觉签字；施工过程工期紧，领取材料数量无依据，用量上限无法控制；限额领料假流程，事后再补单据。那么如何对材料的计划用量与实际用量进行分析对比呢？

BIM 的出现为限额领料提供了技术和数据支撑。基于 BIM 软件，在管理多专业和多系统数据时，能够采用系统分类和构件类型等方式对整个项目数据进行管理，为视图显示和材料统计提供规则。

传统模式下工程进度款申请和支付结算工作较为烦琐，而采用 BIM 技术能够快速准确地统计出各类构件的数量，减少预算的工作量，且能形象、快速地完成工程量拆分和重新汇总，为工程进度款结算工作提供技术支持。

4. 以施工预算控制人力资源和物质资源的消耗

在施工开工以前，利用 BIM 软件进行模型的建立，通过模型计算工程量，并按照企业定额或上级统一规定的施工预算，结合 BIM 模型，编制整个工程项目的施工预算，作为指导和管理施工的依据。对生产班组的任务安排：必须签收施工任务单和限额领料单，并向生产班组进行技术交底。要求生产班组根据实际完成的工程量和实耗人工、实耗材料做好原始记录，作为施工任务单和限额领料单结算的依据。任务完成后，根据回收的施工任务单和限额领料进行结算，并按照结算内容支付报酬（包括奖金）。为了便于任务完成后进行施工任务单和限额领料单与施工预算的对比，要求在编制施工预算时对每一个分项工程工序名称进行编号，以便对号检索对比，分析节超。

5. 设计优化与变更成本管理、造价信息实施追踪

BIM 模型依靠强大的工程信息数据库，实现了二维施工图与材料、造价等各模块的有效整合与关联变动，使得实际变更和材料价格变动可以在 BIM 模型中进行实时更新。变更各环节之间的时间被缩短，效率提高，相关数据能更加及时准确地提交给工程各参与方，以便各方做出有效的应对和调整。目前 BIM 的建造模拟职能已经发展到了 5D 维度。5D 模型集三维建筑模型、施工组织方案、成本及造价等三部分于一体，能实现对成本费用的实时模拟和核算，并为后续建设阶段的管理工作所利用，解决了阶段割裂和专业割裂的问题。BIM 通过信息化的终端和 BIM 数据后台将整个工程的造价相关信息顺畅地流通起来，从企业级的管理人员到每个数据的提供者都可以监测，保证了各种信息数据及时准确地被调用、查询、核对。

10.9 基于 BIM 的物料管理

传统材料管理模式就是企业或者项目部根据施工现场实际情况制定相应的材料管理制度和流程，这个流程主要是依靠施工现场的材料员、保管员及施工员来完成。施工现场的多样性、固定性和庞大性，决定了施工现场材料管理具有周期长、种类繁多、保管方式复杂等特殊性。传统材料管理存在核算不准确、材料申报审核不严格、变更签证手续办理不及时等问题，造成大量材料现场积压，占用大量资金，停工待料，工程成本上涨。

基于 BIM 的物料管理通过建立安装材料 BIM 模型数据库，使项目部各岗位人员及企业不同部门都可以进行数据的查询和分析，为项目部材料管理和决策提供数据支撑。

10.9.1 安装材料 BIM 模型数据库

项目部拿到机电安装各专业施工蓝图后，由 BIM 项目经理组织各专业机电 BIM 工程师进行三维建模，并将各专业模型组合到一起，形成安装材料 BIM 模型数据库。该数据库是以创建的 BIM 机电模型和全过程造价数据为基础，把原来分散在安装各专业手中的工程信息模型汇总到一起，形成一个汇总的项目级基础数据库。安装材料 BIM 数据库建立与应用流程如图 10-18 所示，数据库运用构成如图 10-19 所示。

图 10-18 安装材料 BIM 数据库建立与应用流程

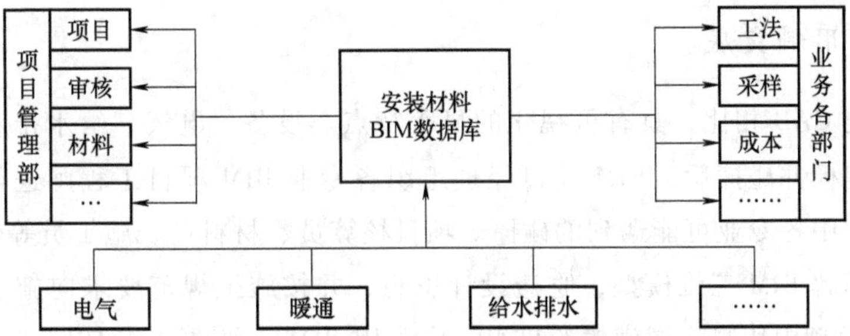

图 10-19 安装材料 BIM 数据库运用构成

10.9.2 BIM 安装材料分类控制

材料的合理分类是材料管理的一项重要基础工作，安装材料 BIM 模型数据库的最大优势是包含材料的全部属性信息。在进行数据建模时，各专业建模人员对施工所使用的各种材料属性，按其需用量的大小、占用资金多少及重要程度进行"星级"分类，星级越高代表该材料需用量越大、占用资金越多。根据安装工程材料的特点，安装材料属性分类及管理原则见表 10-6，某工程根据该原则对 BIM 模型进行安装材料分类见表 10-7。

表 10-6 安装材料属性分类及管理原则

等级	安装材料	管理原则
★★★	需用量大、占用资金多、专用或备料难度大的材料	严格按照设计施工图及 BIM 机电模型，逐项进行认真仔细的审核，做到规格、型号、数量完全准确
★★	管道、阀门等通用主材	根据 BIM 模型提供的数据，精确控制材料及使用数量
★	资金占用少、需用量小、比较次要的辅助材料	按一般常规的计算公式及预算定额消耗量确定

表 10-7 某工程 BIM 模型安装材料分类

构件信息	计算式	单位	工程量	等级
送风管 400mm×200mm	风管材质：普通钢管规格 400mm×200mm	m^2	31.14	★★
送风管 500mm×250mm	风管材质：普通钢管规格 500mm×250mm	m^2	12.68	★★
送风管 1000mm×400mm	风管材质：普通钢管规格 1000mm×400mm	m^2	10.95	★★
单层百叶风口 800mm×320mm	风口材质：铝合金	个	4	★★
单层百叶风口 630mm×400mm	风口材质：铝合金	个	1	★★

（续）

构件信息	计算式	单位	工程量	等级
对开多叶调节阀	构件尺寸：800mm×400mm×210mm	个	3	★★
防火调节阀	构件尺寸：200mm×160mm×150mm	个	2	★★
风管法兰 25mm×3mm	角钢规格：30mm×3mm	m	710.26	★★★
排风机 PF—4	规格：DEF—I—100AI	台	1	★

10.9.3 BIM 用料交底

BIM 与传统 CAD 相比，具有可视化的显著特点。设备、电气、给水排水、通风空调等安装专业三维建模并碰撞后，BIM 项目经理组织各专业 BIM 项目工程师进行综合优化，提前消除施工过程中各专业可能遇到的碰撞。项目核算员、材料员、施工员等管理人员应熟读施工图，透彻理解 BIM 三维模型，吃透设计思想，并按施工规范要求向施工班组进行技术交底，将 BIM 模型中用料意图灌输给班组。应采用 BIM 三维图、CAD 图或者表格下料单等书面形式做好用料交底，防止班组“长料短用、整料零用”，做到物尽其用，减少浪费及边角料，把材料消耗降到最低限度。

10.9.4 BIM 物资材料管理

施工现场材料的浪费、积压等现象司空见惯，安装材料的精细化管理一直是项目管理的难题。运用 BIM 模型，结合施工程序及工程形象进度，周密安排材料采购计划，不仅能保证工期与施工的连续性，而且能用好用活流动资金，降低库存，减少材料二次搬运。同时，材料员根据工程实际进度，方便地提取施工各阶段材料用量，在下达施工任务书中，附上完成该项施工任务的限额领料单，作为发料部门的控制依据，实行对各班组限额发料，防止错发、多发、漏发等无计划用料，从源头上做到材料管理有的放矢，减少施工班组对材料的浪费。某工程 K-l 送风系统部分规格材料申请清单如图 10-20 所示。

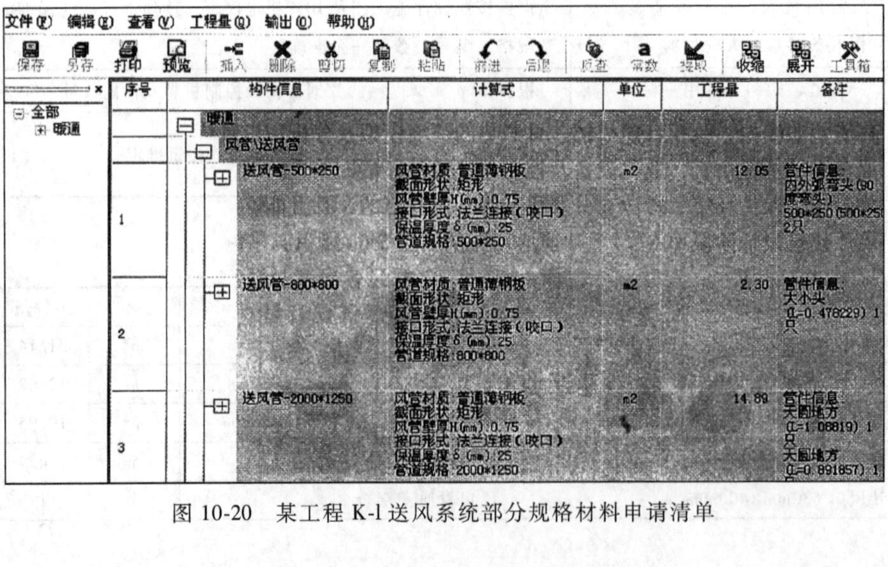

图 10-20 某工程 K-l 送风系统部分规格材料申请清单

10.9.5　BIM 材料变更清单

工程设计变更和增加签证在项目施工中会经常发生。项目经理部收到工程变更通知书，在变更执行前，应有因变更造成材料积压的处理意见，原则上要由业主收购，否则，如果处理不当就会造成材料积压，无端地增加材料成本。BIM 模型在动态维护工程中，可以及时地将变更图进行三维建模，将变更发生的材料、人工等费用准确、及时地计算出来，便于办理变更签证手续，保证工程变更签证的有效性。某项目排烟管道二维设计变更图及 BIM 模型如图 10-21 所示，相应的变更工程量材料清单见表 10-8。

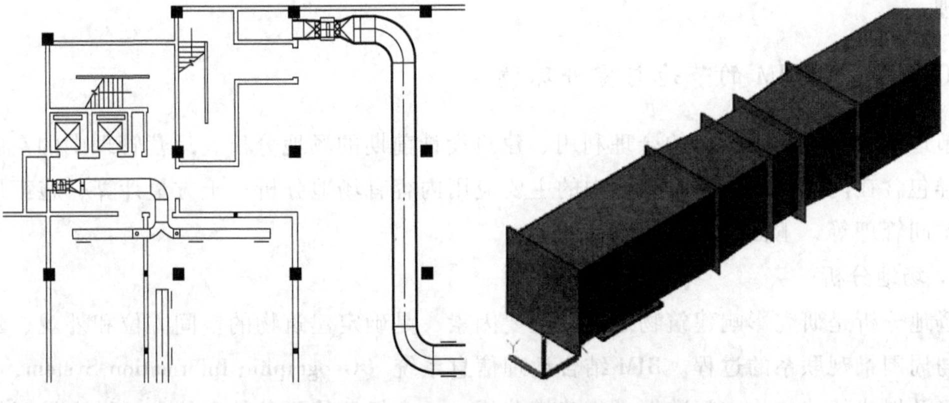

图 10-21　某项目排烟管道二维设计变更图及 BIM 模型

表 10-8　变更工程量材料清单

序号	构件信息	计算式	单位	工程量	控制等级
1	排风管　500mm×400mm	普通薄钢板风管：500mm×400mm	m^2	179.85	★★
2	板式排烟口　1250mm×500mm	防火排烟风口材质：铝合金	只	15.00	★★
3	风管防火阀	风管防火阀：500mm×400mm×220mm	台	15.00	★★
4	风法兰	风法兰规格：角钢 30mm×3mm	m	84.00	★★
5	风管支架	构件类型：吊架 单体质量/kg：1.2	只	45.00	★

10.10　基于 BIM 的绿色施工管理

BIM 信息技术在建筑中的应用，赋予了建筑“绿色生命”。应当以“绿色”为目的、以 BIM 技术为手段，用“绿色”的观念和方式进行建筑的规划、设计，在施工和运营阶段采用 BIM 技术促进“绿色”指标的落实，促进整个行业的进一步资源优化整合。

在建筑设计阶段，利用 BIM 可进行能耗分析，选择低环境影响的建筑材料等，还可以进行环境生态模拟，包括日照模拟、日照热的情境模拟及分析、二氧化碳排放计算、自然通风和混合系统情况仿真、通风设备及控制系统效益评估、采光情境模拟、环境流体力学情境模拟等，达到保护环境、保证资源充分及可持续利用的目的，并且能够给人们创造一种舒适的生活环境。

一座建筑的全生命周期应当包括前期的规划、设计，建筑原材料的获取，建筑材料的制造、运输和安装，建筑系统的建造、运行、维护，以及最后的拆除等全过程。所以，要在建筑的全生命周期内施行“绿色”理念，不仅要在规划设计阶段应用 BIM 技术，还要在节地、节水、节材、节能及施工管理、运营维护管理五个方面深入应用 BIM，不断推进整体行业向“绿色”方向行进。

下面将介绍以“绿色”为目的、以 BIM 技术为手段的施工阶段节地、节水、节材、节能管理。

10.10.1 基于 BIM 的节地与室外环境

节地不仅仅是施工用地的合理利用、建筑设计前期的场地分析、运营管理中的空间管理也同样包含在内。BIM 在施工节地中的主要应用内容有场地分析、土方量计算、施工用地管理及空间管理等，下面将分别进行介绍。

1. 场地分析

场地分析是研究影响建筑物定位的主要因素，是确定建筑物的空间方位和外观、建立建筑物与周围景观联系的过程。BIM 结合地理信息系统（Geographic Information System，GIS），对现场及拟建的建筑物空间数据进行建模分析，结合场地使用条件和特点，做出最理想的现场规划和交通流线组织关系。利用计算机可分析出不同坡度的分布及场地坡向，建设地域发生自然灾害的可能性，区分适宜建设与不适宜建设区域，对前期场地设计可起到至关重要的作用。

2. 土方量计算

利用场地合并模型，在三维中直观查看场地挖填方情况，对比原始地形图与规划地形图，可以得出各区块原始平均高程、设计高程、平均开挖高程，然后计算出各区块挖、填方量。某工程土方量计算如图 10-22 所示。

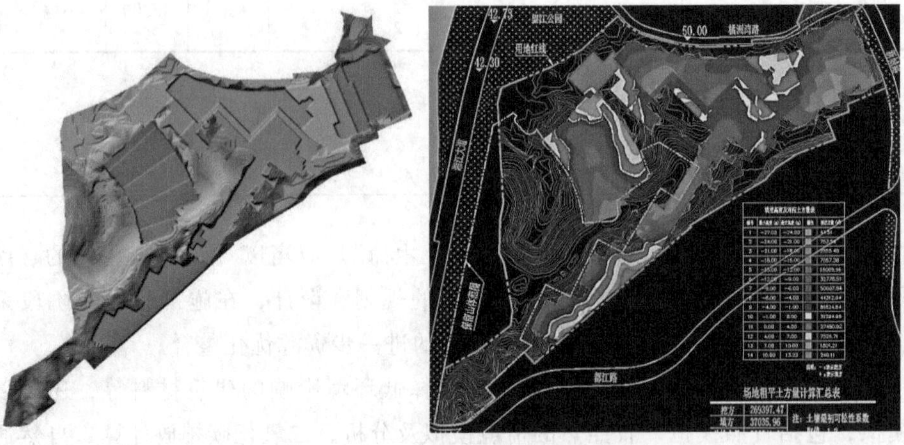

图 10-22　基于 BIM 的土方模型及土方量计算示例

图 10-22 彩图

3. 施工用地管理

建筑施工是一个高度动态的过程。随着建筑工程规模不断扩大，复杂程度不断提高，施工项目管理也变得极为复杂。施工用地、材料加工区、堆场也随着工程进度的变换而调整。BIM 的 4D 施工模拟技术可以在项目建造过程中合理制订施工计划，精确掌握施工进度，优化使用施工资源以及科学地进行场地布置。某工程在施工不同阶段利用 BIM 对施工用地进行规划如图 10-23 所示。

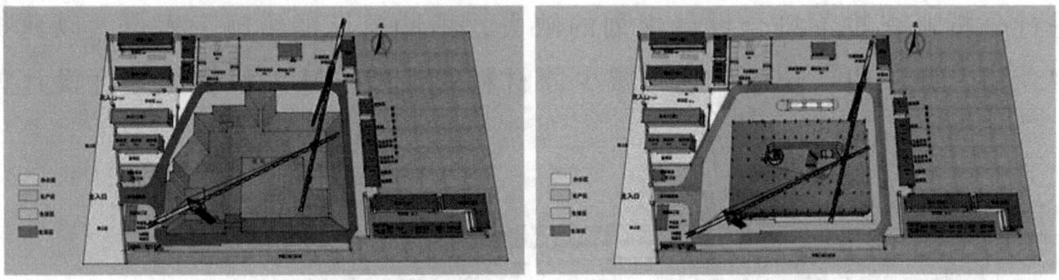

a)　　b)

图 10-23　基于 BIM 施工用地规划示例

a）基坑阶段用地规划　b）主体阶段用地规划

图 10-23 彩图

10.10.2　基于 BIM 的节水与水资源利用

水是人类最珍贵的资源之一，用好这有限而又宝贵的水十分重要。

在建筑的施工过程中，用水量极大，混凝土的浇筑、搅拌、养护等都要大量用水。一些施工单位在施工过程中没有计划，肆意用水，往往造成水资源的大量浪费，这不仅浪费了资源，也会因此上交罚款。所以，在施工中节约用水势在必行。

BIM 技术在节水方面的应用体现在协助土方量的计算，模拟土地沉降，场地排水设计，分析建筑的消防作业面，设置最经济合理的消防器材，设计规划每层排水地漏位置，雨水等非传统水源的收集和循环利用等方面。

利用 BIM 技术可以对施工用水过程进行模拟。比如，处于基坑降水阶段、基槽未回填时，采用地下水作为混凝土养护用水，使用地下水作为喷洒现场降尘和混凝土罐车冲洗用水；也可以模拟施工现场情况，根据施工现场情况，编制详细的施工现场临时用水方案，使施工现场供水管网根据用水量设计布置，采用合理的管径、简捷的管路，有效地减少管网和用水器具的漏损。

10.10.3　基于 BIM 的节材与材料资源利用

基于 BIM 技术，重点从钢材、混凝土、木材、模板、围护材料、装饰装修材料及生活办公用品材料七个主要方面进行施工节材与材料资源利用控制。即通过 5D BIM 技术，使材料采购合理化、建筑垃圾减量化、可循环材料多次利用化，并科学精准地安排钢筋配料、钢构件下料以及安装工程的预留、预埋，优化管线路径；同时根据设计的要求，结合施工模拟，达到节约材料的目的。BIM 在施工节材中的主要应用内容有管线综合设计、复杂工程预加工预拼装、物料跟踪等。

1. 管线综合设计

目前大体量的建筑如摩天大楼等，机电管网错综复杂，设计量很大，很容易出现管网交错、相撞及施工不合理等问题。以往人工检图不能同时检测平面和剖面的位置，而 BIM 软件中的管网检测功能为工程师解决了这个问题。检测功能可生成管网三维模型，系统可自动检查出“碰撞”部位并标注，这样使得大量的检查工作变得简单。空间净高是与管线综合相关的一部分检测工作。该部分检测工作基于 BIM 模型，对建筑内不同功能区域的设计高度进行分析，查找不符合设计规划的缺失，将情况反馈给施工人员，以此提高工作效率，避免错、漏、碰、缺的出现，减少原材料的浪费。某工程管线综合设计如图 10-24 所示。

图 10-24　基于 BIM 的管线综合设计示例

图 10-24 彩图

2. 复杂工程预加工预拼装

复杂的建筑形体如曲面幕墙及复杂钢结构的安装是施工难点，尤其是复杂曲面幕墙，由于组成幕墙的每一块玻璃面板形状都有差异，幕墙安装的难度很大。BIM 技术最拿手的是复杂形体设计及建造应用，它可针对复杂形体进行数据整合和验证，使得多维曲面的设计得以实现。工程师可利用计算机对复杂的建筑形体进行拆分，拆分后利用三维信息模型进行解析，在计算机中进行预拼装，分成网格块编号，进行模块设计，然后送至工厂按模块加工，再送到现场拼装。同时数字模型也可提供大量建筑信息，包括曲面面积统计、经济形体设计及成本估算等。某工程幕墙拼装方案模拟验证模型如图 10-25 所示。

3. 物料跟踪

随着建筑行业标准化、工厂化、数字化水平的提升，以及建筑使用设备复杂性的提高，越来越多的建筑及设备构件通过工厂加工并运送到施工现场进行高效地组装。根据 BIM 中得出的进度计划，可提前计算出合理的物料进场数目。BIM 结合施工计划和工程造价，可以实现 5D（三维模型+时间+成本）应用，做到零库存施工。

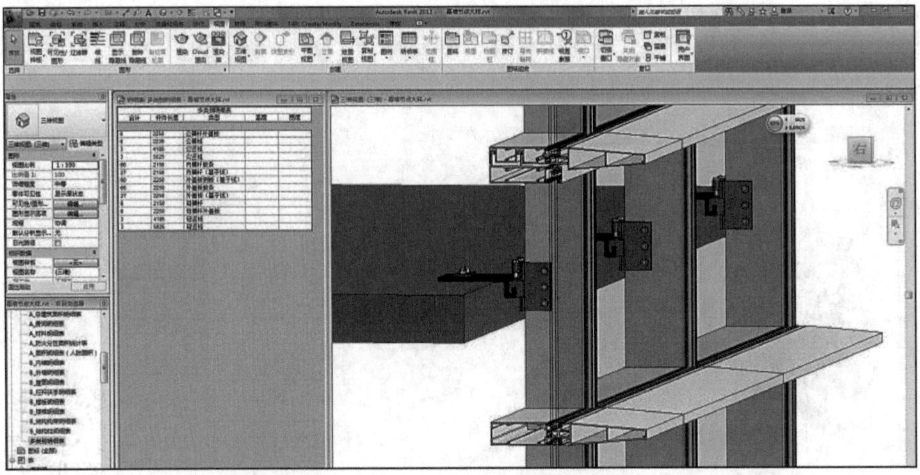

图 10-25 基于 BIM 的幕墙拼装方案模拟验证示例

图 10-25 彩图

10.10.4 基于 BIM 的节能与能源利用

以 BIM 技术推进绿色施工，节约能源，降低资源消耗和浪费，减少污染是建筑发展的方向和目的。节能在绿色环保方面具体有两种体现：一是帮助建筑形成资源的循环使用，包括水能循环、风能流动、自然光能的照射，科学地根据不同功能、朝向和位置选择最适合的构造形式。二是实现建筑自身的减排，即建造时，以信息化手段减少工程建设周期；运营时，在满足使用需求的前提下，保证最低的资源消耗。

在方案论证阶段，项目投资方可以使用 BIM 来评估设计方案的布局、视野、照明、安全、人体工程学、声学、纹理、色彩及规范的遵守情况。BIM 甚至可以做到建筑局部的细节推敲，迅速分析设计和施工中可能需要应对的问题。BIM 包含建筑几何形体的很多专业信息，其中也包括许多用于执行生态设计分析的信息，能够很好地将建筑设计和生态设计紧密联系在一起，设计将不单单是体量、材质、颜色等，而且也是动态的、有机的。Autodesk Ecotect Analysis 是市场上比较全面的概念化建筑性能分析工具，软件提供了许多即时性分析功能，如光照、日光阴影、太阳辐射、遮阳、热舒适度、可视度分析等，而得到的分析结果往往是实时的、可视化的，很适合建筑师在设计前期把握建筑的各项性能。某工程运用 Autodesk Ecotect Analysis 进行日照分析如图 10-26 所示。

建筑系统分析是对照业主使用需求及设计规定来衡量建筑物性能的过程，包括机械系统如何操作和建筑物能耗分析、内外部气流模拟、照明分析、人流分析等涉及建筑物性能的评估。BIM 结合专业的建筑物系统分析软件避免了重复建立模型和采集系统参数。基于 BIM 技术可以验证建筑物是否按照特定的设计规定和可持续标准建造，通过这些分析模拟，最终确定、修改系统参数甚至系统改造计划，以提高整个建筑的性能。

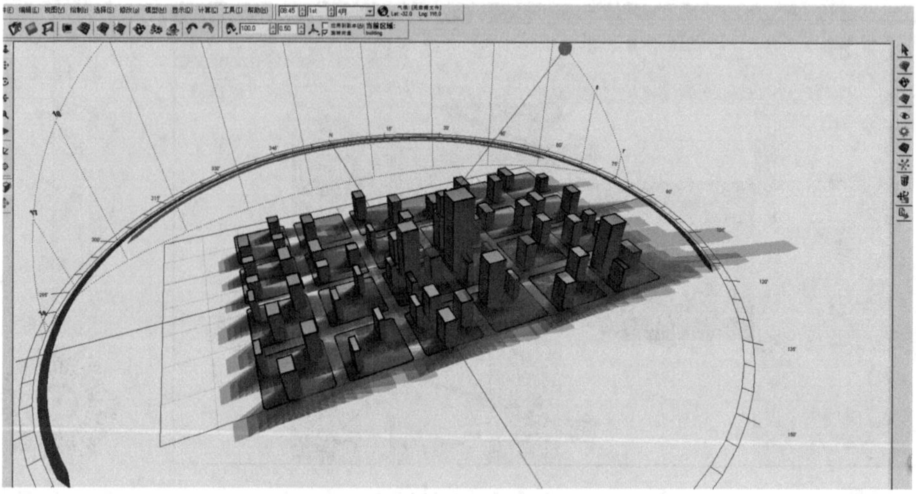

图 10-26　某工程的日照分析示例

图 10-26 彩图

10.10.5　基于 BIM 的减排措施

利用 BIM 技术可以对施工场地废弃物的排放、放置进行模拟，达到减排的目的。具体方法如下：

1）用 BIM 模型编制专项方案对工地的废水、废气、废渣的三废排放进行识别、评价和控制，安排专人、专项经费，制定专项措施，减少工地现场的三废排放。

2）根据 BIM 模型对施工区域的施工废水设置沉淀池，沉淀处理后重复使用或合规排放；将泥浆及其他不能简单处理的废水集中交由专业单位处理。在生活区设置隔油池、化粪池，对生活区的废水进行收集和清理。

3）禁止在施工现场焚烧垃圾；使用密目式安全网、定期浇水等措施减少施工现场的扬尘。

4）利用 BIM 模型合理安排噪声源的放置位置及使用时间，采用有效的噪声防护措施，减少噪声排放，并满足施工场界环境噪声排放标准的限制要求。

5）生活区垃圾按照有机、无机分类，与垃圾站签合同，按时收集垃圾。

10.11　基于 BIM 的工程变更管理

10.11.1　工程变更概述

工程变更（Engineering Change，EC）指的是针对已经正式投入施工的工程进行的变更，即在工程项目实施过程中，按照合同约定的程序对部分或全部工程在材料、工艺、功能、构造、尺寸、技术指标、工程数量及施工方法等方面做出的改变。

工程变更主要是工程设计变更，但施工条件变更、进度计划变更等也会引起工程变更。设计变更（Design Alteration）是指设计部门对原施工图和设计文件中所表达的设计标准状态的改变和修改。设计变更和现场签证两者的性质是截然不同的。现场签证（Site Visa）是指业主与承包商根据合同约定，就工程施工过程中涉及合同价之外的施工内容所做的签认证明，不包含在施工合同的价款中，具有临时性和无规律性等特点。现场签证涉及面广，包括设计变更、隐蔽工程、材料代用、施工条件变化等，它是影响工程造价的关键因素之一。凡属设计变更的范畴，必须按设计变更处理，而不能以现场签证处理。工程变更的具体表现形式见表 10-9。

表 10-9 工程变更的具体表现形式

序号	具体内容
1	更改工程有关部位的标高、位置和尺寸
2	增减合同中约定的工程量
3	增减合同中约定的工程内容
4	改变工程质量、性质或工程类型
5	改变有关工程的施工顺序和时间安排
6	图纸会审、技术交底会上提出的工程变更
7	为使工程竣工而必须实施的任何种类的附加工作

设计变更应尽量提前，变更发生得越早则损失越小，反之则越大。若变更发生在设计阶段，则只需修改设计图，其他费用尚未发生，损失有限；若变更发生在采购阶段，在修改设计图的基础上还需重新采购设备及材料；若变更发生在施工阶段，则除上述费用外，已施工的工程还需增加拆除费用，势必造成重大变更损失。设计变更费用一般应控制在工程总造价的 5%以内，由设计变更产生的新增投资额不得超过基本预备费的 1/3。

10.11.2 影响工程变更的因素

工程中由设计缺陷和错误引起的修正性变更居多，它是由于各专业各成员之间沟通不当或设计师专业局限性所致，有的变更则是需求和功能的改善。无计划的变更是项目中引起工程的延期和成本增加的主要原因。工程中引起工程变更的因素很多，具体见表 10-10。

表 10-10 影响工程变更因素统计表

类别	具体内容
业主原因	业主自身的需求发生变化，会引起工程规模、使用功能、工艺流程、质量标准及工期改变等合同内容的变更；施工效果与业主理想要求存在偏差引起的变更
设计原因	设计错漏、设计不到位、设计调整，或因自然因素及其他因素而进行的设计改变
施工原因	因施工质量或安全需要变更施工方法、作业顺序和施工工艺等引起的变更
监理原因	监理工程师出于工程协调和对工程目标控制有利的考虑，而提出的施工工艺、施工顺序的变更

（续）

类别	具体内容
合同原因	原订合同部分条款因客观条件变化，需要结合实际修正和补充
环境原因	不可预见自然因素、工程外部环境和建筑风格潮流变化导致工程变更
其他原因	如地质原因引起的设计更改

10.11.3 工程变更原则

几乎所有的工程项目都可能发生变更甚至是频繁的变更，有些变更是有益的，而有些却是非必要和破坏性的。在实际施工过程中，应综合考虑实施或不实施变更给项目带来的风险，以及对项目进度、造价、质量等方面产生的影响，来决定是否实施工程变更。造价师应在变更前对变更内容进行测算和造价分析，根据概念、说明和蓝图进行专业判断，分析变更必要性，并在功能增加与造价增加之间寻求新的平衡；评估设计单位设计变更的成本效应，针对设计变更内容给集团合约采购部提供工程造价费用增减估算；根据实际情况、地方法规及定额标准，配合甲方做好项目施工索赔内容的合理裁决、判断、审定、最终测算及核算；审核、评估承包商、供货商提出的索赔，分析、评估合同中甲方可以提出的索赔，为甲方谈判提供策略和建议。工程变更应遵循以下原则：

1）设计文件是安排建设项目和组织施工的主要依据，设计一经批准，不得随意变更，不得任意扩大变更范围。

2）工程变更对改善功能、确保质量、降低造价、加快进度等方面要有显著效果。

3）工程变更要有严格的程序，应申述变更设计理由、变更方案、与原设计的技术经济比较，报请审批，未经批准的不得按变更设计施工。

4）工程变更图的设计要求和深度等同原设计文件。

10.11.4 BIM 技术在工程变更管理中的应用

引起工程变更的因素及变更产生的时间是无法掌控的，但变更管理可以减少变更带来的工期和成本的增加。设计变更直接影响工程造价，施工过程中反复变更会导致工期和成本的增加，而变更管理不善导致进一步的变更，会使得成本和工期目标处于失控状态。BIM 技术的应用有望改变这一局面，它通过在工程前期制定一套完整、严密的基于 BIM 的变更流程，来把关所有因施工或设计变更而引起的经济变更。美国斯坦福大学整合设施工程中心（CIFE）根据对 32 个项目的统计分析总结了使用 BIM 技术后产生的效果，认为它可以消除 40%预算外更改，即从源头上减少变更的发生。

1）可视化建筑信息模型更容易在形成施工图前修改完善。设计师直接用三维设计更容易发现错误并修改。三维可视化模型能够准确地再现各专业系统的空间布局、管线走向，实现三维校审，大大减少“错、碰、漏、缺”现象，在设计成果交付前消除设计错误，以减少设计变更。而使用 2D 图进行协调综合则事倍功半，即虽花费大量的时间去发现问题，却往往只能发现部分表面问题，很难发现根本性问题，“错、碰、漏、缺”几乎不可避免，这必然会带来工程后续的大量设计变更。

2）BIM 能增加设计协同能力，更容易发现问题，从而减少各专业间冲突。单个专业的施工图本身发生错误的比例较小，设计各专业之间的不协调、设计和施工之间的不协调是设计变更产生的主要原因。一个工程项目设计涉及总图、建筑、结构、给水排水、电气、暖通、动力，除此之外还包括许多专业分包，如幕墙、网架、钢结构、智能化、景观绿化等，他们之间如何交流协调协同？用 BIM 协调流程进行协调综合，能够彻底消除协调综合过程中的不合理方案或问题方案，使设计变更大大减少。BIM 技术可以做到真正意义上的协同修改，改变以往"隔断式"设计方式，以及依赖人工协调项目内容和分段交流的合作模式，大大节省开发项目的成本。

3）在施工阶段，用共享 BIM 模型能够实现对设计变更的有效管理和动态控制。通过设计模型文件数据关联和远程更新，BIM 模型随设计变更而即时更新，减少设计师与业主、监理、承包商、供应商间的信息传输和交互时间，从而使索赔签证管理更有时效性，实现造价的动态控制和有序管理。

10.12 基于 BIM 的协同工作

对于大型项目，参与人员会很多，他们可能分布在不同专业团队甚至不同城市或国家，传统的信息沟通及交流方式非常不便。项目实施过程中，除了让每个项目参与者明晰各自的计划和任务外，还应让他了解整个项目模型建立的状况、协同人员的动态、提出问题（询问）及表达建议的途径。BIM 则能够实现这些功能，使项目各参与方协同工作，BIM 协同工作流程如图 10-27 所示。

10.12.1 协同工作平台

为有效协同各单位各项施工工作的开展，顺利执行 BIM 实施计划，施工总承包单位应组织协调工程其他施工相关单位，通过自主研发 BIM 平台或购买第三方软件来实现协同办公。协同办公平台工作模块应包括族库管理模块、模型物料模块、采购管理模块、统计分析模块、数据维护模块、工作权限模块及工程资料模块。所有模块通过外部接口和数据接口进行信息的提取、查看、实时更新。在 BIM 协同平台搭建完毕后，邀请发包方、设计及设计顾问、QS 顾问、监理、专业分包、独立承包商和供应商等单位参加并召开 BIM 启动会。会议应明确工程 BIM 应用重点、协同工作方式、BIM 实施流程等多项工作内容。

项目组织中的 BIM 成员根据权限和组织构架加入协同平台，在平台上创建代办事项、创建任务，并可做任务分配，也可对每项任务（项目）创建一个卡片，可以包括活动、附件、更新、沟通内容等信息。团队人员可以上传各自创建的模型，也可随时浏览其他团队成员上传的模型，发布意见，进行便捷的交流，并使用列表管理方式，有序地组织模型的修改、协调，支持项目顺利进行。

总包单位基于协同平台，在项目实施过程中统一进行信息管理。一旦某个部位发生变化，与之相关联的工程量、施工工艺、施工进度、工艺搭接、物资采购等相关信息都自动发生变化，且在协同平台上采用短信、微信、邮件、平台通知等方式统一告知各相关参与方，他们只需重新调取模型相关信息，便轻松完成了数据交互的工作。项目 BIM 协同平台信息交互共享如图 10-28 所示。

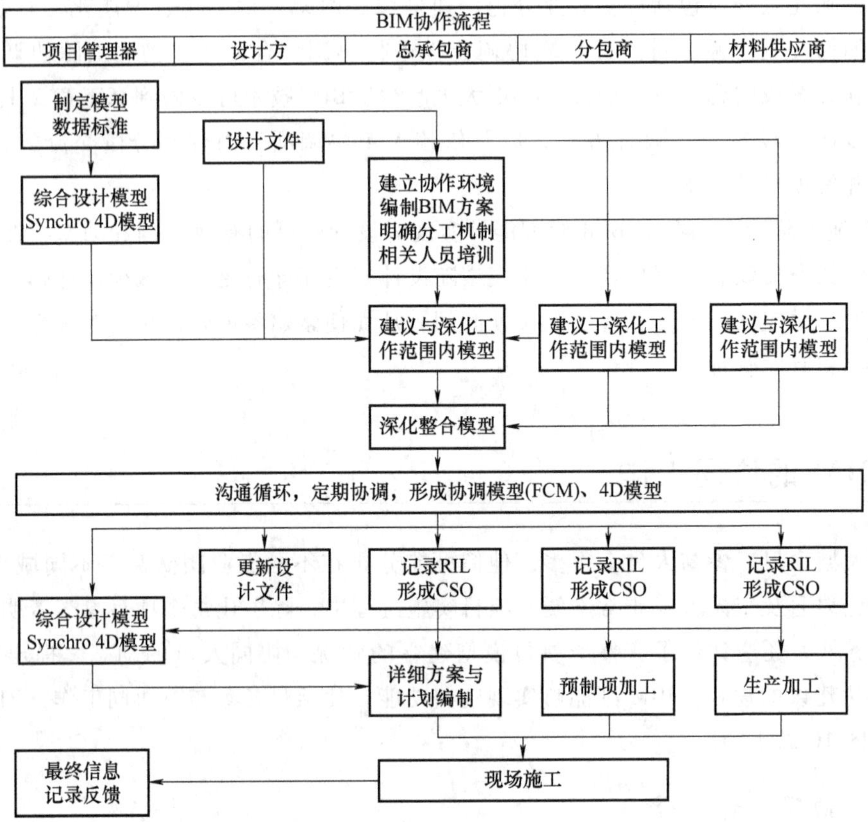

图 10-27　BIM 协同工作流程

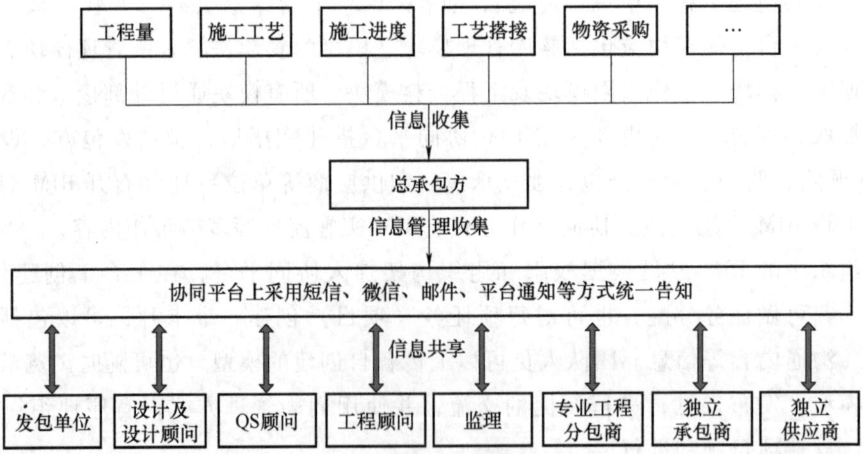

图 10-28　项目 BIM 协同平台信息交互共享示意图

另外，施工总承包单位应组织召开工程 BIM 协调会议。由 BIM 专职负责人与项目总工程师每周定期召开 BIM 例会，会议将有甲方、监理、总包、分包、供应商等各相关单位参加。会议将生成相应的会议纪要，并根据需要延伸出相应的图纸会审、变更洽商或是深化图等施工资料，由专人负责落实。例会上应协调以下内容：

1）进行模型交底，介绍模型的最新建立和维护情况。

2）通过模型展示，实现对各专业的图纸会审，及时发现问题。

3）随着工程的进度，提前确定模型深化需求，并进行深化模型的任务派发、模型交付以及整合工作；深化模型确认后出具二维图，指导现场施工。

4）结合施工需求进行技术重难点的 BIM 辅助解决，包括相关方案的论证、施工进度的 4D 模拟等，让各参与单位在会议上通过模型对项目有一个更为直观、准确的认识，并在图纸会审、深化模型交底、方案论证的过程中，快速解决工程技术重难点。

10.12.2 协同设计

随着建筑工程复杂性的不断增加，学科的交叉与合作成为建筑设计的发展趋势，这就需要协同设计。而在二维 CAD 时代，协同设计缺少统一的技术平台。虽然目前也有部分集成化软件能在不同专业间实现部分数据的交流和传递（比如 PKPM 系列软件），但设计过程中可能出现的各专业间协调问题仍然难以解决。

基于 BIM 技术的协同设计，可以采用三维集成设计模型，使建筑、结构、给水排水、暖通空调、电气等各专业在同一个模型基础上进行工作。建筑设计专业可以直接生成三维实体模型；结构设计专业则可以提取其中的信息进行结构分析与计算；设备专业可以据此进行暖通负荷分析等。不同专业的设计人员能够通过中间模型处理器对模型进行建立和修改，并加以注释，从而使设计信息得到及时更新和传递，更好地解决不同专业间的相互协作问题，从而大大提高建筑设计的质量和效率，实现真正意义上的协同设计。BIM 软件可视技术还可以动态地观察三维模型，生成室内外透视图，模拟现实创建三维漫游动画，使工程师可以身临其境地体验建筑空间，自然减少各专业设计工程师之间的协调错误，简化人为的施工图综合审核。

在此基础上，BIM 协同设计实施计划书也能够加快协同工作效率，其包括项目评估（选择更优化的方案）、文档管理（如文件、轴网、坐标中心约定）、制图及图签管理、数据统一管理、设计进度、人员分工及权限管理、三维设计流程控制、项目建模、碰撞检测、分析碰撞检测报告、专业探讨反馈、优化设计等内容。

10.12.3 各方职责划分与动态管理

面对工程专业复杂、体量大，专业施工图数量庞大的工程，利用 BIM 技术，将所有的工程相关信息集中到以模型为基础的协同平台上，依据施工图如实进行精细化建模，并赋予工程管理所需的各类信息，确保出现变更后，模型及时更新。

为保证工程施工过程中 BIM 的有效性，对各参与单位在不同施工阶段的职责进行划分，让每个参与者明白自己在不同阶段应该承担的职责和完成的任务，与各参与单位进行有效配合，共同完成 BIM 的实施。某工程项目实施不同阶段各参与方职责划分见表 10-11。

表 10-11 某工程项目实施不同阶段各参与方职责划分

<table>
<tr><th>施工阶段</th><th>甲方</th><th>设计方</th><th>总包 BIM</th><th>分包</th></tr>
<tr><td>低区（1～36 层）结构施工阶段</td><td rowspan="2">监督 BIM 实施计划的进行；签订分包管理办法</td><td rowspan="2">与甲方、总包方配合，进行设计图深化，并进行设计图签认</td><td rowspan="2">模型维护，方案论证，技术重难点的解决</td><td rowspan="2">配合总包 BIM 对各自专业进行深化和模型交底</td></tr>
<tr><td>高区（36 层以上）结构施工阶段</td></tr>
<tr><td>装饰装修机电安装施工阶段</td><td>监督 BIM 实施计划的进行；签订分包管理办法，进行模型确认</td><td>与甲方、总包方配合，进行设计图深化，并进行设计图签认</td><td>施工工艺模型交底，工序搭接，样板间制作</td><td>按照模型交底进行施工</td></tr>
<tr><td>系统联动调试、试运行</td><td rowspan="2">模型交付</td><td rowspan="2">竣工图的确认</td><td rowspan="2">模型信息整理，模型交付</td><td rowspan="2">模型确认</td></tr>
<tr><td>竣工验收备案</td></tr>
</table>

10.12.4 总包各专业工作面动态管理

对于引入机施、水电、装修、钢构、幕墙等多个分包单位的工程，在基于 BIM 的分包管理方面，既要考虑到设计图深化的精准度，又要考虑到各个专业之间的工序搭接。基于 BIM 技术，总包单位能够将各专业的深化结果直接输入到 BIM 模型当中，通过三维可视技术直观明确地反映出深化结果，并能展示出各工序间的搭接节点，从而整体考虑施工过程中的各种问题。为了保证对各分包的管理效果，总包单位要制定分包管理办法，与各分包单位签署后有效执行，对分包实行规范化管理。

依据 BIM 模型标准，Revit 模型交底，设计院提供的蓝图、建模软件的版本号和模型参数内容等，制订模型计划。施工总包单位与专业分包单位以书面形式签署 BIM 模型协议和模型应用协议，或委托 BIM 团队依据一线提供的资料，建立全专业模型，由施工总承包负责管理模型的更新和使用权，专业分包负责进行模型的深化、维护等工作。

BIM 原始模型建立完成后，工程管理部组织 BIM 模型应用动员会，要求专业分包和供货商必须参加会议。依据签署的 BIM 模型应用协议，总包单位有权要求分包和供应商提供模型应用意见和建议，支持、协助和监督专业分包完成 BIM 模型深化工作。

全专业模型建立完成后，总包单位组织汇总各专业模型中发现的施工图问题，形成问题报告，统一由设计院进行解答，完善施工模型。分包单位组织本工程模型整合，对应专业单位检查碰撞。分工情况如下：土建分包负责结构模型与建筑模型的校核、结构与机电管综的碰撞；机电专业单位负责本专业之间的碰撞和管综专业之间的碰撞。

10.13 基于 BIM 的竣工交付

在工程建设的交界阶段，前一阶段 BIM 工作完成后应交付 BIM 成果，包括 BIM 模型文件、设计说明、计算书、消防、规划二维图、设计变更、重要阶段性修改记录和可形成企业资产的交付及信息。项目的 BIM 模型所有知识产权归业主所有，交付物为纸质表格、施工图及电子光盘，加盖公章。

为了保证工程建设前一阶段移交的 BIM 模型能够与工程建设下一阶段 BIM 应用模型进行对接，对 BIM 模型的交付质量提出以下要求：

1）提供模型的建立依据，如建模软件的版本号、相关插件的说明、施工图版本、调整过程记录等，方便接收后的模型维护工作。

2）在建模前进行沟通，统一建模标准，如模型文件、构件、空间、区域的命名规则，标高准则，对象分组原则，建模精度，系统划分原则，颜色管理，参数添加等。

3）所提交的模型各专业内部及专业之间无构件碰撞问题的存在；所提交的有价值的碰撞检测报告，含有硬碰撞和间隙碰撞。

4）模型和构件尺寸、形状及位置应准确无误，避免重叠构件，特别是综合管线的标高、设备安装定位等信息，保证模型的准确性。

5）所有构件均有明确详细的几何信息以及非几何信息，数据信息完整规范，减少累赘。

6）与模型文件一同提交的说明文档中必须包括模型的原点坐标描述及模型建立所参照的 CAD 图情况。

7）针对设计阶段的 BIM 应用点，每个应用点分别建立一个文件夹。对于 3D 漫游和设计方案比选等应用，提供 avi 格式的视频文件和相关说明。

8）对于工程量统计、日照和采光分析、能耗分析、声环境分析、通风情况分析等应用，提供成果文件和相关说明。

9）设计方各阶段的 BIM 模型（方案阶段、初步设计阶段、施工图阶段）通过业主认可的第三方咨询机构审查后，才能进行二维图正式出图。

10）所有的机电设备办公家具有简要模型，由 BIM 公司制作，主要功能房、设备房及外立面有渲染图片，室外及室内各个楼层均有漫游动画。

11）由 BIM 模型生成若干个平面、立面、剖面图及表格，特别是构件复杂，管线繁多部位应出具详图，且应该符合建筑工程设计文件编制深度的规定。

12）搭建 BIM 施工模型，含塔式起重机、脚手架、升降机、临时设施、围墙、出入口等，每月更新施工进度，提交重点、难点部位的施工建议、作业流程。

13）由 BIM 模型生成详细的工程量清单表，汇总梳理后与造价咨询公司的清单对照检查，出结论报告。

14）提供平板计算机随时随地对照检查施工现场是否符合 BIM 模型，便于甲方、监理的现场管理。

15）为限制文件大小，所有模型在提交时必须清除未使用项，删除所有导入文件和外部参照链接，同时模型中的所有视图必须经过整理，只保留默认的视图和视点，其他都删除。

16）竣工模型在施工图模型的基础上添加以下信息：生产信息（生产厂家、生产日期等）、运输信息（进场信息、存储信息）、安装信息（浇筑、安装日期，操作单位）和产品信息（技术参数、供应商、产品合格证等），如有在设计阶段还没能确定的外形结构的设备及产品，竣工模型中必须添加与现场一致的模型。

10.14 项目施工阶段 BIM 应用案例

10.14.1 工程概况

徐州奥体中心体育场集体育竞赛、大型集会、国际展览、文艺演出、演唱会、音乐会、演艺中心等功能于一体，是徐州市奥体中心的 7 个单体建筑之一。奥体中心位于新城区汉源大道和峨眉山路交叉口，占地面积 39.44 万 m^2，总建筑面积 20 万 m^2。奥体中心体育场是其中最大的单体建筑，可以容纳 3.5 万人观看比赛。体育场结构形式为超大规模复杂索承网格结构，平面外形接近圆形，结构尺寸约为 263m×243m，中间有椭圆形大开口，开口尺寸约为 200m×129m。

体育场结构最大标高约为 45.2m。雨篷由 42 榀带拉索的悬挑钢架构成，最大悬挑长度约为 39.9m，最小悬挑长度约为 16m。下弦采用了 1 圈环索和 42 根径向拉索，环索规格暂定为 6ϕ121，长度约为 587m；径向索规格为 ϕ90、ϕ100 和 ϕ127。另外在短轴方向中间各布置了 4 根斜拉索，斜拉索规格为 ϕ70，拉索采用锌-5%铝-混合稀土合金镀层钢索。其效果图和结构剖面图分别如图 10-29 和图 10-30 所示。

图 10-29　徐州奥体中心体育场效果图

10.14.2 BIM 技术应用的必要性

徐州奥体中心体育场空间形体关系复杂、跨度大、悬挑长、体系受力复杂、预应力张拉难度大，在施工中存在以下难点和问题：由于施工过程是不可逆的，如何合理地安排施工和进度；安装工程多，如何控制安装质量；如何控制施工过程中结构应力状态和变形状态始终处于安全范围内等。这些都是传统的施工控制技术所难以解决的问题。

把 BIM 技术、仿真分析技术和监测技术结合起来，实现学科交叉，建立一套完整的全过程施工控制及监测技术，并运用到徐州奥体中心的施工项目管理中，可以保证结构施工的质量、进度及安全。

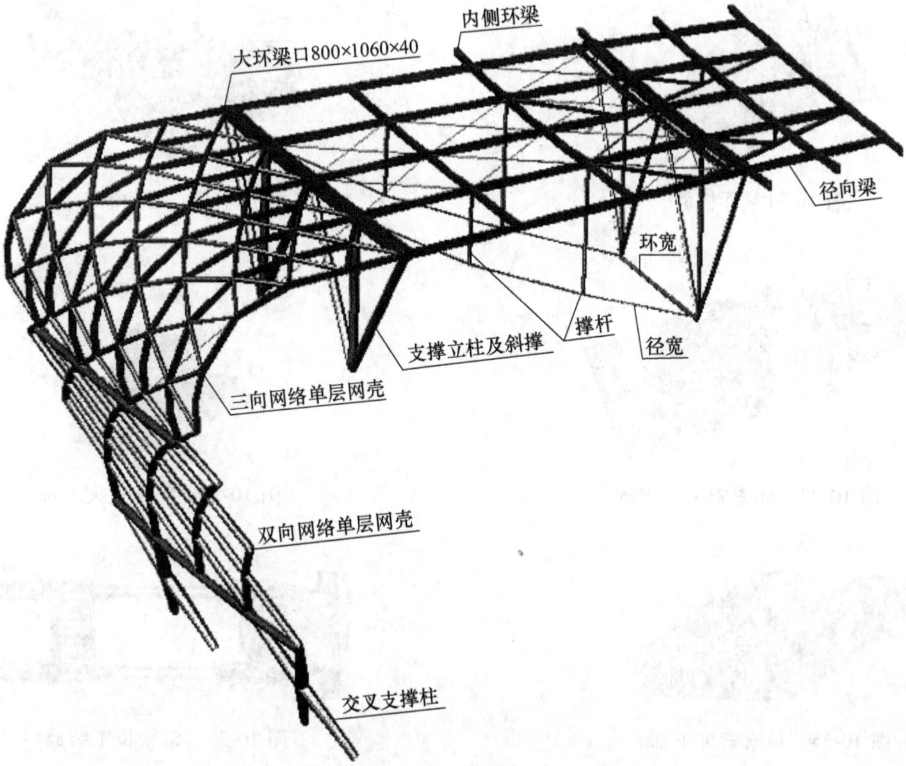

图 10-30 徐州奥体中心体育场钢结构剖面图

10.14.3 BIM 族库开发

1. 族库标准

对于预应力钢结构来说，施工中构件的准确下料、各构件的施工顺序、索的张拉顺序严重影响着结构最后的成形及受力，决定着结构最后是否符合建筑设计与结构设计的要求。预应力钢结构的施工难度大，施工要求高，因此基于 BIM 软件技术进行项目模型的建立时，族包含的信息就更多更大。

徐州奥体中心体育场的预应力钢结构相关族建立时主要考虑了施工深化图出图的需要、模型的参数驱动需求以及体现公司特色的目标，因此在建立预应力钢结构族库的时候，运用企业自定义的族样板，在 Revit Structure 的原有族样板的基础上结合公司深化的经验与习惯，创建了适应公司预应力结构施工及日后维护的族样板作为族库建立的标准样板，在此标准样板中包含了尺寸、应力、价格、材质、施工顺序等在施工中必需的参数。

2. 族库建立

徐州奥体中心体育场结构复杂，预应力钢结构族库建立是至关重要的步骤。根据项目的需求主要建立了耳板族、索夹族、索头族、索体族及徐州奥体中心体育场特有的复杂节点族，所建立的族如图 10-31 ~ 图 10-37 所示。

图 10-31　耳板族

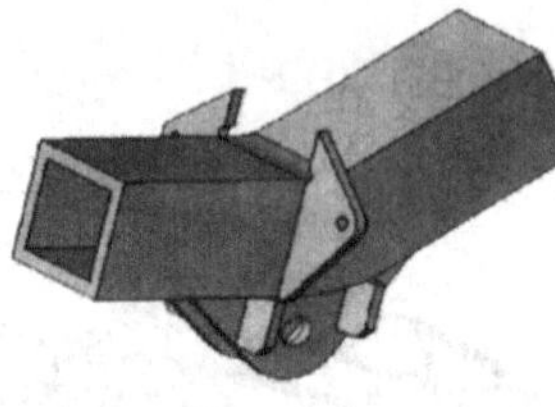

图 10-32　复杂节点族

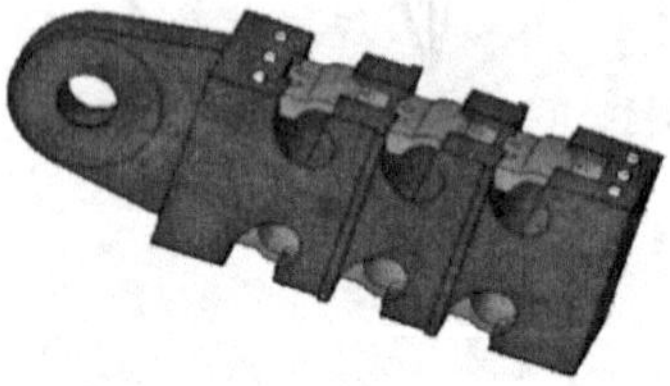

图 10-33　环索索夹节点族

图 10-34　径索索夹上部

图 10-35　径索索夹下部

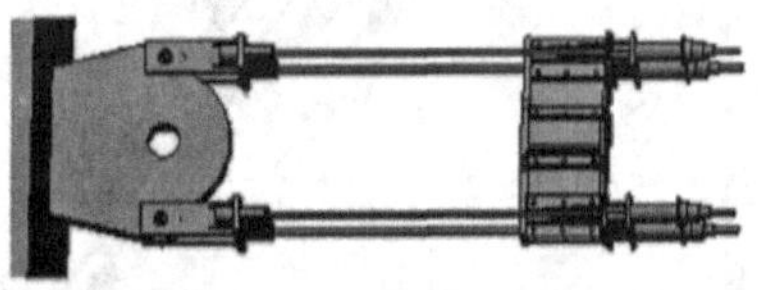

图 10-36　索张拉工装族

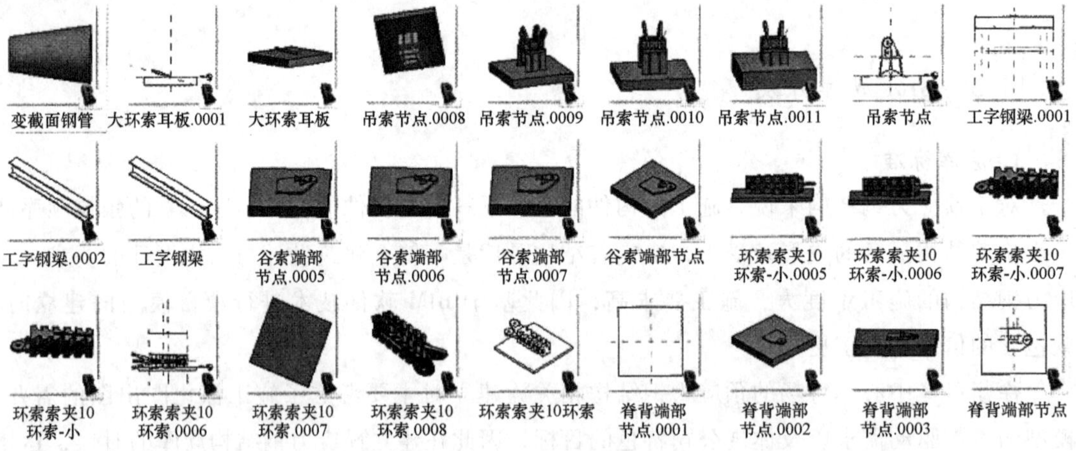

图 10-37　预应力钢筋结构族库

上述图中所建立的族具有高度的参数化性质，可以根据不同的工程项目来改变族在项目中的参数，通用性和拓展性强。

10.14.4　BIM 三维模型建立

1. 模型定位技术

从结构的剖面图和平面图可看出，徐州奥体中心体育场结构形式复杂，而构件的准确安装定位是施工中最关键的一步，因此，如何准确地进行模型的定位也是BIM 建模的关键技术。在徐州奥体中心体育场的模型定位上有两种思路可以利用：一是根据计算分析软件 Midas 或 Ansys 中的节点和构件坐标在 Revit Structure 中进行节点的准确定位，这样比较费时；二是根据 AutoCAD 中的模型进行定位，将 CAD 中的模型轴线作为体量导入到 Revit Structure 中，导入前在 Revit Structure 中定好所要导入的轴线体量的标高，所导入的轴线体量即是构件的定位线。徐州奥体中心体育场所用的方法为先在 Revit Structure 中定好标高，然后导入 AutoCAD 中的轴线，以导入的轴线作为定位线，这样既快捷又准确。导入的轴线体量如图 10-38 所示。

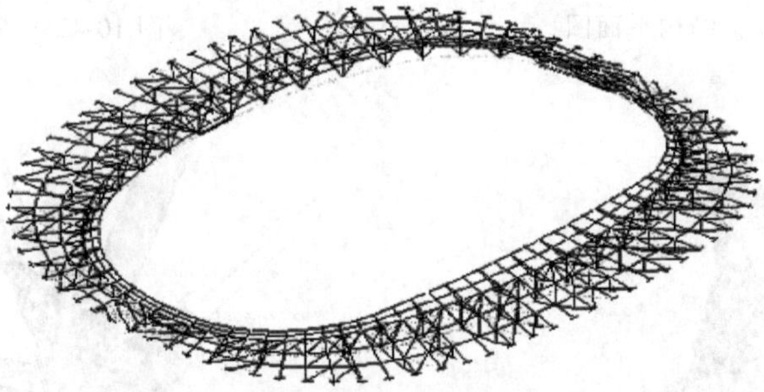

图 10-38 Revit Structure 中导入的轴线体量

2. BIM 模型建立

三维建模要准确表达结构的三维空间形式，并关联所有的平面、立面和剖面图，只要建立三维模型即可很快生成平、立、剖面图，无须像二维画图那样费时费力。利用 BIM 软件中的 Revit Structure 可以很高效地出图，这是相对于以往传统出图的一大进步。

利用 Revit Structure 建立曲梁是难点，但是根据已经导入的 AutoCAD 的轴线定位线却可以很好地解决曲梁或曲线拉索的绘制。徐州奥体中心体育场 BIM 模型的建立就是基于导入的 AutoCAD 轴线和已经创建的族，模型建立的思路如下：

1）先用拾取的方式将钢网格的轴线绘制出来，然后绘制索体，索体也采用拾取的方式绘制，在绘制钢网格和索体时可以利用参数化的作用来改变钢梁或索体的截面。

2）对拉索和钢网格的连接节点进行绘制，此时的连接节点都是基于面创建的预应力构件族，由公司绘制的习惯和经验来制定的族样板。

3）待绘制完所有构件后就加入最后的连接构件，即销轴和螺栓，这样整体模型就搭建完成了。搭建整体模型的重点在于定位和族的选取建立，选取合适的族才能高效地建立模型。徐州奥体中心体育场的 BIM 模型整体图、平面图、立面图和详图如图 10-39 ~ 图 10-45 所示。

图 10-39 屋盖结构整体模型

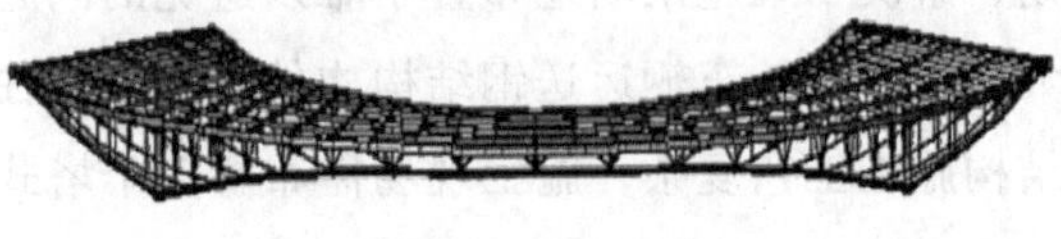

图 10-40 屋盖立面图

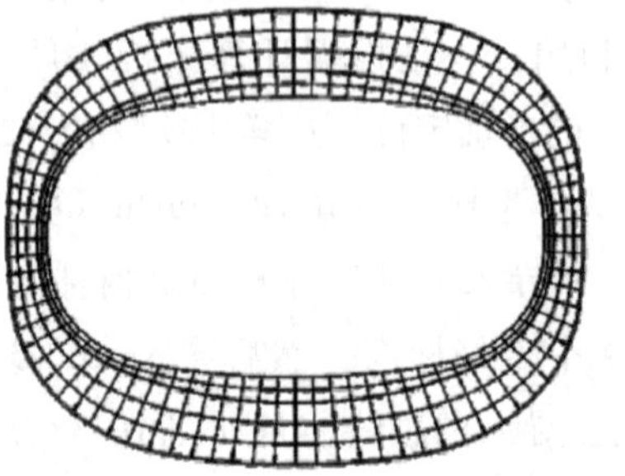

图 10-41　屋盖结构平面图

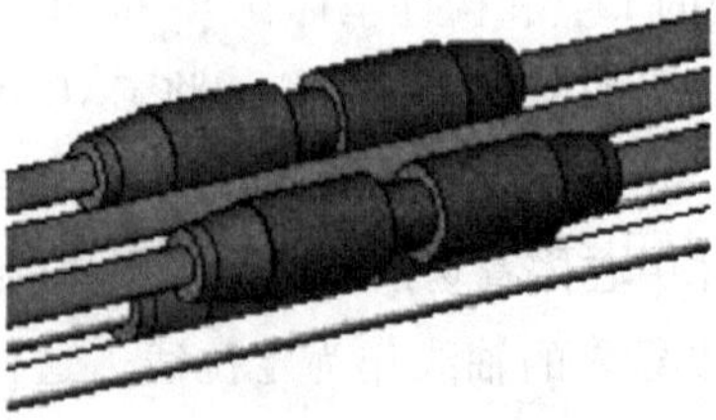

图 10-42　环索对接图

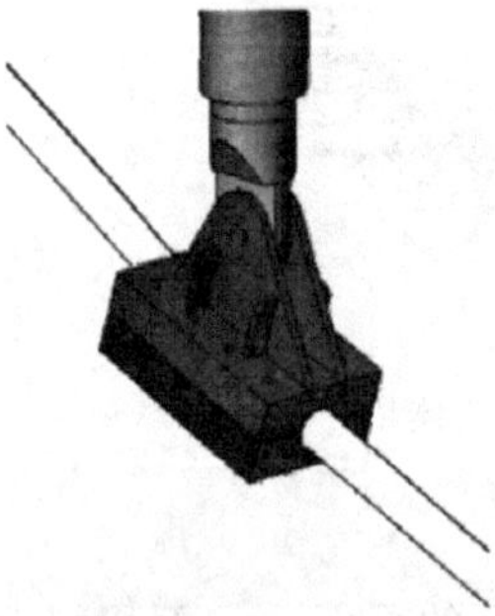

图 10-43　径索索夹安装图

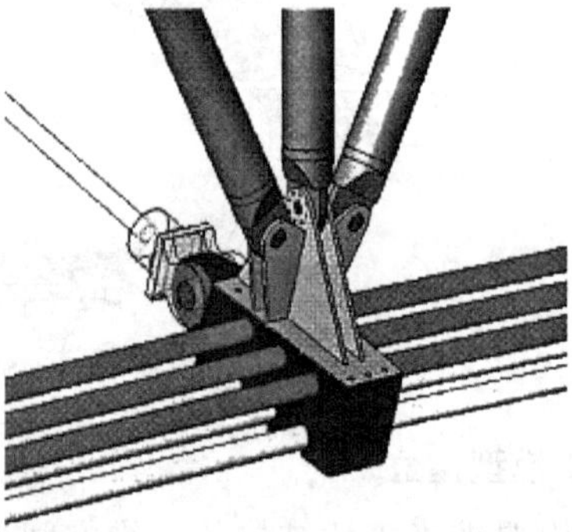

图 10-44　环索安装图

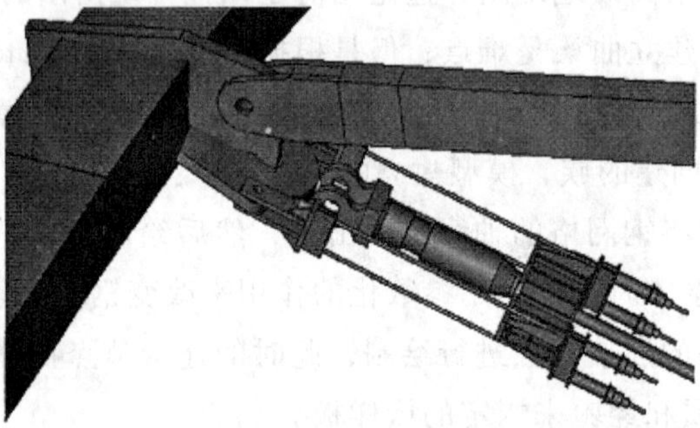

图 10-45　径索张拉工装安装图

10.14.5　施工场地布置

徐州奥体中心体育场施工难度大，施工前对现场机械等施工资源进行合理的布置尤为重要。利用 BIM 模型的可视性进行三维立体施工规划，可以更轻松、准确地进行施工布置策划，解决二维施工场地布置中难以避免的问题。例如，大跨度空间钢结构的构件往往长度较大，需要超长车辆运送钢结构构件，因而往往出现道路转弯半径不够的状况；由于预应力钢结构施工工艺复杂，施工现场需布置多个塔式起重机同时作业，因塔式起重机旋转半径不足而造成的施工碰撞也屡屡发生。

基于建立好的徐州奥体中心体育场整体结构 BIM 模型，对施工场地进行科学的三维立体规划，包括生活区、钢结构加工区、材料仓库、现场材料堆放场地、现场道路等的布置，可以直观地反映施工现场情况，减少施工用地，保证现场运输道路畅通，方便施工人员的管理，有效避免二次搬运及事故的发生。

徐州奥体中心体育场某施工过程场地布置模型图与实际场地对比如图 10-46 和图 10-47 所示。

图 10-46 BIM 模型施工场地布置图

图 10-47 实际施工现场场地

10.14.6 施工深化设计

徐州奥体中心体育场钢结构存在的预应力复杂节点多，加之设计院提供的施工图细度不够且与现场施工有诸多冲突，这就需要对其进行细化、优化和完善。采用基于 BIM 技术的施工深化设计手段，根据深化设计需要创建一套包含大量信息，如构件尺寸、应力、材质、施工时间及顺序、价格、企业信息等各种参数的族文件，其中有耳板族、索夹族、索头族、索体族及徐州奥体中心特有的复杂节点族。根据创建的族文件可以自动形成各专业的详细施工图，同时对各专业设计图进行集成、协调、修订与校核，满足了现场施工及管理的需要。所建立的部分族如图 10-31 ~ 图 10-37 所示。

预应力是通过索夹节点传递到结构体系中去的，所以索夹节点设计的好坏直接决定了预应力施加的成败。徐州奥体中心体育场的钢拉索索力较大，需对其进行二次验算以确保结构的安全。将已建立好的环索索夹模型导入 Ansys 有限元软件中对其进行弹塑性分析，可以在保证力学分析模型与实际模型相一致的同时节省二次建模的时间。Ansys 分析结果如图 10-48 所示。

10.14.7 施工动态模拟

徐州奥体中心体育场工程规模大、复杂程度高、预应力施工难度大，为了寻找最优的施工方案、为施工项目管理提供便利，采用了基于 BIM 技术的 4D 施工动态模拟，测试和比较

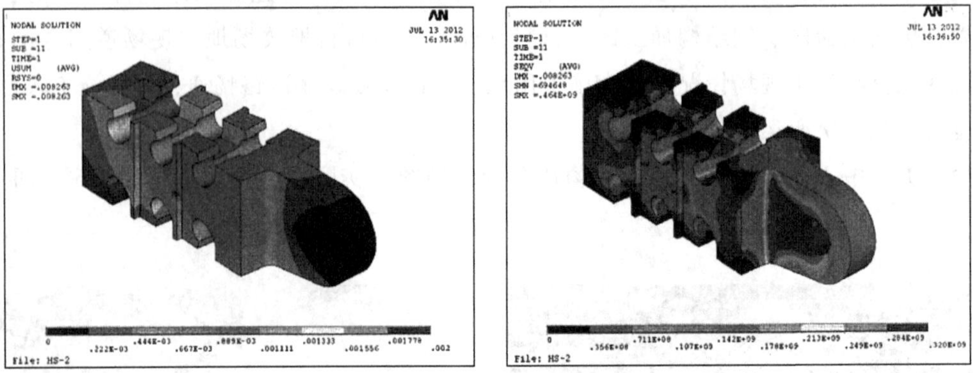

a)　　b)

图 10-48　环索索夹弹塑性分析结果

a）位移云图　b）应力云图

不同的施工方案并对施工方案进行优化，可以直观、精确地反映整个建筑的施工过程，有效缩短工期，降低成本，提高质量。

实现施工模拟的过程就是将 Project 施工计划书、Revit 三维模型与 Navisworks 施工动态模拟软件加以时间（时间节点）、空间（运动轨迹）及构件属性信息（材料费、人工费等）相结合的过程，其相互关系如图 10-49 所示。徐州奥体中心体育场最终四维动态施工模拟动画截图如图 10-50 所示。

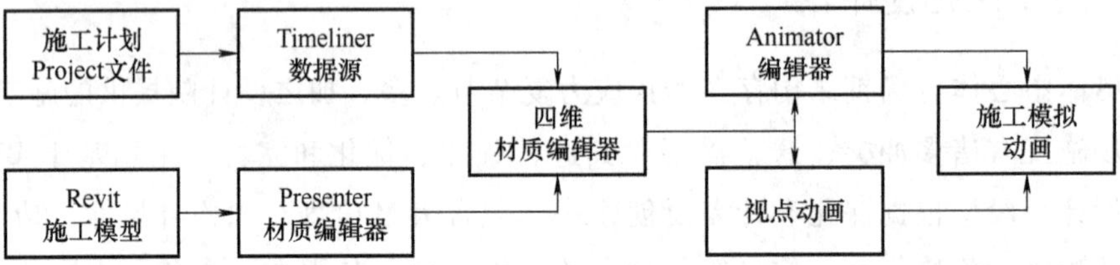

图 10-49　Navisworks 施工技术路线

环索与径索的提升过程模拟可以利用 Animator 来实现，可以很详细直观地显示提升的整个过程。提升过程模拟如图 10-51 所示。

10.14.8　安装质量管控

对预应力钢结构而言，预应力关键节点的安装质量至关重要。安装质量不合格，轻者将造成预应力损失、影响结构受力形式，重者将导致整个结构的破坏。

BIM 技术在徐州奥体中心体育场工程安装质量控制中的应用主要体现在以下两点：一是对关键部位的构件，如索夹、调节端索头等的加工质量进行控制；二是对安装部位的焊缝是否符合要求、螺栓是否拧紧、安装位置是否正确等施工质量进行控制。

将关键部位的族文件与工厂加工构件进行对比，检查加工构件的外形、尺寸等是否符合加工要求。固定端索头的 BIM 模型与实际构件对比如图 10-52 所示。

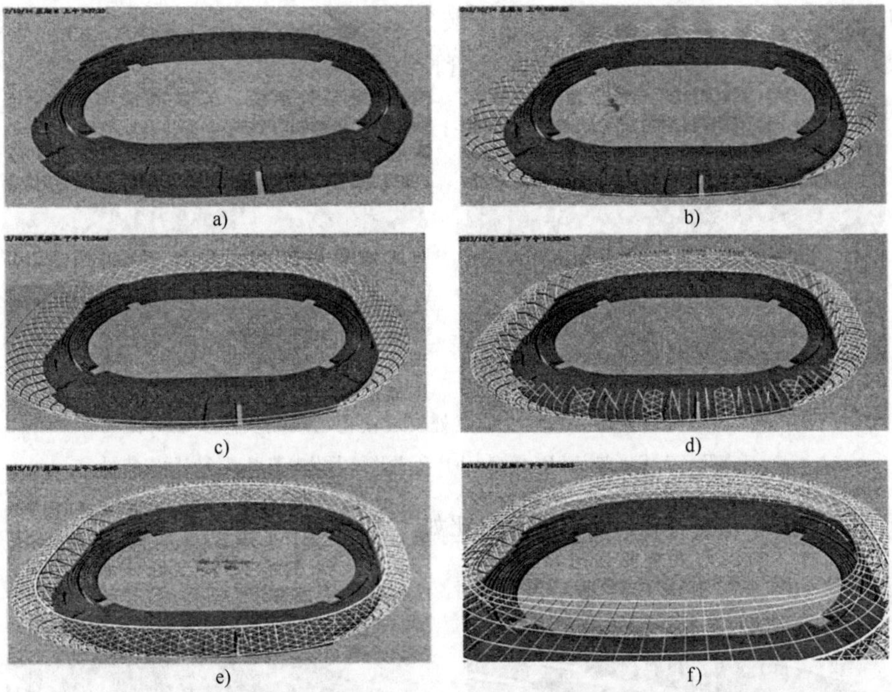

图 10-50 基于 BIM 的施工模拟动画截图

a）看台施工 b）钢结构柱安装 c）下部外环梁安装 d）上部钢结构安装

e）上部外环梁安装 f）拉索张拉施工

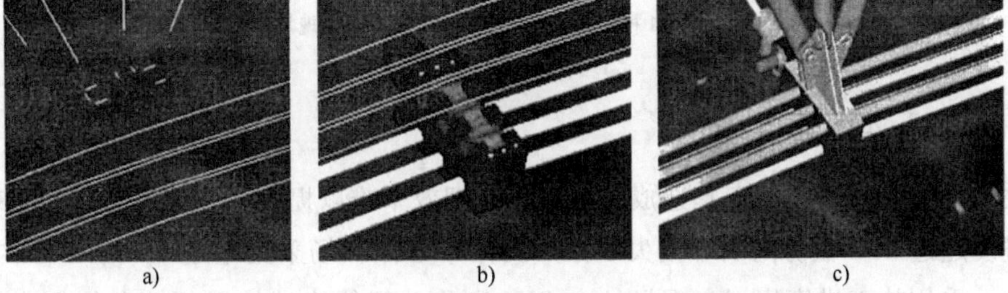

图 10-51 基于 BIM 的环索与径索的提升过程模拟

a）安装张拉前 b）下排环索与索夹提升过程 c）销轴安装过程

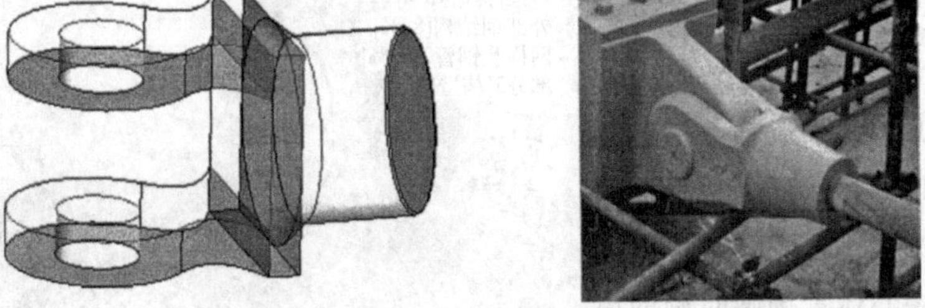

图 10-52 固定端索头的 BIM 模型与实际构件对比

a）固定端索头族 b）固定端索头族实际构件照片

徐州奥体中心体育场预应力关键节点安装复杂，采用 BIM 模型或关键部位安装动画来指导安装工作，可以对安装质量进行很好的管控。环索及径索索夹节点处安装模型与现场实际安装对比如图 10-53 所示。

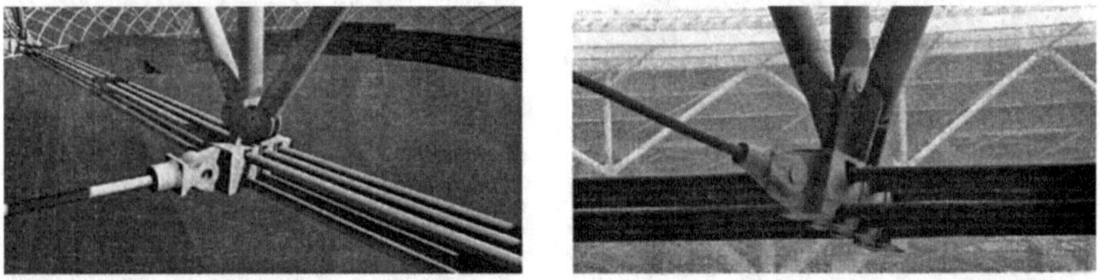

a)　　b)

图 10-53　环索及径索索夹节点处安装模型与现场实际安装对比

a）环索及径索索夹节点 BIM 模型　b）环索及径索索夹节点现场实际安装图

环索对接处安装模型与现场实际安装对比如图 10-54 所示。

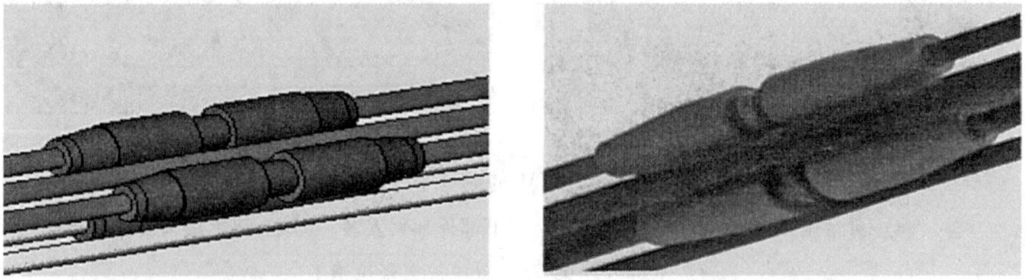

a)　　b)

图 10-54　环索对接处安装模型与现场实际安装对比

a）环索对接处 BIM 模拟安装模型　b）环索对接处现场实际安装图

10.14.9　施工进度控制

以往工程中协同效率低下是造成工程项目管理效率难以提升的最大问题。研究表明，工程项目进度超过 20%在协同当中损失。徐州奥体中心体育场采用基于 3D 的 BIM 沟通语言、协同平台，采用施工进度模拟、现场结合 BIM 和移动智能终端拍照相结合的方法来提升问题沟通效率，进而在最大程度上确保施工进度目标的实现。

对施工进度进行模拟，可以直观地检查实际进度是否按计划要求进行；如果出现因某些原因导致工期偏差，可以分析原因并采取补救措施或调整、修改原计划，保证工程总进度目标的实现。

徐州奥体中心体育场某时刻的屋盖施工进度如图 10-55 所示。

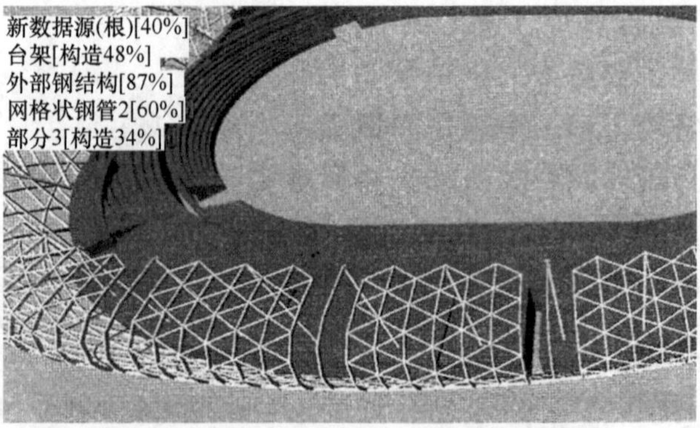

图 10-55　Timeliner 施工进度显示及模拟

采用无线移动终端、Web 及 RFID

等技术，全过程与 BIM 模型集成，可以做到对现场的施工进度进行每日管理，避免任何一个环节出现问题给施工进度带来影响。

10.14.10 施工安全控制

近年来建筑安全事故不断发生，人们的防灾减灾意识也有了很大提高，因此结构监测研究已成为国内外的前沿课题之一。徐州奥体中心在未施加预应力之前为瞬变体系，由于预应力的施加才成为结构体系。预应力钢结构施工的风险率很高，为了及时了解结构的受力和运行状态，徐州奥体中心项目针对项目自身特点开发一个三维可视化动态监测系统，对施工过程进行实时监测，保证施工过程中结构应力状态和变形状态始终处于安全范围内。

所开发的三维可视化动态监测技术较传统的监测手段具有可视化的特点，可以人为操作，通过在三维虚拟环境下漫游来直观、形象地提前发现现场的各类潜在危险源，提供更便捷的方式查看监测位置的应力应变状态，在某一监测点应力或应变超过拟定的范围时，系统将自动采取报警给予提醒。

徐州奥体中心体育场项目的变形监测点分布在 20 榀径向梁的梁端和跨中位置处，共有 40 个监测点；应力监测点分布在环梁和径向梁上，共 24 个监测点。每个测点在梁的上下翼缘处各布置一个正弦应变计。其中变形起拱监测点布置如图 10-56 所示。

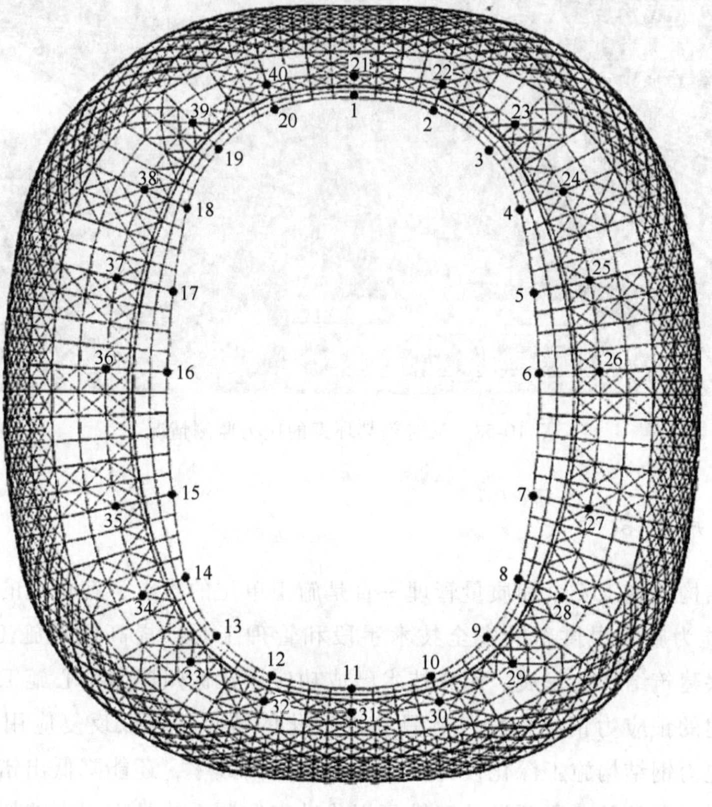

图 10-56 基于 BIM 的变形起拱监测点布置图（黑点即为监测点）

徐州奥体中心体育场数据采集系统与三维可视化动态监测系统界面如图 10-57 所示。

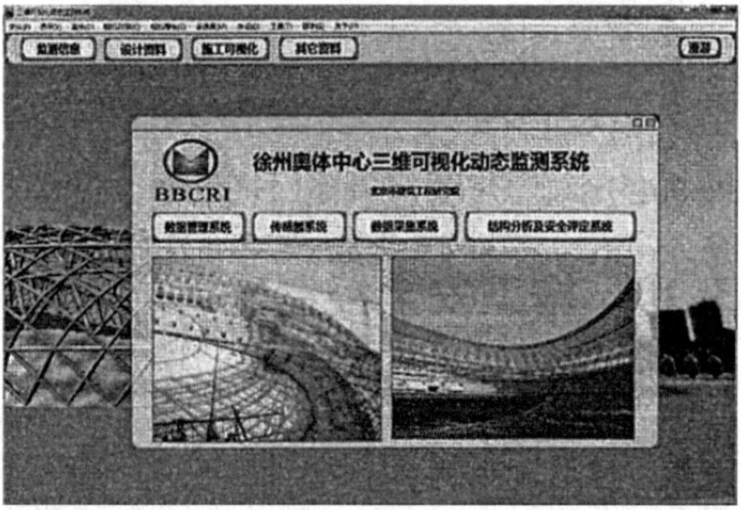

图 10-57 徐州奥体中心体育场数据采集系统与三维可视化动态监测系统界面

某时刻某环索的应力监测情况如图 10-58 所示。

图 10-58 某时刻某环索的应力监测情况

10.14.11 应用总结

预应力钢结构的施工安全和质量管理一直是施工单位的难点，在传统的施工项目管理中结合 BIM 技术能为施工提供新的安全技术手段和管理工具，提高建筑施工安全管理水平，促进和适应新兴建筑结构的发展。BIM 技术已成功应用在徐州奥体中心施工项目管理上，在该项目中所创建的预应力钢结构构件族具有参数化的特点，可以反复应用在类似施工项目中；参数化预应力钢结构施工深化设计方法不但能提高效率，还能降低出错率；施工模拟的技术也给企业带来了效益；所开发的三维可视化动态监测系统具有很大的拓展空间，值得推广应用。总的来说，BIM 技术在徐州奥体中心施工项目管理上的成功应用，积累了预应力结构建模、深化设计、施工模拟和动态监测的宝贵经验，对以后预应力钢结构施工项目管理应用 BIM 技术具有参考价值。

思考题

1. 工程项目施工阶段应用 BIM 技术的意义主要体现在哪些方面？
2. 基于 BIM 技术的数字化加工首先要解决哪些方面的问题？
3. 基于 BIM 技术的虚拟施工管理可以达到何种目标？
4. 简述 BIM 技术进度管理的优势。
5. 什么是 BIM 技术的产品质量管理？
6. 相对于传统的安全管理，BIM 技术安全管理的优势体现在哪些方面？
7. 简述 BIM 技术在工程项目变更管理中的应用。

第 11 章 BIM在工程项目运维阶段的应用

11.1 概述

11.1.1 运维阶段的职能与分类

国际设施管理协会 IFMA（International Facility Management Association）和建筑业主及管理者协会 BOMA（Building Owners and Managers Association）的相关定义中把工程项目运维（或者运维管理 Facility Management，FM）定义为整合设施管理，或整合工作空间管理、物业资产管理、企业不动产管理，其属于一门管理学科。FM 是将地点（location）、人员（people）、流程（process）、建筑设施（facilities）、资产（assets）等因素整合起来，从而得到更高附加值的一个管理过程，“是以保持业务空间高品质的生活和提高投资效益为目的，以最新的技术对人类有效的生活环境进行规划、整备和维护管理的工作”。“它将物质的工作场所与人和机构的工作任务结合起来。它综合了工商管理、建筑、行为科学和工程技术的基本原理”。

简单来说，FM 的主体是建筑设施的持有者自身，对象是建筑设施进入运维阶段之后所有相关的活动，目的是得到更高的附加值。

FM 的职能可以归类为表 11-1（IFMA 的设施管理职能分类）。

表 11-1 IFMA 的设施管理职能分类

职能大类	详细职能类别
维护与运作	家具维护、装饰维护、预防性维护、建筑物外部维护、保管/家政服务、景观维护、选址
行政服务	企业艺术品管理、邮件服务、收发快递、档案保管、安保、通信、复印服务、战略规划
空间管理	空间库存（房间清单）、空间政策、空间分配、面积需求预测、家具采购、家具规范化、家具库存、室内空间规划、家具搬迁

（续）

职能大类	详细职能类别
重大工程项目再设计	废弃物处理、危险品
设计/工程服务	建筑规范合规审核、工程管理、大楼系统（机电设备系统）、建筑设计
房地产经营	楼宇出租、并购转让、买楼、房地产评估、房屋转租
设施规划	运营规划、紧急预案、能源规划
财务规划	运营预算、资本预算、重大工程项目融资
健康与安全	人体工程、能源管理、室内空气质量、循环利用流程、污染物排出

其中一些职能在国内现阶段的工程项目运维中并不合适，比如行政服务大类中的企业艺术品管理、邮件服务、复印服务、战略规划；人体工程、财务规划等。某些分类可以挖掘很大的潜力，比如安保、通信、重大工程项目再设计、房地产经营、设施规划、能源管理；还有些是此表中没有提到，但是对于国内情况来说是合适的，比如物业管理优化工作流程演练、在不同业态下的应急疏散演练、优化能源供应演练等。

11.1.2 运维阶段的 BIM 应用动因与需求

1. 运维阶段的 BIM 应用动因

如同 BIM 是作为设计师的观念变革一样，建筑业与运维管理的整合变革也正在国内的工程项目运维领域中发生，并且这种整合变革的程度逐渐加深，速度也越来越快，这是推动 BIM 应用的一个原因。相比于 CAD 只是设计作业的电子化改革，BIM 则更主要是观念的变革，两者的背后都有来自于产业界的巨大驱动力。这个过程的驱动力，是来自于建筑设施的使用者（特别是在持有型物业/非住宅地产）对于建筑绩效的要求越来越高。简单来说，就是人们对于建筑的品质而不是数量的要求提高了，而且这个提高的速度越来越快。当然 BIM 作为信息化工具也在反作用于这个整合过程。

BIM 的技术核心是一个由计算机三维模型所形成的数据库，包含了贯穿于设计、施工和运维管理等整个工程项目全生命周期的各个阶段，并且各种信息始终是建立在一个三维模型数据库中。BIM 可以持续即时地提供工程项目设计范围、进度以及成本信息，这些信息完整可靠并且完全协调，即 BIM 能够在综合数字环境中保持信息不断更新并可提供访问，使建筑师、工程师、施工人员以及业主可以清楚、全面地了解工程项目。建筑设计专业可以直接生成三维实体模型；结构专业则可取其中墙材料强度及墙上孔洞大小进行计算；设备专业可以据此进行建筑能量分析、声学分析、光学分析等；施工单位则可取其墙上混凝土类型、配筋等信息进行水泥等材料的备料及下料；开发商则可取其中的造价、门窗类型、工程量等信息进行工程造价总预算、产品订货等；而物业单位也可以用之进行可视化物业管理。所以说，BIM 完善了整个建筑行业从上游到下游的各个企业间的沟通和交流环节，实现了工程项目全生命周期的信息化管理。

借助 BIM，设计方能够轻而易举地解决复杂曲面幕墙在平面定位的问题，并且可以非常清晰地把握自己的设计意图，从而保证设计的准确性和合理性，同时，工程项目其他的参与方包括业主、总包，通过 BIM 模型也能够非常清晰地了解到工程项目的设计理念。在管线综合方面，通过搭建建筑结构和机电各专业的模型，设计方能够非常方便地查看各个构件之间的空间关系以及碰撞的问题，并及时加以解决，从而大大提高在管线综合方面的设计能力以及工作效率。此后物业运营和设施管理还会借助 BIM 模型对施工现场所有设施进行校核，检查施工信息是否一致，从而避免以次充好的现象发生，更好地控制成本。可以说，BIM 是将业主、设计方、施工方紧密地结合在了一起，有效地搭建了一个良好的沟通平台，避免了信息孤岛的存在，有效地提升工程项目管理的水平，降低管理成本，实现绿色科技与建筑融合的目标。

BIM 可以理解为建设工程项目的一个完整的信息承载器，而且这些信息具有协调性、一致性和可计算性，除几何信息以外，还可以存储材料、造价、工法、使用等各类信息。BIM 将逐步使建筑业的生产和运维管理方式转变为“三维构思（BIM 概念模型)—三维设计（BIM 设计模型)—三维建造（BIM 施工/竣工模型)—三维运维（BIM 运维管理模型)”。

BIM 不仅仅是比 CAD 更先进的另外一种软件，也不仅仅是建筑物的一个数字模型（那只是 BIM 的其中一个结果)。BIM 是一种技术、一种方法、一种过程，BIM 把建筑业业务流程和表达建筑物本身的信息更好地集成起来，从而提高整个行业的效率。

2. 运维阶段的 BIM 应用需求

BIM 的应用需求业界一直在热烈讨论，而且不断和新的技术进行结合，比如 BIM 与物联网、BIM 与云计算、虚拟现实 VR 等。表 11-2 列举了一些常见的运维阶段 BIM 应用需求，涵盖的并不是工程项目运维阶段 BIM 的全部应用，它的意义在于指导开展 BIM 应用前的思路整理，可以根据需要在横向和纵向进行扩展。不过，其中应用目标（明确定义）一列是每个工程项目运维管理 BIM 应用的关键内容，最好是定量化的表达。

表 11-2　工程项目运维阶段 BIM 应用需求

<table>
<tr><th rowspan="2">序号</th><th colspan="2">工程项目运维阶段应用功能</th><th colspan="2">使用方</th><th>应用目标</th><th colspan="2">应用基础</th></tr>
<tr><th>大类</th><th>小类</th><th>物业</th><th>业主</th><th>明确定义</th><th>软件应用基础</th><th>BIM 模型基础</th></tr>
<tr><td rowspan="5">1</td><td rowspan="5">空间管理</td><td>新建工程项目</td><td>√</td><td>√</td><td></td><td rowspan="5">可视化表达
构件表达
空间定位
更新信息维护
分析比较</td><td rowspan="5">固定资产构件信息的广度和深度；关联度
BIM 信息与客户管理系信息整合
BIM 与企业成本相关信息整合</td></tr>
<tr><td>空间改造</td><td>√</td><td>√</td><td></td></tr>
<tr><td>建筑翻新</td><td>√</td><td>√</td><td></td></tr>
<tr><td>大型搬迁</td><td>√</td><td>√</td><td></td></tr>
<tr><td>公共空间维护</td><td>√</td><td>√</td><td></td></tr>
<tr><td rowspan="5">2</td><td rowspan="5">房地产租赁</td><td>销售</td><td></td><td>√</td><td></td><td rowspan="5">可视化表达
构件表达
空间定位
更新信息维护
固定资产管理
资源信息统计</td><td rowspan="5">BIM 与租售成本要素信息整合
空间构件信息
设施设备构件信息
设施设备运行统计信息</td></tr>
<tr><td>成本分析</td><td></td><td>√</td><td></td></tr>
<tr><td>租售组合管理</td><td></td><td>√</td><td></td></tr>
<tr><td>收费管理</td><td></td><td>√</td><td></td></tr>
<tr><td>客户信息管理</td><td></td><td>√</td><td></td></tr>
</table>

（续）

序号	工程项目运维阶段应用功能		使用方		应用目标	应用基础	
	大类	小类	物业	业主	明确定义	软件应用基础	BIM 模型基础
3	设施运行维护	日常维护	√			可视化表达 构件表达 列表表达 空间定位 设备信息维护 设备模拟运行 统计报表表达	BIM 与物业管理流程的信息整合 BIM 与设施设备运行监控系统的信息整合 BIM 与设备设施标识信息的整合 设备设施 BIM 模型的深度要求及关联性要求
		应急维修	√				
		优化运行	√				
		人员培训	√				
		运行状态监控	√				
		备品备件管理	√				
4	运维管理战略规划	空间、时间 员工队伍 成本综合管理		√		BIM 与 ERP 等管理软件结合 数学分析模型	需要整合除了 BIM 外的其他资源信息
5	建筑优化管理	能耗分析	√	√		可视化表达 构件表达 列表表达 空间信息 设备信息表达 设备模拟运行 周边环境信息 运行策略及计划 分析工具等	BIM 与设施设备运行监控系统的信息整合 BIM 与设备设施标识信息的整合 设备设施 BIM 模型的深度要求及关联性要求 BIM 信息表达与分析工具数据输入的信息整合
		室内环境优化	√	√			
		照明优化管理	√	√			
		能源优化运行	√	√			
		负荷预测	√	√			
		设施设备优化	√	√			
		结构安全监测	√	√			
6	建筑物综合指挥及管理	公共安全监控	√	√		可视化表达 构件表达 空间定位 实时人数统计 人流模型	BIM 与设备设施标识信息的整合 BIM 信息表达与分析工具数据输入的信息整合
		设备安全监控	√	√			
		应急预案管理	√	√			
		应急疏散拟真	√	√			
		应急综合指挥	√	√			

11.1.3 生命周期各阶段的 BIM 应用关系

美国 buildingSMART 联盟下 BSA（buildingSMART alliance）部门发布的 *BIM Project Execution Planning Guide Version 2.0*，在对美国 AEC 领域的 BIM 使用情况进行调查研究的基础上，总结了目前 BIM 的 25 种不同应用，其中对于运维阶段提出了五大应用，包括 Maintenace Scheduling（维护计划）、Building System Analysis（建筑系统分析）、Asset Management（资产管理）、Space Mamt/Tracking（空间管理/追踪）、Disaster Planning（灾害计划），其中前两个为主要 BIM 应用，后三个为次要 BIM 应用，如图 11-1 所示。

在图 11-1 中，不仅需要关心运维阶段的五大应用，更特别需要关注三个处于其他建筑生命阶段却和运维有充分关系的应用，分别是：规划阶段（PLAN）中的 Existing Conditions Modeling（现状建模）和 Cost Estimation（成本预算），以及施工阶段（CONSTRUCT）中的 Record Model（记录模型），这是代表 BIM 应用在建筑不同阶段的信息延续。

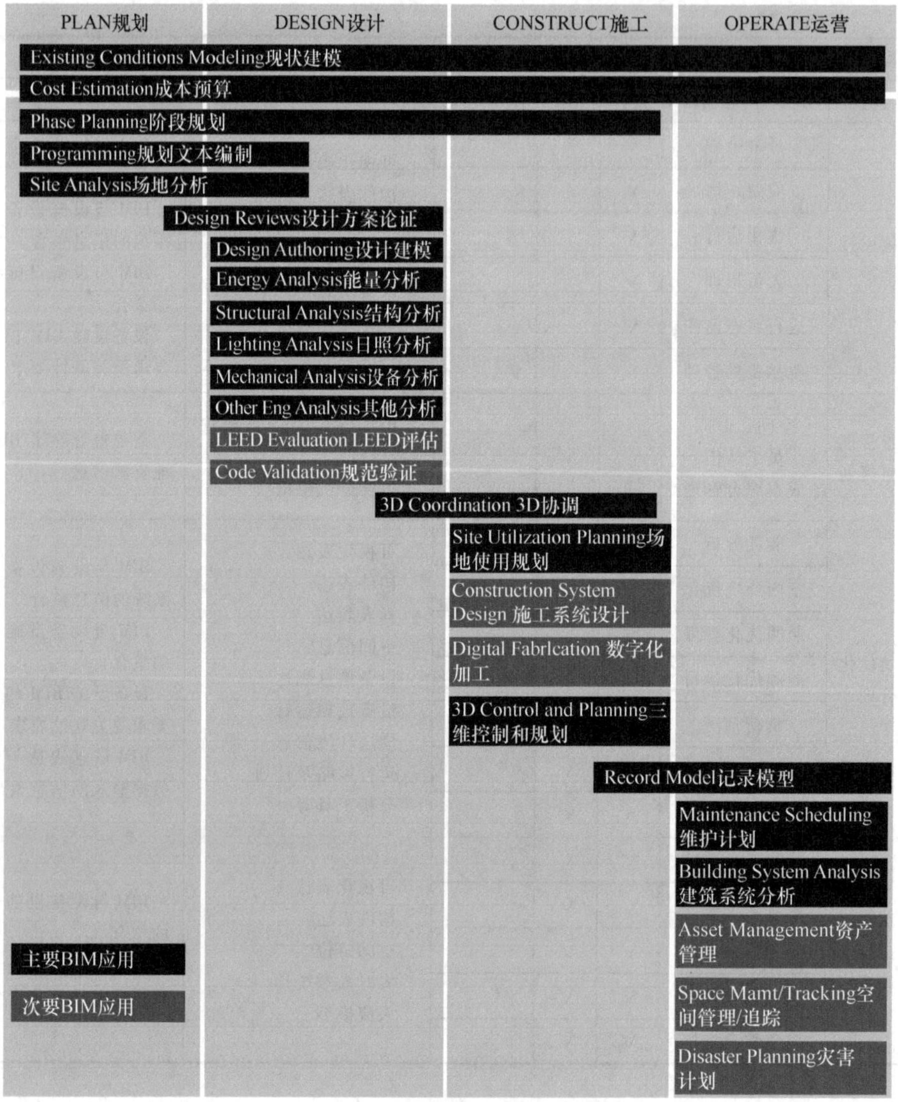

图 11-1　建筑生命周期中的 BIM 应用

诚然，*BIM Project Execution Planning Guide* 一书是基于大量美国国内建筑调研情况制定的，不一定全部符合国内实际情况，但是此书说明了工程项目运维阶段的 BIM 应用的基础是不同建筑生命阶段的 BIM 模型，脱离了规划、设计、施工等阶段的独立的工程项目运维阶段 BIM 应用是不可取或者说是不存在的。

一个建设工程项目，在建成之后交付给运维阶段，这是一般意义上的运维管理的开始，但是这在建筑的全生命周期内，只是狭义时间段上的运维管理，尽管它占据着最长的一段建筑生命（也消耗着 70%的建筑总拥有成本）。现代运维管理体系不仅是指建成后运维管理，它还包括常规设计前的针对业主需求的工程项目策划、工程项目规划和建筑策划，这个阶段也称为“前设计”（Predesign）。两个运维管理虽然在时间上是先后发生的，但是在专业上和理念上是一致的，都属于业主方的企业运维管理工作，都是作为业主方的业务需求与建筑业专业之间的桥梁而发挥作用。理解这一点，不仅对于理解运维管理，还对理解 BIM 在建筑全生命周期内的价值也很重要。

图 11-2 所示的是一个基于 BIM 的建设-运维一体化信息平台解决方案，由图 11-2 可以得出以下结论：

1）任何错误的信息、不全的信息、遗失的信息以及矛盾的信息，都是导致运维管理无法正常开展的罪魁祸首。

2）现在工程界普遍发生的资料不全、信息丢失、设计图错误，都是在图中“最后一公里”发生的。运维阶段的 BIM 来自于竣工模型，但是其内容或者要求都是运维需要所提出的。

3）运维管理要求是在工程项目策划阶段需要落实清晰的，而不是工程项目建设阶段边做边考虑的。

4）BIM 应用离不开信息化工具的使用，而信息化工具最基本操作对象本质是其复杂的数据库，数据库的完善度决定了 BIM 应用范围的广度。

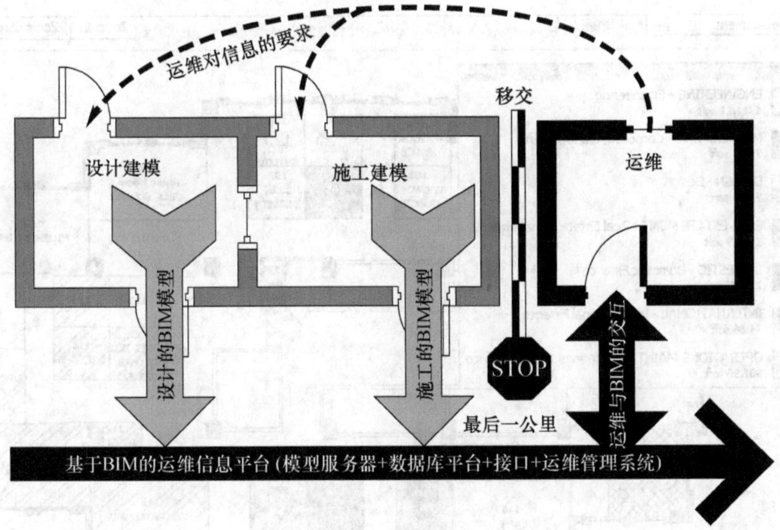

图 11-2 一个基于 BIM 的建设-运维一体化信息平台解决方案

举几个例子：

1）若要在运维阶段实现空间管理中租户区域管理，那么就要把某个建筑空间相关的所有 BIM 构件信息整合在一起（如地板、顶棚、门、窗、家具、设施设备、管道等），而且需要达到能够作为一个 BIM 构件选取，具备相应的参数信息。假设，以上某个小构件（暂且如此称呼，诸如管道、地板）在设计阶段是贯穿大空间整体设计及构件标识的话，那么无法打散或者无法组合就是运维阶段 BIM 应用首先要解决的问题。若不解决，那么“空间”就仅是一个物理数字“平方米”了。

2）若要在运维阶段实现设施设备管理中的关联性查找功能，如水泵、阀门和管路，那么就需要把相关的垂直管道、水平管道组成大的构件，赋予更多的构件关联信息。如果在设计阶段采用按楼层逐步逐段设计管路的话，关联性就只能在本层查找了。

3）若要在运维阶段实现能源管理分析相关功能，那么除了几何模型、气候条件、空调系统和模拟参数外，运维策略和计划必不可少，但是不是足够了呢？相关设施设备的运行效率、运行参数、可承受的运行时间是不是也要考虑在内？那么如果在设计或者竣工的 BIM 模型中没有这些信息呢？

由此，结论就明显了，工程项目运维阶段如果要实现 BIM 应用，那么最晚起步阶段是在工程项目设计阶段，在该阶段进行应用规划及需求提出，然后在工程项目竣工阶段对 BIM 模型进行检查，在运维阶段再叠加应用。

图 11-3 所示为一个典型的空间管理系统界面：一个按照部门属性分类的图形报表。此报表是使用 CAD 的多义线（Poly-line）功能绘制的图形，链接到数据库中的空间库存属性信息，经过数据库的筛选查询功能及图形显示技术，最终展现在图形报表中。这里值得注意的是：在 BIM 软件的空间性能提升之后，设计阶段就可以将这些原先要在运维阶段才录入的房间属性信息放进 BIM 模型了，这个模型连同空间信息一直被带到运维管理系统中，这就为运维管理系统的初始数据建立节约了大量时间。由此可以了解到：

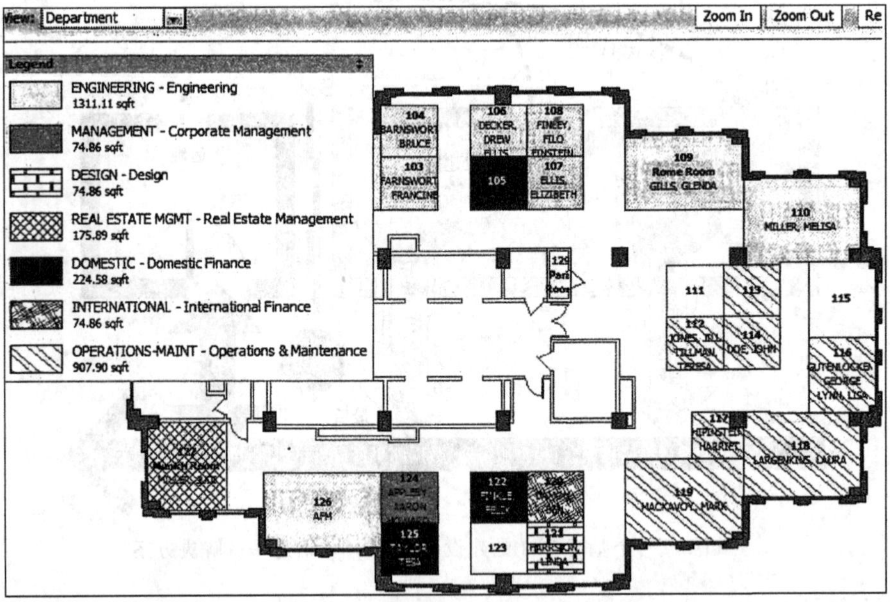

图 11-3　空间管理系统界面（ARCHIBUS/FM）

1）BIM 在运维阶段的应用进行早期规划，也就是使用需求的细分，可以提高工作效率。

2）BIM 在运维阶段的充分应用可以极大地提高工作效率。

3）BIM 在运维阶段的应用，如果在设计阶段就进行相关属性信息的规划和实施，则可以极大地提高工作效率。

11.1.4　工程项目运维阶段的 BIM 应用基础

1. 工程项目运维阶段 BIM 模型的建立

工程项目运维阶段 BIM 模型的建立需要建设单位、管理单位、运维单位等各个层面上有专门的机构对其进行研究和管理，以协调各单位和部门的数据收集、录入、使用权限设置研究，第一时间里将增减的数据进行适时更新，保证其正确和精确，不断推出带有编号的新版本以及正在更新版本时的信息公告等；需要建立一个适时更新制度和管理流程，因为所涉及的有建设方面的内容，也有软件使用、服务器维护等的信息建设方面的内容。各个运维管理单位和部门所需的数据各不相同，但针对的往往是一个共同的对象，只要提出需求，都将通过 BIM 的建立，将所需要的海量数据完整地标示出来，为各个单位和部门所共享。

运维基础设施乃至其他各类管理需要的数据是以实物量为根本的，工程构件纵横交错，必须要计算出实物量才有意义，体积、面积、长度均如此。因此，首先 BIM 的数据应是可运算的系统，能像人脑一样知晓各构件之间的空间关系；其次要用大规模布尔算法，因工程规模越来越大，布尔算法对 CPU、内存资源需求十分惊人，研发高效率算法、增量计算技术十分重要。

2. 建设期 BIM 与运维阶段 BIM 的结合

以三维数字技术为基础，集成了建设工程项目各种相关信息的建筑数据模型，它将连接建设工程项目生命周期不同阶段的数据、过程和资源，可被建设工程项目各参与方普遍使用。BIM 模型具有单一工程数据源，可解决分布式、异构工程数据之间的一致性和全局共享问题，支持建设工程项目生命周期中动态的工程信息创建、管理和共享。BIM 模型的应用具有非常大的价值，尤其是解决了当前建设领域信息化的瓶颈问题。例如，为工程项目参与各方建立单一工程数据源，确保信息的准确性和一致性；实现工程项目的信息交流和共享；全面支持数字化、自动化设计技术等。BIM 模型与 CAD 施工图最大的区别在于三维模型的建立，通过三维模型可以剖切出建筑剖面、立面，可以查看设计细节，进行各种细微设计和检测。同时在建设期 BIM 模型已经帮助建筑管理者解决以下的工序问题：

1）三维设计：能够根据 3D 模型自动生成各种图形和文档，而且始终与模型逻辑相关；当模型发生变化时，与之关联的图形和文档将自动更新。

2）信息共享：各专业 CAD 系统可从信息模型中获取所需的设计参数和相关信息，减少数据重复、冗余、歧义和错误。

3）协同设计：某个专业设计的对象被修改，其他专业设计中的该对象都会随之更新。

4）虚拟设计和智能设计：实现设计碰撞检测、能耗分析、成本预测等。

3. 运维管理工具与全生命期 BIM 的结合

作为建筑本身，由设计直到施工成型已经是个复杂的生产过程，再涉及之后的运维，其流程将更为复杂，信息的整合往往扮演着很重要的角色。从开始进入建筑设计的前身——开发规划阶段来说，需要不同专业的信息收集整合，例如需要土地使用计划、市场经济需求、投资资金应用、开发可行性等不同的知识介入，这是属于信息的发展式整合。在设计阶段中信息的整合是属于虚拟信息的创造式整合，它将工程项目的需求、环境的特色、各顾问意见的考量融入设计者的创造概念里。在施工阶段中信息的整合是属于由虚拟信息变成实质产品的转换式整合，必须拆解设计信息再透过能执行的施工方法建构出实体。在运维管理阶段，将通过更多的直接或间接模式获取建筑信息，从而为建筑运维服务，这则属于应用性整合。

在这些过程中信息整合的方式、参与团队及目标着眼点皆不同，必须了解各阶段目标本身的特殊性，也需要有不同的辅助工具配合架构出不同的互动环境平台。

建筑生命周期管理要求实现在工程项目生命周期内工程项目参与各方之间的建设工程信息共享，即逐渐积累起来的建设工程信息能根据需要对不同阶段参与工程项目的设计方、施工方、材料设备供应方、运维方等保持较高度的透明性和可操作性。这一方面需要工程项目参与各方改变传统的工作方式，改善相互之间的工作协调和信息交流；另一方面需要应用最新的 IT 方法和手段为信息的交流和利用提供有力的技术支持。BIM 模型是集成了建筑工程项目各种相关信息的工程数据模型，是对该工程项目相关信息的详尽表达。BIM 模型是数字技术在建筑工程中的直接应用，以解决建筑工程在软件中的描述问题，使设计人员和工程技术人员能够对各种建筑信息做出正确的应对，并为协同工作提供坚实的基础。

11.2 工程项目运维阶段的 BIM 技术应用

本节基于当前建筑业的信息技术理论体系、技术基础和应用经验，结合工程项目运维的需求、目标、手段方法等要素，具体讨论工程项目运维阶段当前几种主要的 BIM 技术应用。

11.2.1 基于 BIM 的空间管理

BIM 将建筑的非几何属性与实体模型元素产生一致性关联，具有设计参数化、数据可视化、统计自动化、工作协同化等技术特点，解决传统数据库之间的“信息孤岛”和信息管理环节中的“信息断流”问题，为建筑空间管理提供新的发展方向。

空间管理主要应用在照明、消防等各系统和设备空间定位。通过 BIM 技术，能够获取各系统和设备空间位置信息，把原来编号或者文字表示变成三维图形位置，直观形象且方便查找。如通过 RFID 获取大楼的安保人员位置；消防报警时，在 BIM 模型上快速定位所在位置，并查看周边的疏散通道和重要设备等。其次，应用于内部空间设施可视化。传统建筑业信息都存在于二维图和各种机电设备的操作手册上，需要使用的时候由专业人员自己去查找信息、理解信息，然后据此决策对建筑物进行一个恰当的动作。利用 BIM 将建立一个可视三维模型，所有数据和信息可以从模型获取调用。例如，装修的时候，可快速获取不能拆除的管线、承重墙等建筑构件的相关属性。在软件研发方面，由 Autodesk 创建的基于 DWF 技术平台的空间管理，能在不丢失重要数据以及接收方无须了解原设计软件的情况下，发布和传送设计信息。在此系统中，Autodesk FMDesktop 可以读取由 Revit 发布的 DWF 文件，并可自动识别空间和房间数据，而 FMDesktop 用户无须了解 Revit 软件产品，使企业不再依赖于劳动密集型、手工创建多线段的流程。设施管理员使用 DWF 技术将协调一致的可靠空间和房间数据从 Revit 建筑信息模型迁移到 Autodesk FMDesktop，然后，生成他们专用的带有彩色图的房间报告，以及带有房间编号、面积、入住者名称等的平面图。也就是说，在迁移墙壁之前，无须联系建筑师。在迁移墙壁时，DWF 还能够帮助将更新的信息返回建筑师的 Revit 建筑信息模型中。

建筑空间管理的信息不仅包括对其当前的状态进行记录、测绘、勘察、评估而形成的“现状信息”，对其过往的各种状态进行追溯，对其未来的管理、利用进行整体规划的“计划信息”，而且涵盖了对建筑常态及受干预状态进行实时跟踪监测和记录的“监测与干预信息”。通过专业的 BIM 管理构想的引入，能够建立起包含相互关联信息的逻辑模型，借助协同、检索和展示平台的设立，完成建筑空间各阶段的记录、维修、改造、监测、管理行为的数据集成、共享和更新，可主导空间管理信息的快速更新，协助建筑资产的风险防范，形成信息管理的通畅途径。与目前的主流空间信息管理系统相比，BIM 技术在建筑资产本体与相关行为信息的管理方面具备以下特点：

（1）与 GIS 技术相比，管理范围各有侧重

GIS 技术是空间数据处理、集成和可视化最成功的技术之一。其优势在于大范围、大区域的地理分布数据的采集、储存、管理、运算、分析、显示和描述，其在建筑空间信息管理领域常用于建筑周边环境信息的宏观管理。而对于建筑本体而言，无论是采用 CAD 数据建立盒状模型，利用航空遥感图像建立逼真表面模型，利用激光扫描技术获取的 3D 点群数据建立几何表面模型，还是应用 3d Max 软件虚拟建筑模型，GIS 始终停留在建筑外部空间数据的获取和管理，而无法真正从建筑构件入手全面地管理建筑的内部信息。而 BIM 技术的特长在于从建筑本体的模型建构入手，将各类信息植入构件属性之中，建立起一套完整的建筑内外空间数据关系体系，可全面地获取、管理、展示和分析建筑的各类空间和构造特征。GIS 是管理建筑外部空间的恰当手段，BIM 则适合管理建筑内部空间数据。

（2）改进了传统数据库的管理功能

基于关系型数据库的传统建筑空间信息管理平台主要收录二维图、文字与照片。同一数据库的各类数据之间、不同的空间管理层级数据库之间、物业信息管理流程与数据库之间、建筑修缮更新设计与数据库之间均存在着严重的“信息孤岛”现象（指相互之间在功能上不关联互助、信息不共享互换以及信息与业务流程和应用相互脱节的计算机应用系统）。这种二维、静态、孤立的数据系统从根本上无法实现建筑资产全生命周期管理所需的建筑工程的网上审批、建筑结构的监测与风险防范、建筑管理信息的实时更新等功能。

BIM 技术通过统一的三维数据模型，为相关数据建立了丰富的关系数据表，将如上三类信息有机整合在几何模型与构件属性之中，为比对数据、生成明细表、提取构件等查询分析活动建立有效的方式，同时，借助用户的人性化参数实时输入和更新功能，真正实现数据管理及成果表达向三维、动态、交互式的转变。

11.2.2　基于 BIM 的运维管理

现有的运维管理模式多为专业分控系统（如楼宇自控系统 BA、火灾自动报警系统 FA、安全防范系统 SA 等），结合中央集控系统、物业管理系统等进行设备（设施）、使用空间、人流、车流等各种楼宇相关信息层面的管理。随着楼宇智能化管理模型的日益普及和深化，BIM 在设计和施工阶段所累积的建筑构件信息源，在运维管理中的建筑运维期的作用也日益增大。通过建立基于 IFC 标准的建筑物业信息模型、IFC 解析器以及数据接口，实现了建筑

设计、施工与物业管理信息的共享和交换。同时应用中间件技术建立楼宇自控、楼宇安防、楼宇消防等智能子系统汇集的信息集成平台，实现了建筑设备的监控和集成管理。BIM 与 IBMS 的集成如图 11-4 所示。

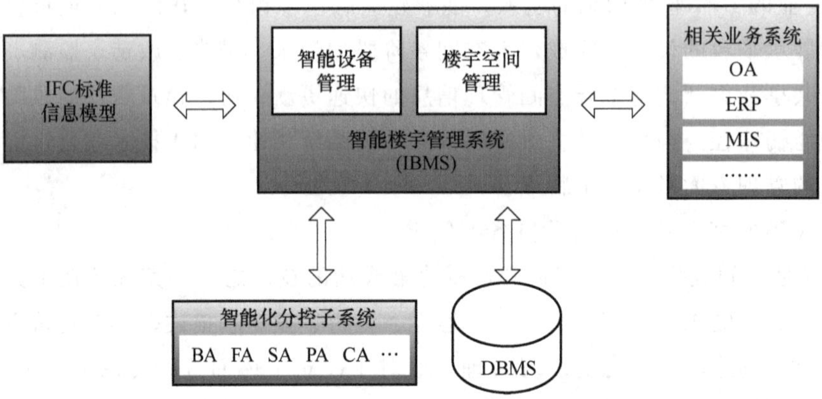

图 11-4 BIM 与 IBMS 的集成

为所构建的系统建立 IFC 解析器，可实现对 IFC 数据文件的读取，并在系统中生成基于 IFC 标准信息模型的数据类实体，为运维提供主体管理对象。同时还可以将信息模型的数据类实体保存为 IFC 数据文件，其他系统通过读取并识别该文件内容，提取出相关的数据信息，从而实现不同系统之间的数据交换，在运维过程中实现设备、空间信息的“上传下达”，实现运维管理过程中的信息交互通路，在系统中也将以更为形象的图文视角将其合理地予以展示（图 11-5）。

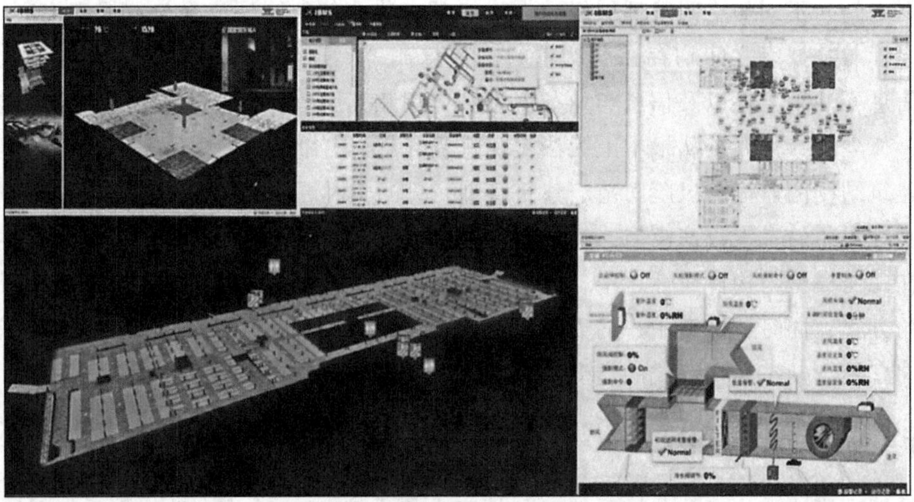

图 11-5 不同系统之间的信息共享

图 11-5 彩图

根据 BIM 技术，基于 IFC 标准信息模型所建的智能楼宇管理系统，将帮助楼宇运维者完成系统管理、日常维护、服务管理等运维过程，系统也将更好地结合智能化设备信息和 BIM 模型中对应的空间、设施信息、实现设备管理及维护、设备数据实时显示、设备控制策略配置、设备任务管理、设备监控报警、日志管理、历史数据记录、设备故障预警预报、专家知识库更新等具体的运维管理工作。

11.2.3 基于 BIM 的资产管理

当前的资产信息整理录入主要是由档案室的资料管理人员或录入员采取纸媒质的方式进行的，这样既不容易保存，更不容易查阅，一旦人员调整或周期较长会出现遗失或记录不可查询等问题，造成工作效率降低和成本提高。

由于上述原因，公司、企业或个人对固定资产信息的管理正在逐渐从传统的纸质方式中脱离，不再依赖传统的档案室和资料管理人员。信息技术的发展使基于 BIM 的物联网资产管理系统（图 11-6）可以通过在 RFID 的资产标签芯片中注入用户需要的详细参数信息和定期提醒设置，同时结合三维虚拟实体的 BIM 技术使资产在智慧建筑物中的定位和相关参数信息一目了然，可以精确定位，快速查阅。

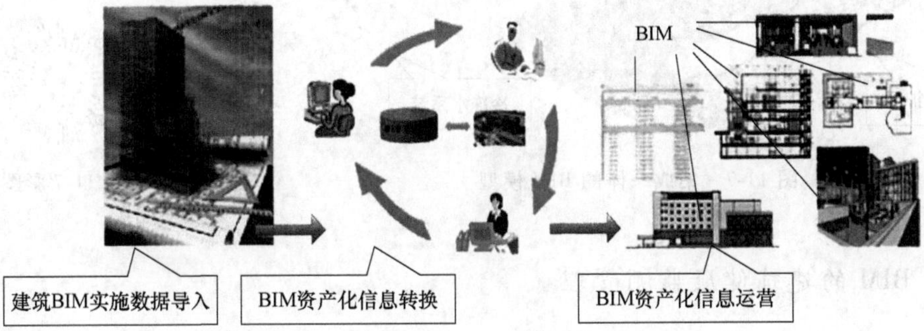

图 11-6 基于 BIM 的物联网资产管理系统

图 11-6 彩图

新技术的产生使二维的、抽象的、纸媒质的传统资产信息管理方式变得鲜活生动。资产的管理范围也从以前的重点资产延伸到资产的各个方面。例如，对于机电安装的设备、设施，资产标签中的报警芯片会提醒设备需要定期维修的时间以及设备维修厂家等相关信息，同时可以报警设备的使用寿命，以便及时进行更换，避免发生伤害事故和产生一些不必要的麻烦。

11.2.4 基于 BIM 的维护管理

BIM 模型将为建筑内的设备（设施）维护创造一个更便捷的环境，管理者通过调用、修改、增补 BIM 模型中实体构件，记录下实施过程中的几乎所有的关联数据（图 11-7）。

运维管理部门对于工程项目设施海量数据的存储和调用有着很高的要求，同时还需要这些数据与工程信息模型构件相关联，创建以后可以被实时调用、统计分析、管理与共享。简单举个例子，比如一段管道的标示，可以输入许多数据：管道的直径、管道的材质、管道的供应商情况以及联系电话，两端井的大小、井底标高，井盖供应商情况及联系电话等。通过统计分析，可以得出何种管材，有多少数量，何种口径的阀门有多少个，一旦其生命周期到了，系统甚至可以自动提示和发出警告，运维管理部门就可以知道该在什么时候准备多少个这样的阀门了。

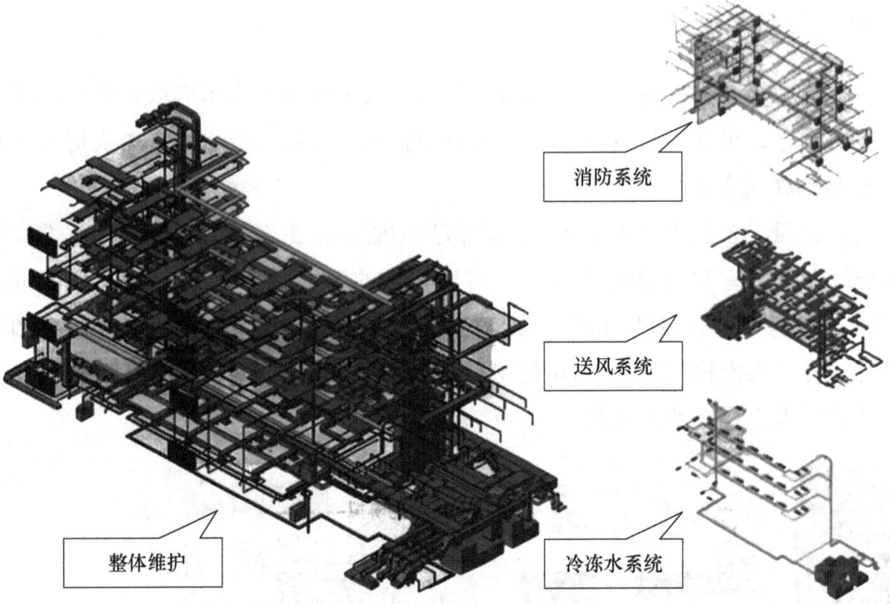

图 11-7　集成一体的 BIM 模型

图 11-7 彩图

11.2.5　基于 BIM 的建筑健康监测管理

在满足使用功能的前提下，如何让人们在空间使用过程中感到舒适和健康，是建筑环境领域研究的主要内容。其中，寻找室内舒适性、建筑能耗、环境保护之间的矛盾平衡点是亟待解决的问题。可根据空间应用方向不同，结合已存的 BIM 信息内容进行建筑健康型体系的模型测算研究，在建筑全生命周期不同阶段进行的调整均以性能分析的结果为依据，从真正意义上构建可持续的健康型建筑。

通过 BIM 模型信息的提取，结合现有楼宇健康模型，可对建筑所在地的气象数据、舒适度与被动技术应用、采光、声环境、热环境、烟气模拟和人流聚集模拟等进行空间影响面的分析。

（1）建筑所在地气象分析

BIM 模型中建筑物的间距、外形、高度和围护结构热工参数以及可利用的节能技术等与其所在地的气候条件关系密切。利用气象数据，通过天气分析等工具进行建筑所在地的气象分析，为建筑运维提供执行参考数据。

（2）舒适度分析与被动技术应用分析

利用焓湿图进行室内舒适度和被动技术应用分析，结合 BIM 模型中区域空间、尺寸等信息，分析所在区域中的热舒适区间及逐日频率，据此采取相应的运维技术，对环境进行调整，以减少人员个体对空间舒适度调整的误差率。

(3) 采光分析

根据 BIM 模型空间位置及采光构件的信息，可分析某一空间所在位置的采光条件，周边房间墙壁、窗户等对空间采光的影响等，为运维过程中的光源维护提供依据（图 11-8）。

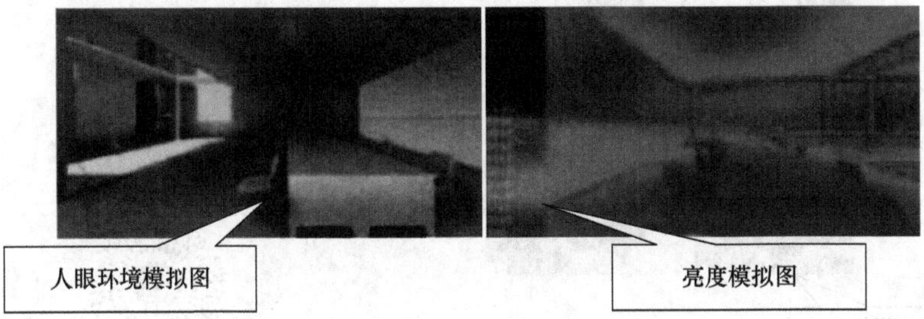

图 11-8 基于 BIM 的室内采光分析

图 11-8 彩图

(4) 声环境分析

根据 BIM 模型提供的空间属性信息及空间构件布置，对空间内一些对声源有严格要求的区域空间（如会议室等）进行合理化的动态声波模拟，以避免声波发出的死角，更好地进行声场所摆设布局（图 11-9）。

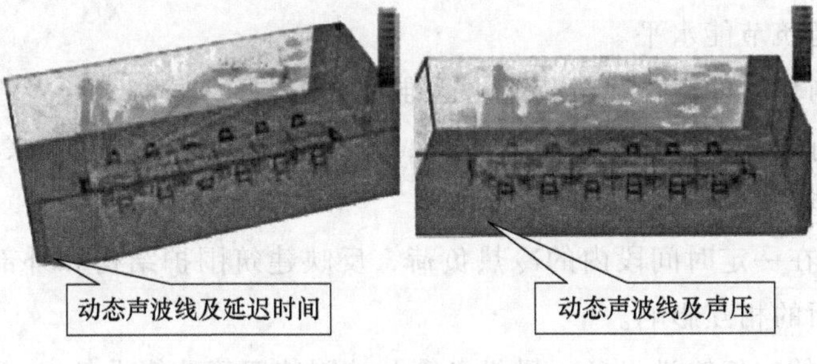

图 11-9 基于 BIM 的声环境分析

图 11-9 彩图

(5) 热环境模拟分析

依据空间属性及设施构件构成、空间位置，对空间内的冷、热源进行在空间气流分析、二氧化碳浓度等相关布局的模拟，为特定空间内的极端热环境提供模拟预演，可协助制定运维过程中极端状况的处置预案，同时也为改善空间热环境提供依据（图 11-10）。

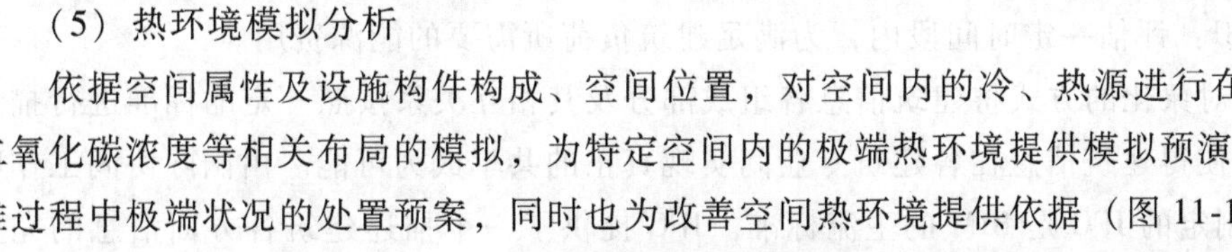

图 11-10 基于 BIM 的热环境模拟分析

图 11-10 彩图

(6) 烟气模拟分析

结合运维应急预案，BIM 模型将更好地协助运维管理人员完成紧急情况下的演练。火灾无疑是影响建筑内人员安全及健康的重要因素，面对火灾后引发的烟雾，以往只能通过实景的演习完成对烟雾弥漫的防范估算，目前 BIM 模型能够更真实地虚拟出烟雾扩散及人员疏散的正确路线，从而保证环境安全、人员安全（图 11-11）。

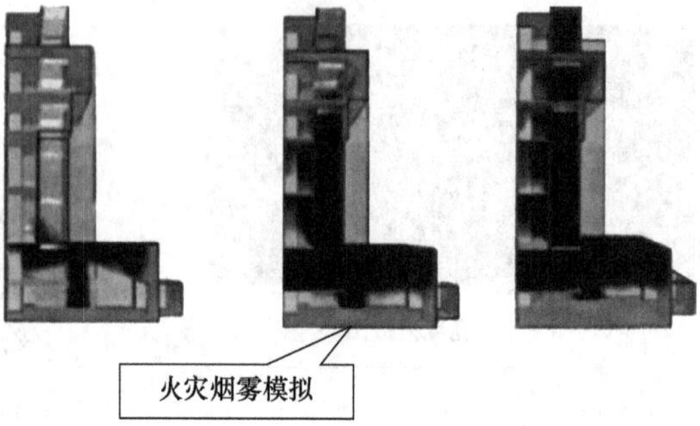

图 11-11　基于 BIM 的火灾烟雾模拟分析

图 11-11 彩图

11.2.6　基于 BIM 的节能减排管理

造成建筑能耗高的主要原因是建筑节能水平低下，建筑规模大、增速快，人们对生活质量的要求不断提高，导致空调、供暖设施的广泛使用等。由于后两项因素具有必然性，所以解决建筑能耗问题主要依靠提高建筑节能水平。

BIM 模型将更好地协同能耗测算软件进行建筑节能化运维的计算，用来模拟建筑及系统的实际运行状况，从而预测年运行能耗，找到重要的耗能点，为节能提供依据。一般来说，建筑能耗模拟软件主要有四种功能：

1）负荷模拟：模拟计算建筑在一定时间段内的冷热负荷，反映建筑围护结构和外部环境、内部使用状况之间在能量方面的相互影响。

2）系统模拟：模拟空调系统的空气输送设备、风机盘管及控制装置等功能设备。

3）设备模拟：模拟为系统提供能源的锅炉、制冷机、发电设备等设备。

4）经济模拟：评估一定时间段内，为满足建筑负荷所需要的能源费用。

BIM 正是用对象化的方式将建筑信息各组成部分及其相互关系按照一定的标准进行描述的数据模型，它使得建筑信息在各建筑专业间实现真正的共享成为可能。由国际协同工作联盟（IAI）开发制定的 IFC 是 BIM 的主流标准。IFC 提供了一个描述建筑各方面信息的完整体系，它可以全面描述建筑的组成和层次、建筑构件间的拓扑关系、构件的几何形状、类型定义、材料属性等全方位的信息。由于这些信息完全采用面向对象的方式进行描述和组织，所以通过相应的面向对象的程序设计，可以较为容易地获取 IFC 标准数据（即满足 IFC 标准的数据）中的各种信息，包括能源建筑模型所需的信息。

BIM 结合物联网技术的应用，使得日常能源管理监控变得更加方便。通过安装具有传感功能的电表、水表、煤气表，可以实现建筑能耗数据的实时采集、传输、初步分析、定时定点上传等基本功能，并具有较强的扩展性。系统还可以实现室内温湿度的远程监测，分析房间内的实时温湿度变化，配合节能运行管理。在管理系统中可以及时收集所有能源信息，并且通过开发的能源管理功能模块，对能源消耗情况进行自动统计分析，比如各区域、各用户的每日用电量、每周用电量等，并对异常能源使用情况进行警告或者标识。

11.2.7 基于 BIM 的应急管理

BIM 技术的优势是在于管理没有任何盲区。作为人流聚集区域，突发事件的响应能力非常重要。传统的突发事件处理仅仅关注响应和救援，而全信息化运维对突发事件管理包括预防、警报和处理。

以消防事件为例，基于 BIM 的运维管理系统可以通过喷淋感应器感应信息；如果发生着火事故，在建筑的信息模型界面中，就会自动进行火警警报；着火的三维位置和房间立即进行定位显示；控制中心可以及时查询相应的周围情况和设备情况，为及时疏散和处理提供信息支撑。类似的还有水管、气管爆裂等突发事件：通过 BIM 系统可以迅速定位控制阀门的位置，避免了在一屋子施工图中寻找资料，甚至还找不到资料的情况。突发事件如果不及时处理，将酿成灾难性事故。

11.2.8 BIM 技术与物联网

物联网在楼宇智能管理、物业管理和建筑物的运行维护方面将发挥更大的作用。仅从建筑物外表是不可能了解其真面目的，因为有许多管线都是隐蔽在楼板和墙体中，众多开关阀门遍布于建筑物的各个角落，如果没有施工图，要找到某个阀门几乎是不可能的，特别是一些复杂结构的建筑。而施工图一般都保存在档案馆内，要去查阅，手续是极为麻烦的。那么有什么好的办法实现对楼宇内相关物体的即时查找和定位呢？只有把建筑物数字化，建立整个 BIM 模型，才能实现更有效的管理。BIM 是物联网应用的基础数据模型，是物联网的核心和灵魂，正如 BIM 是 ERP 基础数据一样，物联网应用不能脱离 BIM。没有 BIM，物联网的应用就会受到限制，就无法深入到建筑物的内核，因为许多构件和物体是隐蔽的，存在于肉眼看不见的深处，只有通过 BIM 模型才能一览无遗，展示构件的每一个细节。这个模型是三维可视和动态的，涵盖了整个建筑物中所有信息，然后与楼宇控制中心集成关联。在整个建筑物生命周期中，建筑物运行维护的时间段最长，所以建立 BIM 模型显得尤为重要和迫切。BIM 模型目前在设计阶段应用较多，建造和运维阶段的应用案例较少，但是，一旦在建造和运维阶段得到应用，将产生极大的价值。

BIM 与物联网二者的结合，将智能建筑提升到智慧建筑新高度，开创智慧建筑新时代，是建筑业下一个重要发展方向。

“物联网”概念的问世，将彻底颠覆之前的传统思维方式。过去的思路一直是将物理基础设施和 IT 基础设施分开：一方面是建筑物、公路等，另一方面是数据中心、网络等。而在“物联网”时代，把感应器等芯片嵌入和装备到铁路、桥梁、隧道、公路、建筑、供水系统、电网、大坝、油气管道、钢筋混凝土、管线等各种物体中，然后将“物联网”与现有的互联网整合为统一的基础设施，实现人类社会与物理系统的整合，达到对整合网络内的人员、机器、设备和基础设施实施实时管理和控制的目的。物联网就是把物体数字化，在此意义上，基础设施更像是一块新的地球工地，世界的运转就在它上面进行，其中包括经济管理、生产运行、社会管理乃至个人生活等方方面面。

11.3 工程项目运维阶段 BIM 应用案例

11.3.1 工程项目背景

目前我国铁路营业总里程已达 15.5 万 km，居世界第二位；高铁运营总里程突破 4.2 万 km，居世界第一位。截至 2022 年年底，我国共有 3285 个铁路客运站，除了新建的之外，还有大批既有车站需要进行现代化改造。因此更新管理理念，全面提升车站，特别是大型铁路客站的运维管理水平，是实现铁路“又好又快发展”目标的重要保障。

铁路客站作为公共交通设施，其建设运维管理的水平直接影响到旅客的出行质量。现代铁路大型客站体量非常大，例如：北京南站占地面积 49 万 m^2，建筑面积 31 万 m^2，可同时容纳 1 万人候车。现代铁路大型客站多采用冷热电三联供、地源热泵、建筑设备自动化系统（BAS）、火灾自动报警及联动控制系统（FAS）、大屏幕导识、大型消防水炮、自动售检票和光伏发电等新设备，其设备系统涉及众多的专业领域，既有传统的建筑设施系统，如暖通、供配电、广播、消防、视频监控、智能灯光照明、DPS 应急电源、综合布线、门禁等，也包括支撑铁路运维的各个专业系统。

基于铁路客站运维面临的形势，开发适用于铁路系统目前及未来需求的、集成建筑信息、设施信息、控制信息的高服务水平的三维设施运维管理平台是很有必要的。铁路客站设施运维管理系统是满足不同管理层级、各个专业系统人员间协同工作的综合性管理平台。选择一个适合的技术平台对于工程项目的成功至关重要。而 BIM 技术以其丰富的三维建筑信息承载能力和可视化特性，具有先天的优势，成为支撑设施运维管理的理想平台。

铁道第三勘察设计院集团有限公司（简称“铁三院”）选择以 BIM 技术为核心，基于 Autodesk Revit 设计数据，对天津西站进行了设施运维管理系统的开发（图 11-12）。

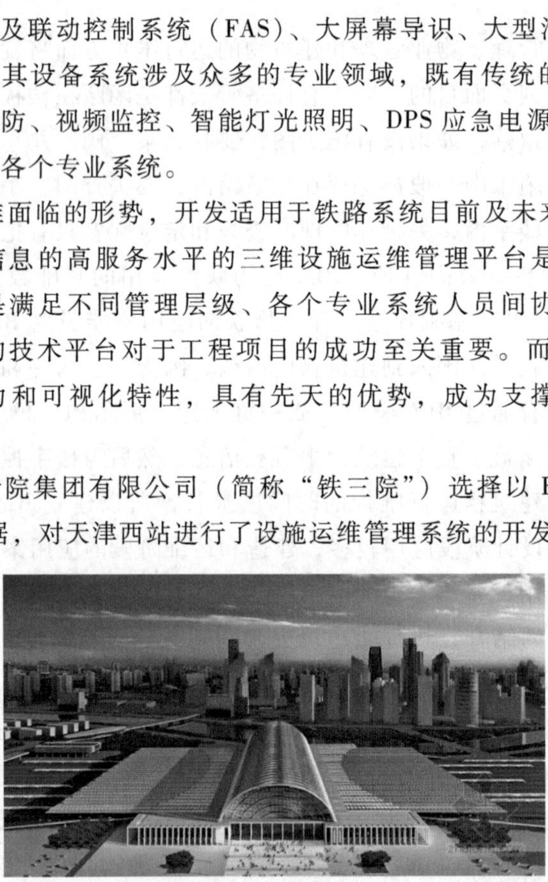

图 11-12　天津西站效果图

11.3.2 核心模型的建立

在天津西站工程项目设计阶段，设计人员利用 Autodesk Revit Architecture、Autodesk Revit Structure、Autodesk Revit MEP、Autodesk Navisworks 等软件完成了客站的设计，生成的 BIM 数据承载了丰富的信息，包括结构、建筑、空间、管线、设备等。将设计阶段产生的成果，应用到设施运维管理中，可以很好地实现设计数据的延续，使 BIM 全生命周期的概念得以体现。

天津西站 BIM 模型的构建是在 CAD 图设计完成后，利用 Autodesk Revit 系列软件对二维设计成果进行三维化表达，分别对铁路客站的结构、建筑、给水排水、消防、暖通等专业进行 BIM 信息构建。针对铁路领域的实际管理需求，铁三院对子系统进行了重分类，来满足铁路局、各站段等不同层级和部门的管理需求。这样系统平台可以突出显示需要管理的对象，隐藏并不关注的对象图层，汇聚管理焦点，提升管理效率，满足管理需求（图 11-13~图 11-16）。

图 11-13　天津西站站房整体建筑浏览模式

图 11-13 彩图

图 11-14　天津西站候车厅浏览模式

图 11-14 彩图

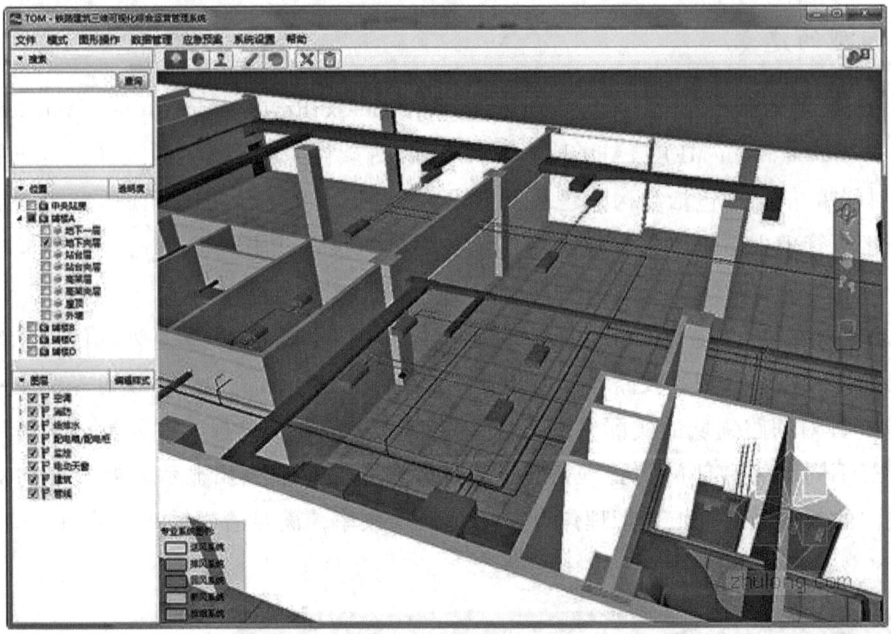

图 11-15　天津西站楼层设施管理模式

图 11-15 彩图

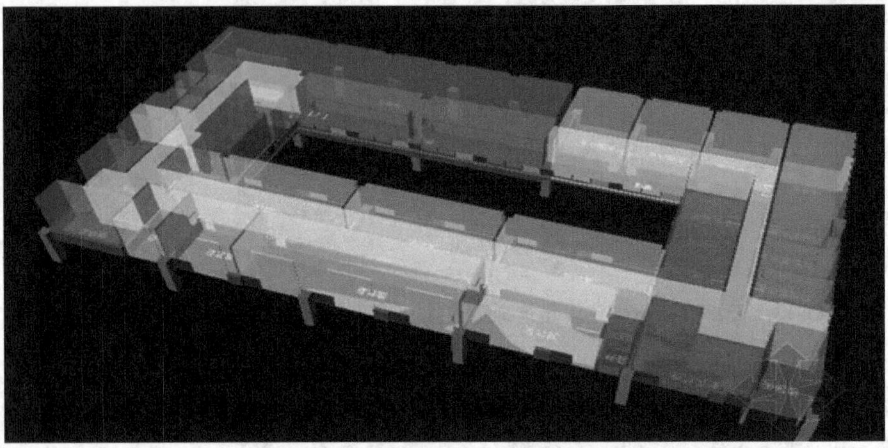

图 11-16　天津西站楼层空间管理模式

图 11-16 彩图

11.3.3　设备台账的关联管理

原始的设备台账以 Excel 形式存在，台账记录与空间实体对象相对孤立，无法建立有效的关联关系。设备台账信息包括设施名称、型号、规格、参数、供应商、质保商、质保有效期、联系人、联系电话等，在设备需要维修或保养时，维修人员需要查询准确设备的台账信息，便于联系生产厂商和售后服务商。BIM 系统平台提供了多种方式供用户快速定位到设备，如在三维图形中漫游到指定位置（从空间位置直接查找到设备是非常直观的一种方式），同时也可通过模糊搜索的功能，系统列出所有满足条件的结果列表，确定并双击列表项即可导航至指定的设备。通过不同的快速导航方式，实现设备的快速定位，进而对设备台账进行查看或对设备的维修、保养进行管理（图 11-17、图 11-18）。

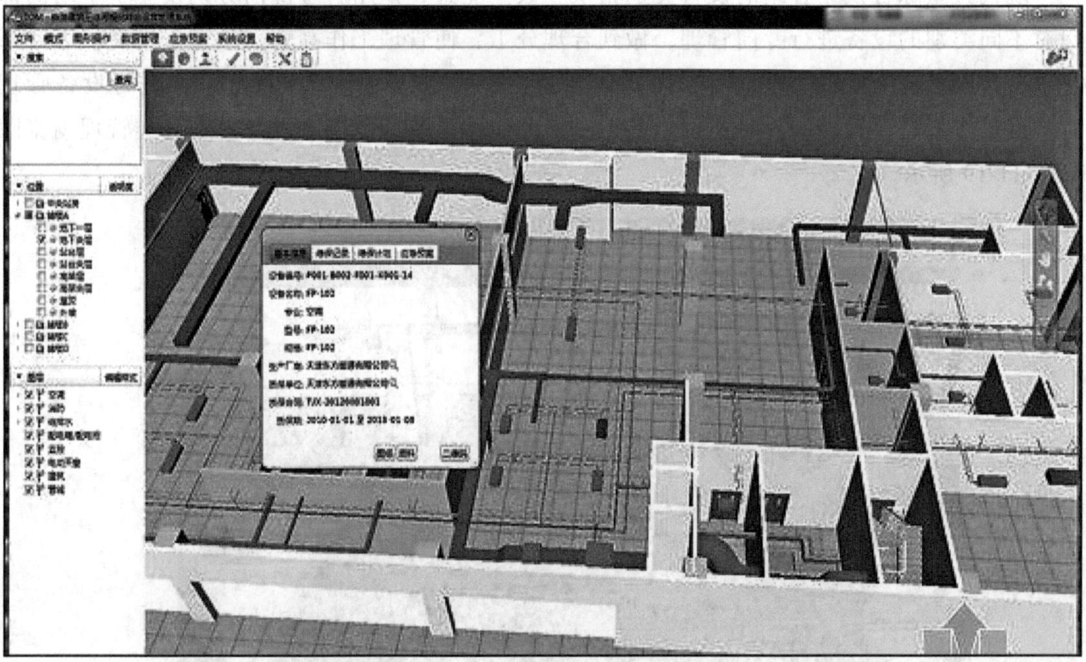

图 11-17 天津西站设施基本信息浏览

图 11-17 彩图

图 11-18 设施维保计划管理-设施维保记录管理

11.3.4 设备设施的分类管理

现代大型综合铁路客站的设备类别繁杂、数量庞大，铁路管理部门分别设立了不同的部门对不同类别的设备进行专门管理，做到合理分工，使管理工作高效、质量水平高。为此系统平台将设备分为空调、消防、给水排水、监控等类别，用户使用系统平台进行设备管理时，可以将不需要管理的设备类别隐藏，突出关注的系统和范围。设备设施分类管理浏览图如图 11-19 所示。

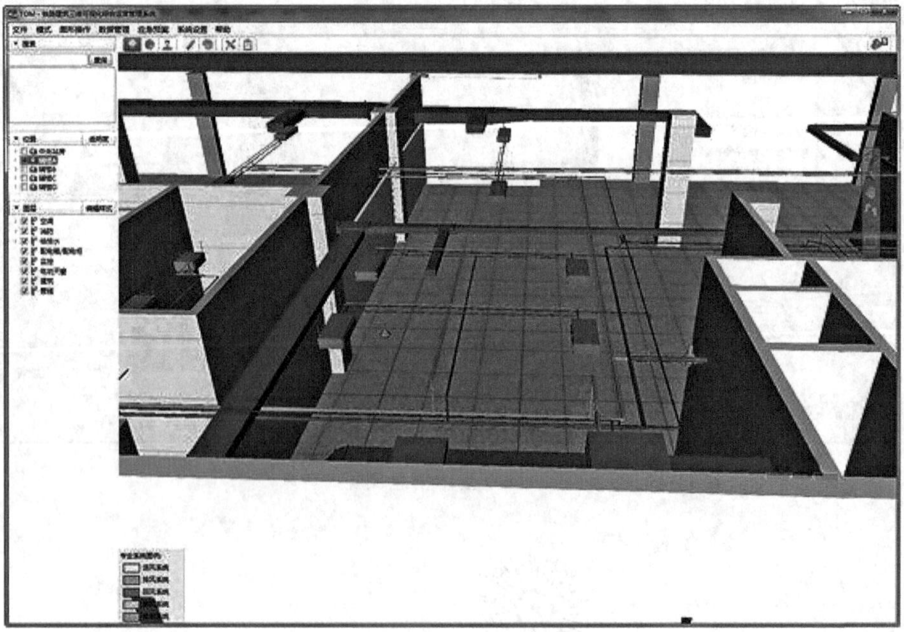

图 11-19　设备设施分类管理浏览图

图 11-19 彩图

11.3.5 工程图与说明材料的关联查询

竣工图、文档资料的合理查找浏览对用户进行车站运维管理非常重要，系统将竣工图按照园区、楼宇、楼层分级，按照系统分类，并与 BIM 模型进行关联。在系统集成窗口中用户对竣工图进行条件筛选，即可查看设计图。同时，通过对设计图资料进行 BIM 模型关联、位置分级、系统分类，实现了对设计图资料合理有序的组织管理（图 11-20 和图 11-21）。

11.3.6 商业空间管理

铁路客站为满足旅客的出行需要，都设置了商业区域，并在该区域划分房间出租给商户。车站管理部门可以在 BIM 系统中实现对房间的房间号、面积、高度、承租单位、租金、租约开始日期和结束日期、过往的出租历史等信息的便捷管理（图 11-22 和图 11-23）。

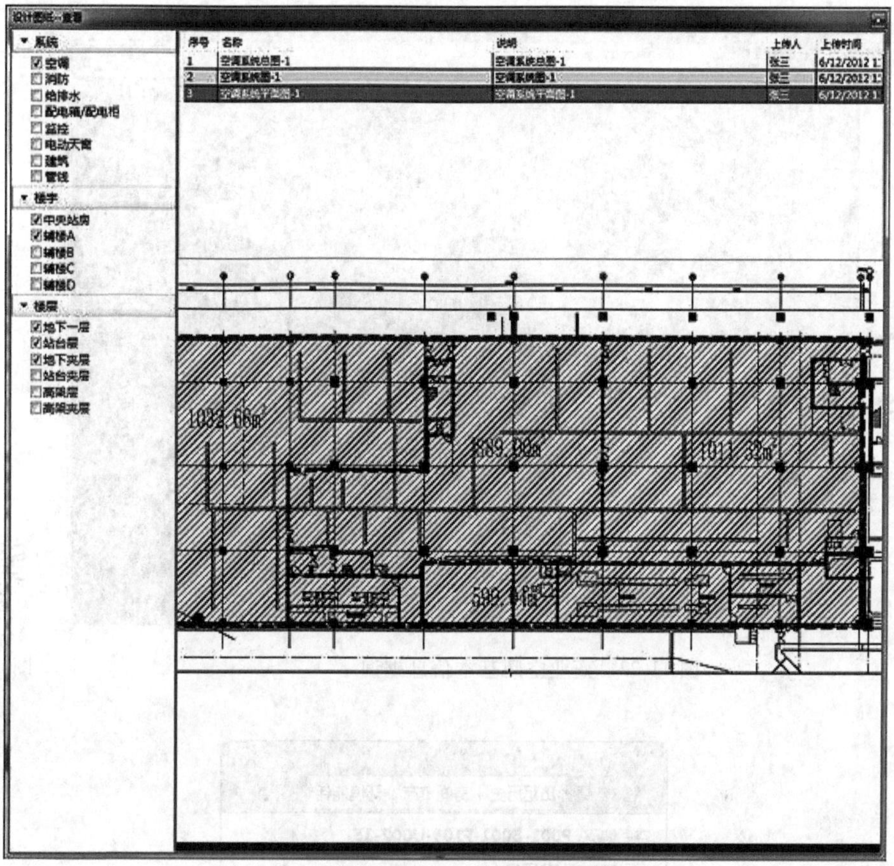

图 11-20 设计图关联调阅窗口

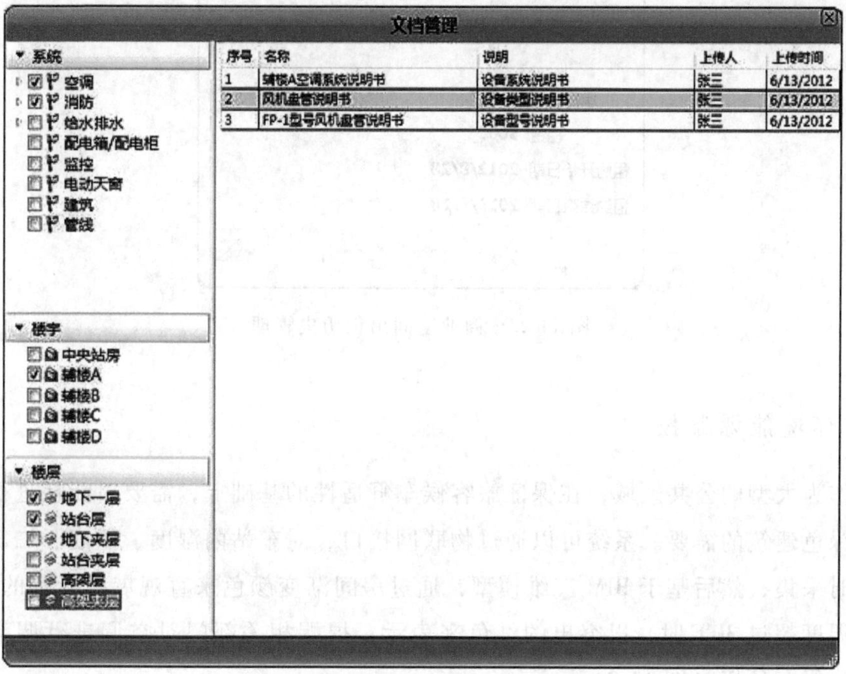

图 11-21 说明文档关联调阅窗口

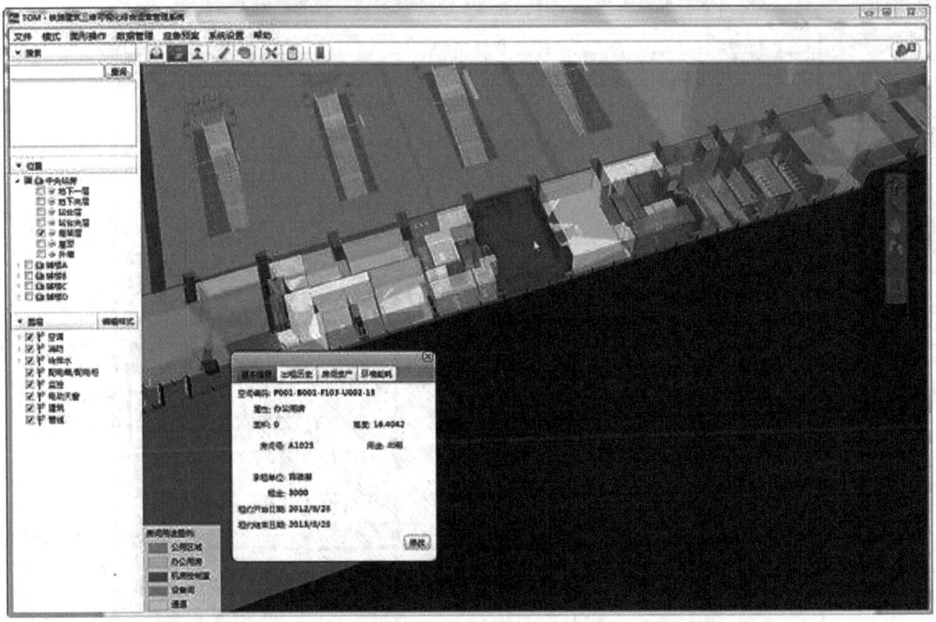

图 11-22　商业空间基本信息查询

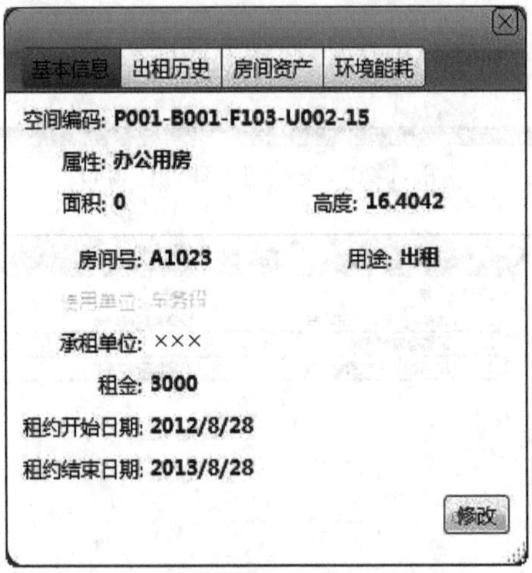

图 11-23　商业空间出租历史管理

11.3.7　环境能源监控

车站作为大型的公共区域，在保证旅客候车舒适性的基础上，需要对能耗进行合理的控制，满足绿色建筑的需要。系统可以通过物联网接口，对车站内湿度、温度、二氧化碳浓度等指标实时采集，然后基于 BIM 三维模型，通过房间渐变颜色来直观展现指标的监控结果。例如，当温度超过 30℃时，以突出的红色来表示，提醒相关部门对空调进行调节，以保证旅客的舒适候车环境（图 11-24）。

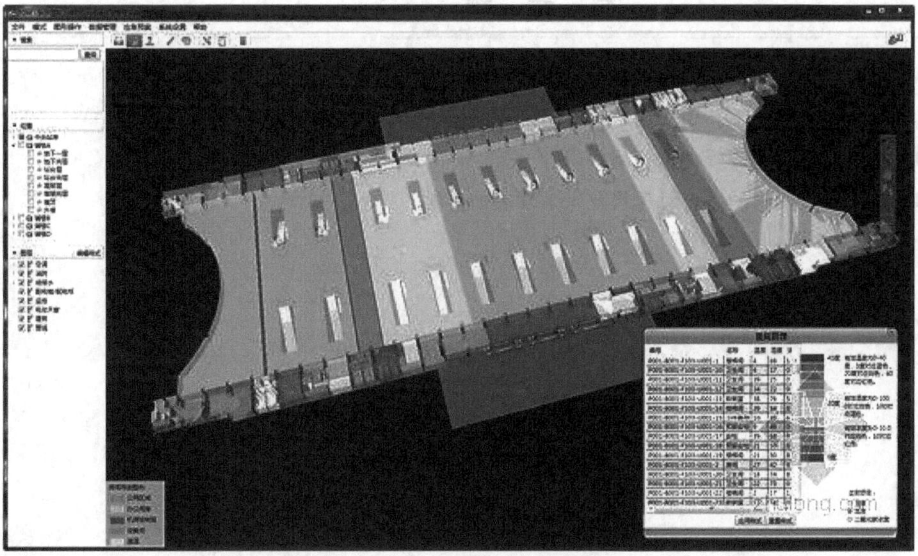

图 11-24　环境能源监测展示

图 11-24 彩图

11.3.8　应急处置预案

现代铁路车站作为大型公用建筑，每日为大量的旅客提供进出站服务。在遇到突发事件时，车站管理部门必须采取合理的应急措施，在优先保证旅客生命财产安全的前提下，控制事件的影响范围，尽可能地减小事件所带来的损失。正如之前介绍的，现代铁路车站体量大、系统繁杂、设备众多，这些特点对于车站现场管理人员快速及时处置应急情况提出了较高的要求。例如，在发生火灾时，站务人员需要及时把旅客从车站内疏散到空旷场地上，所以他们必须对偌大的车站里所有的逃生路线了然于心。而设施管理平台提供的火灾逃生预案模块，可以很好地运用到站务人员的培训中，通过系统平台的真实场景演练，以达到熟记逃生路线的目的。在水管发生爆管时，如何能让站务人员快速找到阀门所在位置并及时关闭，是该系统提供高效应急处置预案的又一实例展示。

11.3.9　应用总结

铁三院将基于 BIM 技术的运维管理理念和现代铁路枢纽、车站的管理需求紧密结合，充分发挥技术优势，解决了大型车站管理中遇到的诸多难题，在设施日常维修、空间管理、应急预案中都体现了 BIM 的重要应用价值。对于促进和提升车站设施运维管理水平做出了实质性的探索。

本工程项目在中国勘察设计协会与欧特克有限公司共同主办的 2012 年“创新杯”——建筑信息模型（BIM）设计大赛中获得最佳 BIM 拓展应用奖。

思考题

1. 工程项目运维阶段 BIM 技术的应用基础是什么?
2. 在工程项目运维阶段，基于 BIM 技术的空间管理能解决什么问题?
3. 基于 BIM 技术的健康监测管理包括哪些内容?
4. 简述 BIM 技术与物联网的结合对建筑业未来发展的影响。

参 考 文 献

[1] 翰觉克森. 建设项目管理 [M]. 徐勇戈，曹吉鸣，等译. 北京：高等教育出版社，2005.

[2] 徐勇戈. 施工项目管理 [M]. 北京：科学出版社，2012.

[3] 徐勇戈. 建筑施工组织与管理 [M]. 西安：西安交通大学出版社，2015.

[4] 徐勇戈，高志坚，孔凡楼. BIM 概论 [M]. 北京：中国建筑工业出版社，2018.

[5] 徐勇戈. 建筑工程质量与安全生产管理 [M]. 北京：机械工业出版社，2019.

[6] 徐勇戈. 建设工程合同管理 [M]. 北京：机械工业出版社，2020.

[7] 徐勇戈. 建设法规 [M]. 2 版. 北京：机械工业出版社，2023.

[8] 中国建设监理协会. 建设工程进度控制 [M]. 北京：中国建筑工业出版社，2023.

[9] 中国建设监理协会. 建设工程质量控制 [M]. 北京：中国建筑工业出版社，2023.

[10] 中国建设监理协会. 建设工程投资控制 [M]. 北京：中国建筑工业出版社，2023.

[11] 全国一级建造师执业资格考试用书编写委员会. 建设工程项目管理 [M]. 北京：中国建筑工业出版社，2020.

[12] 全国一级建造师执业资格考试用书编写委员会. 房屋建筑工程管理与实务 [M]. 北京：中国建筑工业出版社，2014.